Vilna
Cidade dos outros

VOLUME 1 א

edição brasileira© Ayllon 2021
tradução do inglês© Fernando Klabin
prefácio© Celso Lafer
título original Vilnius: City of Strangers, 2009
agradecimentos Laura Tupe
edição Suzana Salama
assistência editorial Paulo Henrique Pompermaier
revisão Renier Silva
projeto gráfico Lucas Kröeff
ISBN 978-85-7715-665-8

Grafia atualizada segundo o Acordo Ortográfico da Língua Portuguesa de 1990, em vigor no Brasil desde 2009.

CONSULADO GERAL
DA REPÚBLICA DA LITUÂNIA
São Paulo

sobre o fomento à tradução A tradução desta obra foi apoiada pelo Instituto de Cultura da Lituânia.

Direitos reservados em língua portuguesa somente para o Brasil

AYLLON EDITORA
R. Fradique Coutinho, 1139
05416-011 São Paulo SP Brasil
Telefone/Fax +55 11 3097 8304
ayllon@hedra.com.br

Foi feito o depósito legal.

Vilna
Cidade dos outros

Laimonas Briedis

Fernando Klabin (*tradução*)
Celso Lafer (*prefácio*)

1ª edição

São Paulo   2021

Vilna, cidade dos outros é uma narrativa sobre a capital da Lituânia. Escrita com base na cartografia histórica e geografia humana local, a cidade que também foi conhecida como *a Jerusalém da Lituânia* abrigou ao longo dos tempos inúmeros povos, falantes de diversos idiomas, em uma miscelânea cultural: judeus, poloneses, lituanos, ucranianos, bielorrussos, russos, alemães, letões, armênios, tártaros e outros grupos minoritários. Impregnada dentre seus vários componentes pelo barroco, que esteve no limiar da Europa e no contexto de suas mudanças, a cosmopolita cidade também é apresentada através de textos de pessoas ilustres ou desconhecidas, de muitas procedências e línguas, que viveram ou passaram por ela, através de relatos de experiências, sensibilidades e perspectivas próprias.

Laimonas Briedis é nascido em Vilna mas mora atualmente em Vancouver, no Canadá. Tem doutorado em Geografia Humana pela University of British Columbia e pós-doutorado no Departamento de História da University of Toronto, e é professor no Seminário Literário de Verão em Vilna iniciado pela Concordia University de Montreal. Sua pesquisa é focada na complexa trama da história da Lituânia em relação à Europa e ao mundo. Acompanhou as várias diásporas da Lituânia por toda a Europa e América do Norte, além de Jerusalém e Xangai.

Fernando Klabin nasceu e cresceu em São Paulo. Formou-se em Ciência Política pela Universidade de Bucareste e, além de tradutor, exerce atividades ocasionais como fotógrafo, escritor, ator e artista plástico. Descende de uma família de *litvaks* que imigrou para o Brasil no final do século xix.

Celso Lafer é jurista e Professor Emérito da USP e de sua Faculdade de Direito, na qual lecionou até a sua aposentadoria em 2011. É também membro da Academia Brasileira de Letras e da Academia Paulista de Letras. Exerceu diversos cargos públicos como Ministro de Estado das Relações Exteriores (1992 e 2001-2002), Ministro de Estado do Desenvolvimento, Indústria e Comércio (1999), embaixador-chefe da Missão Permanente do Brasil junto às Nações Unidas e à Organização Mundial do Comércio (1995-1998), dentre outros. Descende de uma família de *litvaks* que imigrou para o Brasil no final do século XIX.

Sumário

Nota sobre a edição, *por Laura Tupe* 9
Prefácio, *por Celso Lafer* 11
Introdução à edição brasileira 25

VILNA, CIDADE DOS OUTROS 55

Partidas. 57
A margem da Europa............................. 65
Mapeando a Sarmácia 91
As sombras do Iluminismo 117
A praga de Napoleão 139
A intriga russa 199
A intromissão alemã 245
Nação ausente 281
Redemoinho europeu 315

Agradecimentos 359
Obras citadas 361

Nota sobre a edição

É com grande prazer que, como cônsul-geral da República da Lituânia em São Paulo, apresento ao público lusófono a obra *Vilna, cidade dos outros*, de autoria do escritor e historiador lituano Laimonas Briedis. Retratada por grandes personalidades estrangeiras que passaram pela antiga cidade em diferentes épocas, desde sua fundação há quase 700 anos até os dias de hoje, a geografia multicultural de Vilna é contada de maneira peculiar através do contexto histórico da Europa. O que nos leva a uma profunda e inesperada percepção da história da Lituânia, além de demonstrar o espírito fascinante da cidade.

A ideia da edição brasileira de um livro, que é marco internacional no campo da literatura sobre a Lituânia, surgiu em 2018 durante a primeira edição do Labas, Festival da Lituânia, na Casa Museu Fundação Ema Klabin. Convidado pelo Consulado Geral da Lituânia em São Paulo, Laimonas Briedis compartilhou com o público a interessante história de Vilna. É importante relembrar que no final do século XIX e no início do século XX, o Brasil recebeu mais de 40 mil imigrantes lituanos, e acolhe ainda hoje número significativo de seus descendentes. Após várias tertúlias com Laimonas Briedis em São Paulo – cidade que o interessa não somente pela possibilidade de apresentar suas conquistas literárias, mas também pelos ecos da Lituânia dentro da grande diversidade brasileira –, foi projetada uma edição em português desta obra, que seria lançada durante a comemoração da Semana Litvak de São Paulo, ano proclamado pelo Parlamento da Lituânia como o *ano do Gaon de Vilna e da história dos judeus da Lituânia*. As palavras de apoio do ilustre e grande amigo da Lituânia de origem *litvak* Celso Lafer, presidente da Casa Museu

Fundação Ema Klabin e ex-Ministro das Relações Exteriores do Brasil, incentivaram ainda mais a realização desta ideia que se tornou realidade graças ao trabalho de mais um amigo da Lituânia, o tradutor Fernando Klabin, também de origem *litvak*, aos quais transmito nossa imensa gratidão. Agradeço também à Ayllon, que abraçou nossa ideia desde a fase inicial do projeto, bem como ao Instituto de Cultura da Lituânia, pelo apoio financeiro à tradução deste livro.

Enriquecido por uma introdução de autoria do próprio autor e pelo prefácio de Celso Lafer, o livro *Vilna, cidade dos outros* torna-se ainda mais especial ao contextualizar os laços entre Lituânia e Brasil. Essa edição servirá como o epílogo brasileiro das comemorações do *ano do Gaon de Vilna e da história dos judeus da Lituânia*, que tiveram início na Lituânia no final de novembro de 2019, com a exposição *Um modernista brasileiro de Vilnius: o retorno de Lasar Segall*, trazida do Brasil.

Como as edições do livro em inglês, lituano, alemão, chinês e russo, *Vilna, cidade dos outros* irá deliciar muitos apreciadores de história e da literatura fina. Permitam-me desejar-lhes uma ótima leitura e convidá-los a conhecer Vilna: minha cidade natal, que amo e admiro!

LAURA TUPE
*Cônsul-geral da Lituânia
em São Paulo*
Novembro de 2020

Prefácio
O próximo e o distante

CELSO LAFER

Escrever sobre uma cidade procurando desvendar seu significado é uma tarefa difícil e desafiante. Exige múltiplos conhecimentos, antenas de compreensão e sensibilidade, conjugados com os talentos de um escritor. É o que faz de qualificadas obras sobre o tema um gênero literário próprio. É o caso, por exemplo, nas letras brasileiras, de *Amor a Roma*, de Afonso Arinos, *Paris, a capital do século XIX*, de Walter Benjamin, e *Jerusalém: a biografia*, de Simon Sebag Montefiore.

O livro de Laimonas Briedis, publicado em inglês em 2009, cuja edição brasileira tenho a satisfação de prefaciar, insere-se no patamar desse gênero literário. Em sua elaboração, o autor enfrentou com sucesso muitos desafios.

O primeiro deles foi a capacidade de transmitir o significado de uma cidade que viveu no limiar da Europa, um espaço geográfico e cultural de múltiplas dimensões e que, à primeira vista, não possui a *vis atractiva* de uma *cidade eterna* como Roma, ou de uma *cidade luz* como Paris. Para o leitor brasileiro, é uma cidade distante do Báltico, próxima do "congelado inverno" do *Sarmático Oceano* para valer-me da narrativa de Camões sobre a geografia da Europa em *Os Lusíadas*[1]. É um limiar no âmbito interno da Europa profunda. Contrasta com o "Reino Lusitano/ onde a terra se acaba e o mar começa", que é para o poeta

---

1. Canto III, estrofe 9.

"quase cume da cabeça/ da Europa toda".[2] É do "olhar mundo", do cume da cabeça da Europa da épica camoniana, que provém a matriz lusitana originária do país que é hoje o Brasil. Ter sabido tornar próximo o distante para um leitor brasileiro, é o primeiro mérito do livro de Laimonas Briedis que cabe destacar.

O deslinde desse distante, para torná-lo inteligível, é, por sua vez, extremamente complexo, uma complexidade constitutiva do cerne das dificuldades que Laimonas Briedis enfrentou na concepção e na elaboração de seu livro.

A JERUSALÉM DA LITUÂNIA

Vilnius é hoje a capital da Lituânia. O fim da União Soviética e as transformações econômicas e políticas, que dela derivaram, assinalaram o término das relevâncias geopolíticas da Europa Oriental como um componente da Guerra Fria. Nessa nova moldura, a Lituânia tornou-se um país independente, dotado de autonomia na condução de sua política e na gestão de seus assuntos internos. É uma cidade demograficamente lituana e de fala lituana.

Esta é, no entanto, uma nova realidade no percurso histórico de uma cidade muito impregnada, em seus componentes medievais, pelo barroco, que viveu no limiar da Europa e no contexto de suas mudanças cartográficas, e cujos habitantes de diversas origens, por isso mesmo, percorreram suas casas e ruas, falando, sucessiva ou concomitantemente, várias línguas. Articularam, assim, em diversos idiomas, suas vivências e memórias.

A cidade foi por isso mesmo um *locus* paradigmático da *heteroglossia*, termo cunhado e teoricamente elaborado pelo grande crítico russo Mikhail Bakhtin. Bakhtin viveu sua juventude em Vilna, de 1904 a 1912, quando seu pai integrava a administração russa da cidade. Provavelmente, inspirou-se em sua vivência

---

2. Canto III, estrofe 20.

ali, como sugere Laimonas Briedis, para a elaboração teórica a respeito das correlações temporais e espaciais de vários âmbitos linguísticos.

Vilnius foi *Vilna*, denominação em eslavo, que assinala a longa eslava presença no tempo na cidade da Rússia tzarista e soviética. Também foi *Wilno* para os poloneses, o que realça o histórico relacionamento da Lituânia e da Polônia, que está na origem política dos dois países. Também foi *Wilna* para os alemães, que tiveram relevantes passagens nas incursões da Alemanha no Leste Europeu pela cidade. Para os judeus *ashkenazim*, foi, em iídiche, *Vilnè*, a irradiadora *Jerusalém da Lituânia* no mundo judaico, identificadora das características culturais e religiosas de seus *litvaks*, que, dizimados pelo Holocausto, desapareceram da cidade.

Esta problematicidade se revela no título do livro de Laimonas Briedis, no original inglês, *Vilnius, City of Strangers*, e na tradução para o português, *Vilna, cidade dos outros*, que se deve aos cuidados de Fernando Klabin e, ao optar pela forma "Vilna", ecoa o nome da cidade no final do século XIX, quando a família Klabin imigrou da Lituânia e encontrou seu destino no Brasil.

Czeslaw Miłosz, grande poeta da língua polonesa, prêmio Nobel de Literatura que nasceu na Lituânia e estudou em Vilna, intitula, não por acaso, um de seus poemas "Cidade sem nome", que começa indagando "Quem honrará a cidade sem nome/ se tantos estão mortos..."[3]

Os diversos grupos étnicos que assinalaram, no correr dos tempos, a composição demográfica da cidade, articularam, em suas respectivas línguas, sua compreensão histórica do que é hoje *Vilnius*. Foi o que induziu Laimonas Briedis a escrever *Cartografia poética: Bobrowski, Miłosz, Sutzkever*, publicado em

---

3. Czeslaw Miłosz. *Selected and Last Poems – 1931–2004*. Seleta de Robert Hass e Anthony Miłosz. Nova York: Harper Collins; Ecco Paperback Edition, 2011, p. 261. Na edição original, o poema é grafado "City without a name": "Who will honor the city without a name/ if so many are dead...".

2015.⁴ Nele examina o papel da cidade como fonte inspiradora da criação poética de Bobrowski, escritor de língua alemã que não viveu em *Vilnius*, mas a cidade é parte do simbolismo que a ela atribuiu na História e na Geografia da Europa Oriental. De Miłosz – que já mencionei –, poeta da língua polonesa, que experienciou o exílio, iniciado quando jovem deixou a Lituânia. E de Sutzkever, poeta da língua iídiche, que viveu no gueto de Vilna a presença nazista na cidade. As biografias e a poesia dos três são muito distintas, mas a cidade integra suas destilações poéticas. Na avaliação de Laimonas Briedis, para Miłosz, *Vilnius* é um local de memória da normalidade de vida; para Bobrowski, o local das não realizadas possibilidades da normalidade de vida; para Sutzkever, o local das anormalidades de vida.⁵

Em todos os três, a experiência de base da perda e da dor provém do fato de que as rupturas do século xx fizeram, como analisou Hannah Arendt, com que a política determinasse, independentemente de suas vontades, os rumos de vida, como, aliás, para tantas pessoas na Europa. Os três foram, assim, para Laimonas Briedis, uma chave para a compreensão da complexidade de uma cidade que ele não vivenciou e que não tem uma identidade de fácil ou inequívoca definição.

Hannah Arendt destacou em sua obra, a partir de sua experiência reflexiva a respeito das rupturas inerentes aos extremos do século xx, o poder redentor e esclarecedor da narrativa.

Numa época de "universais fugidios", a narrativa, em conjunto com a pluralidade e a natalidade, configura as facetas constitutivas da ação humana. No curso que com ela fiz, em 1965, na Universidade de Cornell, e em outros escritos, Arendt deu ênfase ao que Kant denominou a "mentalidade alargada", que permite pensar no lugar de outros. Isso requer um tipo de imaginação

---

4. Laimonas Briedis. *Poetic Cartography: Bobrowski, Miłosz, Sutzkever*. Vilnius: Vilnius University, 2015.

5. *Idem, ibid.*, p. 89.

que enseja levar em conta a perspectiva dos outros e de suas circunstâncias. É um *go visiting*, "sair em visita", que torna presente o ponto de vista dos que estão ausentes.[6]

Faço esta remissão a Hannah Arendt porque ela contribui para destacar o mérito e a amplitude com a qual Laimonas Briedis "saiu em visita" para elaborar o juízo reflexivo de sua narrativa do percurso no tempo da cidade de *Vilnius* e da multiplicidade de perspectivas dos que nela viveram.

George Steiner, ao escrever sobre *A ideia de Europa*[7], aponta que são elementos do pensamento e da sensibilidade europeia a ordem e a cadência de seus caminhantes em seus diversificados itinerários no espaço de sua região.

São os itinerários dos caminhantes que passaram ou viveram em *Vilnius* que nortearam, com sensibilidade europeia, o "sair em visita" de Laimonas Briedis na construção de sua narrativa.

A narrativa de Laimonas Briedis é um tecido de qualidade literária, que entrelaça com originalidade a trama e o urdume. O "urdume" explica as grandes forças políticas e movimentos demográficos que situaram a Lituânia, desde suas origens, no limiar da Europa e suas vicissitudes. O autor desvenda-as pelo sagaz uso da cartografia e de suas dimensões históricas com um acurado conhecimento da geografia humana. É muito instigante o uso que sabe fazer dos mapas. A "trama" revela os nexos de sentido da compreensão transversal dos fios da vida inserida no correr dos séculos no urdume. O autor ilumina esses nexos de sentido pelos relatos de pessoas de distintas procedências que viveram ou passaram pela cidade e que escreveram em mais de uma língua sobre suas experiências na cidade, a partir de suas sensibilidades e perspectivas. A escolha desses relatos é fruto de uma garimpagem literária e cultural de sensibilidade e abertura

---

6. Celso Lafer, "Experiência, ação e narrativa: reflexão sobre um curso de Hannah Arendt". Em *Hannah Arendt: pensamento, persuasão e poder*. Rio de Janeiro: Paz e Terra, 2018, pp. 51–73.

7. George Steiner, *A ideia de Europa*. Lisboa: Relógio d'Água, 2017, pp. 30–32.

que deslinda o alcance geral da particularidade de Vilna. Daí a *vis atractiva* desta obra que se insere no patamar de qualidade do gênero literário de livros sobre cidades. Em síntese, Laimonas Briedis soube nomear e honrar, para evocar novamente o poema de Miłosz, "[...] cidade sem nome/ se tantos estão mortos".

O LEGADO DOS *LITVAKS*

Quero acrescentar a este prefácio uma nota pessoal, explicitando a origem de meu interesse por *Vilna, cidade dos outros*. Conheci pessoalmente Laimonas Briedis e tomei conhecimento de seu livro em sua palestra "*Vilnius* e o mundo", proferida em maio de 2018, na primeira edição do Labas, o festival da Lituânia, em São Paulo.

O Labas ocorreu na Casa Museu Fundação Ema Klabin, da qual sou presidente. Foi fruto de uma parceria com o Consulado Geral da Lituânia. Resultou de uma iniciativa da cônsul-geral Laura Tupe, que, com suas qualificadas atividades, colocou a presença da Lituânia no mapa de São Paulo, inclusive em sua dimensão cultural. O Labas também respondeu a um meritório propósito da Lituânia independente e autônoma: o de resguardar e preservar a memória da *Vilnè* judaica, que desapareceu com o Holocausto, mas foi durante séculos um centro irradiador do conhecimento e dos valores judaicos.

Desta *Vilnè* trata Laimonas Briedis no tecido de sua narrativa sobre a cidade. Por isso, sua palestra deu o alcance mais abrangente da mostra fotográfica *Momentos da história dos judeus na Lituânia*, que ocorreu durante o Festival Labas, realizado na Casa Museu.

A família Klabin-Lafer, como já mencionado, é originária da comunidade judaica da Lituânia. Imigrou para o Brasil na última década do século XIX e em nosso país encontrou seu destino e seus diversificados caminhos em todas as esferas da vida nacional. Hessel Klabin, pai de Ema Klabin, que criou a Fundação, nasceu em Zelva, na Lituânia, assim como seu irmão

PREFÁCIO

Mauricio, o patrono inaugural da família no Brasil. Mauricio e Hessel foram fundadores, em 1899, da empresa Klabin Irmãos e Cia. Leão Klabin, pai de Hessel e de Mauricio, assim como o tio Selman Lafer, meu bisavô, também nasceu lá e se radicou no Brasil. Nos registros familiares, a primeira geração identificada remonta a Eliezer Lafer, também conhecido como Eliezer Klabin, que nasceu em Zelva, em 1780. Eram assim *litvaks*, termo que designa, como já apontado, os judeus *ashkenazim* que viveram durante séculos em *Litè* – a Lituânia em iídiche –, uma região que é mais abrangente que o atual território da Lituânia, pelas razões que Laimonas Briedis esclarece em sua narrativa.

No âmbito do léxico da família, enraizada no Brasil desde o início da República, a memória da vida na Lituânia era muito tênue.[8] Teve, no entanto, presença no testamento de Hessel Klabin, pai de Ema, escrito em São Paulo e datado de 10 de março de 1937. Nesse testamento, que consta dos arquivos da Fundação Ema Klabin, Hessel instituiu pequenos legados aos israelitas pobres de Zelva, ao templo de Bet Hamadras, a Aron Meinek e Chaim Meinek, todos de Zelva. O documento foi subsequentemente revogado, pois as pessoas e as realidades que ele contemplou em 1937 deixaram de existir depois do Holocausto. Hessel elaborou seu novo testamento à luz de outras circunstâncias e faleceu em São Paulo, em 1946.

Meus interesses intelectuais de professor universitário e homem público são múltiplos e diversificados. No entanto, neles teve espaço a curiosidade pelo mundo judaico da Lituânia, que está na origem de minha família. Essa curiosidade foi alimentada pela importância da ação dos *litvaks*, que fizeram de *Vilnè*, a *Jerusalém da Lituânia*, como já mencionei, um centro irradiador das múltiplas dimensões do judaísmo.

---

8. Roney Cytrynowicz. *Mauricio Klabin: empreendedor e pioneiro da indústria brasileira*. São Paulo: Narrativa Um, 2019, Capítulo 1.

Essa irradiação transita pela qualidade da exegese rabínica, da qual o Gaon de Vilna foi notável expoente, e pelo vigor da religiosidade dos *hassidim*. Tem, entre seus componentes significativos, a codificação do cânone literário do iídiche, a língua materna de meus ancestrais, que foi a base da criatividade artística da rica literatura iídiche – reconhecida pelo prêmio Nobel concedido a Bashevis Singer.[9] Em *Vilnè* e em sua efervescência, originaram-se os movimentos sociais seculares do judaísmo que tiveram papel nas dinâmicas do sionismo e do socialismo no século XX.

Daí meu interesse pela palestra de Laimonas Briedis e a subsequente atenção com a qual li seu livro, que insere *Vilnè* na moldura mais ampla do percurso histórico da cidade e da Lituânia. Devo registrar que o pano de fundo que me permitiu apreciar a empreitada de Laimonas Briedis se viu favorecido pela leitura anterior do livro de Henri Minczeles, *Vilna, Wilno, Vilnius, La Jérusalem de Lituanie*,[10] e da obra que este escreveu em parceria com Yves Plasseraud e Suzanne Pourchier, *Les Litvaks: L'héritage universel d'un monde juif disparu*.[11]

A este pano de fundo de leituras e conhecimentos sobre o legado proveniente da herança dos *litvaks*, sobre os quais Minczeles e muitos outros escreveram, cabe acrescentar que estive em *Vilnius* em duas ocasiões e conheci a bonita cidade tão distante do Brasil, sobre a qual Laimonas Briedis escreveu.

A primeira viagem foi em novembro de 2002, quando fiz, como Ministro das Relações Exteriores, uma visita de trabalho à Lituânia, cuja independência o Brasil tinha reconhecido em 1991 e com ela estabelecido relações diplomáticas. Uma de minhas

---

9. Jacó Guinsburg, *Aventuras de uma língua errante*. São Paulo: Perspectiva, 1996.
10. Henri Minczeles. *Vilna, Wilno, Vilnius, La Jérusalem de Lituanie*. Paris: La Découverte, 2000.
11. Henri Minczeles; Yves Plasseraud; Suzanne Pourchier. *Les Litvaks: L'héritage universel d'un monde juif disparu*. Paris: La Découverte, 2008.

motivações como chanceler e estudioso das relações internacionais foi avaliar, na dinâmica do funcionamento do sistema internacional, o impacto do fim da Guerra Fria e da desagregação da União Soviética – um tema importante para a condução da política externa. No caso da Lituânia, como também já mencionei, isso se traduziu no término político e econômico do Leste Europeu e do prévio papel do país como parte integrante do bloco soviético. Isso ensejou à Lituânia, para recorrer a um conceito de Helio Jaguaribe, as condições de permissibilidade para atuar com viabilidade, à luz dos próprios interesses, na condução de sua política interna e externa.

Este foi um fato novo na vida do país, à luz do percurso de que trata Laimonas Briedis em sua narrativa, e é um dado da dinâmica do contexto político e diplomático da vizinhança que inseriu a Lituânia no limiar das marchas e contramarchas da Europa Oriental.

Subjacente aos interesses diplomáticos dessa ida a *Vilnius* em 2002, estava a sensibilidade de ver a cidade na qual se deu a destruição, com o Holocausto, da *Jerusalém da Lituânia*. O poeta da língua iídiche e resistente Sutzkever vivenciou-a no gueto de Vilna e testemunhou, em sua criação poética, a desintegração desse mundo, como analisa com sensibilidade Laimonas Briedis em seu já mencionado livro *Cartografia poética*.

Foi o que me levou a fazer, oficialmente, uma visita à floresta de Ponar, que foi o cenário da execução em massa de dezenas de milhares de judeus. "Sem misericórdia na nuvem acima de Ponar" é como ela aparece no poema "Adeus", de Sutzkever.[12] No poema de Miłosz, "Cidade sem nome", que já evoquei, a passagem

---

12. *Apud* Laimonas Briedis. *Poetic Cartography, op. cit.*, p. 175. Na edição original, o poema grafado "Farewell" diz "No mercy in the cloud above Ponar".

que cabe lembrar é: "O chifre de pastor envolvido na casca da bétula/ Soará nas colinas de Ponar a memória dos ausentes?".[13]

Também fiz uma visita particular a Zelva, o *shtetl* originário da família Klabin-Lafer. É uma pequena cidade que provavelmente se assemelha, em sua disposição urbana, àquela da qual partiram meus antepassados. Na escola da cidade, há um pequeno museu sobre os *litvaks* de Zelva, cuja existência se deve à iniciativa de Zita Kriaučiūnienė, professora da escola e atualmente sua diretora, que foi grata ao apoio que em sua vida recebeu da comunidade judaica. A instituição à qual se dedicam a professora Zita e a professora Rasa Povylienė registra os *litvaks* da cidade que se dispersaram pelo mundo. Entre eles, os Klabin-Lafer. O museu recolhe as informações transmitidas por Fernando Klabin, o tradutor deste livro, que foi o primeiro da família a visitar Zelva, na década de 1990.

Minha segunda viagem foi em novembro de 2019. Teve como objetivo participar da inauguração da exposição *Um modernista brasileiro de* Vilnius: *o retorno de Lasar Segall*. A exposição foi uma iniciativa do Museu Estatal Judaico Gaon de Vilna e de sua diretora Kamilė Rupeikaitė. Contou com o apoio da cônsul-geral em São Paulo, Laura Tupe. Foi um desdobramento da primeira edição do Festival Labas e integrou os propósitos da recuperação da memória judaica na Lituânia. Resultou de uma frutífera parceria com o Museu Lasar Segall de São Paulo, conduzida por seu diretor, na época, Giancarlo Hannud.

O Museu Lasar Segall, cujo conselho integro, é hoje um museu federal brasileiro. Teve, no entanto, suas origens nas iniciativas de Jenny Klabin Segall, a viúva de Lasar Segall, a filha de Mauricio Klabin. Daí a proximidade da família com as atividades do museu.

---

13. Czeslaw Miłosz. *Selected and Last Poems – 1931–2004*, op. cit., p. 261. Na edição original, "What shepherd's horn swathed in the bark of birch/ Will sound in the Ponary Hills the memory of the absent?"

PREFÁCIO

Lasar Segall nasceu em Vilna, em 1889. É um dos grandes artistas plásticos do século XX. Era um *litvak*, que iniciou sua formação artística em sua cidade natal e a ela deu densidade e continuidade na Alemanha a partir de 1906. Participou ativamente do expressionismo alemão, do qual foi um de seus principais expoentes. Radicou-se no Brasil em 1923, constituindo família ao casar-se com Jenny Klabin. Tornou-se, até seu falecimento em 1957, uma irradiadora figura de proa do modernismo brasileiro. Daí a primeira parte do título da exposição, *Um modernista brasileiro de* Vilnius.

A segunda parte do título da exposição, "o retorno de Lasar Segall", assinala a presença de sua obra na cidade na qual esteve pela última vez em 1918, visitando sua família, que depois veio para o Brasil. Dessa visita, resultou o álbum de 1919, *Recordações de Vilna*.

A obra de Segall, como expus em um livro dedicado a suas realizações artísticas,[14] traduz a criatividade hermenêutica de seus múltiplos olhares. Entre eles, seu olhar sobre a *Vilnius* em que viveu. De sua cidade natal, guardou memória, registrando em suas recordações que as impressões da cidade se refletiram em sua obra. Daí o significado de seu retorno sob os auspícios do Museu Estatal Judaico Gaon de Vilna, pois seu olhar sobre a *Vilnè* judaica é parte dos fios do tecido da narrativa do livro de Laimonas Briedis.

Segall integra o rol dos muitos artistas plásticos que se dispersaram pelo mundo com a diáspora dos *litvaks* no século XX. A preservação da memória de suas realizações artísticas é parte dos propósitos do governo da Lituânia de manter vivo o que foi o alcance de sua herança judaica. Foi nesse contexto que, nessa minha ida à Lituânia em 2019, recebi um importante e ilustrado livro, publicado em *Vilnius* em 2015, *Litvak Art*, que elenca esses artistas, inclusive Segall, e reproduz muitas de suas obras.

---

14. Celso Lafer. *Lasar Segall: múltiplos olhares*. São Paulo: Imprensa Oficial, 2015.

Nessa viagem, junto com os netos de Lasar Segall e outros membros da família, tive a oportunidade de ver muitos dos remanescentes locais de memória da *Jerusalém da Lituânia*, o que propiciou uma visão concreta de facetas da narrativa do livro de Laimonas Briedis.

A viagem de 2019 foi uma viagem de família. Foi o que nos levou, além de apreciar *Vilnius* e a exposição de Segall, a também fazer uma visita a Zelva, o local de origem da família, onde estive em minha ida em 2002. Nesse sentido, constituiu-se como um resgate da memória muito distante e esmaecida da origem *litvak* da família, que foi um desdobramento do Labas de 2018, no qual conheci o autor do livro.

DE MICKIEWICZ A MACHADO DE ASSIS

Uma palavra final. Para a edição brasileira, Laimonas Briedis escreveu a introdução "Vilna no Brasil". É um relato de sua experiência de viagem ao nosso país por ocasião do Festival Labas de 2018. Nela examina com sensibilidade os contrastes entre dois países distintos, mas também explora proximidades, por exemplo, as provenientes do vocabulário do barroco. Compreensivelmente, a reflexão sobre a obra de Segall é uma de suas trilhas de entendimento, em especial quando descreve a beleza da natureza de seu país e identifica nas florestas de Segall a filtragem das cores da Lituânia.

O prefácio tem epígrafes, as quais usualmente estendem e apontam a atmosfera que permeia um texto. A primeira é de Machado de Assis, extraída de *Dom Casmurro*: "Mas a saudade é isto mesmo: é o passar e o repassar das memórias antigas".

O livro de Laimonas Briedis é uma narrativa que passa e repassa com originalidade a memória das vicissitudes do percurso histórico de sua cidade natal.

A epígrafe de Machado de Assis remete para o tema da saudade, uma palavra que é uma peculiaridade da língua portuguesa, para a qual Laimonas Briedis procura correspondências em lituano e também para as subjacentes saudades que se originaram do percurso histórico de *Vilnius*.

El rei d. Duarte, em *Leal conselheiro*, livro escrito no século xv, foi o primeiro a tratar da saudade em nossa língua. Em sua análise, por assim dizer fenomenológica, de sua problemática, diz que a saudade é um sentimento que provém do coração e da sensibilidade, não da razão. Origina-se do apartamento de pessoas, lugares ou coisas pelos quais se tem afeição. A saudade pode trazer o prazer da boa lembrança. Pode manifestar o desprazer e a tristeza do mal e da impossibilidade de regresso em relação àquilo pelo qual se teve afeição.

O poema de Sutzkever, "Iídiche de Vilna", que é a segunda epígrafe do prefácio, destila a expressão poética da saudade triste e sem regresso, do fim da *Jerusalém da Lituânia* que ele presenciou, cuja existência no passado integra a narrativa de Laimonas Briedis.

Em minha viagem de 2019, recebi o álbum-catálogo de pôsteres do gueto de Vilna. Publicado pelo Museu Estatal Judaico Gaon de Vilna,[15] o álbum-catálogo impacta. Visualiza relances da resiliência resistente da vida cultural judaica dos *litvaks*, da qual Sutzkever participou, nas terríveis condições do gueto.

Em sua introdução, Laimonas Briedis evoca Machado de Assis, nossa maior referência literária, para trazer com sagacidade a Lituânia para o Brasil. Machado teve interesse pelo poeta polonês Adam Mickiewicz, que nasceu na região da Lituânia, hoje situada na Bielorrússia. Estudou na Universidade de Vilna, que foi, em sua época, na *heteroglossia* da cidade, um espaço de criatividade literária da língua polonesa. Por suas atividades em sociedades estudantis polonesas patrióticas, foi banido pelas autoridades russas tzaristas. Tornou-se um arauto defensor da perdida independência da Polônia e viveu exilado em Paris.

---

15. *Album-Cathalogue Vilna Ghetto Posters*. Vilna: Baltos Lankos, 2005.

Machado, a partir do francês, traduziu seu poema "Alpujarra", que figura na primeira edição de *Crisálidas*. O poema trata dos embates entre mouros e castelhanos na Península Ibérica. Na introdução, explica Laimonas Briedis que se trata de uma balada inserida num poema mais longo, de enredo complexo, que descreve as lutas dos lituanos pagãos contra os cruzados na Idade Média. Remete, assim, para sua sensibilidade, como um contraponto, à inserção da Lituânia em seu limiar na Europa, que integra a narrativa de seu livro.

Machado, em suas crônicas, teve interesse pelos fatos políticos nacionais e internacionais. Em *Crisálidas*, figura o poema "Polônia", que tem como epígrafe uma citação de Mickiewicz e antevê a ressurreição da independência da Polônia, que dela foi privada nas marchas e contramarchas da política europeia do século XIX.

Laimonas Briedis destaca que a poesia de Mickiewicz, na descrição da natureza que configurou grande parte de sua obra criada no exílio, se inspira na paisagem nativa de sua Lituânia natal. Inclusive o celebrado rio que aparece no poema "Polônia" de Machado de Assis é o Niemen da Lituânia, do qual é tributário o rio Neris, que fica nas margens de *Vilnius*, também conhecido em iídiche (como em polonês) como o rio Viliya, e é assim que aparece no poema de Sutzkever evocado na epígrafe. Em síntese, o tema do rio e da natureza que aparece na poesia de Mickiewicz, que tocou Machado de Assis, é também o da saudade das paragens da Lituânia. É assim, sob os auspícios de Machado de Assis, que Laimonas Briedis encerra seu prefácio, inserindo a Vilna de seu livro no Brasil, tornando mais uma vez próximo o distante.

Introdução à edição brasileira
Vilna no Brasil

LAIMONAS BRIEDIS

> Mas a saudade é isto mesmo; é o passar e repassar das memórias antigas.
>
> MACHADO DE ASSIS, *Dom Casmurro*

> Ó, Lituânia, pátria minha, mordida de serpente no meu coração,
> Cegonhas, adejando em minha memória por sobre sua floresta negra,
> Como sinais cabalistas, douram as bordas
> Onde seus abetos farfalham nas margens do Viliya
>
> ABRAHAM SUTZKEVER

Brasil e Lituânia formam um encontro inaudito – tão distantes um do outro, geográfica e culturalmente, quase em polos opostos. O Brasil é um subcontinente, colosso de oportunidades aparentemente ilimitadas, comparado pela letra do hino nacional a um sonho intenso, talvez mais promissor que real, aclamado como um reino dourado de qualificações paradisíacas. A Lituânia, por sua vez, é um pontinho no mapa da Europa: um território mínimo e compacto, apequenado tanto em tamanho como em população por seus vários vizinhos.

Só um pouco maior que o estado da Paraíba, a Lituânia corresponde a menos de 1% da área total do Brasil. Pode-se atravessar facilmente o país de carro, desde a fronteira letã ao norte até a fronteira polonesa, numa questão de quatro ou cinco horas; e, desde a altitude de cruzeiro de uma aeronave, todo o território do mar Báltico a oeste até os confins invisíveis com a Bielorrússia a leste pode ser vislumbrado num único instante.

Observando-a, a Lituânia é elementar: horizontal e presa à terra. Ganhar o país a partir do oeste pode ser descrito mais precisamente como um escurecimento da paisagem, com campos aráveis que gradualmente se transformam "em pastos, pastos em florestas, florestas em cursos d'água, água em vapores e pântanos cheios de touceiras. Cada alteração é marcada por uma mudança simples e limitada de cores."[1]

Contudo, se o Brasil pode ser resumido como detentor de uma incomparável panóplia de matizes geográficas e diversidade humana, a Lituânia, por seu lado, com suas dimensões de bolso, ostenta a marca de uma história digna de um império. É difícil sintetizar a maior parte de seu passado, pois, em diversas passagens, ele pertence à história de outros países e à memória de diferentes povos. Como resultado, a compleição da Lituânia tem o caráter do camaleão: ora visível, ora invisível. A antiga Lituânia já tinha mais ou menos se desintegrado à época em que o Brasil se destacou de Portugal em 1822. Quase cem anos depois,[2] a independência da Lituânia foi reconstituída, porém sob circunstâncias políticas e culturais completamente distintas, que desafiavam a lógica do passado.

Nos cálculos dos anos, o Brasil é bem mais velho que a Lituânia. No todo, a Lituânia contemporânea é, portanto, uma migalha da impressão que deixou na história; comparável, talvez, a uma lasca de âmbar, resto fragmentário da antiga floresta

---

1. Dan Jacobson, *Heshel's Kingdom*. Londres: Penguin Books, 1998, p. 109.
2. Mais precisamente, em 1918.

INTRODUÇÃO

esporadicamente presente no litoral lituano do mar Báltico. O âmbar é naturalmente escuro, mas se torna luzidio quando exposto ao sol. Do mesmo modo como a Lituânia que, embora sempre encoberta por sombras nos relatos históricos da Europa, cintila assim que é removida de seu ponto cego. Obviamente, os países não são meras cronologias e efemérides, mas também personalidades que só podem ser amparadas pela imaginação; e, por mais estranho que pareça, a Lituânia e o Brasil se encontraram pela primeira vez graças a um julgamento equivocado.

O nome e a localização de ambos os países surgem, pela primeira vez, e num mesmo mapa, no ano de 1325,[3] concebido pela mente de um cartógrafo medieval de nome quase querubínico: Angelino. Pouco se sabe a respeito desse Angelino, nem mesmo o seu sobrenome é conhecido ao certo,[4] supõe-se porém que teria nascido na Ligúria e aprendido o ofício da cartografia na grande cidade portuária de Gênova. Mas, e isso é certo, ele desenvolveu suas habilidades confeccionando cartas náuticas na ilha de Maiorca, que, naquela altura, pertencia à Coroa de Aragão.

Conhecidas como *portolanos*, as cartas náuticas incitavam os sonhos dos marinheiros, delineando litorais como se fossem fibras, que parecem mais corredores aéreos do que pontes ligando terra firme. Mesmo que não houvesse sido ele próprio marinheiro, Angelino era no mínimo uma progenitura do mar Mediterrâneo, capaz de retratar o mundo com o entusiasmo de quem cruza mares, prevendo costas distantes através de tormentas, noites estreladas, nevoeiro e tudo o mais.

Quando o olhar de Angelino atingiu o norte do oceano Atlântico e o mar Báltico, ele encontrou uma grande carência de precisão cartográfica. O mar para além da linha costeira é turvo, e a terra firme parece distante, generalizada. Entretanto, baseando-se no máximo de seu conhecimento, Angelino localizou

---

3. Alguns estudiosos apontam o ano de 1330.
4. Há quem diga que fosse Dulcert, ou Dalorto.

o Brasil num naco de terra quase circular, não muito distante da costa meridional da Irlanda, numa latitude de cerca de 51°. Deu inclusive a essa ilha a seguinte legenda: *Insula de montonis sive de brazile*, sendo que *montonis* tem sido alternadamente interpretado como ovelhas ou montanhas.

De todo modo, a palavra *brazile* ou *Brasil* muito provavelmente se origina de uma tinta cujo nome deriva de sua intensa coloração vermelha. Sabe-se que a tinta *brazile* é sobretudo extraída do campeche, conhecido em geral como pau-brasil. Contudo, na Antiguidade e na Idade Média, a tinta *brazile* era importada do Oriente Médio para a Europa. Mais de um século antes do início da colonização europeia nas Américas, por exemplo, o escritor inglês Chaucer, em seus *Contos da Cantuária*, escritos em torno de 1400, menciona *brazile* como uma tinta que vinha das florestas da costa oriental do mar Mediterrâneo. Graças a mais uma coincidência, a Lituânia também é mencionada na mesma obra de Chaucer, não como produto precioso de exportação nem árvore, mas como uma terra recoberta por florestas na Europa setentrional, onde cavaleiros cristãos de toda a Europa costumavam se reunir para lutar contra os pagãos locais, os lituanos. Por se recusarem a aceitar o batismo católico, os pagãos lituanos eram também chamados de sarracenos (infiéis) do norte, fazendo da conquista da Lituânia o equivalente às cruzadas no Mediterrâneo.

O que é menos sabido é que havia um outro tipo de corante vermelho, que era obtido a partir das escamas de um inseto encontrado em diversas espécies de carvalho que abundavam na região centro-norte da Europa. Na verdade, a maior parte da cochonilha utilizada tanto para tingir tecidos como na pintura vinha de uma área que, no fim do século XV, passou a ser controlada pela Lituânia e Polônia; assim, o vermelhão ficou conhecido como cochonilha polonesa.[5] Colher os insetos que produziam

---

5. Ball Philip, *Bright Earth: Art and the Invention of Color*. Nova York: Farrar, Straus and Giroux, 2001, p. 96.

a cochonilha era uma atividade extenuante, demorada e sazonal, que durava cerca de uma semana na época da festa de São João, que, nos climas setentrionais da Europa, coincide com a noite mais curta do ano, fazendo dela um dos momentos mais simbólicos do calendário baseado na mitologia local.

A LITUÂNIA PAGÃ

Na Europa Ocidental, a tintura carmesim era dispendiosa, de modo que os comerciantes estavam sempre atrás de opções mais baratas. Assim, aparece o Brasil, ou seja, uma terra inicialmente chamada de *Vera Cruz* ou *Santa Cruz*, como também *Terra dos Papagaios*, e que foi posteriormente renomeada com base na madeira, e não na ilha-fantasma da costa irlandesa de nome similar. De qualquer forma, a Lituânia surge também pela primeira vez na carta de Angelino, que deu ao país o título de *litefania est paganorum*. Parafraseando: *Lituânia pagã*; ou seja, "a Lituânia é a área dos gentios". Descrição adequada da Lituânia que, para todos os efeitos, era um país sem saída para o mar e, portanto, impossível de se atingir. Em vista disso, desprovida de litoral e de um país fronteiriço, ao contrário da "ilha" *Brazile*, só se podia ouvir falar da Lituânia, que não podia ser vista.

Contudo, no universo dos *portolanos*, a imagem criada por Angelino de uma Lituânia de parcos contornos detalhados fazia sentido. A partir do século XIV, a *Lituânia pagã* começou a se expandir rapidamente pelas terras habitadas pelos cristãos, em especial pelas regiões ao sul e a leste de Vilna, capital da Lituânia, cobertas por inúmeros principados eslavos avassalados por príncipes de fé bizantina ortodoxa. O acaso faz com que o primeiro registro conhecido de Vilna se encontre num documento emitido mais ou menos na mesma época em que Angelino confeccionou seu *portolanos*. Embora Angelino jamais mencione Vilna, um mapa ulterior, assinado por ele, atualizou o tema da expansão lituana, definindo o território como *Iste anbe sunt paganorum*, o que significa "terras adicionais governadas pelos pagãos," que logo se tornou conhecido como Grão-Ducado da Lituânia.

Na época em que Cabral aportou no Brasil, a Lituânia atingira seu ápice territorial, estendendo-se desde as margens meridionais do mar Báltico até os confins setentrionais do mar Negro. Em termos geográficos, a Lituânia do século XVI era o maior Estado europeu, com a maior diversidade cultural possível, constituindo uma ponte continental entre Oriente e Ocidente. Enquanto os portugueses exploravam as rotas marítimas rumo à Índia e lugares mais longínquos, a Lituânia era vista como uma possibilidade de se chegar ao Oriente por terra. A rota terrestre, contudo, era extremamente instável e arriscada, o que jamais permitiu que a Lituânia florescesse como um reino mercantil. Não obstante, a Lituânia foi capaz de abraçar contemporaneamente as tendências religiosas da Península Ibérica.

Em 1495, o grão-duque católico da Lituânia, seguindo o exemplo das casas reais espanhola e portuguesa, mas também por sugestão de seu futuro sogro, o tzar de Moscou, decretou a expulsão dos judeus de seu reino. Os judeus haviam migrado para a Lituânia em sua maior parte vindos da Polônia, no início do século XV, e estabeleceram comunidades de dimensões variadas em diversas cidades do país, incluindo a sede ducal, Vilna. A expulsão foi a primeira diáspora dos *litvaks*, assim como os judeus lituanos vieram a ser conhecidos, de que se tem notícia.

Alguns se deslocaram de volta para a Polônia, ao passo que outros se estabeleceram em zonas próximas do território otomano, sobretudo em Constantinopla. Foi na capital otomana que os judeus lituanos se encontraram frente a frente com seus irmãos sefarditas da Ibéria. O êxodo lituano, contudo, durou pouco. Ao perceber o dano causado ao comércio local e internacional, e carente de tributos a serem pagos a fim de cobrir gastos bélicos, em 1503 o duque revogou a ordem, permitindo que os refugiados retornassem ao país, com a plena restauração de direitos civis e de propriedade.

INTRODUÇÃO

Na Lituânia, diferente de Portugal ou Espanha, a conversão dos judeus jamais foi obrigada por lei, nem encorajada pela Igreja Católica. A partir do momento do retorno dos refugiados, o território a leste da Polônia, junto com a República Unida dos Países Baixos, foi aos poucos adquirindo a reputação de ser porto seguro para os judeus. Reunidas numa espécie de confederação, a Lituânia e a Polônia se tornaram lar para a maior e mais diversificada diáspora judaica. Da mesma maneira, se não de modo ainda mais acentuado, a cidade de Vilna, tema do nosso livro, acabou adquirindo o cognome de *Jerusalém do Norte*. Um poeta iídiche da era moderna comparou o tesouro judaico da cidade a "um obscuro amuleto inserido na Lituânia", feitiço de bom augúrio alegadamente detentor da essência translúcida do âmbar. Essa cidade judaica, em que cada pedra é um pergaminho sagrado, inspirou o alheamento; com letras inscritas em seus livros sacros vagando pelas rotas de migração dos habitantes judeus da Lituânia. Embora dispusesse de "milhares de portas estreitas de acesso ao universo", a cidade permaneceu viva "nos olhos dos *litvaks* em terra estrangeira."[6]

Igualmente, de maneira porém mais gregária, o Brasil, assim que descoberto, exerceu encantamento. Nas palavras intrépidas de um missionário jesuíta dos primórdios da era colonial, qualquer um "que escolha viver no paraíso terrestre tem que vir ao Brasil."[7] Ufanismo à parte, o Brasil e seu povo são inconfundíveis, apesar de ser um dos lugares na Terra mais dotados de contraste. Para a maior parte dos estrangeiros, a exuberância existente na realidade brasileira, tanto em sua natureza como em sua cultura, é difícil de abranger. Para citar Aldous Huxley, um pintor moder-

---

6. Moshe Kulbak, *Vilna*, trad. Nathan Halper, em Mošė Kulbakas, *Vilnius*. Vilna: Vaga, 1997, pp. 17-19.

7. Citado em Philippou Styliane, "Modernism and national identity in Brazil, or how to brew a Brazilian Stew" em *National Identities,* vol. 7, no. 3, pp. 245-264, 2005, p. 256.

nista ou qualquer um que observe "a paisagem tropical comum teria de começar deixando nove décimos da realidade" fora do quadro.⁸

NADA É ESTRANGEIRO PARA NÓS

Nascido em Vilna, o artista Lasar Segall recorda a sensação de se estabelecer no Brasil na década de 1920 como um gosto renovado pelas cores. Do ponto de vista artístico, chegar do "cemitério da estética" do pós-guerra europeu não era diferente de recuperar a visão perdida. Muito dessa sensação de frescor se devia aos arautos cosmopolitas do modernismo e do internacionalismo emergentes, que não obstante se tornaram instrumentais na redefinição e na refinação do significado de ser brasileiro. Naquela época de experimentação e mescla cultural, havia sempre algo inesperado no Brasil, algo inesperado por ansiar, posto que, "na falta de uma cultura original", segundo Paulo Emílio Sales Gomes, "nada é estrangeiro para nós [brasileiros], pois tudo o é."⁹ Por meio dessa *estrangeirice*, Segall fez o Brasil brilhar, levando as cinzas e as brasas da Lituânia para a intimidade de seu novo lar.

Antes de partir para o Brasil, Segall foi um expressionista hesitante, contemplando o mundo, e em especial uma Europa em tempo de guerra, através de contrastes extremos. Sua cidade natal, por exemplo, aparece em sua obra envolta em sombras pesadas, como se evocasse uma ruína. Não há uma só nuance de nostalgia nem de melancolia nessas pinturas, mas antes a marca do deslocamento e da espoliação, provida de um certo sentido profético. Não há razão para acreditarmos que Segall tenha tido uma infância infeliz e inerte em Vilna. Sua leitura sombria do lugar foi sobretudo o resultado de sua experiência pessoal e da

---

8. Aldous Huxley, *On Art and Artists*. Nova York: Harper, 1960, p. 262.
9. Paulo Emílio Sales Gomes, *Cinema, trajetória no subdesenvolvimento*. Rio de Janeiro: Paz e Terra, 1980, p. 77.

experiência coletiva judaica durante a guerra na Europa em geral e na Lituânia em particular. Na verdade, Segall cresceu na Vilna da virada do século XX num relativo conforto estético que lhe permitiu dedicar-se ao devaneio. Seu pai era um comerciante que praticava a fé mosaica como *sofer*, artesão empregado para transcrever a Torá.

Na tradição judaica, o *sofer* é muito mais que um escriba ou calígrafo, ele é um ilusionista, encarregado de manter viva a memória judaica transformando letras sagradas em personas. No fundo, o *sofer* é o guardião dos segredos da cidade. Ele copia os pergaminhos sagrados mas também redige documentos legais para as famílias judias locais. A imagem do *sofer* como decifrador ou um cabalista pode ser encontrada num poema dedicado a Vilna escrito por Moshe Kulbak, lá nascido, que escrevia em iídiche, a língua materna dos judeus lituanos, incluindo a família Segall.

Kulbak era um pouco mais novo que Segall, e ele publicou seu poema em 1926 como um adeus pessoal à cidade. O poeta iídiche estava deixando a cidade rumo a uma nova vida na União Soviética, por acaso no mesmo período em que Segall obtinha a cidadania brasileira. "As páginas viram, abertas no segredo da noite" em profundo silêncio, enaltece Kulbak o trabalho esmerado do *sofer*, apenas uma "vela de sebo tremula, pingando/ Junto à qual o cabalista, entrelaçado em seu sótão/ Como uma aranha, desenha o fio cinzento de sua vida."[10] Como o *sofer*, ou o cronista, reúne as letras da cidade: "cinzento, vagando pelo universo – teia de aranha do início de outono," ele pressagia carregar o espírito *litvak* pelo "cinza da chama negra" da Lituânia.[11] Décadas mais tarde, no Brasil, Segall rememora:

---

10. Kulbak, op. cit., p. 17.
11. Kulbak, op. cit., p. 19.

O que sobre mim exercia a maior fascinação era observar como meu pai copiava a Torá. Com tinta profundamente preta, do negror do piche, por ele próprio preparada, formava sobre o pergaminho branco ou amarelado, também preparado por ele, os monumentais caracteres hebraicos.[12]

O pai estimulou o filho a exercer a pintura, encontrando a cor certa para o momento e o lugar certos. Doravante, o artista iniciante se transformava no ilusionista de sua própria criação, observando seu universo familiar pelo prisma da alteridade:

Segurando ante meus olhos cacos de vidro de diferentes cores, olhava através deles a paisagem da minha cidade natal iluminada pelo sol: uma vez ela era vermelha, outra amarela, ainda outra azul [...] Estes cacos de vidro me ajudaram a transformar o mundo em formas e cores. Até hoje me lembro das diferentes reações emocionais que sentia ao olhar através do vidro de uma cor ou de outra. Se o vermelho alterava a imagem devido à tensão, o verde ou o azul me tranquilizavam, e o roxo escuro fumê imediatamente tornava o mundo num lugar triste e doloroso.[13]

Essa imagem peculiar, auto-centrada mas ao mesmo tempo caleidoscópica de sua cidade natal, segundo Segall, sempre permaneceu em sua memória, refletindo-se em várias de suas obras ulteriores.

Contraditoriamente, a visão expressionista de Segall foi elogiada por um célebre crítico alemão como sendo a marca de um artista cósmico, o qual, devido à habilidade de enxergar para além da cor, de certa forma segura um espelho virado para o

---

12. Lasar Segall, "Minhas recordações", em *Lasar Segall: textos, depoimentos e exposições*. São Paulo: Museu Lasar Segall, 1993, p. 10. Citado em Giancarlo Hannud, "Lasar Segall: de volta a Vilnius" em *Lasar Segall, Modernista Brasileiro de Vilnius*. Vilna: Valstybinis Vilniaus Gaono žydų muziejus, 2019, p. 101.

13. Pietro Maria Bardi, *Lasar Segall: Painter, Engraver, Sculptor*. Milão: Edizioni de Milione, 1959, p. 17. Tradução para o português de Ieva Šadzevičienė, "O *litvak* que levou o modernismo para o Brasil" in *Lasar Segall, Modernista Brasileiro de Vilnius*. Vilnius: Valstybinis Vilniaus Gaono žydų muziejus, 2019, p. 109.

universo. Contudo, apesar da magnitude universalista de seu alcance estético, o *marchand* de Segall na Alemanha reputou sua arte como detentora de "tons mais orientais, mais obscuros e mais místicos do que qualquer outro" devido ao fato de o pintor "sentir profundamente a melancolia milenar dos judeus [europeus] orientais."[14] Não é de surpreender, pois a pintura mais famosa de Segall daquele período é *Os eternos caminhantes*, concluída em 1918. Quase duas décadas mais tarde, a obra foi confiscada pelos nazistas para se tornar "um exemplo" da violação estética à "pureza racial" da arte alemã. Por outro lado, iniciada em 1939 e concluída em 1941, o quadro *Navio de emigrantes* se destaca dentre as obras do período brasileiro. Em 1939, Vilna foi ocupada pela União Soviética no início da Segunda Grande Guerra; e 1941 constitui o divisor de águas da história da Lituânia moderna, com o assassinato da maior parte da comunidade judaica do país, perpetrado pelos alemães e seus colaboradores locais durante o verão e o outono daquele ano.

Embora Segall fosse judeu, sua perspectiva se formou durante a infância em Vilna, onde abundava a diversidade cultural e linguística. Assim, na Alemanha, por exemplo, ele era chamado ora de russo, ora de polonês e, às vezes, de judeu, mas, talvez, o que era mais revelador, jamais de lituano. No Brasil, o pintor se viu confrontado pelo brilho e a sensação de diversidade que ultrapassava o seu sentido de ser diferente. Segall conta anos mais tarde em seu lar paulistano:

Vi-me transportado para baixo de um sol deslumbrante, cujos raios iluminavam as pessoas e os objetos nos mais distantes e ocultos recantos, emprestando uma espécie de resplandecência às coisas que se encontrassem até mesmo encobertas pela sombra, de modo que tudo

---

14. Conforme citado em Edith Wolfe, "'Exiled from the World': German Expressionism, Brazilian Modernism, and the Interstitial Primitivism of Lasar Segall" em *KulturConfusão – on German-Brazilian Interculturalities,* pp. 267–300, *Interdisciplinary German Cultural Studies* vol. 19. Berlim: De Gruyeter, 2015), p. 165.

parecia irradiar pulsações de luz. Podia ver terra roxa, terra cor de tijolo, terra quase negra, uma vegetação luxuriante transbordando em formas fantásticas. [...] e podia ver homens e mulheres com quem, a despeito de sua língua e hábitos estranhos, eu me sentia irmanado.[15]

Embora tenha se sentido um andarilho na Europa, ele abraçou o Brasil como seu lar potencial. Com o passar do tempo, seus trabalhos vieram a ser classificados como brasileiros justamente pelo fato de terem sido criados por um artista que, empaticamente, *não* era brasileiro. Conforme um severo crítico brasileiro, Segall havia finalmente se estabelecido e "se identificado parcialmente com o país em que vive", pois é possível detectar em sua arte "seus gritos eslavos com sotaque caboclo."[16] Finalmente, segundo o registro da Bienal de São Paulo de 1957, o Brasil recebeu Segall incondicionalmente, com o seu sotaque e tudo mais. Escreve um visitante canadense imparcial:

Começamos a visitar a exposição com a mais importante contribuição brasileira, a obra de Segall. Lasar Segall, um dos últimos a chegar ao Brasil, nasceu na Lituânia e estudou na Alemanha [...] Por ocasião de sua morte, há pouco mais de um mês, ele foi pranteado como um amado e admirado filho naturalizado. A exposição foi organizada num tom memorial e é excelente. Crítico social cheio de compaixão, ele retrata de maneira esplêndida o Brasil rural, pintando vacas e camponeses definhados em cores silenciosas, como se as joias brutas do Brasil – topázios, águas-marinhas, ametistas e turmalinas – houvessem invadido sua paleta.[17]

Há um paradoxo na aceitação das obras do artista por parte da cena artística internacional de São Paulo, pois, mais do que qualquer outra coisa, em sua totalidade, a obra de Segall produz uma sensação de unicidade, se não de unidade, da Lituânia primordial e do Brasil moderno. Em suas próprias palavras, Segall

---

15. Citado em "Lasar Segall Processos", Museu Lasar Segall Segal. Link disponível em hedra.com.br/r/lasarsegall
16. Conforme citado em Edith Wolfe, op. cit., p. 173.
17. P. K. Page, *Brazilian Journal*. Ontário: Porcupine's Quill, 2011, p. 122.

alegava ser um mediador, encontrando-se a meio caminho "entre o céu e o oceano, rodeado por humanidade, por 'emigrantes', criaturas tomadas por saudade e nostalgia, esperança e desilusão."[18] Na juventude, Segall iniciou sua jornada como um transcritor realista de tudo o que via a seu redor, exercitando seu olhar, leitor de emoções, para pintar paisagens impressionistas e ensolaradas da floresta lituana no verão. Por conseguinte, algumas de suas últimas pinturas constituem uma série de paisagens: densas fileiras verticais de troncos de árvores sem raízes e sem copas retratadas em nuances quentes de cores suaves. Em outras palavras, as florestas do Brasil filtraram as cores da Lituânia.

Para visitantes como eu, a vastidão, a abertura e, sim, a *estrangeirice* do Brasil é hipnotizante a ponto de se tornar irreal. Cheguei a São Paulo em maio de 2018 a convite do Festival Labas, celebração da herança brasileiro-lituana que durou um fim de semana inteiro, naquele ano abrigado pela primeira vez pela Casa Museu Fundação Ema Klabin. Tratou-se de um local acolhedor e pertinente, tendo em vista que a família Klabin tem suas origens num vilarejo lituano, e Lasar Segall, por intermédio de sua (segunda) esposa Jenny Klabin, tornou-se parte dela. *Labas* quer dizer *olá* em lituano, mas minha visita ao Brasil coincidiu com uma greve dos caminhoneiros, que provou ser tanto um confronto como uma revelação. A paralisação geral do país transformou o festival num desafio logístico, que, graças à desenvoltura dos organizadores e ao caloroso apoio das comunidades lituana e judaica de São Paulo, porém, foi um sucesso.

Limitando-me a mobilidade, a greve ofereceu uma ocasião inesperada de visitar e viver o Brasil como um país completamente diferente. Por um lado, as coisas desaceleraram substancialmente em São Paulo, transformando a agitada metrópole, como me foi dito, numa vasta bonança. Enquanto as estradas do

---

18. Conforme citado em Edith Wolfe, op. cit., p. 178, a partir de "Minhas recordações", em *Lasar Segall: textos depoimentos e exposições*. São Paulo: Museu Lasar Segall, 1993

país se esvaziavam e a escassez aumentava, o horizonte se expandia: com a poluição reduzida quase a zero, o céu recobrou seu brilho natural. De repente, desvelou-se a conformação do país. Durante a greve, tomei um ônibus até Brasília, onde encontrei uma cidade planejada para automóveis sem qualquer vestígio de tráfego. Era no mínimo uma transfiguração da cidade existente em algo jamais imaginado para ela. A impressão que se tinha era a de que Brasília houvesse sido menosprezada: um perfeito e silencioso modelo construído de si mesma antes de se tornar o diamante modernista por lapidar. Depois da greve, suponho, tudo voltou ao normal. Sem testemunhar, porém, a transformação contrária, minha imagem do Brasil permanecerá sempre permeada pela limpidez do céu. A paralisação foi um belo lembrete de que o que consideramos como sendo as verdadeiras cores de um lugar depende da transparência da atmosfera.

UM OCEANO DE ÁRVORES

Vista desde o Brasil, a Lituânia pode facilmente passar despercebida. No melhor dos casos, o país pode ser confundido por outro; no pior, ele é esquecido por completo. A população do país mal chega a três milhões, menos que o número de habitantes do Distrito Federal. Ademais, nas últimas três décadas, durante os anos de independência, a população lituana tem diminuído acentuadamente. Com um aporte imigratório mínimo, o país é bastante homogêneo em termos de etnia e idioma, sua população contando com cerca de 85% de lituanos; o resto é formado por poloneses, russos e bielorrussos. O número de habitantes judeus despencou para cerca de dois mil, se compararmos ao quarto de milhão de judeus que viviam no território lituano antes da Segunda Grande Guerra. A contínua diminuição da sociedade lituana, aliada à sua excessiva uniformidade racial e linguística,[19]

---

[19]. Levando-se porém em consideração o importante fato de sua longa história de ocupações estrangeiras.

contribui para o quadro de uma nação insular e isolada, se não paroquial e de mente estreita. Comparar Vilna a São Paulo, por exemplo, ultrapassa o bom-senso. Ao longo de quase cinquenta anos, a população de Vilna girou em torno de meio milhão.

Em 1889, contudo, na época do nascimento de Segall, Vilna tinha em torno de três vezes mais habitantes que São Paulo no mesmo período. Ademais, a atual população judaica de São Paulo conta com cerca de 70 mil, o que corresponde estatisticamente ao número da população judaica de Vilna na época em que Segall deixou a Lituânia, em 1906. Um século atrás, quase metade da população de Vilna era formada por judeus. Isso provoca um alheamento da Vilna contemporânea diante de sua própria imagem histórica, não em termos de arquitetura e paisagem, mas de idioma, cultura e do rosto autêntico do país. Em geral, tudo o que é não-lituano é visto como estrangeiro e, portanto, agourento, o que incita a Lituânia ser lida mais como um livro fechado do que como um campo aberto. Assim, a Lituânia está raramente presente na imaginação dos estrangeiros e, quando surge, ela com frequência se reveste de uma simplicidade enganosa. Escreve o narrador ficcional de um romance francês intitulado *Démone en Lituanie* publicado em 1973:

> Eu nasci nos confins de um país que talvez fosse melhor não nomear: embora o mencione no título e ao longo desta narrativa, não é de modo algum certo que se trate realmente da Lituânia. Era uma região de charnecas, lagoas e escuras florestas pantanosas, tendo ao fundo montanhas com picos cobertos de neve eterna.[20]

Desnecessário dizer que, na realidade, a Lituânia é quase toda plana, desprovida de picos montanhosos. No que toca às suas características naturais, a Lituânia, também, muito difere do Brasil. A localização do país é limitada pelos paralelos 54 e 56 N, o que o situa mais do que a meio caminho entre o Equador e o Polo

---

20. Henri Guigonnat, *Daemon in Lithuania,* trad. Barbara Wright. Nova York: New Directions Book, 1985, p. 1.

Norte. Caso se localizasse nas coordenadas correspondentes no hemisfério sul, o país acabaria nas águas gélidas e nevoentas do canal de Beagle, que separa a ilha da Terra do Fogo da Patagônia continental. Profissionais da meteorologia descrevem a Lituânia como detentora de um subtipo mais frio do clima continental úmido, o que nada significa até que se vivenciem os longos, escuros, úmidos e gélidos invernos do país. Esse também é o tipo de clima atribuído à zona meridional dos Andes argentinos.

Embora os verões se escaldem na luz do sol e cores brilhantes, seu efeito sobre a paisagem é de uma duração embaraçosamente curta. As primaveras são deliciosas, mas elas também vêm e vão apressadas. O início do outono, com a dramática mudança de cor das folhagens, pode ser divino; mas é mais acaso que regra. Os habitantes locais apreciam os curtos porém quentes dias do outono, porque trazem consigo os frutos da floresta, como por exemplo uma grande variedade de cogumelos comestíveis. A neve pode tornar os invernos cinzentos menos imperdoáveis, embora possa assumir um caráter bem desagradável. De qualquer modo, em qualquer época do ano, a floresta lituana é uma maravilha por si só. Pode-se "passear horas a fio sem fatigar a vista," como explica Czesław Miłosz, escritor polonês nascido na Lituânia e ganhador do prêmio Nobel, "pois, como as cidades humanas, as três colônias têm o seu próprio caráter, formando ilhas, zonas e arquipélagos..." que, combinados aos inúmeros riachos, rios, lagos e pântanos, induzem uma sensação de intimidade que decididamente tempera "a severidade do norte."[21] Pois, em sua maior parte, a Lituânia pode ser descrita como um oceano de árvores, e considerada a rainha das florestas verde-escuras, nas palavras de um poeta russo, embora o nome do país sabidamente venha da palavra lituana que significa chuva ou jorro. Seja como for, tudo aquilo abunda na Lituânia.

---

21. Czesław Miłosz, *The Issa Valley*, trad. Louis Iribarne. Nova York: Farrar, Strauss and Giroux, 1978, p. 3.

Essa fusão de água e madeira torna a Lituânia elusiva, difícil de abarcar e fácil de inundar. Por conseguinte, o país é comparável a uma serpente que se esgueira com facilidade da terra para a água; uma criatura silvestre que não obstante foi sempre bem-vinda nos lares dos lituanos pagãos. A palavra lituana para cobra tem a mesma raiz da palavra que denota vida, dando uma ideia do papel vital da cobra na mitologia local. Segundo os missionários jesuítas enviados à Lituânia no século XVI, a serpente naquele então ainda era venerada pelos habitantes locais, que seguiam as tradições de seus ancestrais pagãos. Os jesuítas que chegaram à Lituânia a convite do grão-duque para fazer prevalecer a fé católica acabaram instilando um caráter barroco ao país. Como resultado, a Lituânia parece um primo distante do Brasil, comungando de um vocabulário estético similar de expressão religiosa.

Como no Brasil, o barroco na Lituânia durou muito mais do que em outras regiões, tornando-se, por assim dizer, o estilo inato do país. A madeira é largamente utilizada no barroco lituano, de modo que os ornamentos e esculturas em madeira de Aleijadinho, por exemplo, não pareceriam deslocados em muitas das igrejas católicas da Lituânia. Aqui e ali, ademais, Vilna também, devido a seu barroco local instituído pelos jesuítas, comunga da afinidade visual de Salvador da Bahia. As duas cidades são colinosas, o que em ambos os casos faz da arquitetura barroca local menos espalhada e mais ondulosa. Em se tratando de jesuítas, cabe sublinhar que eles abordaram suas missões em ambos os países com um objetivo semelhante em mente: fazer os nativos abraçar a doutrina católica. Pregar nos idiomas locais era instrumental para a redenção das almas. Assim, ao passo que os missionários, no Brasil, aprendiam o tupi e outras línguas nativas para nelas evangelizar, um padre português de Coimbra, Emanuel de Vega, em torno de 1580 chegou a Vilna para dar aulas no colégio jesuíta local e aprender a pregar em lituano, um dos primeiros casos de que se tem notícia no Grão-Ducado da Lituânia.

PASIILGAU, NOSTALGIA, ILGESYS

Sem dúvida, um dos laços mais vigorosos das relações entre o Brasil e a Lituânia se deve à imigração – sobretudo de lituanos, mas também de judeus e poloneses – para o Brasil a partir da região que historicamente tem sido associada ao Grão-Ducado. Ao que tudo indica, ela começou tímida no fim do século XIX, atingindo o pico na década de 1920, com dezenas de milhares de novas chegadas. No bairro paulistano de Vila Zelina, há ainda bastante evidência da presença lituana no Brasil; e marcas da cultura *litvak* podem ser identificadas na grande comunidade judaica brasileira. Apesar disso, depois de um século de assimilação, perdeu-se de vista a Lituânia no Brasil. Ademais, assim como costuma ocorrer com a maior parte das histórias de migração, esse movimento de pessoas criou uma associação parcial entre os países; enquanto a memória da Lituânia permaneceu esporádica no Brasil, na Lituânia, o Brasil é raramente visto como tendo algo a ver com com a história da nação.

A fim de capturar melhor essa parca conexão, perguntei a brasileiros de origem lituana sobre o significado da saudade. Duas irmãs, Mafalda e Rute, que nasceram em São Paulo numa família lituano-ucraniana mas foram mais tarde levadas para Vilna por seus pais na esperança de uma vida melhor na Lituânia soviética, contaram suas estórias de imigrantes em ambos os países. Seu pai imigrou para o Brasil na década de 1920 e, quando a família retornou à Lituânia em 1960, Mafalda tinha 15 anos e Rute, 9. Havia também um irmão mais velho, que mais tarde retornou ao Brasil. Embora recebidos com certos privilégios como uma "família lituana" repatriada pelas autoridades soviéticas, a língua materna dos três filhos permaneceu o português.

O sistema comunista lituano baseava-se menos na cultura e no idioma de etnia local do que na ideologia do internacionalismo proletário, escorado na supremacia da abrangência russa. Manter laços com o Brasil e falar uma língua estrangeira, contudo, significava fazer parte de uma lista de proscritos políticos;

mas nem se permitia que a família como um todo retornasse ao Brasil. Assim, eles viveram suas vidas em Vilna em plena contradição: eram vistos como lituanos natos, porém não tão natos em termos de solidariedade linguística e educação ideológica – intrusos no ninho.

Enquanto Mafalda, um nome excêntrico na Lituânia, permaneceu no país, Rute, uma variação de um nome lituano muito comum, depois de 17 anos na Lituânia, recebeu permissão para deixar a União Soviética e retornou ao Brasil. Do ponto de vista político, as coisas mudaram tão logo a Lituânia conquistou a independência em 1990, embora a definição limitadora do significado de ser lituano houvesse se cristalizado. Assim, malgrado os diferentes padrões migratórios, ambas as irmãs se sentiam deslocadas em suas duas pátrias. Mafalda mora em Vilna, mas "considero-me primeiramente brasileira, depois lituana. Por mais que eu queira, não posso esquecer o Brasil, pois basta dizer o meu nome na Lituânia, e inevitavelmente tenho que explicar de onde vem esse nome, pois ninguém nunca ouviu um nome igual aqui. Além disso, toda a minha vida está muito ligada ao Brasil. Minha irmã vive lá, meu falecido irmão viveu lá, seus filhos também vivem lá, minha filha representa a Lituânia no Brasil, lá ficaram meus amigos de infância. Eu até durmo de acordo com o horário do Brasil, tenho dificuldades em levantar-me cedo, pois no Brasil ainda é noite."

Por outro lado, Rute hoje mora no estado de São Paulo, mas "amo a Lituânia pela sua história, suas conquistas, seu passado, e também porque morei neste lindo país. Aqui viveram meus tios, aqui eles lutaram contra os inimigos, os ocupantes. Amo a Lituânia pois tenho sangue lituano. Basta pensar nisto e meus olhos se enchem de lágrimas. Eu sei que faço parte deste país, minhas raízes estão na Lituânia. Não posso dizer o mesmo do Brasil. Apesar de ter nascido aqui, não sinto o mesmo amor, os sentimentos tão profundos que nutro pela Lituânia. No Brasil está a minha família, meus netos, eu vivo aqui e aqui ganho o meu dinheirinho para sobreviver, a minha pensão. Apesar disto, aqui sinto-me uma estrangeira. Na Lituânia deixei meus pais, minhas memórias, a cultura lituana que tanto me encantou."

De qualquer maneira, conhecer intimamente a Lituânia modificou a perspectiva dela sobre seu lugar de nascimento. "O fato de ter vivido no Brasil e também na Lituânia deu-me uma experiência muito positiva, me enriqueceu, fez-me ver que cada país tem o seu modo de viver. Isso deu-me forças para seguir vivendo." Para Mafalda, o mesmo poderia ser dito sobre sua relação com a Lituânia, distorcida por seu amor pela terra natal. "Talvez o primeiro ar que tenha respirado foi o ar do Brasil. Talvez porque as escolas que frequentei quando criança me ensinaram a amar e respeitar a pátria, e minha pátria era na época o Brasil. Eu não tenho sangue brasileiro no corpo, mas meu espírito é brasileiro, sem dúvida."[22]

Contemplar o oceano na direção da lembrança do Brasil a partir da perspectiva de toda uma vida passada na Lituânia exige as palavras certas. "Saudade para mim tem muitos significados, por isso é difícil traduzir essa palavra. Em lituano nós apenas constatamos um fato, quando dizemos que *pasiilgau*, ou 'tenho saudades'. Já em português nesta palavra há muito mais sentimento, memórias, imagens, amor, e é por isso que ao pronunciá-la sorrimos através de lágrimas: sorrimos, porque nos trazem memórias muito agradáveis, e lágrimas porque se trata de um passado irreversível. Em lituano, as palavras *nostalgia* e *ilgesys*, lembram mais um sentimento físico, uma dor. A saudade designa o desejo de algo bom, positivo, mas geralmente que já não existe, a vontade de ter de novo, de voltar trás. Gosto da explicação de que saudade é quando nossa alma diz querer voltar para um lugar que você ama, mas o lugar não existe mais."

---

22. Entrevista realizada pelo autor, em 5 de setembro de 2020.

Ao mesmo tempo, avistar a memória da Lituânia a partir do Brasil é espantosamente mais imediato e cheio de detalhes, exprimindo a sensação de se estar em contato total com um mundo que há décadas permaneceu geograficamente fora de alcance. "Tenho saudades dos meus parentes queridos: primos, tios, tias, da vida rural, do inverno, da neve, de patinar no gelo, de andar de trenó, de rolar na neve, das estações do ano, sobretudo da primavera com suas violetas, lírios do vale, de ver as árvores brotarem depois de uma boa chuva primaveril, macieiras em flor; de veranear na casa de meus tios, trabalhar nos campos, cortar a grama para que os animais tenham seu feno, sem falar no outono com seus cogumelos, suas árvores com folhas de cores diferentes do amarelo clarinho ao marrom escuro, desenhos de inverno nas janelas, pinheirinhos nevados, bonecos de neve com nariz de cenoura... Há tempo que não vejo tudo isto. Tenho saudades."[23]

CONTO DE AMOR PELA TERRA NATAL

Deve ter sido essa imagem perfeita e tangível da Lituânia que incitou a imaginação do jovem Joaquim Maria Machado de Assis a ponto de se sentir atraído pela Polônia. Machado jamais pôs os pés na Lituânia (nesse caso, nem na Polônia ou na Europa), e é pouco provável que tenha alguma vez encontrado alguém da Lituânia; teria sido igualmente improvável ele descobrir algo sobre o país nas livrarias ou bibliotecas do Rio de Janeiro. Contudo, no início de sua carreira de escritor, ao menos por alguns raros momentos, o espírito errante e incansável do país dominou a sua mente suscetível. Segundo seu próprio testemunho, aquela terra distante havia atravessado o oceano para chegar até ele por meio de uma tradução francesa.

---

23. Entrevista realizada pelo autor, 5 de setembro de 2020.

Por conta disso, a Lituânia não foi nomeada, mas se apresentou sob a pele de outra nação. Assim, a Lituânia deslizou até o alcance de Machado e, por extensão, do Brasil, de maneira imperceptível, como uma confusão cartográfica. Isso se deveu em parte ao fato de que, naquela altura, uma boa parte da Lituânia fosse percebida como pertencente ao passado. Por razões geopolíticas, o Grão-Ducado da Lituânia desaparecera do mapa da Europa no início do século XIX e, com ele, impôs-se a ideia, amplamente aceita, de que o país fosse mais nostálgico que real. Na opinião do mais famoso poeta nacional, Adam Mickiewicz, graças a seu passado glorioso e seu presente irrealizado, a Lituânia não passa de um feliz tema para se fazer poesia. Na verdade, a Lituânia estava pronta para a *saudade*, sentimento romântico que negocia intimidade por publicidade.

O volume de poemas escrito por Machado e intitulado *Crisálidas*, publicado em 1864 no Rio de Janeiro, contém dois poemas baseados no tema da Lituânia. Em ambos os casos, o país se apresenta num finíssimo disfarce sob os títulos de "Polônia" e "Alpujarra". Casualmente, aquele ano marca um divisor de águas na história da Lituânia, pois é o momento em que se inicia a compreensão moderna do país mais como território delimitado pela aplicação dos princípios de singularidade étnica e uniformidade linguística do que como terra erguida em torno da heterogeneidade cultural da região.

Ao longo do tempo, esse tipo de pensamento tornou a Lituânia menor e mais estreita, como também jogou fora boa parte de seu passado. Os poemas de Machado são reflexões de seu fascínio pelas imagens e a estória de vida de Mickiewicz, que nasceu em 1798 numa família de fala polonesa, numa região da Lituânia que hoje se situa na Bielorrússia. Essencialmente, Mickiewicz fez parte de uma Lituânia que, na época em que Machado criativamente tentava apreendê-la, já deixara de existir. Por outro lado, aquela Lituânia de outrora trouxe fama a Mickiewicz, pois ela lhe permitiu desabrochar como um verdadeiro romântico, ou seja, tornar-se alguém que se sente sempre deslocado tanto no tempo como no espaço. Machado dedicou "Polônia" a Mickiewicz, e "Alpujarra" é a tradução de uma balada de Mickiewicz retirada de seu conto histórico "Konrad Wallenrod". Esse longo poema descreve as lutas dos lituanos pagãos contra os cruzados na Idade Média. É um enredo complexo, mas a ideia principal do episódio de Alpujarra é a de conferir à luta lituana um contraponto na história europeia. Nesse caso, foi a luta dos mouros de Granada contra os castelhanos cristãos. Em suma, "Alpujarra" é uma balada da reconquista, mas, situando-a num cenário lituano pagão, Mickiewicz a transformou num conto de amor radical pela terra natal.

Mickiewicz cresceu às margens do rio mais importante da Lituânia, chamado Nemunas em lituano, mas também Niemen em polonês. De acordo com certos relatos, os antigos gregos e romanos equalizavam o rio a Cronos ou Saturno, deus do tempo que devorou os filhos a fim de comprovar a força destrutiva do passado sobre o futuro. Para os geógrafos da era clássica do Mediterrâneo, tais como Heródoto e Ptolomeu, o rio Cronos conferia ideia física à extensão do conhecimento humano.

Para além do curso d'água, ficava uma região congelada no tempo. De maneira que o território hoje ocupado pela Lituânia era compreendido como uma esfera existente fora da narrativa e, portanto, além da possibilidade de ser imaginada e descrita; não muito diferente de como o interior do Brasil foi compreendido pelos europeus à época dos descobrimentos. De todo modo, do ponto de vista geográfico, o Niemen jamais foi um rio polonês, pois nenhum trecho dele passa pela Polônia. Foi sobretudo por intermédio da poesia de Mickiewicz que o rio ganhou ressonância no espírito polonês. Por outro lado, o nome *Nemunas* é utilizado por lituanos ao redor do mundo para afirmar sua afeição e lealdade ao país. Em São Paulo, por exemplo, um grupo de danças folclóricas lituanas se chama *Nemunas* e um outro, *Rambynas*, monte sagrado às margens daquele rio.

Mickiewicz cursou a universidade em Vilna e passou a maior parte de sua juventude na Lituânia. Embora se considerasse lituano de nascença, ele escreveu exclusivamente em polonês. Aos 25 anos de idade, por pertencer a sociedades estudantis nativistas patrióticas, o poeta foi banido para sempre da Lituânia pelas autoridades russas tzaristas. Com essa perda (pessoal) do país natal, ele partiu para o exílio, estabelecendo-se finalmente em Paris, onde se tornou o mais famoso dos românticos europeus. Na França, o bardo polonês percebeu ser menos escritor do que peregrino, promovendo a própria imagem como uma espécie de cabalista ou profeta. Ele sentia saudade da Lituânia; mas via na ressurreição política da Polônia crucificada o futuro da Europa. Em harmonia com esse sentimento, em 1855 o poeta-peregrino morreu em Constantinopla enquanto tentava organizar uma legião polonesa durante a Guerra da Crimeia. A maior parte da obra do poeta foi inicialmente traduzida do polonês para o francês, situando-o junto a autores franceses do período.

Muito da mística poética e da fama romântica de Mickiewicz se deve a seu vínculo com a antiga Lituânia, embora defendesse ao mesmo tempo o renascimento da Polônia. Ademais, suspeita-se que a mãe de Mickiewicz tivesse origens judaicas. Em sua mente, essa unidade herdada composta por duas dissonâncias – um corpo extinto e uma alma revolucionária, a velha Lituânia e a nova Polônia – fazia dele um emissário de verdades universais. Mesmo assim, em seus poemas, Mickiewicz era quase sempre extremamente local, ou seja, acentuadamente lituano. Quase imediatamente após ser forçado a deixar a Lituânia, ele escreveu um poema dedicado ao rio de sua infância, que de certa forma se tornara a imagem central da paisagem nativa que configurou grande parte de sua obra criada no exílio. O poema começa como um hino: "Niemen, meu rio nativo! Onde estão aquelas águas/ Para as quais nos arremessávamos por campinas floridas/ E que coletávamos com nossas mãos juvenis/ Para beber ou imergir nossas faces ardentes?" Poucas estâncias depois, porém, ele termina abruptamente numa elegia: "Onde a doce angústia que a idade arrebatada traz? [...] Tudo se foi, mas por que não minhas lágrimas?"[24]

Machado se deixou claramente emocionar pela imagem e pelo sentimento evocados pelo tema do rio no poema de Mickiewicz. O Niemen era ao mesmo tempo concreto e eterno, particular e universal, fazendo o tempo fluir e modelando a memória. Machado compôs "Polônia" como homenagem à nação polonesa batalhadora, mas também como alguém que tinha vivenciado uma perda pessoal. O escritor dedicou *Crisálidas* a seu pai que havia recentemente falecido. A sensação do poema é a de um incalculável sentido de passagem do tempo que torna a memória íntima em algo doloroso porém suave. Essa abordagem pessoal do tema da história (estrangeira) alça "Polônia" desde a condição de cantilena para símbolo da lembrança. Machado ecoa o bardo polonês, mas apenas de maneira evasiva, como se não tivesse certeza de captar corretamente a imagem da Lituânia. Afinal de contas, ele leu Mickiewicz em francês, imerso no ambiente tropical brasileiro, longe da Europa, e ainda mais longe da Polônia. Sua percepção nebulosa da Lituânia se baseava numa tradução estrangeira da transfiguração polonesa do país. Assim sendo, o poeta brasileiro se detém em nomear coisas canonizadas por Mickiewicz.

> Eras livre, – tão livre como as águas
> Do teu formoso, celebrado rio;
> A coroa dos tempos
> Cingia-te a cabeça veneranda;

---

24. Adam Mickiewicz, "Do Niemen", trad. para o inglês de Adam Mickiewicz, *The Sun of Liberty. Bicentenary Anthology 1798–1998*. Edição bilíngue polonês-inglês. Varsóvia: Energia, 1998.

Além disso, Machado torna mais clara sua leitura sugestiva da paisagem ribeirinha nativa de Mickiewicz ao incluir uma nota no fim do poema: "O rio a que aludem os versos é o Niemen. É um dos rios mais cantados pelos poetas polacos. Há um soneto de Mickiewicz ao Niemen, que me agradou muito, apesar da prosa francesa em que o li, e do qual escreve um crítico polaco: "Há nesta página uma cantilena a que não resiste nenhum ouvido eslavo [...] Assim consagrado, o soneto de Niemen correu toda a Polônia, e só deixará de viver quando deixarem de correr as águas daquele rio."[25] Depois de apontar primeiro para o Niemen, Machado rapidamente se volta para o reino celestial da Lituânia. Dessa vez ele é mais eloquente, embora permaneça cauteloso, como se temesse adentrar em águas ignotas. Apesar da hesitação, a terra desconhecida cintila.

> E a desvelada mãe, a irmã cuidosa,
> A santa liberdade,
> Como junto de um berço precioso,
> À porta dos teus lares vigiava.[26]

Embora ausente das notas de Machado, a visão da "desvelada mãe" evoca a imagem do ícone sagrado da Virgem que adorna e protege Vilna. A capital lituana se localiza às margens do principal tributário do Nemunas, o rio Neris. Também conhecido em polonês e iídiche como Viliya, haja vista à epígrafe de Sutzkever: "Como sinais cabalistas, douram as bordas/ Onde seus abetos farfalham nas margens do Viliya." O ícone folheado a prata está colocado numa capela acima de um dos portões da cidade. Em polonês, essa entrada é conhecida como Ostra Brama, ou "portão pontudo". Em lituano moderno, ela é chamada de *Aušros Vartai*, em português "portão do alvorecer". Para Mickiewicz, o rosto

---

25. Machado de Assis, *Crisálidas*. Rio de Janeiro: Garnier, 1864.
26. Machado de Assis, "Polônia", ibid.

terno da Virgem melancólica no portão sintetiza a essência da Lituânia tanto como promessa como reparo: uma oferta votiva e uma metamorfose unidas por sua peregrinação no exílio.

A estátua de Mickiewicz enfeita uma das praças do centro antigo de Vilna; e o portão assoma com freqüência ao longo deste livro, lembrete sutil de que nenhum conto local ou relato estrangeiro pode deixá-lo de lado. No universo de Vilna, essa imagem sagrada é o fragmento de âmbar da cidade, ele reluz à claridade da lírica de Machado. O poeta deixa porém entreaberta a visão da cidade, como se aguardando que a Vilna anônima e invisível se torne mais íntima e confidencial. *À porta dos teus lares vigiava.* Espero que o livro siga o exemplo, iluminando desta feita Vilna inteira na língua materna de Machado.

Para o David

Vilna, cidade dos outros

Partidas

> O mapa
> pregado na parede,
> um nome sublinhado,
> a cidade desconhecida,
> as estradas que até ela conduzem
> cartografadas.
>
> JOHANNES BOBROWSKI, *Precaução*

A Europa toda, pode-se dizer, converge para a capital lituana, Vilna, posto que a cidade se encontra na encruzilhada do continente. Em 1989, cientistas do Instituto Geográfico Nacional da França estabeleceram o centro da Europa em 54° 54' N e 25° 19' L. Exatamente nestas coordenadas, linhas retas oriundas dos extremos cartográficos da Europa – a ilha Spitsbergen ao norte, as ilhas Canárias ao sul, os Açores a oeste e os Urais árticos a leste – convergem no insignificante outeiro de Bernotai, cerca de 25 quilômetros ao norte de Vilna. Embora o momento do cálculo matemático do ponto focal da Europa coincida com a desintegração das divisões continentais da Guerra Fria, ele foi eclipsado pelas mudanças revolucionárias, de natureza política e social, que se seguiram ao colapso da União Soviética e ao restabelecimento da independência da Lituânia em 1990. Por mais de uma década, o ponto central da Europa foi um segredo oculto de Vilna. Seu simbolismo aumentou só no dia em que a Lituânia aderiu à União Europeia. Durante uma cerimônia ocorrida em primeiro de maio de 2004, uma coluna de granito branco, encimada por uma grinalda de estrelas – símbolo da União Europeia –, foi desvelada no local.

A Europa, na verdade, não é um continente, mas parte de uma entidade geográfica muito mais vasta chamada Eurásia. O nome Europa tem origem entre os gregos antigos, que a imbuíram do voluptuoso corpo da jovem filha do rei de Tiro. A princesa Europa logo se tornou vítima dos ardis dos deuses do Olimpo: acabou sendo seduzida e raptada por Zeus, que, com o propósito de conquistá-la, se metamorfoseou num deslumbrante touro branco. Zeus cruzou o mar com uma Europa assustada montada sobre o seu robusto dorso bovino, levando-a, de sua terra natal na costa da Ásia Menor, até Creta, onde, após um lúbrico instante de amor, ele a transformou na rainha da ilha. Nascia, assim, com base numa lenda de transgressão divina, a separação geográfica entre Ásia e Europa. Enquanto o mito confere identidade à Europa, a história ou, antes, uma trama e uma leitura bem particulares dela, lhe concede características geográficas específicas. Devido à falta de quaisquer fronteiras físicas detectáveis, a delineação da Europa como continente separado surgiu primeiramente como ideia de distinção geográfica. O mapa da Europa, portanto, fala mais da ação da imaginação histórica do que de qualquer outra força da natureza. Por conseguinte, a procura pelo centro da Europa é, sobretudo, e, em primeiro lugar, uma jornada pela mentalidade europeia.

A busca pelo centro começa sempre na demarcação das periferias, pois nenhum ponto mediano pode ser encontrado antes que primeiro se identifiquem e depois se meçam as margens. As beiradas seguram o centro, dando-lhe um sentido de gravidade, mantendo-o vivo. Um centro sem beiradas entra em colapso e se transforma num espaço contestado. Em outras palavras, ele se transforma em fronteira. Encontrar o centro cartográfico da Europa se depara com outro desafio, pois exige aferir os parâmetros espaciais exatos de uma ideia. Destilar uma visão geográfica numa série de números e conferir a ela uma expressão matemática faz com que o projeto se torne uma interpretação cabalística do universo. Não há, contudo, nenhuma fórmula secreta a se descobrir por trás de um mapeamento científico da Europa.

Suas extremidades periféricas são determinadas pelos próprios geógrafos, que se valem da história e da geopolítica como estrelas-guias. O cálculo francês da Europa, que inclui a Madeira e o arquipélago das Canárias – tecnicamente parte da África porém associados, do ponto de vista histórico e político, a estados europeus – não difere dessa lógica. Assim, indiretamente, a história, passando pela geografia, localizou, perto de Vilna, o coração da Europa. Esse posicionamento, entretanto, deve nos fazer lembrar de que a história e a geografia jamais são escritas pelo mesmo povo. Por séculos, Vilna viveu sob a sombra da Europa, e mesmo sua recém-descoberta importância continental só reafirma sua localização periférica dentro do continente. A fronteira da União Europeia, recentemente traçada e ratificada, dista cerca de 30 quilômetros a leste da capital lituana, situando o centro do continente bem perto da Bielorrússia, em cuja fronteira se interrompe o atual projeto político de uma "Europa sem fronteiras".

A relação centro-periferia, contudo, jamais se refere tão somente ao poder do centro e a submissão da periferia. As margens sangram na direção do centro, subminando, assim, sem cessar, a sua influência, por colocar em jogo suas próprias incertezas e inseguranças. O mesmo ocorre com a centralidade marginalizada de Vilna: a cidade reúne a história da Europa e a transmite por canais não cartografados. Nesse sentido, Vilna representa mais um limiar do que um centro ou periferia. O limiar, parafraseando Walter Benjamin, não é uma margem nem um ponto, mas uma zona em que tempo e espaço se dilatam. Não é um lugar, mas uma condição, "um fluido rompendo ou dividindo tendências extremistas" que "não podem ser medidas nem localizadas."[1] Sentimentos sobre *Wilno*, o nome polonês de Vilna, como local de limiar já foram expressos por Jan Bułhak, célebre fotógrafo polonês do século XX, que falou de sua natureza sinuosa, tentando

---

1. Renate Lachmann, *Memory and Literature: Intertextuality in Russian Modernism*, trad. Roy Sellars e Anthony Wall. Minneapolis: University of Minnesota Press, 1997, p. 164.

capturá-la em retratos hipnotizantes em preto e branco. Bułhak colocou a cidade na paisagem fluida de uma alma humana, fazendo dela um desafio aos parâmetros europeus, familiares e inflexíveis, de tempo e espaço. *Wilno*, nas palavras do fotógrafo, é uma *suspension of disbelief*, ou "suspensão da descrença":

> A verdadeira *Wilno* permanece calada e inacessível aos esnobes. Será que vale a pena revelar seus verdadeiros tesouros para vândalos caçadores de lembrancinhas e bestas ignorantes? A cidade fala com delicadeza sobre coisas simples e nobres, e não se abre para qualquer um. Ela não grita como um mascate nem faz alarde de seus próprios méritos – ela simplesmente conduz o viajante de mente aberta rumo a uma revelação. Diversas pessoas vindas de terras longínquas conseguiram encontrar a *Wilno* autêntica e, para várias delas, o encontro com a cidade constituiu uma grande experiência espiritual. Esses visitantes permanecem leais à cidade até o fim da vida, louvando-a de modo inteligente nas linguagens da arte. Claro, houve também inúmeros visitantes indiferentes, que foram embora com um sorriso zombeteiro. Eles só foram capazes de ver, porém, a sua simplicidade, as suas deficiências e as suas imperfeições, e jamais saberão que um encontro com *Wilno* é na verdade um julgamento da alma, um teste de percepção humana. Um tal teste é sedutor para alguns, mas, para outros, os não iluminados, não passa de uma armadilha arriscada.
>
> Eis então a nossa *Wilno*: há quem diga que a cidade seja suja, pobre e entediante; outros garantem que seja um lugar adorável, excepcional e sublime. O que poderíamos dizer sobre ela hoje? De que lado devemos começar a investigação da nossa *Wilno*, profundamente mergulhada num vale formado por dois rios, rodeada por colinas verdejantes e adornada por graciosas torres de igreja no formato espiralado de álamos de uma antiga casa senhorial?
>
> Não nos apressemos para dentro da cidade, demoremo-nos por um momento no seu limiar. Wilno se espalha entre as colinas, permitindo ser observada prazerosamente de longe. Gozemos portanto desse prazer de contemplar a cidade à distância.[2]

---

[2] Jan Bułhak, *Vilniaus peizažas: fotografo kelionės*. Vilna: Vaga, 2006, pp. 21–23.

Este livro fala de distância, suspensão e descoberta, fala do momento do limiar – uma zona não cartografada – que separa Vilna de seus visitantes estrangeiros. É uma narrativa da cidade do ponto de vista de um estrangeiro, com sua história detalhada pela geografia de reflexões íntimas, relatos oficiais, cartas particulares, relatórios jornalísticos, observações militares e narrativas de viagem de seus inúmeros visitantes. Este livro, portanto, não é só sobre Vilna, mas também sobre a Europa. É um mapa de todo o continente, percorrido pelas ruas de Vilna.

Vilna sempre ofereceu uma ligação crítica entre diversos componentes, nações e interpretações da Europa. A cidade foi freqüentemente retratada como ponte entre Oriente e Ocidente, mas, assim como todo lugar estrategicamente ambíguo, ela também tem sido um local altamente contestado. Por conseguinte, a cidade jamais possuiu uma única identidade.

O lugar fala da *Vilnè* judaica, da *Wilno* polonesa, da *Vilna* russa e francesa, da *Wilna* alemã, da *Vilno* bielorrussa e da *Vilnius* lituana. Esses diversos reinos topológicos comungam talvez do mesmo território, mas conduzem na direção de experiências e memórias surpreendentemente distintas. No início, o objetivo deste livro era confrontar, comparar e, se possível, sincronizar as diferentes articulações da cidade. Como geógrafo histórico e cultural, quis mapear a paisagem urbana encontrando fios narrativos específicos que entrelaçam suas várias fronteiras linguísticas, religiosas e ideológicas. Nesse intuito, li e percorri toda uma gama de narrativas oficiais e pessoais. E, a cada nova excursão linguística ou ideológica, eu era conduzido na direção de uma trajetória geográfica diferente do lugar. Meu canteiro de pesquisa – a cidade de Vilna – se dispersava diante dos meus próprios olhos e, ao invés de chegar ao ponto em que se intersectam as representações da cidade, via-me sempre deixando a cidade através de um de seus diversos portões narrativos.

Num determinado momento, em meio à minha investigação, fui capaz de compreender que o que eu vinha identificando não eram interpretações disparatadas de Vilna, mas representações centrífugas da Europa. A razão de não poder encontrar o tema histórico central, comum a todas aquelas narrativas urbanas, era muito simples: eu buscava a unidade da cidade em mapas diferentes da Europa. Assim, ao invés de sair de Vilna mapeando trajetórias separadas de narrativas locais dispersas, decidi entrar na cidade a partir dos diferentes pontos culturais e ângulos linguísticos da Europa. Como consequência, o epicentro da minha investigação se deslocou da busca por um nexo narrativo de Vilna para questões relacionadas à ideia sempre mutável de Europa.

Embora a alteração analítica modificasse o curso de minha pesquisa, ela não mudava a intenção de minhas explorações. Vilna, com sua paisagem cultural formada por inúmeras camadas, permanecia o ponto focal de meus interesses, mas orientei minha pesquisa na direção do diálogo entre a geografia da Europa e a história de Vilna, fazendo disso uma história de interação entre significados locais e suas interpretações estrangeiras. Não obstante, a reversão do fluxo investigativo inevitavelmente transformou o terreno expositivo da cidade: de um lugar nativo, familiar e mundano, Vilna se converteu num local estrangeiro, estranho e até mesmo exótico. Apesar disso, acredito que algumas características da minha compreensão nativa da cidade sobreviveram a tal transposição, simplesmente devido ao fato de o meu objetivo analítico inicial e o meu conhecimento pessoal do lugar terem me posicionado, por assim dizer, no lado aborígene do espelho representacional. Essa busca nativa pela Europa em Vilna atirou uma nova luz sobre as implicações locais de várias batalhas políticas, fricções ideológicas e colisões culturais de proporções continentais. Ela também me conduziu até novas fronteiras teóricas e narrativas da investigação geográfica, pois me permitiu traçar e refazer as experiências dos viajantes de uma maneira mais dinâmica e imaginativa. O livro se baseia em relatos escritos sobre Vilna, que de maneira alguma desembocam num mapa definitivo do lugar. O que ele gera, porém, não é menos real, na medida em que aviva a história local com as vozes, experiências e fantasias dos viajantes que utilizaram a cidade como pouso em suas andanças de auto-conhecimento. Em suma, minha narrativa de Vilna é uma história de viagem, uma história da cidade cartografada como passagem de um mundo familiar para um reino desconhecido.

Vilna jamais foi uma cidade cobiçada pelos viajantes e, à diferença de outras cidades mais celebradas da Europa, tais como Roma, Paris, Londres, Berlim, Viena ou Moscou, ela jamais reuniu um cânone narrativo e representacional que pudesse guiar os visitantes estrangeiros através de sua história e geografia. A história de Vilna espelha a da Europa, mas apenas como um eco alterado e distorcido de sua história grandiosa. Claro está que cada canto da Europa tem sua voz própria, capaz de determinar o ritmo unificador ligeiramente desafinado do continente. Nessa polifonia, porém, de variações reverberantes, Vilna interpreta uma toada perfeitamente excêntrica. Embora a história da cidade esteja repleta de mudanças dramáticas e com frequência trágicas, acontecimentos e personalidades locais raramente participam do vocabulário histórico comungado por toda a Europa. E, até hoje, Vilna se apresenta como um forasteiro continental, um personagem pouco familiar – um transgressor – no seio de um esmerado *storyboard* da Europa.

Essa ausência de uma familiaridade europeia não significa que os encontros de Vilna com forasteiros tenham sido poucos. Pelo contrário, durante sua história secular, a cidade sofreu inúmeras invasões estrangeiras, a maior parte delas em períodos de guerra e ocupações. Devido ao caráter fronteiriço desses encontros, Vilna foi raramente vista ou vivenciada como um destino em si mesmo – e sim como um lugar de passagem, um espaço que conduz a outros fins, em outras palavras, um limiar. A natureza transitória e inadvertida dos visitantes de Vilna deram contorno àquilo que os estrangeiros passaram a conhecer sobre o local. Os estrangeiros, em Vilna, são mais como coletores ou, pior, forrageadores, que veem, imaginam, e frequentemente vivenciam o lugar como se fosse a sobra de uma colheita histórica – europeia – muito mais grandiosa. Embora tenha me utilizado de estrangeiros como narradores da cidade, este livro constitui menos uma tentativa de modificar essa noção, do que expor o outro lado dela. Enquanto as opiniões dos estrangeiros tendem a marginalizar Vilna, suas narrativas, quase sempre involuntariamente, acabam posicionando a ideia e a prática europeias no centro da história local. Em outras palavras, tornei central tudo aquilo que os estrangeiros viram como periférico.

A inversão da hierarquia representacional me permitiu facilitar a separação entre estrangeiros e nativos, a qual, de certa maneira, corresponde à transformação histórica de Vilna. História e geografia transformaram a cidade num lugar de migrantes, em que as experiências de estrangeiros e habitantes locais, recém-chegados e residentes, expatriados e nativos se fundem numa miríade de narrativas e memórias entrelaçadas que podem facilmente transgredir diferentes ordens temporais e espaciais. De certo modo, qualquer um pode ser um estrangeiro em Vilna, não devido a sua origem estrangeira, mas porque a cidade possui tantos nomes e tantas histórias que uma única identidade humana mal pode abarcá-los todos.

Diferentes vozes estrangeiras e línguas nativas tornam difícil localizar Vilna num único mundo ortográfico. Ao longo do texto, tentei usar o nome de Vilna conforme encontrado nas fontes originais; assim, o nome da cidade alterna entre sua versão lituana contemporânea e versões mais precisas do ponto de vista histórico, linguístico e pessoal, como por exemplo *Wilna*, *Vilna*, *Vilnè* e *Wilno*. O mesmo é válido para todos os outros nomes locais de lugares e pessoas. Com vistas a auxiliar o leitor a navegar com maior suavidade por esse arquipélago de diferentes marcas ortográficas, um índice contendo todas as versões dos topônimos está à disposição no fim do livro.

A margem da Europa

> Talvez virmos de uma região que por um longo período foi considerada os confins orientais de uma cristandade centrada em Roma nos torna mais sensíveis aos pontos de gravidade mutáveis, simbolizados pela própria fluidez de termos tais como Ocidente e Oriente.
>
> CZESŁAW MIŁOSZ

O aparecimento de Vilna na Europa constituiu uma anomalia espiritual: cidade pagã num oceano de cristandade. Uma epístola, recebida em 1323 pelo papa na cidade meridional de Avignon, anunciou o nascimento de Vilna. Levada por um monge austero do porto báltico de Riga, a carta chegou ao palácio papal de pedra cinzenta com os primeiros sopros arrepiantes do mistral. A chegada do mistral geralmente coincidia com o Advento e o início de um novo ciclo no calendário católico. A correspondência, supostamente redigida por Gediminas,[1] o auto-intitulado "rei dos lituanos e de muitos russos", prometia também um novo começo. Num texto elaborado num latim diplomático, o rei lituano solicitava ao papa – "o mais excelso padre do trono romano" – que aceitasse sua submissão real e recebesse a si e seus conacionais na comunhão cristã dos santos. O pedido rejubilou o Papa João XXII, que anos a fio havia fracassadamente tentado convencer Gediminas a receber o batismo católico. A carta, porém, não estava assinada, não estava datada, nem continha marcas nítidas de sua origem geográfica ou de seu remetente. Essa falta de cortesia epistolar fez com que ela parecesse pouco convincente, se

---

1. Também conhecido como Gedimyn.

não mesmo falsa, de modo que o papa leu a mensagem com a prudência de uma incerteza política.² Havia motivos de sobra para desconfiar de Gediminas. Um deles era o fato de ele ser pagão – o último governante pagão ainda existente na Europa. Pior ainda, a sua propriedade – a Lituânia – era um estado apóstata. No meio do século XIII, seu governante, Mindaugas, recebera o batismo do Papa Alexandre IV, para dois anos mais tarde renunciar à fé. Por mais de um século, os lituanos haviam sido inimigos mortais dos católicos, atacando seus castelos, pilhando suas cidades recém-construídas, incendiando suas igrejas, massacrando padres e escravizando neófitos nas fronteiras bálticas da cristandade. Os papas repetidamente convocavam guerras santas contra eles. A Ordem Teutônica, desalojada da Terra Santa em consequência da perda de Jerusalém, liderou a Cruzada Nórdica.

A Ordem era uma instituição monástica, cujos membros faziam voto de castidade como penitência por seus pecados. Os cavaleiros teutônicos, assim como vieram a ser conhecidos, formaram uma irmandade de guerreiros penitentes que levavam na mão a cruz com uma espada, garantindo assim a redenção pessoal com o sangue dos infiéis, hereges e apóstatas. Depois de viajar do Mediterrâneo até as costas do Báltico na virada do século XIII, a Ordem Teutônica havia se transformado numa eficiente máquina militar com a missão apostólica de disseminar e defender a fé católica entre os gentios. Uma sucessão de papas os benzeram com absolvição, garantindo sua devoção à igreja mãe, e diversos imperadores do Sacro Império Romano Germânico lhes concederam vastos territórios, tornando a Ordem um dos maiores domínios feudais da Europa. Como sinal de sua privilegiada posição social e religiosa, a aristocracia europeia multilíngue acumulou-os de doações financeiras e de um crescente excesso de filhos ociosos. Apesar do apoio cosmopolita, a Ordem

---

2. Carta de Gediminas ao Papa João XXII em v. Pašuta e I. Štal, *Gedimino laiškai*. Vilna: Mintis, 1966, p. 22.

Teutônica deveu sua força numérica à populosa classe aristocrática da área germanófona; daí o seu nome. Como resultado, seu zelo missionário foi matizado pelas cores do expansionismo feudal, da repressão social e da transformação cultural. Junto com a cruz, os cavaleiros levavam progresso alemão à região báltica, construindo sólidos castelos, cidades comerciais, mansões nobiliárquicas e paróquias católicas em troca de sua dominação. Os monges-guerreiros eram seguidos por colonos alemães leigos das cidades hanseáticas, fazendo da missão religiosa um movimento colonizador, que foi batizado, na época nacionalista e romântica do século XIX, como *Drang nach Osten*.[3]

Os cavaleiros, investidos com o poder do apoio tripartite da igreja, do imperador e da aristocracia, construíram um Estado fortificado na Livônia e na Prússia, territórios conquistados localizados nas fronteiras setentrionais e ocidentais da Lituânia, isolando assim, efetivamente, o país pagão da Europa latina. No decorrer de uma ou duas gerações de acúmulo de riqueza e prestígio, a Ordem se tornou cada vez mais independente de seus benfeitores. Os monges governavam as terras bálticas conquistadas sem qualquer lealdade às autoridades imperiais ou eclesiásticas. Encorajados pelo êxito político, heroísmo militar e astúcia comercial, eles demonstraram pouco respeito às complexas hierarquias da Europa latina. As maneiras arrogantes da Ordem não passaram despercebidas. Enquanto o Papa João XXII chamava os cavaleiros com frequência de amados filhos da Igreja Católica, eles recebiam pouca afeição do rei da França, tesoureiro do papado.

O Papa João XXII, francês de origem modesta, foi eleito em 1316 para servir aos interesses da coroa francesa, que havia levado o papa anterior de Roma para Avignon, cidade localizada no sul da França. Apesar da idade – João XXII contava quase 70 anos à época de sua eleição – o papa não demonstrava sinais de

---

3. Em português, "impulso para o leste"

letargia. Na Itália, liderou uma longa e brutal Cruzada contra os estados locais que se opunham a um papado dominado por franceses. Durante a guerra, ele excomungou Ludwig da Baváría, incansável adversário do trono do Sacro Império Romano Germânico e principal instigador da liga anti-papal na Europa. O Papa João XXII se dedicou também a limpar a igreja de inúmeros desvios dogmáticos. O édito que definiu o seu papado foi a excomunhão de um ramo influente de irmãos franciscanos, conhecidos como espiritualistas, devido à sua adesão a princípios de pobreza evangélica baseada na convicção de que Jesus e os apóstolos não detinham posses materiais. Num gesto oposto, em julho de 1323, ele transformou Tomás de Aquino, o *Doctor Angelicus* do conhecimento teológico, em santo.

Logo após ler a primeira carta de Gediminas, o pontífice recebeu a visita de uma delegação vinda de Riga, trazendo mais uma epístola do governante lituano. Gediminas culpava a política agressiva dos cavaleiros teutônicos pela teimosa rejeição da fé católica por parte dos lituanos. Todavia, o papa não precisava duvidar da intenção de Gediminas de receber o batismo. O Papa João XXII foi ainda informado pelos delegados que Gediminas havia alardeado sua futura conversão a todo o resto da Europa. O rei havia despachado diversas outras cartas, dirigidas a "todos os cristãos, homens e mulheres, espalhados pelo mundo", em que anunciava a aguardada chegada dos representantes papais à Lituânia. De maneira estratégica, os principais destinos dessa importante difusão se restringiam às "prestigiosas cidades de Lübeck, Stralsund, Bremen, Magdeburgo e outras louváveis cidades entre Colônia e Roma." Gediminas informou também as maiores casas monásticas católicas – as Ordens Franciscana e Dominicana – de seu desejo de se tornar cristão, convidando membros da irmandade a viajar até seu reino e disseminar a palavra e as boas ações entre seus súditos. Conforme a prática vigente aplicada a importantes notícias públicas, Gediminas pediu aos destinatários anônimos de suas mensagens que duplicassem a carta e que, depois que uma cópia fosse pregada na porta principal da igreja mais próxima, a transmitissem pela rede postal da Europa medieval para a próxima cidade ou mosteiro. Dessa maneira, declarou o autor da mensagem, "a glória de Deus" poderia ser compartilhada por todos. As intenções sagradas de Gediminas foram acentuadas pela data cuidadosamente escolhida para o seu comunicado. O primeiro pacote de cartas foi assinado em 25 de janeiro, dia que celebra a conversão do apóstolo Paulo, responsável pela disseminação da fé cristã entre os gentios. A segunda remessa foi timbrada em 26 de maio, dia de Corpus Christi, homenageando o sacramento da Eucaristia e o milagre da transubstanciação do corpo de Cristo.[4] Antes que as cartas chegassem à sua pretendida audiência cristã, a cidade de Vilna era um lugar anônimo e desconhecido. Um assentamento humano deve ter existido no local muito tempo antes de Gediminas chegar ao poder em torno de 1315, mas foram suas palavras conciliatórias dirigidas à Europa latina que propiciaram a existência do lugar no registro histórico da Europa. Por conseguinte, a idade de Vilna é contada a partir de 1323, fazendo-a tão velha quanto a santificação de Tomás de Aquino.

⁓

O nascimento de Vilna de que se tem registro se apoia num mito local. Em geral, as lendas são muito mais antigas que documentos; no caso de Vilna, porém, a distância temporal entre o mito e o arquivo é insignificante. Na verdade, é possível que o mito da origem da cidade tenha sido inventado em resposta à sua fundação documental. Isso poderia explicar o fato de que a lenda e o registro tenham o mesmo protagonista: Gediminas, confrontando o mesmo dilema geopolítico de como fazer a Lituânia uma nação aceita e reconhecida no mundo. Tanto o mito como os registros históricos, as cartas, procuram estabelecer uma ligação entre o universo local e o universo estrangeiro por meio da construção de Vilna como terreno em que duas esferas se encontram.

---

4. Carta de Gediminas à burguesia de Lübeck, ibid., pp. 28-35.

Vilna, reza a lenda, nasceu de um sonho. Enquanto caçava nos densos bosques que viriam a circundar a futura cidade, Gediminas, exausto, resolveu descansar. Durante o sono, ele teve a visão de um lobo de ferro uivando com ferocidade. Estupefato diante de imagem tão incomum, Gediminas pediu uma explicação ao sacerdote pagão. O oráculo interpretou o sonho do rei como um desafio ao seu dever cívico. O sacerdote instruiu o rei no sentido de erguer uma cidade no mesmo lugar em que tivera o sonho, cidade que traria fama mundial para o seu nome e para a Lituânia. Gediminas não perdeu tempo e de imediato metamorfoseou a sua visão em pedra. Um castelo imponente foi construído na colina mais alta diante da confluência de dois rios, em torno de cujos leitos tortuosos a cidade se estabeleceu.

Vilnius muito provavelmente tomou emprestado seu nome ao menor dos dois rios, o *Vilnia*, que conota um fluxo ondulado, meândrico e sinuoso em lituano. O nome também aponta para a proximidade com o outro mundo. Os vocábulos lituanos para defunto ou *velionis*, fantasma ou *vėlė*; e diabo ou *velnias*, comungam da mesma raiz etimológica de *Vilnius*, que abrigou um dos mais sagrados locais da Lituânia pagã. A palavra *Vilnius* indica características excepcionais ou mesmo mágicas do lugar. Denota uma ligação entre reinos do universo distintos e opostos, que faz de Vilna um local pulsante – mais como um instante no tempo do que um lugar físico – que serve de ponte entre os vivos e os mortos.[5] A etimologia (nome), a lenda (narração) e a história (registro factual) de Vilna revelam suas origens nativas. Diversas cidades erguidas nas fronteiras bálticas da cristandade, tais como Riga, Tallinn e Königsberg, foram fundadas no intuito de expandir e fortalecer a hegemonia estrangeira sobre as terras conquistadas e os povos aborígenes. Em corpo e espírito, ou seja, na redação jurídica e no funcionamento social, elas eram

---

5. Para maiores informações sobre os significados mitológicos de Vilna, ver Vladimir Toporov, "Vilnius, Wilno, Vil'na: miestas ir mitas" em *Baltų mitologijos ir rituralo tyrimai*. Vilna: Aidai, 2000, pp. 35–98.

cidades coloniais. Vilna foi diferente: autóctone, pagã e livre, ela foi capaz de fortalecer tradições locais. O lugar se tornou capital da Lituânia em resposta às intrusões estrangeiras. Portanto, se a espiritualidade pagã foi a madrinha de Vilna, então o longo e estafante conflito militar contra o mundo católico foi o seu padrinho. Gediminas elegeu Vilna como residência real por estar profundamente localizada no interior da Lituânia, protegida não só por deuses pagãos, por um exército eficiente e por um sistema de vigilância bem situado, como também por vastas florestas, rios tortuosos, terrenos pantanosos instáveis e um tempo caprichoso – tudo tornando o acesso estrangeiro à cidade numa tarefa extenuante.

Malgrado o isolamento geográfico e as qualidades defensivas do lugar, Gediminas imaginou Vilna como um terreno europeu de convergência. Nas cartas em que prometia sua conversão, ele convidou os católicos da Europa – comerciantes, cavaleiros, clérigos e artesãos – a se estabelecer na recém-consagrada capital da Lituânia. Prometeu aos recém-chegados privilégios exclusivos de natureza religiosa, legal e cultural, junto com um solene pedido de lealdade e respeito às tradições pagãs locais. Assim, o único grupo explicitamente excluído de sua generosa oferta foram os monges guerreiros da Ordem Teutônica.

No militante zelo de sua atividade missionária, os cavaleiros, claro, eram os mais vociferantes opositores da conversão pacífica e diplomática da Lituânia. Tendo escolhido o caminho da redenção por meio de um evangelismo bélico, eles estavam determinados a manter o paganismo na Lituânia. Os cavaleiros viam no estabelecimento, sem a sua participação, de uma comunidade cristã em Vilna um desafio frontal à sua sobrevivência política e pessoal. Sem a presença ameaçadora dos gentios lituanos, a Ordem corria o risco de acabar violentamente, assim como ocorrera com os Templários, cuja irmandade fora brutalmente esmagada por Clemente v, o papa precedente, que acatara as calamitosas acusações do rei francês. Felizmente para a irmandade teutônica, o novo rei da França, o jovem e grosseiro

Charles IV, estava de novo planejando libertar Jerusalém do jugo muçulmano, demonstrando, por conseguinte, pouco interesse pelas questões bálticas. O francês deixou o assunto da conversão lituana nas mãos do papa, que ainda guardava no seu íntimo um resto de afeto pelo zelo missionário dos cavaleiros.

A fim de acentuar sua necessidade mundana, a Ordem Teutônica dedicou a Lituânia livre à Virgem Maria. O gesto devocional fez da hegemonia política sobre o país uma questão espiritual. O imperador do Sacro Império Romano Germânico sancionou a barganha celestial, mas o papa discordou, pois não se via disposto a repartir as honras da conquista espiritual com as exigências políticas dos cavaleiros. O Papa João XXII tencionava manter a soberania da Lituânia por tanto tempo quanto seus governantes aceitassem o catolicismo. Da distante Avignon, ele mandou duas cartas: uma para Gediminas, louvando sua decisão de abraçar o catolicismo, e outra para os cavaleiros teutônicos, repreendendo-os pela insubordinação. O papa enervou os cavaleiros por insistir num acordo de paz de seis anos entre a Lituânia pagã e as potências católicas vizinhas com vistas a atingir o objetivo da conversão. Relutante, a Ordem Teutônica admitiu a derrota diplomática.

Na primeira metade do século XIV, o estado da cristandade se encontrava longe do ideal. Diferenças doutrinárias irreconciliáveis entre católicos e ortodoxos mantinham os cristãos numa divisão permanente. Entre os católicos, divisões teológicas e animosidades feudais não eram menos danosas. O papado não passava de uma mercadoria religiosa a ser negociada, comprada, usurpada e obtida à força, ou simplesmente desposada. O vigário de Cristo era mantido debaixo dos olhos vigilantes e da bolsa controladora da coroa francesa no exílio dourado de Avignon. Em questões políticas, o papa deve ter-se sentido uma nulidade. De maneira providencial, a conversão da Lituânia propiciou uma oportunidade única para a restauração da autoridade espiritual e da posição social do papa. A Lituânia se localizava na convergência de diversas órbitas religiosas, militares e comerciais da

Europa, numa região em que interesses de diferentes potências políticas e autoridades religiosas se sobrepunham. Enquanto pagãos, os governantes lituanos expandiram profundamente seu controle político pelas províncias eslavas cristãs. No oeste e ao norte, esse Estado próspero era limitado por países católicos; no leste e ao sul, ele se misturava às províncias ortodoxas da Rússia; e em suas extremidades a sudeste, ele atravessava os domínios tributários dos canatos mongol-tártaros. O batismo latino teria inevitavelmente feito da Lituânia um baluarte do catolicismo numa região de lealdades religiosas instáveis, e poderia ter criado o ambiente perfeito para uma interessante união entre adeptos dos ritos grego e latino sob os auspícios do papado. O papa não tinha como imaginar que seu caminho rumo a uma posteridade de beatitude, e mesmo de santidade, poderia passar pela imersão batismal do remoto rei pagão da Lituânia.

Para uma missão tão crucial, o Papa João XXII selecionou três representantes: dois proeminentes teólogos franceses – um bispo e um abade, ambos membros da Ordem Beneditina – e o arcebispo de Riga, presumido padrinho espiritual de Gediminas, que havia sido também enviado para assumir sua distante sede após anos de exílio devido ao contínuo conflito entre a Ordem Teutônica e a hierarquia da igreja católica local. Após uma árdua viagem por terra e mar, os representantes chegaram a Riga, capital da Livônia, no início do outono de 1324. Encontraram uma cidade em tumulto. Uma guerra de baixa intensidade estava fervendo entre os cavaleiros teutônicos, que haviam tomado o controle político e eclesiástico da Livônia, e a burguesia de Riga, que tentava proteger os privilégios civis e os interesses comerciais da crescente classe mercantil. O arcebispo tomou o partido dos comerciantes, que, por sua vez, procuraram apoio militar dos lituanos pagãos. Antes que um tratado de paz fosse assinado em Vilna, uma aliança blasfema entre pagãos e burgueses católicos emergiu contra os irmãos teutônicos. Diante da nova crise gerada por tal ímpia união, os representantes mandaram um emissário até Vilna a fim de preparar o terreno para a conversão cerimonial de Gediminas.

Na região báltica, a melhor época para se viajar por terra era no meio do inverno, quando os pântanos, lagos e rios congelavam a valer. Mas tal era a urgência do assunto, que os mensageiros apostólicos deixaram Riga antes do início do inverno e chegaram a Vilna no começo de novembro, no sábado seguinte ao dia de Todos os Santos. Foram os primeiros estrangeiros de que se tem notícia a viajar à capital lituana e deixar um registro escrito da visita. Nada se sabe sobre os traços pessoais – nomes ou origem – desses primeiros visitantes, mas um relatório detalhado de sua missão, escrita pelos próprios delegados, foi mais tarde enviado ao papa.

Conforme o relatório, assim que chegaram a Vilna, os emissários papais foram gentilmente cumprimentados por Gediminas, que lhes ofereceu em pessoa uma abundante refeição e confortáveis alojamentos. Na manhã seguinte, os mensageiros se juntaram a uma pequena comunidade de monges católicos estrangeiros para participar de uma missa matutina, agradecendo Deus por terem chegado sãos e salvos e orando pelo sucesso da missão. Em seguida, foram ver Gediminas no salão de recepções do castelo. Para seu desagrado, os diplomatas encontraram Gediminas rodeado por numerosos conselheiros, representando todos os clãs e credos do reino. Enquanto os pagãos dominavam a assembleia, havia também alguns representantes russos ortodoxos e possivelmente um monge católico entre os assessores reais. A multidão reunida saudou os delegados com desconfiança e, sem qualquer gentil introdução ou cortesia diplomática, Gediminas perguntou ao emissário-chefe a razão da visita. O diplomata respondeu resoluto: haviam chegado até Vilna, em nome do santo padre, a fim de tratar do batismo de Gediminas. Demonstrando impaciência, Gediminas perguntou se sabiam o que estava escrito nas cartas enviadas ao papa. "Sim", disse um dos mensageiros, "expressava seu desejo de se tornar cristão." "Bobagem," replicou Gediminas, "jamais quis dizer isso, mas se vocês entenderam dessa maneira, então deve ter sido culpa do irmão Berthold. Foi ele quem escreveu a carta, e é ele que deve assumir inteira responsabilidade pelo equívoco. E se alguma vez eu tenha pensado em conversão," trovejou o governante lituano, "que venha o próprio demônio me batizar!"[6] Após repreensão tão ameaçadora, Gediminas se recompôs e confirmou o conteúdo da carta, exceto sua aceitação do cristianismo. Explicou sua recusa à fé católica invocando a ideia de tolerância e igualdade religiosa. Na Lituânia, declarou orgulhoso o governante, todos os credos eram aceitos: os poloneses, alemães e outros católicos veneram da maneira latina; os russos seguem suas exclusivas tradições ortodoxas; e "nós, pagãos, adoramos deus de acordo com nossos antigos rituais." No final das contas, porém, sintetizou Gediminas, "nós todos amamos um só deus."[7] Os diplomatas papais o contrariaram e defenderam a ideia de uma supremacia benevolente da fé católica. Mais uma vez, sua posição dogmática enervou o rei pagão, que concluiu o encontro com um discurso improvisado sobre o caráter dúplice da fé católica. "Por que é que vocês sempre falam de amor cristão? Onde é que vocês encontram tanta miséria, injustiça, violência, pecado e cobiça, a não ser entre os cristãos? Em especial entre os cruzados, que se vestem de monges piedosos mas só fazem disseminar o mal por toda parte."[8]

Os delegados, humilhados, passaram os dias restantes de sua fracassada missão reclusos na clausura da minúscula comunidade católica de Vilna. Suas contínuas preces pela alma perdida de Gediminas não surtiram bons resultados. O governante pagão, alegando a chegada de uma importante delegação tártara, recusou-se a vê-los de novo. Por outro lado, eles receberam visitas de diversos conselheiros reais, que orientaram os representantes católicos a encontrar o culpado entre os seus. Essa enigmática

---

6. Relatório dos enviados papais em Pašuta e Štal, op. cit., p. 127.
7. Ibid., p. 128.
8. Ibid., pp. 128–131.

observação dos pagãos desencadeou uma onda de acusações e recriminações. Os dominicanos acusaram um monge franciscano – escrivão contratado por Gediminas – por ter escrito palavras equivocadas na carta enviada ao papa. Por sua vez, os franciscanos culparam os dominicanos de atiçar Gediminas contra o papa ao sugerirem que devesse receber o batismo das mãos do poderoso rei da Boêmia e Hungria ao invés de recebê-lo das mãos do próprio papa, fraco e remoto. Ambos os lados apontaram o dedo para os cavaleiros teutônicos, acusando-os de subornar diversas autoridades pagãs com caros presentes para que se opusessem à conversão de Gediminas. Finalmente, o velho padre Henekin, tradutor de Gediminas, resumiu tudo: "Sei muito bem que o rei escreveu as cartas em apreço com sinceridade e estava determinado a receber o batismo. Por que ele mudou de ideia – não tenho como saber mas, cá entre nós, estou convencido de que deve ter sido o trabalho de uma semente diabólica plantada pelo próprio Satanás."[9]

Ao tomar conhecimento de que Gediminas havia desistido da intenção do batismo, o papa convocou imediatamente uma nova Cruzada contra os lituanos. A guerra santa, que concedia expiação completa de todos os pecados a seus participantes, foi organizada para o ano de 1329, primeiro ano após a expiração do tratado de paz de seis anos anteriormente assinado. A imensa Cruzada foi liderada pelo rei João da Boêmia, que indiciava os pagãos como "os inimigos pestilentos de Cristo" e exaltava os cavaleiros teutônicos por sua "memorável santidade de vida" por se transformarem "num muro inexpugnável para defender a fé contra os lituanos e seus partisãos, quem quer ou o que quer que sejam eles."[10]

---

9. Ibid., p. 145.
10. Eric Christiansen, *The Northern Crusades*. Londres: Penguin Books, 1997, p. 156.

Via de regra, uma excursão militar rumo à Lituânia era assunto banal e rotineiro. Conhecida pela Europa latina por seu nome alemão, *reysa*, ela se tornou parte crucial da cultural cavaleiresca medieval. A *reysa* era acima de tudo um evento social, um concurso masculino de torneios cavaleirescos, caçadas festivas, banquetes, rodadas de bebida e ostentações cerimoniais de riqueza e piedade. Entre um e outro concurso, desde que o bom tempo permitisse, os cruzados costumavam realizar incursões, que duravam semanas, pela imensidão das terras pagãs. Não raro, uma determinada *reysa* – a Cruzada setentrional – portava cores nacionais específicas, pois os cavaleiros tinham a tendência de chegar em ondas, à semelhança dos turistas de hoje em dia. Portanto, a Lituânia foi invadida por "boêmios em 1323, alsacianos em 1324, ingleses e valões em 1329, austríacos e franceses em 1336."[11] Chaucer capturou o prisma inglês numa passagem de *Os Contos de Canterbury*, descrevendo as aventuras do cavaleiro: "Esteve presente na conquista de Alexandria; muitas vezes, na Prússia, coube-lhe a cabeceira da mesa, à frente de todas as nações; fez campanhas na Lituânia e na Rússia, mais que qualquer outro cristão de sua categoria."[12] Um contemporâneo francês referiu-se à *reysa* como *belle guerre*, "um grande evento" com uma "grande reunião de cavaleiros e escudeiros e nobres, tanto do reino da França como alhures."[13] Mas enquanto o desejo de redenção pessoal e ostentação social impelisse os cruzados europeus na direção da Lituânia pagã, o *modus operandi* da guerra santa era determinado pelas forças da natureza.

---

11. Jonathan Riley-Smith, *The Crusades: A History*. New Haven: Yale University Press, 2005, p. 253.
12. James Charles Roy, *The Vanished Kingdom: Travels through the History of Prussia*. Boulder: Westview Press, 1999, p. 69. Conforme tradução feita por Paulo Vizioli de *Os contos de Cantuária*. São Paulo: T. A. Queiroz, 1988. [N. T.]
13. Eric Christiansen, op. cit., p. 176.

Em média, havia duas expedições por ano, a *winter-reysa* e a *sommer-reysa*, cada uma delas exigindo metas e táticas militares específicas. O objetivo principal de toda *reysa* era capturar uma fortaleza pagã; o sucesso de cada expedição, contudo, dependia muito das instáveis condições climáticas da temporada e, na maior parte das vezes, os cruzados se contentavam com um grande saque de escravos, animais de criação, suprimentos e mercadorias comerciais. Os lituanos respondiam à altura, pilhando os territórios estabelecidos e colonizados pelos cavaleiros teutônicos. Assim, apesar do ambiente de concurso e espetáculo, os ataques dos cruzados não terminavam sem consequências fatais. Um sem-número de pessoas eram assassinadas, escravizadas ou expulsas de seus lares, o que de fato transformava o imenso território que protegia Vilna das incursões da Ordem numa vastidão despopulada. A realeza também sofria com a guerra. O rei da Boêmia perdeu a visão durante a *reysa* e voltou das florestas lituanas com uma nova alcunha – João, o Cego. E Gediminas morreu numa batalha contra os cruzados em 1341. Os descendentes de Gediminas deram seguimento à luta contra os cavaleiros teutônicos pelo século XV adentro, mas a vitória decisiva contra a Ordem ocorreu em 1410, ano em que seu exército foi derrotado pela união das forças lituanas e polonesas, lideradas por seus netos Vytautas e Jogaila. Naquela altura, Jogaila[14] era o rei da Polônia e seu primo, Vytautas, governava o vasto território ampliado do Grão-Ducado da Lituânia. Reunidos, ambos os países criaram uma das maiores potências da Europa.

---

14. Ou Jogiełło, em polonês.

Quando a Lituânia surgiu pela primeira vez no mapa-múndi, ela ainda carregava o estigma do paganismo. Em 1375, Abraham Cresques, cartógrafo judeu-espanhol, junto com seu filho, recebeu, por parte do governo de Aragão, para dar de presente ao jovem rei da França, a encomenda de criar o mais detalhado mapa do universo. O Atlas Catalão, como passou a ser conhecido, projetava a unidade entre aspectos cosmográficos e náuticos do universo, cartografando o mundo até então desbravado pelo prisma dos navegadores mediterrâneos. Como resultado, a maior parte da fria e distante região do mar Báltico foi insuficientemente delineada, deixando bastante espaço à imaginação fantasmagórica da mente medieval. De maneira lacônica, porém sugestiva, Cresques rotulou o lugar habitado pelos lituanos como *Litefanie paganis*.[15]

A elite pagã lituana aceitou finalmente a fé católica em 1387, como uma das condições inclusas no contrato de núpcias entre Jogaila, então com 40 anos de idade, e a rainha da Polônia, Jadwiga, de 12 anos. Ao casamento sucedeu o expurgo das ruínas pagãs da paisagem sagrada de Vilna: a catedral católica foi construída sobre os destroços do templo pagão. Como presente de casamento para a Lituânia, Jogaila concedeu a Vilna privilégios com base no Direito de Magdeburgo. Entretanto, a conversão não acabou com a tradição da *reysa* empreendida todo ano contra os lituanos. Os cavaleiros teutônicos sitiaram Vilna em 1383 mas, devido a lutas intestinas entre os descendentes de Gediminas, os ataques contra a cidade duraram por mais uma década. Ironicamente, uma das mais exitosas investidas dos cavaleiros contra Vilna ao longo da secular história de beligerância entre os cruzados e a Lituânia foi justamente liderada por Vytautas,[16] que se opôs aos direitos patrimoniais de Jogaila sobre a cidade.

---

15. Em português, "Lituânia pagã".
16. O governante mais reverenciado na história lituana.

A primeira pessoa a deixar uma descrição conhecida de Vilna foi um cruzado malogrado chamado Guillebert de Lannoy, patrício de Flandres, de origem aristocrática arquetípica e fidelidades cosmopolitas. Lannoy havia nascido em 1386, o mesmo ano do casamento entre Jogaila e Jadwiga. A guerra corria no seu sangue e, aos 13 anos de idade, se tornou cavaleiro errante. Após lutar na Inglaterra, Burgúndia e Espanha, ele chegou à Prússia no inverno de 1413 para a *reysa* contra os "sarracenos do norte". Chegou com atraso de alguns anos, pois, após a derrota de 1410, a Ordem se encontrava em colapso. A *reysa* foi suspensa, deixando Lannoy sem nada cavaleiresco a fazer. Ávido por aventura, o cavaleiro flamengo virou diplomata. Primeiro, foi para os principados da Rússia setentrional, Novgorod e Pskov, de onde foi banido por suspeita de espionagem. Em seguida, aportou na vizinha Lituânia, onde, num forte contraste em relação à Rússia, ele foi calorosamente recebido como amigo. Oito anos mais tarde, Lannoy – dessa vez na função oficial de embaixador de Henrique V da Inglaterra – passou pela Lituânia em seu caminho rumo à Síria e ao Egito, na missão secreta de reavivar o reino de Jerusalém, Estado fracassado dos primeiros cruzados.

Uma viagem da Inglaterra para o Egito passando pela Lituânia pareceria improvável, mas, no início do século XV, o vasto território de estabilidade do Grão-Ducado da Lituânia servia de conexão entre a Europa latina e o mundo islâmico como nenhuma outra potência no continente. Contudo, encontrar Vilna e chegar até lá comportava vários desafios. Tão logo chegou à fronteira com a Lituânia, Lannoy lembra-se de ter caminhado por "uma paisagem extremamente despovoada, coberta por rios, imensas florestas" e lagos congelados, sem ver vivalma por dois dias e duas noites. Os primeiros sinais de presença humana só apareceram perto de Vilna, habitada, nas palavras do diplomata, por "cristãos que haviam sido forçados à fé pela Ordem Teutônica." Só depois de encontrar o grão-duque Vytautas em Vilna é que a viagem pela Lituânia se tornou mais confortável para Lannoy, haja vista a que o governante lituano via "uma grande honra em garantir liberdade e conforto a todos os forasteiros que passassem por seus domínios." Ademais, Vilna ainda estava por adquirir o aspecto de uma cidade de pedra, fortificada, como as das potências europeias. Seu enorme castelo de madeira, construído no topo de "uma colina arenosa e muito íngreme, reforçado com pedras, entulho e tijolos", dominava o assentamento. A cidade em si, espremida numa "longa e estreita" faixa de "casas de madeira reunidas em desarmonia, pontuadas por uma ou outra igreja de pedra" constituía um espaço aberto desprovido de muralhas ou portões de proteção. Habitantes locais falavam "em sua própria língua", formados sobretudo por "homens com cabelos desamarrados na altura dos ombros, e jovens mulheres vestidas de maneira modesta, à maneira da Picardia."[17]

Lannoy ficou extremamente intrigado com Trakai, cidade às margens de um lago, "sete milhas" a oeste de Vilna. Em 1391, a velha cidade de Trakai foi destruída pelos cruzados. Vytautas, que ali havia nascido, mandou construir um novo castelo ducal, melhor protegido, no meio do lago. Brindada por privilégios e atenções monárquicas, a nova cidade se transformou no centro cosmopolita da Lituânia, onde "alemães, lituanos, russos e diversos judeus, todos falando suas respectivas línguas, vivem juntos." Entre os judeus e cristãos de todas as denominações, havia vários tártaros vivendo em Trakai. "Os tártaros", pontuou Lannoy, "são verdadeiros sarracenos, desprovidos de qualquer conhecimento dos ensinamentos de Jesus Cristo." Entretanto, Vytautas abraçou a diversidade local, que era, em parte, produto de sua própria política de permitir a povos de credos diversos de se estabelecerem em Vilna ou arredores. Duplamente batizado, uma vez pelos cavaleiros teutônicos e outra pelo primaz polonês, Vytautas foi extremamente prático em relação a questões religiosas e culturais. Sem hesitar, Lannoy descreveu Vytautas

---

17. Ghillibert de Lannoy em Juozas Jurginis e Algirdas Šidlauskas, *Kraštas ir žmonės*. Vilna: Mokslas, 1983, p. 49.

como "um monarca muito poderoso, que conquistou 12 ou 13 reinos" e um príncipe abastado, "possuindo não menos que dez mil cavalos arreados." Num tom mais prudente, comentou sua lassidão quanto aos assuntos espirituais, ao flagrá-lo comendo com os "sarracenos infiéis", com peixe e carne sendo servidos às sextas-feiras. Como sinal da educação pagã do governante, Lannoy sublinhou o apoio entusiasta de Vytautas aos hussitas, hereges excomungados da Boêmia e inimigos jurados do papado.[18]

～

Embora o catolicismo tenha se tornado a religião dos governantes lituanos, a igreja de Roma não teve sucesso ao impor seu domínio sobre Vilna. Na primeira metade do século XV, os direitos civis e religiosos de seus habitantes católicos e ortodoxos foram igualados, transformando a cidade num verdadeiro ponto de encontro das duas correntes do cristianismo. Os judeus devem ter começado a se estabelecer em Vilna em meados do século, pois a comunidade judaica já possuía seu próprio cemitério na década de 1480. Em 1495, os judeus foram obrigados a deixar a Lituânia por ordem do menos tolerante grão-duque Alexandre, que, seguindo o exemplo da realeza espanhola, esmerou-se em provar suas credenciais católicas expropriando as famílias judias. A proibição, contudo, durou pouco: em 1501, permitiu-se o retorno dos judeus, que tiveram todas as suas propriedades devolvidas.

---

18. Ibid., pp. 49–50.

Alexandre tinha a ambição de fazer de Vilna um centro internacional de comércio. Para isso, sancionou um decreto proibindo que comerciantes estrangeiros viajando pela Lituânia evitassem Vilna, onde, convenientemente, tinham permissão de estabelecer residência. Essa estada obrigatória gerou crescimento urbano e prosperidade, mas trouxe também uma nova doença. Em 1498, menos de quatro anos após ter sido registrada pela primeira vez em Nápoles, uma epidemia de sífilis varreu Vilna. Para melhor proteção e controle da cidade, Alexandre ordenou a construção de uma muralha com nove portões. Foram necessárias duas décadas para cercar a cidade com uma faixa de três quilômetros de uma parede de tijolo com vários metros de altura. Na época em que ficou pronto, o muro da cidade já era uma proteção demasiado fraca diante dos avanços em matéria de armamento e novas estratégias militares. Mais uma vez, o relativo isolamento geográfico ofereceu a melhor proteção que os residentes locais poderiam desejar.

Quase dois séculos após os primeiros diplomatas estrangeiros chegarem à Lituânia, outro emissário papal, Zaccharia Ferreri, bispo nominal de Sebaste, a Sé Católica perdida na Terra Santa, realizou uma visita a Vilna. Nascido em 1479 no norte da Itália e educado em Pádua, Ferreri pertencia a uma geração de clérigos que abraçara o espírito das ideias renascentistas. Em 1513, excomungado pelo pontífice por apoiar uma abordagem reformista da Igreja Católica, ele fugiu para a França. Suas funções foram restauradas no ano seguinte, com a eleição de Leão X, descendente da família Médici, que cobriu Roma de inúmeros espetáculos de riqueza aristocrática e imaginação artística.

Em 1520, Ferreri foi designado pelo papa a convencer o rei Sigismundo[19] a participar de uma nova Cruzada contra o Império Otomano, cuja expansão havia chegado até os limites meridionais da Lituânia. A fim de unir grupos cristãos antagônicos

---

19. Sigismundo era irmão de Alexandre e subsequente grão-duque da Lituânia.

contra os muçulmanos, Ferreri foi enviado no intuito de obter uma paz duradoura entre a Polônia-Lituânia e a Ordem Teutônica. Tinha também a incumbência de chegar até Moscou, a fim de "salvar" o tzar das crenças cismáticas ortodoxas, pedindo-lhe participação na Cruzada. Ferreri fracassou em ambas as tarefas: o tratado de paz entre a Ordem e a Polônia acabou sendo negociado pelo imperador do Sacro Império Romano Germânico, velho adversário do papa, e a viagem a Moscou foi obstruída pelo rei Sigismundo, que demonstrou pouca confiança nas qualidades missionárias e habilidades diplomáticas de Ferreri.

Ferreri, católico fervoroso, teve mais sucesso em convencer o rei polonês a lutar contra a crescente onda de pensamento protestante. Na Polônia, ele organizou um auto-da-fé público com os livros de Lutero, um dos primeiros eventos dessa natureza na Europa, e incentivou a ratificação de um édito banindo as publicações luteranas. Ofuscado pelo êxito inicial, o núncio instigou uma campanha inflamada contra os fiéis ortodoxos, que constituíam maioria da população lituana. Nessa guerra teológica de duas frentes, Ferreri encontrou um cúmplice cuja história de vida o levou a Vilna. Durante algum tempo, a chancelaria papal em Roma vinha recebendo solicitações das mais altas autoridades clericais e seculares da Polônia-Lituânia a fim de iniciar o processo de canonização do príncipe Casimiro, irmão mais velho de Alexandre e Sigismundo. O Papa Leão x levou o pedido a sério e instruiu Ferreri a coletar material e dados testemunhais relativos aos feitos santos do falecido príncipe.

Casimiro era neto de Jogaila, quarta geração a partir de Gediminas. Nasceu em 1458 como segundo filho do rei, e foi criado para governar. Depois que o irmão mais velho assumiu o trono da Boêmia, Casimiro, então com 13 anos, foi enviado por seu pai à Hungria para reivindicar o título real daquele país. A guerra rapidamente azedou: as tropas mercenárias, sem soldo e desmoralizadas, desertaram, deixando em desgraça o jovem e desamparado pretendente ao trono. Humilhado pelo fracasso, Casimiro voltou transformado da guerra. Passou a rejeitar o luxo e as facilidades da vida na corte, devotou sua energia juvenil ao celibato e ascetismo, e concentrou sua atenção de príncipe à caridade e ao trabalho evangélico. Apesar da perturbadora piedade e da saúde precária do príncipe, que sofria de tuberculose, o pai de Casimiro o escolheu como sucessor ao trono polonês. Com o estímulo paterno, Casimiro se tornou um ativo governante da Polônia e, durante suas costumeiras visitas à Lituânia, apelava a seu pai para fortalecer a Igreja Católica na região por meio de restrições à liberdade religiosa da população ortodoxa. Embora contrariasse os planos da família, o príncipe se recusou a desposar a filha do imperador do Sacro Império Romano Germânico. Corria o boato de que Casimiro, em sua beleza angelical, passava as noites orando, rejeitando por completo o sexo e a procriação, mesmo como obrigação familiar ou real. Quando os médicos, com o consentimento dos pais, prescreveram-lhe sexo com uma bela mulher como o mais eficaz antídoto para sua condição de tuberculoso (e presumidamente impotente), ele declarou preferir a morte e a celestial vida no além aos prazeres fortificantes de ato tão pecaminoso. Foi encontrado morto, em posição de prece, na gélida manhã de 4 de março de 1484, aos 26 anos de idade, no umbral da entrada de uma igreja numa cidade lituana. Seu corpo foi levado até Vilna e sepultado na cripta real da catedral.

Gestos piedosos e uma vida em celibato não eram suficientes para fazer de Casimiro um santo. Eram necessários milagres para uma canonização exitosa, de maneira que Ferreri foi atrás deles em Vilna. Ao longo da viagem de um mês desde a Polônia até Vilna – que, de acordo com alguns de seus contemporâneos, se localizava bem perto do Polo Norte –, Ferreri foi se conscientizando cada vez mais da orientação celestial de Casimiro. Durante toda a viagem, chuvas torrenciais caíram violentamente sobre a terra, com tempestades e trovões que anunciavam o iminente fim do mundo. O núncio, entretanto, não foi atingido por uma única gota. O dilúvio diário só começava à noite ou tão logo os viajantes encontravam refúgio. De fato, o mau tempo, nas palavras do núncio, facilitou a viagem, pois "durante o dia, as nuvens nos protegiam do sol escaldante. E as chuvas noturnas nos pareciam uma bênção celestial, pois lavavam a poeira das estradas de terra que tornava as viagens tão torturantes, de maneira que ela era incapaz de molestar nossos olhos. Surpresos por nossa boa sorte, compreendemos que tudo aquilo era recompensa de Deus pelo nosso trabalho de pesquisa dos feitos do Bendito Casimiro, cuja história de vida santa passou a habitar amorosamente os nossos corações."[20] O drama atmosférico alcançou o ápice diante dos portões de Vilna, onde, após "viajar pela floresta primeva, desabitada e cheia de pântanos," o núncio foi recebido por uma imensa multidão. Ao término da missa de ação de graças e da ceia, Ferreri, "hospitaleiramente acompanhado pelos bispos de Vilna, Kiev e Kaffa, magistrados, clérigos e inúmeros fiéis católicos e cismáticos",[21] estava pronto para entrar na cidade. Mais uma vez, os céus assumiram uma coloração ameaçadora. Uma tormenta ecoou à distância. Os patrícios, todos envergando "sedas, pedras preciosas e ouro", e um incalculável número de plebeus fitaram nervosos o céu. Fortuitamente, a tempestade eclodiu só depois da procissão cerimonial, que terminou junto ao altar central da catedral. Para Ferreri, aquilo havia sido sinal indubitável da imaculada santidade de Casimiro.[22]

Ferreri deve ter ouvido falar da visita de outro emissário papal, Jacobus Piso da Transilvânia, que havia passado pela cidade seis anos antes, em 1514. Piso tinha viajado a Vilna para celebrar a mais recente vitória polono-lituana sobre um exército russo em Orsha. Essa derrota de Moscou não havia sido atribuída a quaisquer intervenções divinas: a honra da vitória fora repartida entre o hetman[23] do exército lituano e o rei da Polônia, irmão de Casimiro. Piso permanecera cinco dias em Vilna, onde escreveu um

---

20. Zacharias Ferrerius, Vita s. Casimiri, em Mintautas Čiurinskas, *Ankstyvieji šv. Kazimiero gyvenimai*. Vilna: Aidai, 2004, p. 75.
21. Ortodoxos.
22. Ibid., p. 79.
23. Título do segundo mais alto comandante militar, depois do monarca, usado do século XV ao XVIII na Polônia e na Lituânia. [N. E.]

poema de 16 versos, intitulado "De Lithuania", publicado em 1533 em Viena, descrevendo cada dia de sua visita. No primeiro dia, o viajante exausto, causticado pelo calor, foi revigorado pelas águas refrescantes de Vilna. No dia seguinte, ele presta homenagem ao hetman e, um dia mais tarde, a notícia da vitória é publicamente confirmada. No quarto dia, confirma "a glória do rei" ao observar a procissão de inimigos capturados. Finalmente, no quinto dia, "chegou o feliz momento" em que o gracioso rei permite ao cansado diplomata deixar a cidade. "Que mais haveria a dizer?" Piso conclui o poema, respondendo a sua própria pergunta retórica: "Adeus, terra dos lituanos, e seja forte, pois não gostaria de morar aqui, mesmo que fosse tratado como um deus."[24] A experiência de Ferreri em Vilna foi diferente. Ele foi tratado, se não como um deus, ao menos como um reverenciado mensageiro do santo padre. Permaneceu por seis meses na cidade, de setembro a fevereiro, e apreciou sobremaneira o caráter social e cerimonial da visita. Ferreri aproveitou vigorosamente de seu alto estatuto eclesiástico, convocando um sínodo e protestando contra novas e velhas heresias: os ensinamentos de Lutero e a pregação ortodoxa russa. O frio do inverno, contudo, ameaçou destruir seu trabalho espiritual. Pois para os italianos, segundo Ferreri, "acostumados ao clima romano, mesmo um frio ameno pode ser um perigo." Mas na "Lituânia, que é um país ártico onde até animais silvestres morrem congelados, e árvores e casas feitas de troncos racham de tanto frio", pode-se facilmente contrair queimaduras de frio e morrer rápido. Mas o Todo-Poderoso mostrou sua misericórdia; aquele inverno foi o mais brando de que se teve notícia. No Natal, os italianos puderam ficar do lado de fora toda a noite e todo o dia, indo de igreja em igreja enquanto "pregavam contra as heresias dos russos," sem qualquer dano a suas sensíveis disposições. E enquanto Ferreri agradecia

---

24. Jacobus Piso, "De Lithuania", em Eugenija Ulčinaitė, *Gratulatio Vilnė*. Vilna: Lietuvių literatūros ir tautosakos institutas, 2001, p. 27.

a Casimiro pelo tempo agradável, "os lituanos eram unânimes quanto ao fato de que só nós, italianos, podíamos ter trazido o calor de Roma" para Vilna.[25]

Os habitantes locais foram eficazes em revelar as intervenções miraculosas de Casimiro vividas por eles. Devotos surdos, cegos, aleijados e doentes eram rotineiramente curados de suas condições no local de sua sepultura. Uma menina ressuscitou da morte. De fato, considerava-se que o futuro de todo o país estivesse nas mãos do príncipe defunto. Contaram a Ferreri que, um ano antes, um milagre, "raramente conhecido no passado e jamais visto em nossa era," havia salvado a Lituânia da aniquilação completa. Tropas da Moscóvia – contando 60 mil soldados – invadiram a Lituânia, que só conseguira reunir uma força de 2 mil voluntários. Toda esperança estava perdida. Vilna ficou desprotegida, seus habitantes prontos para morrer ou viver no cativeiro. Com lágrimas nos olhos, os soldados lituanos suplicaram a Casimiro por proteção e perdão por não o venerarem como santo. Sua coragem foi recuperada pela prece e, "amparados pela fé", atacaram indômitos o inimigo. Os lituanos venceram a batalha sem perder um único homem.[26]

Ferreri coletou meticulosamente diversos testemunhos sobre os milagres, incluindo seus próprios relatos das "abençoadas" condições climáticas, completando assim a primeira hagiografia de Casimiro enquanto ainda em Vilna. O livro, *Vita s. Casimiri*, publicado em 1521, descreve a vida do santo sob um crivo humanista, entrelaçando o *curriculum vitae* miraculoso de Casimiro a descrições mais mundanas da família real, da história nacional, de fatos geográficos e detalhes etnográficos. Embora Vilna já houvesse dado ao mundo três mártires santos, eles foram rejeitados como hereges pela Igreja Católica. Em 1347, três membros da corte ducal, que haviam se convertido à fé bizantina ortodoxa, foram torturados e assassinados por uma multidão pagã

---

25. Zacharias Ferrerius, op. cit., p. 81.
26. Ibid., p. 69.

em Vilna. Trinta anos mais tarde, as relíquias foram levadas até Hagia Sophia em Constantinopla, a igreja patriarcal do Império Bizantino. A veneração dos três mártires sobreviveu à conquista otomana de Constantinopla e foi fortalecida pelo Metropolita de Moscou, que, em 1549, adicionou-os à lista universal dos santos ortodoxos russos. Essa hagiologia ortodoxa fez de Vilna parte do mundo bizantino, e Ferreri estava determinado a tornar esse fato irrelevante ao santificar Casimiro como progenitura do universo latino.

No livro, o núncio procurou estabelecer uma conexão familiar entre Vilna e Roma ao indicar uma similaridade ortográfica entre os nomes Lituânia e Itália[27]. Na verdade, ele amalgamou ambos os nomes em *Litaliania*, um ilustre país completamente imaginário, cujo "antigo passado se baseia nas antigas colônias estabelecidas pelos colaboradores do grande Pompeu."[28] Apesar da afiliação genealógica, a Lituânia, "país de frio pungente, onde o verão é raro visitante", era a antítese da Itália. Ao invés de ser abrigada pelo Mediterrâneo e pelos Alpes, a Lituânia é "rodeada por todos os lados por vastas planícies cobertas de florestas e repletas de lagos e pântanos." Não há "vinhedos ou pomares", mas a floresta é habitada por "inúmeros animaizinhos apreciados pela pele quente e luxuosa."[29] Ademais, ao misturar Itália com Lituânia, Ferreri colocou Vilna no mapa renascentista do mundo da antiguidade. Como a antiga Roma, a Vilna renascentista se encontra na encruzilhada de diversos caminhos comerciais que transportam riqueza "dos mares Alemão,[30] Sarmácio[31] e Pôn-

---

27. *Lituânia* e *Itália*, respectivamente
28. Ibid., p. 51.
29. Ibid., p. 75.
30. Mar do Norte.
31. Mar Báltico.

tico³² e mesmo de algumas terras mais remotas – Armênia, Cítia, Trácia, Grécia e Mísia."³³'³⁴

Ferreri elogia Casimiro como a corporificação da antiga unidade entre a Lituânia e a Itália, concluindo a hagiografia com uma celebração de Vilna como cidade destinada a se tornar o luzeiro da solidariedade cristã:

Rejubile-se, gloriosa e bela Itália, por ter produzido as honrosas nobrezas italianas e lituanas, que nos deram Casimiro. Rejubile-se, vasta e espaciosa Sarmácia, por ter conquistado o gelo, o frio e sua própria nudez enquanto nutria essa belíssima e bem-aventurada árvore da vida, gerando o mais doce fruto de honra e virtude. Rejubile-se, santa e pia igreja mãe, por dar à luz Casimiro como filho legítimo de Cristo e guerreiro da fé... Sobretudo, rejubile-se, Vilna – cidade gloriosa, onde os ossos brancos de Casimiro, seu amado corpo e santas relíquias serão conservados para os pósteros como garantia de sua glória e imortalidade. Partilhemos destas novas com cada igreja cristã e que o nome de Deus seja louvado em todos os templos com música: aqui com canções, acolá com hinos de órgão!"³⁵

A saudação laudativa a Casimiro veio um século mais cedo. O Vaticano não encontrou falhas na vida santa de Casimiro, mas o Papa Leão x morreu em 1521 e, logo após seu retorno da Lituânia, Ferreri também faleceu. O saque de Roma por parte das tropas imperiais em 1527 e as arrebatadas controvérsias religiosas na Europa deixaram por muito tempo em suspenso a beatificação do piedoso príncipe sarmácio. De maneira que, enquanto a doutrina protestante fervorosamente expurgava o Céu e a Terra da veneração idólatra, a Vilna católica, por enquanto, ficara sem padroeiro.

---

32. Mar Negro.
33. Ásia Menor.
34. Ibid.
35. Ibid., pp. 83–85.

Mapeando a Sarmácia

> Enquanto a moldura cartográfica em que os homens [renascentistas] podiam pensar sobre si mesmos como europeus se definia cada vez melhor, e quando as pessoas de um país passaram a saber mais sobre as pessoas de outros países através de viagens e leituras crescentes, uma contra-tendência se fez presente: saber não necessariamente significava gostar. A informação abria as mentes; mas também alimentava preconceitos.
>
> JOHN HALE

Um dos primeiros mapeamentos de Vilna de que se tem conhecimento foi realizado em 1513 num mapa intitulado *Tabula moderna Sarmatie Europa*, publicado em Estrasburgo.[1] Segundo a legenda cartográfica, o mapa era produto da revisão de um mapa anterior, feito por Nicolaus Cusanus,[2] cardeal e governador de Roma, que tentou introduzir o antigo conhecimento geográfico no terreno político da Europa do século XV. O Grão-Ducado da Lituânia surge, pela primeira vez até onde se tem notícia, na versão de 1491 do mapa de Cusanus; sua capital, porém, é indicada apenas por uma cidade anônima. Na versão de 1513, a demarcação do território da Lituânia é borrifada por diversas cidades nomeadas e bem indicadas. Ironicamente, dessa vez o cartógrafo tanto se entusiasmara em popular a Lituânia com numerosas cidades e castelos, que acabou registrando Vilna duas

---

1. Aldona Bieliūnienė et all, *Lithuania on the Map*. Vilna: Lietuvos nacionalinis muziejus, 1999, pp. 24–25.
2. Cusanus nasceu em 1401 e morreu em 1464.

vezes no mesmo mapa. A primeira legenda identifica corretamente a capital lituana como a cidade de *Wilno*, situando-a na confluência de dois rios anônimos. A segunda legenda marca a cidade de maneira incorreta como *Bilde*, localizando-a ao sul da Wilno original. O nome *Bilde*, que não tem equivalente histórico conhecido, parece ser corruptela do topônimo *Wilde*, que foi usado para identificar Vilna em diversas descrições da Lituânia, em alemão, ao longo do século xv. O uso alemão de *Wilde* para o nome de Vilna[3] tem sua origem nas antigas crônicas da Ordem Teutônica, mas continuou sendo empregado esporadicamente em diversos registros e mapas até o século xviii.[4] Imprecisões geográficas não eram incomuns nas primeiras crônicas europeias e, no ambiente fronteiriço da Lituânia, nomes vernaculares estavam sujeitos a uma grande variedade de erros de pronúncia e alterações linguísticas. Embora a afinidade ortográfica entre *Wilde* e *Wilna* tenha provavelmente a ver com a batalha ideológica e, neste caso, geo-religiosa pelo controle da Lituânia. A palavra alemã *Wilde* tem conotações muito específicas: *der/ die Wilde* significa selvagem. O vasto território coberto por florestas que separava Vilna dos domínios dos cavaleiros teutônicos na Prússia se mantinha despopulado devido aos incessantes ataques dos cruzados e, em alemão, ele era simplesmente mencionado como *die Wildnis* – o deserto. Isso tornou a ideia e a prática da *reysa* anual à Lituânia inseparável da experiência do país como última fronteira do mundo conhecido.

Na Lituânia, a íntima relação entre o urbano e o selvagem – cultura e natureza – atingiu um nível raramente encontrado na Europa Ocidental onde as cidades eram mais parte de um meio rural, e não florestal. Mesmo após o fim dos ataques teutônicos,

---

3. Como em *die statt* Wilde, *für die Wilde, zur* Wilde.
4. A respeito das variações históricas do nome *Vilnius*, ver Jonas Jurkštas, *Vilniaus vietovardžiai*. Vilna: Mokslas, 1985. E também Aleksandras Vanagas, "Miesto vardas Vilnius" em *Gimtasis žodis*, n. 11, novembro de 1993.

chegar até Vilna envolvia inevitavelmente atravessar longas faixas desertas, onde perigos e surpresas pululavam a cada canto. Eis a descrição de uma cosmografia do fim do século XV:

> a famosa floresta que cobre a Sarmácia nada tem de igual em toda a Europa. A floresta se estende até Cracóvia,[5] e é possível caminhar por ela até a Lituânia e a Cítia. Essa enorme floresta abarca toda a região como braços esticados protegendo grandes rebanhos de animais silvestres. Na parte setentrional da floresta vivem ferozes bisões, bestas gigantescas que detestam a presença humana; sua carne é bastante saborosa, a cor de sua pele se assemelha ao limão; a cabeça é branca com chifres protuberantes; para caçá-los é necessário grande esforço.[6]

Da perspectiva de qualquer aventureiro europeu, corajoso o suficiente para adentrar nessa vastidão deserta do norte, Vilna deveria parecer uma minúscula ilha urbana perdida no meio de um oceano de vegetação infinda. Mas Vilna, com suas casas feitas só de madeira, não era apenas engolida pela floresta; ela cresceu a partir dela. A cidade, à diferença de suas primas europeias ocidentais, não existia em oposição à vastidão deserta, mas se relacionava numa simbiose com ela.

Essa percepção foi sem dúvida incrementada pelas crenças e práticas religiosas da população pagã local, que venerava fenômenos naturais tais como o sol, a lua, o trovão, animais e sobretudo árvores e florestas. O mais importante templo lituano pagão se localizava no coração histórico de Vilna – na confluência dos rios Neris e Vilnia – e era protegido por um arvoredo sagrado de carvalhos. O oxímoro de chamar uma cidade de *Wilde* posicionava-a fora da Europa cristã urbana, onde a fronteira entre os reinos natural e civil estavam mais claramente definidos, quando não sempre marcados por uma muralha de pedra. Portanto, não deveria nos surpreender tanto que Vilna tenha se tornado eu-

---

5. Capital da Polônia.
6. Hartmann Schedel, "Sarmatia", capítulo de *Liber chronicarum* impresso em Nurembergue por Anton Koberger em 1493, traduzido e editado por B. Deresiewicz. Londres: Oficyna Stanisław Gliwa, 1973, p. 86.

ropeia[7] com a ajuda da lâmina de um machado. O batismo da Lituânia em 1387 foi consagrado pela destruição formal do arvoredo sagrado de carvalhos, que ficava no vale sacro aos pés da colina do castelo. Na clareira que sobrou depois do expurgo espiritual, a primeira catedral católica de Vilna – uma construção em pedra – foi erguida.

Durante o Renascimento, o relativo isolamento geográfico de Vilna se transformou em sua maior virtude do ponto de vista cultural. Localizada nos limites de todos os ambientes espirituais da Europa – católico, protestante, bizantino ortodoxo, judaico, islâmico e mesmo pagão –, a cidade alimentava uma paisagem de tolerância religiosa e polinização cultural Cruzada. O pensamento humanista e a estética renascentista chegaram a Vilna relativamente tarde. O estilo gótico alcançou seu apogeu em Vilna só com a construção da elegante igreja de Santa Ana no ano de 1500, quando o século da Renascença já estava despontando mais ao sul. A primeira tipografia da cidade foi criada apenas em 1522, quase setenta anos depois do primeiro livro impresso por Gutenberg em Mainz. Mas o primeiro livro publicado em Vilna foi *Um pequeno livro de percurso*, uma coleção de hinos religiosos e um calendário da igreja para os leigos da fé ortodoxa bizantina, ricamente impressa em cirílico na língua eslava, antigo bielorrusso, pelo erudito humanista de educação católica Francis Skaryna. Algumas décadas mais tarde, a tolerância religiosa assumiu um caráter mais formal: em 1563, em meio a brutais conflitos religiosos na Europa, uma lei garantindo liberdade religiosa na Lituânia foi sancionada por uma assembleia de nobres em Vilna. No ano seguinte, o grão-duque editou um decreto proibindo as autoridades locais de acusar os judeus de crime de assassinato ritual, a menos que se baseassem no testemunho de três cristãos e três judeus. Tal equidade era rara na Europa, onde a segregação religiosa era aplicada pela força popular e frequentemente apoiada pela lei.

---

7. Ou seja, católica e latina.

A corte ducal lituana, agora decisivamente instalada em Vilna, tornou-se ainda mais cosmopolita por meio de casamentos reais cristandade afora. Diplomatas estrangeiros chegavam a Vilna não só para discutir questões matrimoniais, como também para abordar questões de Guerra e paz. Em 1517, Sigismundo de Herberstein, um dos mais exitosos diplomatas do seu tempo, passou pela cidade em seu trajeto rumo à Rússia a fim de negociar uma trégua entre a Lituânia e Moscou, assinada finalmente em 1522. Retornou à Lituânia em 1526 a fim de renovar o tratado. Herberstein servia aos Habsburgos, a mais poderosa família governante da Europa, e seu envolvimento pessoal no conflito russo-lituano demonstra a crescente importância geopolítica dos dois países, ainda periféricos, no contexto do balanço de poder europeu. A Lituânia, país predominantemente ortodoxo governado por uma família real católica, ocupava posição ímpar para mediar os dois universos religiosos. Qualquer eventual aliança entre os dois credos, e portanto a possibilidade de uma reunificação do mundo cristão, teria que necessariamente passar pela Lituânia e sua capital, Vilna.

Ao término da carreira diplomática, Herberstein publicou um livro, *Anotações sobre a Rússia*, que se transformou num tratado canônico sobre a Rússia e países vizinhos. Dois capítulos tratavam da Lituânia: um sobre geografia, história e natureza social do país; e o outro, nas palavras do autor, se dedicava à pesquisa "de seus animais selvagens." A descrição de Vilna feita por Herberstein deve ser lida à luz de sua missão diplomática, que tentava estabelecer um terreno político, se não cultural, comum entre Moscou e a Lituânia como o melhor garante de paz.

"Vilna," escreveu Herberstein, "é rodeada por uma muralha, que circunda vários templos e casas feitas de pedra. [...] Ela conta também com uma igreja paroquial e diversos mosteiros, entre eles o Franciscano, construído a grandes custos e famoso pela estrita disciplina. As igrejas russas ali são muito mais numerosas do que as que foram erguidas para observar o ritual romano."⁸ A poderosa milícia do grão-duque "enverga uma roupa comprida e porta arcos como os tártaros; mas têm também lança e escudo, como os húngaros."⁹ Do lado de fora da cidade, "as pessoas são miseráveis e terrivelmente oprimidas pela servidão; pois quando qualquer homem que seja atendido por um grupo de servos entra na casa de um lavrador, ele tem a liberdade de fazer, impunemente, o que bem entender, levar ou consumir quaisquer víveres, e mesmo surrar cruelmente o próprio lavrador." Ademais, a corrupção e a servidão grassavam em todos os níveis sociais: "os lavradores absolutamente não têm qualquer acesso a seus senhores a não ser que levem presentes e, caso sejam admitidos, serão encaminhados aos mordomos e administradores, os quais, se não receberem presentes, não tomarão providências, nem emitirão qualquer decisão favorável ao requerente. E esse não é o caso só dos pobres, mas também dos nobres, sempre que desejassem obter algum favor de seus superiores. Certa vez ouvi de um jovial ministro de alta patente, próximo ao rei, de que a única palavra na Lituânia é 'ouro'."¹⁰ Mais escandaloso ainda, porém, era o que ocorria nas entranhas da floresta lituana, onde "testemunham-se por vezes coisas horrendas; pois nela habita um considerável número de idólatras, que adoram, como uma espécie de deus doméstico, uma espécie de réptil, que tem quatro pernas curtas como um lagarto, e um corpo negro e inchado, que não ultrapassa três palmos de comprimento."¹¹

À época das diligências diplomáticas de Herberstein, o Grão-Ducado da Lituânia abarcava os territórios da atual Lituânia, Bielorrússia, Ucrânia e parte ocidental da Rússia. Ao

---

8. Sigismund Herberstein, *Notes upon Russia: being a translation of the earliest account of that country, entitled Rerum Moscoviticarum commentarii*, traduzido e editado por R. H. Major. Nova York: Burt Franklin, 1963, p. 87.
9. Ibid., p. 86.
10. Ibid., p. 94.
11. Ibid., p. 99.

norte, o Grão-Ducado fazia fronteira com novos bastiões do Luteranismo: a Suécia, a Prússia e a Livônia.[12] A leste, os limites ducais chegavam tão longe quanto os principados ortodoxos russos de Novgorod e Smolensk, bordejando o estado de Moscou. Ao sul, ele criava uma imensa zona tampão com o mundo otomano, com suas fronteiras voláteis com o Canato da Crimeia, governado por muçulmanos, e com a Moldávia, dominada pela ortodoxia bizantina. O país abrangia diversas divisões geográficas europeias: estendia-se das planícies repletas de bosques e pântanos da região do mar Báltico até o planalto de estepes virgens da costa setentrional do mar Negro. Incluía também a fértil área das encostas carpáticas da Volínia e Podólia, bem como o território abundante em madeira da floresta russa.

Essas vastas terras eram habitadas por uma grande variedade de povos: poloneses, lituanos, rutenos,[13] bielorrussos, russos, judeus, alemães, letões, armênios, tártaros e outros grupos minoritários. Seis idiomas – polonês, latim, bielorrusso antigo, hebraico, alemão e armênio – eram utilizados para propósitos jurídicos. A confissão religiosa era igualmente diversa. Num nível básico, havia três grandes comunidades cristãs no ducado: a católica, a greco-ortodoxa e a protestante. Em 1596, adicionou-se um quarto elemento – a igreja greco-católica, que tentou resolver o cisma dogmático e litúrgico entre as igrejas grega e latina. A maior parte dos judeus lituanos eram *ashkenazi*[14] na origem, à exceção dos caraítas, que haviam sido trazidos pelos grão-duques nos séculos XIV e XV de sua Crimeia natal, às margens do mar Negro. Achava-se que os caraítas descendessem dos cazares, povo semi-nômade que aceitara o judaísmo no século IX. Os judeus *ashkenazi* praticavam a forma rabínica do judaísmo, escreviam em hebraico e, na maior parte das vezes, falavam iídiche vernacular; os caraítas seguiam a versão babilônica da fé judaica,

---

12. Atuais Letônia e Estônia.
13. Ucranianos
14. Europeus ocidentais.

usavam o alfabeto árabe para as escrituras hebraicas e falavam uma língua túrquica. Havia também tártaros muçulmanos que, assim como os caraítas, vinham da Crimeia.

Era difícil para um estrangeiro compreender a vastidão e a heterogeneidade culturais da Lituânia. Tudo ficava ainda mais confuso graças à definição geográfica ambígua da Lituânia, que portava dois significados espaciais: primeiro, como estado político do Grão-Ducado da Lituânia e, segundo, como antiga província pertencente ao patrimônio original de Gediminas. Entre ambas as definições havia uma diferença de proporções continentais. Em seu auge, na primeira metade do século XVI, o Grão-Ducado tinha basicamente o tamanho do Sacro Império Romano Germânico e constituía o maior corpo político na Europa depois do estado russo, que vinha se ampliando velozmente. Em contraste, a província (ou país) da Lituânia, apenas parcialmente habitada por lituanos, cobria um território muito menor que circundava Vilna. Para complicar as coisas, a Lituânia (o Grão-Ducado e a província) se aliava invariavelmente a seu parceiro monárquico, a Polônia. Essa parceria política foi aprofundada pela União de Lublin, que, em 1569, criou o estado combinado da Polônia-Lituânia ou, como ficou conhecido constitucionalmente, a República das Duas Nações.

~

Nem a identidade ou nação polonesa nem a lituana era capaz de corporificar com exatidão tal diversidade geográfica e cultural. O único país que conseguia abranger essa união de diferenças era a ilusória Sarmácia, cujas origens cartográficas podiam ser rastreadas nos trabalhos históricos e geográficos dos antigos gregos e romanos. Supõe-se que o geógrafo Ptolomeu tenha situado a tribo bárbara dos sarmácios em algum lugar das estepes entre os mares Azov e Cáspio. O historiador Heródoto e outros comentadores deslocaram os semi-nômades sarmácios mais para o oeste, para a zona do mar Negro e a bacia inferior do rio Dnieper.

Algum tempo depois, essa tribo de errantes eternos deslocou-se mais para o norte, para a região onde as vastas estepes e planícies meridionais da Eurásia se encontram com as florestas e pântanos setentrionais do litoral do mar Báltico. Segundo o erudito romano Tácito, aquela era uma área bravia próxima ao "mar Suábio" (provavelmente o mar Báltico), onde "o nosso conhecimento do mundo termina."[15] Pensadores e geógrafos renascentistas descobriram essa imperfeição no conhecimento espacial dos sábios antigos e a reproduziram no mapa contemporâneo da Europa. O mar Báltico se transformou em *Mare Sarmaticum* e as terras que se estendiam *ad infinitum* a sudeste daquele mar foram identificadas como Sarmácia, dividida em duas áreas: *Sarmácia europeia* e *Sarmácia asiática*.

No início do Renascimento, a Sarmácia europeia foi descrita como "uma região extremamente vasta e deserta, selvagem e sem cultivo agrícola, de clima rigoroso. Faz limite a leste com os moscovitas[16] e o rio Don; ao sul, com os dácios[17] e panônios;[18] a oeste, com boêmios, morávios, silésios e teutões; e ao norte com o mar Alemão[19] e o porto de Gdansk."[20] Essa vasta e confusa existência cartográfica da Sarmácia tornou-se mais concreta com o surgimento do sarmacismo, ambiente sócio-cultural peculiar que encontrou terreno fértil entre a nobreza polono-lituana do século XVI.

O sarmacismo resultava de uma fusão de patriotismo regional com a redescoberta dos textos clássicos romanos e gregos. Embora se baseasse na geomitologia antiga, o sarmacismo "era uma variação singular daquilo que poderia se chamar auto-definição nacional renascentista. No espírito renascentista de um

---

15. Norman Davies, *God's Playground: A History of Poland*, Vol. 1. Nova York: Columbia University Press, 1982, p. 45.
16. Moscóvia.
17. Romênia.
18. Húngaros.
19. Mar Báltico.
20. Schedel, op. cit., p. 85.

retorno às raízes, os povos da Europa procuravam ou inventavam suas próprias origens míticas. O sarmacismo expressava para os poloneses a ideia de que, assim como outras nações europeias, eles também tinham origens nos povos abordados pelos autores da Antiguidade, e seus ancestrais eram até mesmo mais velhos que os ancestrais de muitos outros europeus."[21] Após a União de Lublin, o mito antiquado da Sarmácia facilmente englobou também a Lituânia, tendo em vista que o perímetro cultural da identidade sarmácia "foi gradualmente alterada a fim de incluir a nobreza não polonesa na República. Todo nobre da República que defendesse as liberdades e privilégios políticos de sua classe era considerado sarmácio. Com base nesse mito ou ponto de vista, ergueu-se uma doutrina que, no fim do século XVI, constituía uma apologia ao *status quo* político e social."

Por meio da invariável assimilação da classe alta polono-lituana, "o sarmacismo se tornou, em sua essência, a documentação 'histórica' para a existência da nobreza e sua autoridade política."[22] A família real da linhagem de Jogaila era considerada a materialização da herança sarmácia: por exemplo, o grão-duque Alexandre (que residia em Vilna) era "tido como o ornamento da Sarmácia" pois "em toda a Sarmácia não há ninguém que se assemelhe em coragem e mente tão sublime."[23]

Uma das primeiras obras eruditas mais consistentes sobre a Sarmácia foi escrita por Alexander Gwagnini,[24] oficial italiano a serviço do grão-duque da Lituânia. Gwagnini se interessou pela história e geografia da Lituânia e, em 1578, em Cracóvia, publicou um livro em latim intitulado *Sarmatiae Europeae Descriptio*. Em seguida, o manuscrito foi republicado em várias edições di-

---

21. Thomas da Costa Kaufmann, *Court, Cloister and City: The Art and Culture of Central Europe, 1450-1800*. Chicago: University of Chicago Press, 1995, p. 288.
22. Harry E. Dembkowski, *The Union of Lublin: Polish Federalism in the Golden Age*. Boulder: East European Monographs, 1982, pp. 210-211.
23. Schedel, op. cit., p. 88.
24. Gwagnini nasceu em 1538 e morreu em 1614.

ferentes e traduzido para o polonês. Gwagnini igualou explicitamente a Sarmácia ao Grão-Ducado da Lituânia, que descreveu como um país "muito expansivo" com uma "localização definida" cobrindo "vários ducados, estados e províncias de nomes diferentes" sob seu poder.[25] Vilna, na época da União de Lublin, foi descrita como uma metrópole caótica e agitada da fronteira sarmácia. A primeira visão panorâmica da cidade, reproduzida na edição de 1576 de *Civitates Orbis Terrarum*[26] dá a impressão de uma grande cidade construída quase exclusivamente de madeira. A longa descrição da cidade resume o caráter exótico do lugar:

> Vilna é uma cidade grande e densamente populada, centro do Grão-Ducado da Lituânia e da diocese. Chamada *Wilenszki* pela população local, e *die Wilde* pelos alemães, ela toma o nome emprestado ao rio local, que nasce na Lituânia e, depois de se unir ao rio Niemen, deságua no *Mare Prutenicum*, o mar Prússio. A cidade é circundada por uma muralha de tijolo com diversos portões que nunca estão fechados. [...] A maior parte das casas é feita de madeira, pequenas e baixas, desprovidas de dormitórios ou cozinhas, muitas vezes também sem estábulos, embora vários residentes criem animais, construídas aqui e ali de maneira caótica. Em algumas ruas, porém, como a Rua Alemã e a do Castelo, alinham-se belas casas de pedra, construídas por estrangeiros vindos a negócio. Vilna tem dois palácios reais: um é grande e bonito, com vários cômodos; o outro tem torres e se ergue sobre a colina. Embora a Lituânia não tenha uma indústria mineira, há um arsenal de armas de todo tipo na encosta da colina. As igrejas são em sua maioria feitas de tijolo, mas há também algumas de madeira. Diferentes confissões têm suas próprias casas de culto. Famoso por sua arquitetura de tijolo queimado, o mosteiro Bernardino é o mais elegante. O Galpão Ruteno, onde se vendem mercadorias vindas de Moscou, tais como as mais finas peles de lobo, raposa branca, marta zibelina, arminho, leopardo

---

25. Alexander Gwagnini, conforme citado em Artūras Tereškinas, *Imperfect Communities: Identity, Discourse and Nation in the Seventeenth-Century Grand Duchy of Lithuania*. Vilna: Lietuvių literatūros ir tautosakos institutas, 2005, p. 237.

26. Famoso atlas de cidades do mundo, criado pelo artista flamengo Franz Hogenberg e pelo cartógrafo Georg Braun, decano da catedral de Colônia.

e outros animais, é fascinante também. Há inúmeros chafarizes nas ruas para uso dos residentes, que estão todos conectados a uma fonte próxima ao Portão Alemão.

Há diversos assentamentos extramuros, como em todas as cidades bem concebidas, cada um com seu próprio nome. Um deles, engolfado pelo rio Vilna, chama mais a atenção devido à sua pobreza. Como não há ruas, casas minúsculas foram construídas sem qualquer sistema, como se surgissem por mágica ou por acaso, norteadas apenas pela vontade de seus bárbaros residentes. Quem quiser pode aparecer com algumas tábuas de pinho e construir uma cabana primitiva. Longe do portão do palácio real, o Rei Sigismund Augustus construiu em madeira um pavilhão de caça, onde se abriga dos aborrecimentos e dissabores da vida urbana. O terreno do pavilhão inclui um viveiro, num pequeno bosque cercado, destinado a diversos animais caros e exóticos.

Os moradores de Vilna, em especial os que vivem nos casebres suburbanos, não têm escola, são inativos, preguiçosos, indolentes, desprovidos de qualquer conhecimento ou gosto pelas artes e ciências. São verdadeiros escravos de seus senhores, sem qualquer desejo por liberdade. Surpreendentemente, comprazem-se em sua existência miserável e demonstram amor e obediência apenas àqueles senhores que os repreendem e açoitam inclementes. Enquanto isso, costumam fugir dos senhores que os tratam bem.

A população não produz vinho, porém adora beber. Bebem hidromel e cerveja, e especialmente apreciam vinho quente, cebola e alho. As casas estão sempre repletas de fumaça, pois são construídas sem chaminé. Como resultado, as pessoas ficam cegas. Em nenhum outro lugar do mundo há tantos cegos como aqui. As casas são desprovidas de enfeites ou utensílios caros. Casais, junto com os filhos, gado e animais vivem juntos num casebre sujo. A esposa do chefe de família, que acabou de dar à luz, está sentada por ali num banco duro e, três ou quatro dias após o parto, retomará suas tarefas domésticas e o trabalho para fora. Em toda a cidade, ninguém tem uma cama e, se isso não fosse suficiente, dormir confortavelmente é considerado um pecado. Muitos ricos dormem em cima de bancos, cobertos apenas por uma pele de urso. A vida dos aristocratas não é muito melhor; a diferença é que eles se vestem com roupas mais vistosas, bordadas a ouro e prata. Os burgueses abastados, também, gostam de ver as esposas vestidas de maneira atraente, enquanto o populacho enverga roupas simples do mesmo talhe e cor.

[...] Os tártaros moram em sua maioria nos subúrbios. Tomam conta de terrenos agrícolas ou trabalham como cocheiros e almocreves; durante o inverno, ajudam comerciantes locais a transportar mercadoria pelo interior. [...] Em geral, é possível viajar para e desta cidade só no inverno, uma vez que a Lituânia é completamente rodeada por pântanos e florestas. As insuportáveis estradas que conduzem à cidade se tornam praticáveis só depois que os lagos e os brejos se cobrem de gelo. Os animais de carga locais são como seus proprietários: fortes e brutos.

[...] Os citadinos seguem estranhos costumes religiosos. Participam piedosamente de cada sermão, seguindo com fervor cada gesto do padre, como por exemplo a apresentação do cálice ou a consagração dos sacramentos, cheios de admiração. Rezam obcecadamente, batendo no próprio peito e no próprio rosto. Os que copularam de maneira ilícita ou se entregaram a perversões na noite anterior não entram na igreja, mas permanecem arrependidos do lado de fora, fitando o padre avidamente durante toda a missa. Esse costume é tão difundido, que é muito fácil identificar os jovens transviados e as moças que pecam na cidade. [...] Quando a morte finalmente os libera de sua miserável servidão... eles são enterrados bem vestidos e com dinheiro para a viagem de além-túmulo. Os mortos levam também cartas de parentes ou amigos mais próximos, endereçadas e escritas a São Pedro, de maneira que ele – como porteiro do Paraíso – permita a entrada do falecido nos Céus. Esses e outros costumes supersticiosos são tão prevalentes que até mesmo os que ainda rejeitam a fé cristã[27] seguem-nos sem objeção. Nunca se deve esquecer que, no passado, os habitantes locais veneravam serpentes, o sol, o trovão e o fogo como deuses.[28]

No geral, os estrangeiros eram atenciosos quanto a visitar Vilna. "Essa grande cidade," adverte o guia, "não dispõe de hospital nem de asilo para pobres e doentes, onde pudessem se recuperar graças à benevolência comunitária." E pior, "os habitantes locais, intoxicados pelo hidromel, pelo vinho quente ou pela cerveja forte, entram rápido em discussões, rixas e brigas violentas,

---

27. Judeus e muçulmanos locais.
28. Juozas Jurginis e Algirdas Šidlauskas, *Kraštas ir žmonės*. Vilna: Mokslas, 1983, pp. 78-79.

que acabam em ferimentos graves. Matar um estrangeiro não é considerado pecado mortal, e o criminoso pode escapar mediante o pagamento de uma multa de 16 táleres. Mas se um lituano for assassinado e o assassino escapar, a família da vítima deve embalsamar o corpo do falecido e mantê-lo insepulto até o criminoso ser capturado e julgado. Se a vítima for enterrada antes do julgamento, o criminoso pode ser solto por falta de provas."[29]

Aqui e ali, os sarmácios são retratados em diversas cosmografias mundiais como "povo cruel e preguiçoso."[30] Esse retrato aflitivo da região foi reforçado pelo padre, advogado e poeta espanhol Petrus Royzius[31], conhecido como Mauro, co-autor do Segundo Estatuto Lituano de 1566, que viveu em Vilna por vários anos. Ele foi o primeiro a registrar em verso um retrato sarmácio sombrio da cidade:

> Fome flagelante, moléstias mórbidas e roubos não menos perigosos
> Subjugam o povo de Vilna em seus lares, igrejas e ruas.
> Combinados, deixam cadáveres por toda parte.
> Será possível superar tais males?
> A fome pode se combater com comida abundante, doenças sérias, com remédio.
> Mas os ladrões ficam soltos, pois não há justiça nesta cidade.[32]

---

29. Ibid., p. 79.
30. Schedel, op. cit., p. 91.
31. Pedro Ruiz de Moros, em espanhol.
32. Petri Royzzi Maurei, "Facies Urbis Vilnae". Em Eugenija Ulčinaitė, *Gratulation Vilnae*. Vilna: Lietuvių literatūros ir tautosakos institutas, 2001, p. 86.

Os cidadãos de Vilna combatiam os danosos relatos estrangeiros (e também, sem dúvida, a sombria realidade) com a ajuda dos Céus. Enquanto o processo da santidade de Casimiro continuava à deriva, eles colocaram São Cristóvão no brasão da cidade. Foi uma escolha sensata – São Cristóvão era o santo padroeiro dos viajantes e, lá pelo fim do século, os relatos sobre a cidade passaram a ser mais positivos. No mapa-múndi de Mercator, Vilna é descrita como uma cidade frequentada por muitos viajantes e habitada por gente hospitaleira: "À exceção dos funcionários do governo, todos os burgueses são estalajadeiros e vendem cerveja, hidromel e vinho quente. Recebem gentilmente os estrangeiros em suas casas, colocam-nos sentados perto da lareira e oferecem-nos uma caneca de cada bebida. Só depois de o hóspede experimentar todas as bebidas é que os anfitriões o deixam partir. Caso o hóspede peça para beber mais, ou decida jantar com a família do anfitrião, cobra-se dele uma pequena quantia."[33]

Registros históricos são escassos no que toca à reação dos estrangeiros a tão irresistível hospitalidade, pois muito poucos deles deixaram qualquer espécie de impressão escrita. No contexto cultural da Sarmácia, os viajantes costumavam comparar os lituanos aos poloneses, considerando a sociedade lituana muito mais relaxada na disciplina social, sofisticação cultural e moral sexual do que sua contraparte ocidental. Nobres lituanos eram frequentemente retratados como beberrões impetuosos que adoravam caçadas e banquetes intermináveis. Um viajante casual registrou o ambiente sexual inusitadamente relaxado existente nos lares da elite lituana. As esposas e filhas das famílias nobres lituanas eram por vezes retratadas como predadores sexuais, interessadas em casos amorosos tanto quanto seus maridos ou pais. Conforme certos relatos, muitas mulheres solteiras mantinham uma atividade sexual patente com múltiplos parceiros, e mesmo após o casamento, com o consentimento de seus maridos, elas

---

33. Jurginis e Šidlauskas, op. cit., p. 82.

mantinham amantes. Os primeiros relatos impressos que dão detalhes sobre a prática lituana do *matrimoniae adiutores* foram publicados em manuscritos poloneses e alemães do fim da Idade Média e, séculos mais tarde, histórias picantes sobre as mulheres locais brotaram em diversas cosmografias europeias. Uma versão inglesa de um desses relatos foi reimpressa em 1611 num texto intitulado *As maneiras, leis e costumes de todas as nações*[34], em que se contava que as mulheres lituanas "têm companheiros de quarto e amigos com a permissão do marido, e aqueles chamados ajudantes ou promotores do matrimônio, porém se um marido comete adultério, isso é considerado uma desgraça e abominação: casamentos podem ser facilmente dissolvidos, com o consentimento de ambas as partes, e pode-se casar tanto quanto se desejar."[35] A imagem da amazona para a mulher lituana servia ao perfil ideal da mulher sarmácia, retratado em 1516 em latim no poema "Ode sáfica", publicado na cidade alemã de Augsburgo:

> Há uma terra de vastas e amplas planícies
> Que se estende pela imensidão do norte,
> Onde com milhares de bois cultiva o solo
> O destemido sarmácio.
>
> [...]
>
> Aqui Vênus ensina às mais graciosas jovens
> Como ser dignas do leito de Júpiter,
> E como merecer segurar as douradas
> Maçãs de Atlas.[36]

---

34. No original, *The manners, lawes and customs of all nations*.

35. Boemus Joannes, *The manners, lawes and customs of all nations with many other things...* Londres: 1611, pp. 221-222.

36. Lawrence Korvin Novotarski, *Sapphic Ode on Poland*, trad. Kenneth Mackenzie, em Schedel, op. cit., pp. 111-112.

Enquanto o mapeamento e conhecimento estrangeiros de Vilna avançavam em paralelo com a diagramação dos contornos da Sarmácia, sua visibilidade espacial era eclipsada pela descoberta cartográfica da Europa. O entrelaçamento da história cartográfica da Sarmácia e da Europa revela uma relação íntima entre geografia e mitologia. A metáfora e o nome da Europa deve suas origens a um antigo mito grego, mas a ideia de Europa como unidade geográfica situa suas origens na visualização da cristandade no Renascimento. Com o tempo, nas palavras de John Hale, "a partir do mito e do mapa, da corografia, da história e do exame topográfico, a Europa passou para a mente."[37] Já no século XVII, a denominação mitológica da Europa se tornara inseparável de seu corpo geográfico: rodeada e protegida por água por três lados, a Europa gradualmente se dissolvia no vasto território da Ásia. A concepção cartográfica da Europa foi se fortalecendo com o avanço das técnicas de mapeamento e as descobertas coloniais do globo. No início do Iluminismo, a ideia de Europa como continente distinto já estava implantada com força nas mentes da elite educada do mundo ocidental. A Sarmácia seguia o caminho contrário: nascida na mente de eruditos da Antiguidade, com o passar do tempo se esvanecia no reino da fantasmagoria. Em meados do século XVIII, a Sarmácia recuou para o seu berço mitológico e abandonou o mapa da Europa.

Em geral, as primeiras gravuras da Europa não revelavam inclinações na direção da parte ocidental do continente. Os mapas renascentistas, desprovidos de "indicações de fronteiras políticas... não eram imaginados para serem lidos pelo viés político. E a difusão equilibrada de nomes de cidades não sugeria que o oeste [europeu] tivesse um maior peso econômico do que o Leste Europeu. Essa aparência imparcial de uniformidade não se devia ao *horror vacui* dos cartógrafos, mas a seus lugares de trabalho e

---

37. John Hale, *The Civilization of Europe in the Renaissance*. Nova York: Atheneum, 1994, p. 38.

às redes de correspondência... que irradiavam deles." A maior parte dos mapas era produzida no canto noroeste da Europa, que mantinha intensas conexões comerciais, religiosas e políticas com a região do marBáltico. Como resultado dessas redes, nem "cartógrafos nem comerciantes pensavam que a Europa compreendesse um Mediterrâneo 'avançado' e um Báltico 'atrasado', ou um Oeste Atlântico política e economicamente sofisticado e um Oriente marginalmente relevante."[38]

Vilna, capital de uma das maiores entidades políticas da Europa, era reconhecida na mesma medida como qualquer outro centro urbano importante da Europa ocidental ou meridional. A visibilidade cartográfica da cidade se acentuava também graças ao relativo vazio representacional de sua província. Havia menos cidades na Lituânia do que em outras partes da Europa e, à exceção das vastas florestas e pântanos, não havia outros elementos topográficos notáveis – montanhas, grandes rios ou lagos – a serem mapeados. Na verdade, os cartógrafos do início do Renascimento costumavam exagerar os traços topográficos da Lituânia. A paisagem ondulada e serpenteada dos arredores da cidade era retratada de maneira similar às regiões montanhosas dos Cárpatos; áreas pantanosas das planícies lituano-bielorrussas apareciam frequentemente como lagos imensos, do mesmo tamanho de mares não cartografados; e os ribeiros eram ilustrados como gigantescos cursos d'água.

A presença ampliada de Vilna estava também diretamente ligada à concepção política da Lituânia como fronteira geográfica da civilização europeia. Na Europa Ocidental, o estado dinástico unido da Polônia-Lituânia se tornou amplamente reconhecido como "uma fortaleza estável, nem tanto contra os turcos ou os tártaros da Crimeia, mas contra os outros 'bárbaros' que ameaçam o Ocidente, os povos da Rússia, das províncias moscovitas ao redor da capital até aos cossacos semi-independentes do sul."[39]

---

38. Ibid., p. 20.
39. Ibid., p. 24.

Essa recém-adquirida localização da Lituânia como *antermurale christianitatis*, bastião da cristandade, não só estimulou a imaginação geográfica da Europa Ocidental (que populava o país com fenômenos naturais exóticos, povos estranhos e uma bizarra história local), como também contribuiu para a propagação da arte da geografia. Uma obra-prima de precisão cartográfica foi criada em 1613, com a produção do mapa do Grão-Ducado da Lituânia, encomendado por Mykolas Radvila (Mikołaj Radziwiłł em polonês), descendente cosmopolita de uma das mais ricas famílias da nobreza lituana. Esse mapa detalhado retrata a imensa região que se estende do litoral do mar Báltico até a área central da Ucrânia. Seu desenho elaborado casava a prática renascentista da execução cartográfica de precisão com a exuberância espacial barroca. Ademais, a narrativa geográfica apensa ao mapa descreve Vilna como uma "grande e famosa cidade" com diversos "edifícios públicos e particulares esplêndidos... e numerosas e extravagantes igrejas romano-católicas e russo-ortodoxas."[40]

∽

O barroco chegou a Vilna diretamente de Roma, trazendo a eminência de Casimiro de volta de seu túmulo. O papa finalmente santificou a veneração local de Casimiro com uma declaração de santidade em 1602. Dois anos depois, os jesuítas inauguraram a pedra fundamental – uma rocha maciça trazida à cidade por uma procissão de setecentas pessoas – da igreja de São Casimiro em Vilna. Imitando a *il Gesù* de Roma, essa igreja foi um dos primeiros edifícios barrocos construídos fora da Itália. No início, parecia que o espírito de São Casimiro agia com o prometido sucesso, trazendo riqueza e glória à cidade.

---

40. Jurginis e Šidlauskas, op. cit., p. 85.

Em 1610, o exército unido polono-lituano ocupou Moscou e coroou o filho do rei polonês como tzar. Com a ajuda dos jesuítas, São Casimiro se tornou santo padroeiro da Lituânia, da Polônia e da Rússia. Dez anos depois, como símbolo da vitória católica sobre a ortodoxia russa, seu dia de festa, celebrado em 4 de março, dia de sua morte, foi estendido para toda a Igreja Católica.

Embora a vitória polono-lituana tenha durado pouco, o enorme botim trazido de Moscou enriqueceu Vilna, favorecendo as ambições arquitetônicas dos jesuítas. A consagração da colossal igreja de São Casimiro em 1618, contudo, coincidiu com o início da Guerra dos Trinta Anos, que deixou quase toda a Europa Central em ruínas. E, no momento em que as relíquias de São Casimiro, guardadas num sarcófago de prata, foram depositadas em 1636 na elegante capela barroca da catedral da cidade, a Lituânia estava à beira da aniquilação. Na Polônia-Lituânia, a décadas de guerra se seguiu um desastroso período de discórdias internas e externas, que ficou conhecido mais tarde como Dilúvio, de 1648 a 1667. Forças moscovitas saquearam a Lituânia e, entre 1655 e 1661, ocuparam Vilna, onde o tzar russo Alexei Mihailovich se auto-declarou grão-duque da Lituânia. Enquanto o corpo de São Casimiro era salvo pelas forças lituanas que batiam em retirada, o exército russo profanava as várias igrejas católicas e greco-católicas da cidade.

Apesar de tudo, em meio à ruína das guerras, o estilo barroco floresceu, enriquecendo o sarmacismo com o teatralismo metafísico da época. Mais especificamente, o apogeu alegórico do sarmacismo correspondeu à libertação gloriosa de Viena do cerco turco por parte do exército polono-lituano, liderado pelo rei Jan Sobieski em 1683. Entretanto, para a República, os despojos políticos da vitória duraram pouco. Um desfile interminável de invasores estrangeiros, dos suecos aos cossacos ucranianos, e dos otomanos aos moscovitas, marchou pelo país. As fronteiras vulneráveis da República, porém, desempenharam um importante papel na formação das peculiaridades da cultura sarmácia. E enquanto diversas "práticas locais proviessem da expressividade do barroco pan-europeu... elas desenvolveram, na República Polono-Lituana, formas únicas em parte devido a seu extenso contato com as civilizações russa e otomana."[41]

Essa porosidade continental foi contrariada pelo isolacionismo local. Diante da aniquilação política, o nativismo substituiu o cosmopolitismo e, tendo "perdido toda esperança de salvação, a sociedade polonesa se voltou para si mesma e, enfeitiçada pelos ideais imaginários da 'Velha Sarmácia', começou a perder de vista as realidades elementares."[42] Durante o assim chamado Período Saxão, de 1697 a 1764, quando a República foi governada por dois monarcas estrangeiros (os eleitores da Saxônia), o sarmacismo adquiriu qualidades explícitas de introversão nostálgica e nativismo sentimental. A *szlachta*, ou nobreza polonesa, preencheu a Sarmácia de memórias reais e ficcionalistas do passado. Nesse sentido, a Sarmácia era mais um palimpsesto do que um país, um reino imaginável e legível – um topos reconhecível – formado por remendos de elementos familiares de mitologia, genealogia, história e geografia. Era real por ser decifrável. A realidade representacional da Sarmácia encontrava apoio no teatralismo da imaginação barroca, que misturava livremente épicas da Antiguidade, cenas bíblicas, locais exóticos, temas fantásticos e eventos políticos da Europa contemporânea num drama que se desdobrava no quotidiano.

Diversos rituais diários, cerimônias oficiais, gestos habituais, diatribes oratórias e, claro, a língua, mantiveram a nação sarmácia da nobreza polono-lituana separada de outras nações circundantes. A *szlachta* polonesa vestia trajes especificamente sarmácios, seguia práticas religiosas e sociais exclusivamente sarmácias, e sofria até mesmo de uma estranha patologia médica,

---

41. Daniel Stone, *The Polish-Lituanian State, 1386–1795*. Seattle: University of Washington Press, 2001, pp. 211–213.

42. Davies, op. cit., p. 367.

explicitamente identificada em latim como *plica polonica*, descrita uma vez por um médico suíço do século XVIII como "um humor viscoso e acre penetrando pelos cabelos" com os sintomas gerais de "coceira, inchaço, erupções, úlceras, febre intermitente, dor na cabeça, prostração, desânimo, reumatismo, gota e por vezes até mesmo convulsões, paralisia e insânia." A doença, assim como a filiação à nação da Sarmácia, era presumidamente hereditária, mas, para o horror dos estrangeiros, também "provou ser contagiosa quando em estado virulento."[43] É difícil dizer como era a Vilna do período barroco sarmácio. A composição das autoridades municipais revela um padrão de fragmentação étnica, com poloneses compondo cerca de 50%, 30% de rutenos, 8% de alemães, 4% de italianos e algumas pequenas minorias de origens lituana e húngara. A população geral era ainda mais diversa, uma vez que os judeus, os tártaros, os lituanos da classe baixa e os estrangeiros não podiam participar do governo local. Membros de ordens religiosas ou de famílias nobres também estavam excluídos da lista dos cidadãos urbanos. Mesmo após a Contra-Reforma liderada pelos jesuítas, a elite urbana permaneceu dividida do ponto de vista religioso: os católicos dominavam a política urbana, mas por pouco, pois constituíam cerca de 60% das autoridades eleitas; em segundo lugar vinham os greco-católicos em cerca de 30%; e então protestantes e ortodoxos, cada um compreendendo cerca de 3% da elite. Cabe recordar que, depois de 1666, fiéis protestantes e ortodoxos foram proibidos de

---

43. Conforme citado em Larry Wolff, *Inventing Eastern Europe: The Map of Civilization on the Mind of the Enlightenment*. Stanford: Stanford University Press, 1994, p. 30. Para maiores informações sobre o estilo sarmácio, ver Marija Matušakaitė, *Apranga XVI-XVIII a. Lietuvoje*. Vilna: Aidai, 2003, pp. 95-222; e também Gražina Marija Martinaitienė, "At the crossings of western and eastern cultures: the contush sashes" em *Lietuvos Didžiosios Kunigaikštystės barokas: formos, įtakos kryptys*. Acta Academiae Artium Vilnènsis 21 (2001), pp. 167-175.

ocupar cargos municipais, o que alterou sobremaneira o quadro demográfico da classe governante da cidade.[44]

Nos arredores imediatos da cidade, as diversificadas comunidades de cristão, judeus, caraítas e muçulmanos viviam próximas umas das outras, de modo que Vilna se transformou no ponto de encontro para todo um grupo de idiomas: lituano, eslavo,[45] latim, alemão, iídiche, hebraico e túrquico. Os estrangeiros rapidamente encontravam seu equivalente bíblico naquela infame Babilônia. Tal alusão trazia consigo um duplo significado, pois implicava tanto num grande fascínio pela realidade local, como também numa severa condenação da mesma. Aos olhos de vários estrangeiros e de alguns habitantes locais, em especial os jesuítas, o multiculturalismo da cidade era percebido mais como maldição do que como bênção.

O sarmacismo era privilégio social da nobreza, e a residência de campo era seu principal domínio cultural. Vilna, apesar do estatuto político diminuído, a riqueza reduzida, a população minguante e o crescente provincialismo, ainda era, de longe, a maior cidade da região. Em 1645, Vilna, sem considerar os subúrbios, contava cerca de 300 edifícios de tijolo e 200 casas de madeira, e uma população de cerca de cinqüenta mil pessoas.[46] Entretanto, a nobreza local dominava a cidade, tanto cultural como politicamente. Em geral, a *szlachta*, que compunha cerca de 10% da população polono-lituana, era um dos grupos sociais mais privilegiados da Europa. Os nobres tinham o direito de se reunir em assembleia para eleger o governante do país. Determinavam também as questões relativas a impostos, política externa

---

44. Aivas Ragauskas, *Vilniaus miesto valdantysis elitas: XVII a. antrojoje pusėje*. Vilna; Diemedžio leidykla, 2002, p. 448.

45. Polonês, ruteno, russo, antigo eslavônico eclesiástico.

46. Algimantas Miškinis e Vytautas Jurkštas, em *Vilniaus architektūra*. Vilna: Mokslas, 1985, p. 9. Mais especificamente, os cidadãos possuíam 233 casas de tijolo e 163 casas de madeira, os nobres possuíam 53 e os judeus possuíam 49 casas (tijolo e madeira).

e guerra, gozando inclusive do direito de se revoltar contra políticas estatais impopulares. Com esse poder enorme nas mãos, a nobreza do país tratava a cidade como seu próprio quintal. Na verdade, a nobreza local possuía diversos edifícios na cidade e financiara a construção de belas igrejas barrocas. A fachada sarmácia de Vilna era também matizada pela determinação da camada superior da nobreza lituana em manter vivas as associações alegóricas com Roma. Desde o Renascimento, as famílias mais poderosas haviam identificado suas raízes genealógicas nas tribos perdidas de antigos guerreiros romanos, visualizando a cidade como um duplo sarmácio de Roma. Embora imperfeita, tal visão prolongou a vitalidade artística do estilo barroco, que ali durou mais do que na Europa Ocidental.

Paz e concórdia eram escassas na Vilna do século XVIII, com ondas de exércitos estrangeiros sempre trazendo destruição. Em 1702, o exército sueco pilhou Vilna; em 1705, o exército russo liderado por Pedro I, ocupou a cidade, e foi logo seguido por forças saxãs. Em 1710, a peste matou cerca de 35 mil habitantes, decerto mais da metade da população, e, em 1720, uma rebelião violenta da classe baixa varreu a cidade. Incêndios devastadores ocorriam regularmente: em 1715, 1737,[47] 1741, 1748 e 1749. Do ponto de vista econômico e político, a cidade jamais conseguiu se recuperar totalmente da sucessão de desastres sociais e naturais. Apesar desses e outros acontecimentos catastróficos, ou talvez por causa deles, esse período foi justamente o que marcou o esplendor barroco de Vilna. Numa larga linha do tempo de evolução estética, o ano de 1750 é o divisor de águas entre as sensibilidades barroca e neoclássica. Naquela altura, o culto da racionalidade iluminista havia chegado a todas as grandes capitais europeias, remodelando-as: Paris, Londres, Viena, Berlim, Nápoles e São Petersburgo. Na provinciana Vilna, contudo, maneiras antiquadas ainda reinavam supremas e, na década de 1770,

---

47. Três quartos da cidade foram afetados por esse incêndio.

os "arquitetos na Lituânia desenvolveram suas próprias formas originais, que podem ser também vistas como extraordinária extensão das tradições barrocas e rococó."[48] Esse foi um período em que amadureceu o assim chamado barroco de Vilna, e igrejas ainda mais elaboradas foram encomendadas e construídas na cidade por ricos magnatas lituanos, que alicerçavam suas fortunas em vastos latifúndios. Como resultado da proliferação arquitetônica, no fim do século XVIII, numa cidade de menos de 40 mil habitantes, havia 32 igrejas católicas com 15 mosteiros, cinco igrejas greco-católicas com três mosteiros, uma igreja ortodoxa russa, uma luterana e uma calvinista.[49]

O barroco de Vilna reverteu o relógio da evolução urbana europeia e, ao invés de impulsionar a paisagem da cidade rumo ao sentido neoclássico de ordem espacial, ele pareceu reordená-la de volta para suas origens medievais. Assim, não há em Vilna eixos retos, praças simétricas ou vistas emolduradas de ruas: características de cidades barrocas. Em outras cidades, o espaço barroco se expande horizontalmente; em Vilna, ele jorra verticalmente, como a fumaça de um fogo ritual que tenta aplacar os céus ao invés de competir com eles. É claro que a persistência local do barroco era também uma ilusão, pois Vilna, junto com todo o resto da Polônia-Lituânia, não estava imune às mudanças intelectuais, estéticas e políticas do seu tempo. O esplêndido outono do barroco de Vilna foi um gesto elegante e efêmero do desenvolvimento estético atrasado da cidade, um gracioso adeus à sua fantástica era de ouro.

A longevidade do barroco local não encantava os visitantes cujas ideias sobre o mundo e a arte já estavam determinadas pelos métodos modernos da observação científica e pelos valores iluministas do julgamento secular. Quando o termo "barroco" foi introduzido pela primeira vez em meados do século XVIII na

---

48. Kaufmann, op. cit., p. 421.
49. J. Jurginis, V. Merkys e A. Tautavičius, *Vilniaus miesto istorija: nuo seniausių laikų iki Spalio revoliucijos*. Vilna: Mintis, 1968, p. 190.

França, ele trazia consigo um significado extremamente negativo, se não depreciativo. O *Dictionare de l'Académie française*, de 1740, definia barroco como algo "irregular, estranho, e desigual" que implicava numa falta de separação entre as esferas do real e do imaginário.[50] O pensamento racionalizado do período iluminista, por outro lado, "possibilitava separar aquilo que no barroco havia sido percebido como unidade: arte, sociedade, moral, costumes, ou seja, a ideia barroca da conjunção entre realidade e aparência. A mente iluminista penetrava nas aparências a fim de revelar a ficção da sociedade barroca, exibindo assim as distinções entre arte e luxo, gosto e moda, moral e estética, sujeito e objeto."[51] Enquanto a sociedade europeia fundada em ilusões teatrais e alusões metafísicas dava lugar a uma sociedade construída sobre a ciência natural e o escrutínio público, os alquímicos desejos sarmácios de transformar a parca realidade numa rica fantasmagoria eram apreciados como experimentos culturais e políticos de frivolidade e irresponsabilidade social.

---

50. Rosario Villari, "Introduction" em *Baroque Personae*. Chicago: University of Chicago Press, 1995, p. 2.
51. Remy G. Saisselin, *The Enlightenment against Baroque: Economics and Aesthetics of the Eighteenth Century*. Berkeley: University of California Press, 1992, p. 6.

As sombras do Iluminismo

> Onde hordas bárbaras da montanha cítia
> vagueiam,
> Verdade, Misericórdia, Liberdade ainda
> encontrarão
> [seu lar...
> Oh, imagem ensanguentada no livro do Tempo,
> A Sarmácia tombou, sem pranto, sem um só crime.
>
> THOMAS CAMPBELL, *Polônia*

Quando o renomado viajante e naturalista Johann Georg Adam Forster se estabeleceu na capital lituana em 1784, ele encontrou a cidade barroca em declínio. "Cem anos atrás," escreveu Forster a seu melhor amigo na Alemanha, "*Wilna* tinha 80 mil habitantes. Hoje, se incluirmos seus 12 mil judeus, ela tem apenas 20 mil."[1] A observação estatística de Forster era mais do que o comentário casual de um cientista desapaixonado. Era um lamento, uma avaliação angustiada da condição humana. *Wilna*, considerava Forster, era uma antítese do progresso humano, um remanso provinciano nem mesmo digno do título de cidade, muito menos de capital de um país europeu. Para Forster, *Wilna* era no máximo um lugar de exílio – um purgatório da era científica do Iluminismo – em que almas europeias desprovidas de sorte e de intelecto são mantidas na idade das trevas

---

[1]. Georg Foster escreve para Samuel Thomas Sömmerring, 12–13 de dezembro de 1784, *Georg Forsters Werke: Sämtliche Schriften, Tagebücher, Briefe (Briefe 1784 – Juni 1787)*, vol. 14. Berlim: Akademie Verlag, 1978, p. 232. O fisiólogo e anatomista alemão Sömmerring (1755–1830) foi um dos amigos íntimos de Forster.

das superstições e do barbarismo. A cidade não mais denotava a periferia inculta da Europa; ela era agora uma fronteira bravia onde a civilização urbana retornava para o seu estado selvagem.

A antipatia de Forster pela capital da Lituânia, país ainda grande embora castigado pela pobreza, se deveu ao prisma de sua educação cosmopolita, vivência transformadora, incomum mesmo para sua idade, de internacionalismo acadêmico e vasta experiência de viagem pela Europa. Forster jamais participou de um *grand tour* da Europa, evento social que se tornara extremamente popular entre os jovens aristocratas e intelectuais do século XVIII; por outro lado, realizara a circunavegação da Terra. Uma viagem ao redor do mundo levou Forster a *Wilna*. Em 1772, aos 17 anos de idade, participou, junto com o pai, cientista também ele, da segunda expedição do Capitão Cook ao Pacífico Sul, a bordo do H. M. S. *Resolution*. Num tempo em que a Europa mal podia imaginar o lado mais distante do mundo, o jovem Forster pesquisou e documentou os habitantes do Taiti, da Nova Zelândia e das desoladas ilhas da Terra do Fogo, confraternizando com eles. Em seguida, Forster publicou um livro, *Uma viagem ao redor do mundo*, detalhando descobertas científicas e impressões pessoais da viagem. O manuscrito em dois volumes e 1200 páginas, concebido, nas palavras do jovem autor, como "uma história filosófica da viagem", foi publicado em inglês e alemão.[2] Forster era um cientista com alma de artista revolucionário, que, segundo seus contemporâneos, "demonstrava sua receptividade e educação universal combinando a elegância francesa com formas populares de apresentação, e a utilidade inglesa com a profundidade alemã de percepção e espírito."[3] O livro, habilmente ilustrado – uma das responsabilidades de Forster durante a expedição era a de desenhar as diversas descobertas

---

2. George Forster, *A Voyage Round the World*, vol. 1. Honolulu: University of Hawai'I Press, 2000, p. 6.

3. Friedrich Schlegel, *Kritische Schriften*, conforme citado no livro de Thomas F. Saine, *Georg Forster*. Nova York: Twayne Publishers, 1972, p. 13.

– transformou-se em tema de conversa nos salões iluministas da Europa. E enquanto acadêmicos mais vigorosos levantavam objeções à subjetividade do autor, o tom do livro se integrava perfeitamente ao espírito do Romantismo, que brotava em sua busca de unidade entre racionalismo e imaginação. Algumas décadas mais tarde, Alexander von Humboldt, geógrafo de primeira linha e esteta da era moderna, agradeceu Forster por introduzir na ciência a "força descritiva do observador, o avivamento do elemento descritivo da natureza, e a multiplicidade de visões."[4] O livro lançou a carreira profissional de Forster como cientista "inato", levando-o a ser indicado como docente no Collegium Carolinum na cidade de Kassel, no Hesse. O ambicioso naturalista ficou profundamente insatisfeito com o diminuto encargo, ele que nutria a esperança de alcançar o mesmo estatuto acadêmico do pai, que havia se tornado professor na prestigiosa Universidade de Halle, sob o patrocínio de um monarca iluminista, Frederico, o Grande, da Prússia. No outono de 1783, Forster recebeu um convite da Universidade de Vilna e, diante da falta de perspectivas na Alemanha, decidiu se mudar para a Lituânia.

Wilna se localiza a cerca de mil e cem quilômetros a nordeste de Kassel. No fim do século XVIII, em boas condições meteorológicas, essa distância podia ser facilmente coberta numa questão de poucas semanas. A viagem de Forster a *Wilna* durou quase seis meses. Ele quis conhecer mais das terras alemãs a fim de aprofundar seus contatos profissionais e adquirir conhecimentos acadêmico de valia. Durante a viagem, Forster explorou de bom grado os prazeres sociais de sua fama literária. Na cidade mineira de Freiberg, na Saxônia, o naturalista se encontrou com o príncipe Stanislaw Poniatowski, sobrinho do rei da Polônia e tesoureiro do Grão-Ducado, quem, nas palavras de Forster, "re-

---

4. Alexander von Humboldt, *Kosmos*, conforme citado em Forster, *A Voyage Round the World*, vol. 1, op. cit., xl.

tratou os lituanos da maneira mais positiva."[5] Embora o jovem Poniatowski reconhecesse os problemas sociais e econômicos do país como resultantes de "cabeças demais com opiniões demais", ele fez também observações alentadoras sobre a expansão "do Iluminismo[6] na Polônia." O príncipe preveniu Forster sobre a lenta penetração das ideias progressistas na Lituânia, porém descreveu *Wilna* como "o lugar mais agradável da Polônia, com uma universidade de melhor reputação do que a Universidade de Cracóvia."[7]

Após o breve desvio pela Saxônia, Forster chegou a Viena, onde se demorou por alguns meses gozando de banquetes, reuniões de salão e saraus aristocráticos. A sociedade vienense saboreava as histórias picantes de Forster sobre os hábitos e costumes, inclusive os sexuais, das sociedades das ilhas do Pacífico. Forster, por sua vez, considerava Viena um paraíso, amargurando-se com a ideia de uma inevitável partida. Quando o dia chegou, escreve Forster, "todos os meus amigos e o príncipe Kaunitz me insuflaram a esperança de poder retornar depois de deixar a Polônia. Até o imperador me disse: 'Acho que vou vê-lo em breve de novo em Viena, pois você não será capaz de suportar ficar com os poloneses por muito tempo.'"[8] O imperador demonstrou também certo ceticismo quanto à perspectiva de difusão do Iluminismo na Lituânia: ele não acreditava haver uma universidade em *Wilna*, nem a perspectiva de ensinar ciências naturais a seus habitantes parecia lhe fazer qualquer sentido. Antes de aprenderem qualquer coisa sobre ciência, os poloneses, observou o imperador, precisam aprender o alfabeto.

---

5. Forster escreve para Sömmerring, 2 de julho de 1784, *Georg Forsters Werke 14*, op. cit., p. 114.
6. No original, *Aufklärung*.
7. Ibid., pp. 113–114.
8. Forster, conforme citado em Saine, op. cit., p. 163.

No fim do século XVIII, a Universidade de Vilna estava em transição. A antiga Academia Jesuíta, criada em 1579 no intuito de apoiar a Contra-Reforma católica, constituía a fundação material e também, sob muitos pontos-de-vista, intelectual da universidade. Após a dissolução, a mando do papa, da Ordem dos Jesuítas em 1773, a academia passou a ser administrada diretamente pelo estado lituano. Em 1781, ela se tornou a escola suprema do Grão-Ducado da Lituânia, supervisionada pela recém-criada Comissão de Ensino, que tentou criar o primeiro sistema pedagógico integrado na Europa. Apesar do pensamento progressista, recursos financeiros e vontade política para a implementação do projeto eram limitados. A maior parte dos membros da universidade consistia em seus antigos professores: ex-padres e monges jesuítas secularizados; ademais, o novo currículo pouco diferia do programa dogmático da velha escola. A Comissão de Ensino, liderada pelo bispo de Płock, irmão do rei da Polônia, procurou ativamente seduzir várias celebridades acadêmicas europeias até *Wilna*. A cadeira de ciências naturais da universidade foi a princípio oferecida ao pai de Forster, que detinha uma reputação acadêmica muito mais vasta. Quando Forster pai recusou a oferta, ele habilmente propôs o filho. A Comissão concordou em empregar o jovem Forster, estipulando que recebesse o título de doutor dentro de um ano após chegar a *Wilna*. Além de extenuantes responsabilidades docentes, ele deveria também instituir um jardim botânico com flora lituana, criar um programa agronômico e proceder à pesquisa sobre o eventual potencial mineiro e industrial a partir de recursos naturais locais. O jovem Forster, desgraçadamente, não tinha o treinamento necessário para atender tais expectativas. Embora fosse doutor pela Universidade de Halle, ele conhecia muito pouco do mundo natural da Lituânia, práticas agrícolas contemporâneas ou métodos industriais de desenvolvimento econômico.

Forster via em seu posto em *Wilna* uma jogada profissional para resolver problemas pessoais. Estava descontente com sua vida de solteiro em Kassel, onde frivolamente havia se ligado à

Franco-maçonaria, caíra na farra e se endividara bastante. A fim de tornar mais confortável e produtiva sua existência na remota *Wilna*, ele procurou uma esposa. Logo antes de partir rumo à Lituânia, Forster pediu a mão de Therese Heyne, filha do amigo e colega Christian Gottlob Heyne, professor de filologia clássica na Universidade de Göttingen. Há pouca evidência de faíscas de amor entre os noivos. Forster não era um homem muito vistoso e, para sua idade, tinha uma saúde que deixava a desejar. Os três anos passados no mar fizeram-no perder quase todos os dentes devido ao escorbuto; ademais, passou a sofrer de diversos problemas digestivos, infecções recorrentes e reumatismo. Therese, dez anos mais jovem, bela e excepcionalmente bem educada, teve por bem responder à gentileza, reputação intelectual e potenciais perspectivas acadêmicas de Forster. Uma vez acertado, o casamento foi adiado por um ano, até que Forster se estabelecesse solidamente em *Wilna*. Nesse ínterim, os dois se tornaram íntimos correspondentes, trocando longas e detalhadas missivas – não de amor, infelizmente – toda semana.

As primeiras impressões de Forster sobre o lugar foram capturadas em sua correspondência confidencial com Therese, seus amigos mais próximos e familiares. A República não era estranha a Forster, que nascera em 1754 no vilarejo de Nassenhuben, na região do delta do Vístula, onde os idiomas polonês e alemão se entrelaçavam livremente. O cientista cresceu num lar protestante de fala alemã, embora a família Forster tivesse ancestrais que tinham chegado à Polônia na década de 1640, vindos da Escócia e Inglaterra. Mas visto que a região de seu local de nascimento permanecera em possessão polonesa até 1793, Forster, nominalmente, era um súdito polonês. Sua reação, porém, à Polônia-Lituânia era em geral a de um perfeito estrangeiro. Via de regra, a atitude alemã com relação à Polônia-Lituânia era condescendente. O país era considerado um anacronismo político sem qualquer valor para a cultura do Iluminismo. Goethe, que realizou uma viagem de uma semana de Weimar até Cracóvia em 1790, laconicamente recapitulou essa visão alemã da

Polônia: "Nesses oito dias vi muitas coisas notáveis, mesmo que em sua maioria tenham sido apenas notavelmente negativas."[9] Outros europeus deixaram impressões mais dramáticas sobre o país. Forster viajou para *Wilna* por uma estrada importante, via Varsóvia, Białystok e Grodno, no meio do outono. Um ou dois meses mais tarde, precisamente a mesma rota foi percorrida pelo conde Louis-Phillipe de Segur, enviado *extraordinaire* de Luís XVI à corte imperial russa em São Petersburgo. Segur descreveu uma desagradável sensação de deslocamento ao passar a fronteira da Prússia com a Polônia:

Atravessando a parte oriental das propriedades do rei da Prússia, poder-se-ia dizer que se abandona um teatro em que reinam a natureza adornada pelos esforços da arte e a perfeita civilização. Os olhos já se entristecem com a poeira áspera, com a floresta vasta. Mas tão logo adentramos na Polônia, tem-se a impressão de deixar a Europa completamente para trás, e um novo espetáculo impressiona a vista: um imenso país quase todo coberto por abetos sempre verdes, mas sempre tristes, interrompidos a longos intervalos por uma ou outra planície cultivada, como ilhas espalhadas no oceano; habitantes pobres, escravizados, vilarejos imundos; casebres pouco diferentes de cabanas selvagens; tudo leva a crer termos voltado dez séculos, e estarmos em meio a hordas de hunos, cítios, vênetos, eslavos e sarmácios.[10]

Segur tinha a mesma idade de Forster e, assim como ele, era também um viajante experimentado.[11] Mas o conde era o rebento de uma das famílias mais ricas da França e, à diferença do cientista, gozara até então de todos os confortos à disposição para viajar. Atravessando a República de trenó durante o inverno, malgrado a melancólica introdução, ele vivenciou a viagem como uma experiência jovial através de "um inconcebível amálgama de séculos antigos e séculos modernos, de espírito monárquico e

---

9. Goethe, conforme citado em Wolff, op. cit., p. 333.
10. Louis-Phillipe de Ségur, *Mémoires, souvenirs, et anecdotes, par le comte de Ségur*, vol. 1, conforme citado em Wolff, op. cit., p. 19.
11. Ele havia passado algum tempo na América do Norte.

espírito republicano, de orgulho feudal e igualdade, de pobreza e riquezas."[12] No entanto, a desventura o alcançou em algum ponto entre Białystok e Riga, onde, por causa de uma terrível tempestade de neve, ele foi forçado a deixar sua bagagem para trás. O diplomata jamais haveria de recuperar seus pertences e, meses mais tarde, em resposta a indagações oficiais, ele recebeu um estranho relatório das autoridades locais, afirmando que tudo o que lhe pertencia fora perdido num incêndio no meio da gélida Lituânia.

William Coxe,[13] inglês experiente, em 1778 atravessou a Lituânia rumo à Rússia durante um *grand tour* da Europa, como tutor e companheiro de viagem de um jovem aristocrata inglês. Coxe faz menção à monotonia e à paisagem inalterável durante o trajeto, semelhante a uma enfadonha travessia do mar: "Jamais vi uma estrada tão estéril de paisagens interessantes como aquela entre Cracóvia e Varsóvia. Não há absolutamente nada, durante o trajeto inteiro, que seja capaz de chamar a atenção, por um momento que seja, do mais curioso viajante."[14] Se atravessar a Polônia, porém, era uma atividade insípida, caminhar pela Lituânia era uma demorada aventura com final pitoresco: "As estradas deste país," observa Coxe, "estão descuidadas, muito poucas delas sendo superiores a caminhos vicinais serpenteando pela floresta espessa sem o mínimo grau de orientação artificial: elas são com frequência tão estreitas que mal permitem a passagem de uma carruagem; são continuamente obstruídas por troncos e raízes de árvores e, em alguns trechos, tão arenosas que oito cavalos pequenos mal conseguem nos puxar."[15] Ao penetrar nos bosques, diante dos olhos do viajante cansado se desabria uma paisagem cada vez mais bizarra: "as cidades e os vilarejos eram compridos

---

12. Ibid., pp. 19-20.
13. William Coxe nasceu em 1747 e morreu em 1828.
14. William Coxe, *Travels in Poland, Russia, Sweden and Denmark*. Londres: J. Nicholas, 1784, p. 148.
15. Ibid., p. 226.

e espalhados; todas as casas, inclusive as igrejas, são de madeira; multidões de mendigos rodeavam nossa carruagem sempre que parávamos; os judeus se faziam presentes sem cessar."[16]

Na Lituânia, à diferença da maior parte da Europa e da Rússia, a comunicação quotidiana dos viajantes com o universo local que atravessavam era mediada pelos judeus, que administravam quase todas as necessidades mercantis e de viagem do país. "Se você pedir um intérprete, eles trarão um judeu; se você chegar a uma estalagem, o dono é judeu, se você precisar de um correio a cavalo, quem providencia é um judeu e o mensageiro é um judeu; se você quiser fazer compras, o seu agente é um judeu: e este é o único país da Europa em que os judeus cultivam a terra: ao atravessar a Lituânia, não raro os vimos semeando, colhendo, ceifando e realizando outros trabalhos agrícolas."[17] Os judeus não eram essenciais apenas para tornar a viagem mais confortável, mas sua "aparência pouco familiar" animava a mente fatigada do viajante:

> Vimo-nos no meio de um imenso celeiro ou galpão, no fundo do qual vislumbramos dois grandes pinheiros em chamas, com galhos e tudo, numa lareira sem chaminé: ao seu redor, diversas pessoas, completamente vestidas de preto e ostentando longas barbas, estavam ocupadas em mexer um enorme caldeirão suspenso sobre o fogaréu. Se acreditássemos em feitiçaria, ou em um pouco de superstição, facilmente teríamos tomado aquele grupo por bruxos encarregados de algum ritual místico; entretanto, após um exame mais minucioso, acabamos por neles reconhecer nossos velhos amigos judeus, que preparavam o seu e o nosso jantar.[18]

Aliás, Coxe foi um dos poucos estrangeiros que tentaram identificar a patogênese da *plica polonica*, apontando três causas

---

16. Ibid., p. 211.
17. Ibid., p. 226.
18. Ibid., pp. 230–31.

principais da doença, a saber, a instável e insalubre "natureza do ar polonês, a deletéria água local e a flagrante desatenção à limpeza por parte dos habitantes."[19]

Esse mesmo retrato deprimente e fantasmagórico da Lituânia foi contestado por outros viajantes, que o consideraram um exagero fantasioso da realidade. Numa resposta direta ao relato de Coxe, Friedrich Schulz, escritor alemão obscuro, deixou uma descrição que procura corrigir a anterior. "Quem viaja rumo à Rússia, quem lembra ou quem descobre a maçante monotonia das estradas de e para Berlim... vai me agradecer por isso. A estrada [que atravessa a Lituânia] não é muito mais longa que a estrada que vai até Berlim, embora viajar aqui seja muito mais barato e mais rápido, por uma paisagem rural mais agradável, generosa e populada por gente cortês. Não acredite nos boatos de perigos. Já percorri essa estrada três vezes, assim como vários de meus conhecidos, e nenhum de nós jamais viu nada suspeito de dia nem de noite."[20] O relato de Schulz não continha apenas fatos objetivos; ele, também, se baseou no próprio conhecimento artístico para capturar as sensações e as cores do quotidiano. Certa vez, ficou numa hospedaria de donos judeus até altas horas da madrugada na "improvável companhia de soldados russos, lituanos seminus, poloneses embriagados e uma enorme família de israelitas. Várias figuras dessa estalagem poderiam constar nas pinturas de Fielding ou Hogarth. Mas eles de tal maneira me impressionaram, que jamais procurarei de novo por convívio semelhante."[21]

Forster era um viajante mais melancólico. No início, deixou-se profundamente ofender pela pobreza e repressão em que viviam os habitantes locais, e respondeu à sua miséria com humildade. "Foi a dilapidação, a imundície do ponto de vista moral

---

19. Ibid., p. 234.
20. Friedrich Schulz em Jurginis e Šidlauskas, op. cit., p. 106.
21. Ibid., p. 97.

e físico, a semi-selvageria e a semi-civilização[22] das pessoas, a visão da terra arenosa por toda parte coberta por bosques escuros, que ultrapassaram qualquer conceito que eu pudesse ter. Chorei sozinho durante uma hora por toda aquela gente atirada ao abismo – e depois voltei aos poucos a mim mesmo."[23] Mais tarde, as emoções haviam se modificado. "Esse foi mais um momento de bobagem da minha parte," observou Forster para o amigo Friedrich Heinrich Jacobi, filósofo sensualista alemão, "mas agora que me recobrei por completo posso reconhecer o ridículo do meu comportamento."[24]

A cada dia de sua viagem, Forster se torna cada vez mais habituado à Lituânia. Envia a Therese um relatório sociológico desde Grodno, onde, durante a reunião do *Sejm*, o parlamento, "toda a nobreza polonesa e lituana" se reúne. "Estou aos poucos começando a me habituar aos costumes desta nação tão original… já superei o choque inicial e posso agora observar as coisas sem qualquer amargor… e apesar de algumas deficiências na Constituição liberal deste reino, é um grande prazer notar que todo nobre polonês goza aqui de liberdade."[25] Os habitantes locais, descreve Forster a seus outros destinatários, adoram tudo o que seja francês e detestam tudo o que seja alemão. Isso acaba gerando, segundo Forster, um efeito cultural negativo: "Na Polônia, chamar alguém de alemão – é o pior dos insultos; como resultado, a educação da alta nobreza foi totalmente entregue às mãos dos barbeiros e *modistes* franceses."[26] E visto que "a aristocracia

---

22. No original, respectivamente *Halbwildheit* e *Halbkultur*.
23. Georg Forster escreve para Friedrich Heinrich Jacobi, 17 de dezembro de 1784, *Georg Forsters Werke 14*, op. cit., pp. 248–249.
24. Ibid., p. 249.
25. Georg Forster escreve para Therese Heyne, 12 de novembro de 1784, *Georg Forsters Werke 14*, op. cit., p. 205.
26. Georg Forster escreve para Joachim Heinrich Campe, 9 de julho de 1786, ibid., p. 503.

polonesa segue o espírito francês, eles olham para tudo daquela maneira superficial e enciclopédica."[27]

Passados alguns dias, na estrada rumo a *Wilna*, Forster participou de um encontro singular. Numa das modestas estalagens, ele se juntou a um divertido padre católico que bebia vodca com um velho mensageiro judeu. Os camaradas divertiram o cientista com sua conversa estridente, em que toda forma de autoridade era rejeitada. Os dois caluniavam todo o mundo: desde o imperador do Sacro Império Romano Germânico e o rei polonês, até o bispo de *Wilna* e o abade local. Um ou dois dias depois, ainda de ressaca, Forster chegou ao destino final, concluindo seu relato de viagem sobre a Lituânia diante dos portões de *Wilna*:

18 DE NOVEMBRO DE 1784
Quinta-feira, 5 horas da manhã

Parto de uma estalagem judaica paupérrima e chego às 9 da manhã a Gostki ou Swetnik, a quatro milhas, numa outra estação de correio administrada por judeus, onde troco de roupa e continuo o trajeto rumo a *Wilna*, em três milhas, aonde chego à uma hora da tarde. Uma milha antes de *Wilna*, a paisagem ao longo do rio Wilia se revela muito bonita: íngremes colinas de areia e penhascos calcarosos coroados por uma esplêndida floresta verdejante. A localização de *Wilna* é surpreendentemente fabulosa; tão logo nos aproximamos da cidade, a visão das colinas em derredor que descem até o vale, onde toda essa grandiosa cidade, agraciada com tantas torres, se localiza, é realmente impecável e magnífica. No interior da cidade – ruas estreitas e imundas e inúmeras ruínas – entretanto, entre elas, é possível encontrar um ou dois edifícios impressionantes. *Finis viaeque chartaeque.*[28]

---

27. Forster escreve para Jacobi, 17 de dezembro de 1784, ibid., p. 249.
28. Georg Forster, *Georg Forster Werke: Sämtliche Schriften, Tagebücher, Briefe*, vol. 12. Berlim: Akademie Verlag, 1978, p. 189.

O naturalista transformou sua observação última – *fim da estrada e da história*, frase satírica de Horácio, em que está implícita uma falta de interesse em narrar – numa premonição. Ele imediatamente mandou um aviso à sua noiva, concernente a suas perspectivas futuras na cidade. Tinha pouco entusiasmo a transmitir:

Em *Wilna*, podemos ver como uma cidade outrora populosa entra em rápido declínio: edifícios abandonados e montes de entulho estão por toda parte. Aqui é possível encontrar gente desmoralizada, que se tornou simplesmente indiferente a sua trágica condição; e, finalmente, podem-se testemunhar os resultados catastróficos do enxerto de uma nação semi-civilizada com vícios semi-selvagens."[29] Ele escasseou nos detalhes, observando que "seria preciso um volume inteiro para descrever aquilo que, nas zonas limítrofes alemãs, é tão engenhosamente chamado de *polnische Wirtschaft* ou "economia polonesa".[30]

∽

Malgrado as origens alemãs, o jovem professor foi bem recebido pela elite social da cidade. Gozou da hospitalidade local, embora nela identificasse sinais de regressão cultural. "A generosidade das pessoas, aqui, como em todos os países sem cultura do mundo, é impressionante; as pessoas socializam sem qualquer *gêne*[31] e até mesmo sua aparência é menos ordenada que em outros lugares. A tolerância impera absoluta!"[32] Logo o pudico acadêmico se alarmou. "Os poloneses se comportam de tal maneira que não me deixam duvidar de minha presença sensual entre eles; ah, sim, realmente experimento meu estar físico neste mundo lamentável, rodeado por gente cruel, semi-civilizada e semi-selvagem deste país de florestas desgrenhadas e

---

29. Forster escreve para T. Heyne, 13 de dezembro de 1784, *Georg Forsters Werke 14*, op. cit., p. 242.
30. Forster escreve para T. Heyne, 24 de janeiro de 1785, ibid., p. 267.
31. Em português, "embaraço".
32. Ibid., p. 269.

tristes. [...] Num tal país, sou obrigado a dizer adeus a minhas ilusões..."³³ Mais do que qualquer outra coisa, ele se irritou com a intimidade social e sexual da elite de Vilna. Uma sensualidade cheia de flertes enlouqueceu Forster, que se sentia impotente e perplexo diante dos costumes locais. "Não há lugar em que as pessoas sejam mais sensuais que aqui. Ninguém se interessa por outra coisa a não ser a descoberta de prazeres físicos. O único prazer que posso ter aqui é corpóreo: se desejo socializar com mulheres, preciso flertar sem parar; por vezes preciso até mesmo acariciá-las, pois todas elas querem ser estimuladas apenas de maneira carnal. A sociedade sanciona completamente esse tipo de comportamento. Aqui, é possível beijar em público o peito de uma donzela sem causar escândalo!"³⁴ Forster se recusou a se acostumar aos hábitos locais e, logo após sua chegada, começou a ter fantasias de fuga. "*Wilna*," declarou o desesperado naturalista a seu melhor amigo na Alemanha, "decerto não é um lugar em que possa permanecer para sempre!"³⁵ Num gesto impulsivo, ele decidiu abandonar o cargo na universidade e fugir disfarçado para a mais exótica e mais quente Constantinopla. A saúde debilitada e falta de dinheiro, mais do que compromissos acadêmicos e a lógica profissional, curaram os impulsos nômades de Forster.

Na verdade, *Wilna* não era um lugar tão terrível, especialmente após a chegada de Therese. Embora "a cidade esteja num estado terrivelmente deplorável," observou Forster, "*meo judicio*, ela ainda parece muito melhor que Cracóvia e ultrapassa Grodno sobremaneira."³⁶ E, depois de passar as férias de verão na Alemanha, o professor confessou que *Wilna* era uma cidade muito mais grandiosa do que a maior parte das cidades provinciais alemãs. Ele encarou o isolamento intelectual da cidade como um

---

33. Georg Forster escreve para Maria Wilhelmina von Thun, 24 de novembro de 1784, ibid., pp. 215-216.
34. Forster escreve para Sömmerring, 3 de fevereiro de 1785, ibid., p. 271.
35. Ibid., p. 273.
36. Forster escreve para Sömmerring, 12 de dezembro de 1784, ibid., p. 232.

desafio profissional. "No final das contas", escreveu Forster a seu sogro em Göttingen, "*Wilna* é provavelmente o melhor lugar do mundo para se ficar em paz, onde posso me dedicar meticulosa e pacientemente ao estudo de temas interessantes; esse fato, por outro lado, alivia minha terrível condição."[37] Numa carta enviada a Johann Gottfried Herder em Weimar, ele resumiu seu papel em *Wilna* como o de um missionário solitário do Iluminismo: "Outrossim, o que consegui fazer aqui foi muito mais do que poderia ter feito em qualquer outro lugar do mundo; vejo-me como se estivesse plantando uma semente de esperança."[38]

Não houve, contudo, nada a colher a partir das sementes de esperança de Forster. Isso aconteceu, em parte, devido ao fato de Forster considerar *Wilna*, apesar de suas melhores intenções, indigna de seu talento:

Aqui, onde a ciência é coberta pelo silêncio da noite, onde conquistas científicas não são recompensadas, nem mesmo com um simples prêmio honorário, onde a maior parte das pessoas reconhecidas e celebradas são só aquelas que possuem o maior número de servos ou que gastam as maiores somas em jogos de azar – aqui, um estrangeiro, devido à apatia de seus compatriotas, aos poucos começa a se sentir abandonado pelo que há de melhor na sociedade civilizada. [...] A sociedade local é marcada pela letargia, por adiamentos constantes e pela indiferença a tudo que seja virtuoso; aqui, um viajante encontra tolerância e dissimulação de delitos elementares, a persistência do habitual absurdo moralizador, a falta de formas modernas de educação e, por vezes, um desprezo implacável pelo estudo; ademais, o país é marcado por um patriotismo insensato, uma estrutura governamental irracional e uma constituição estatal doentia. Aqui, a opulência francesa se amalgama à bestialidade sarmácia e, a fim de sobreviver e permanecer vigoroso e alerta do ponto de vista mental, faz-se necessário tornar-se

---

37. Georg Forster escreve para Christian Gottlob Heyne, 10 de agosto de 1786, ibid., p. 521.
38. Georg Forster escreve para Johann Gottfried Herder, 21 de julho de 1786, ibid., p. 513.

estático, inabalável e fechar os olhos a todo esse absurdo. [...] Em *Wilna*, não há uma única livraria e, em Varsóvia, existem apenas dois livreiros falidos, que só comercializam romances indecentes.³⁹

Após a morte de Forster, Therese exprimiu uma visão mais equilibrada da situação:

> Eles não mantiveram sua palavra [em *Wilna*] mas agora, depois de mais de quarenta anos passados, acredito que, num certo sentido, Forster, também, não manteve sua palavra, e surpreende-me o fato de que Heyne [o pai dela], naquela altura, não lhe dera conselhos que eu não poderia ter dado por falta de experiência e de entendimento. Forster esperou que as promessas que lhe foram feitas fossem cumpridas para só então poder realizar algo grandioso, ao passo que ele poderia ter incrementado substancialmente sua posição caso houvesse realizado o pouco que era possível com os meios diminutos à sua disposição, ao mesmo tempo insistindo pelo cumprimento das promessas feitas.⁴⁰

A incapacidade de Forster para aprender polonês na variante local fez sua vida em *Wilna* menos comunicativa. Embora se esperasse que desse aulas em polonês, ele continuou suas instruções na universidade em latim, que nem ele ou seus estudantes conheciam bem. Em pouco tempo, o naturalista transformou sua frustração linguística num ódio por tudo o que fosse polonês. Ele até mesmo decidiu evitar que a filha, nascida logo após a chegada de Therese a *Wilna*, ouvisse aquela língua. "Espero que minha filha não venha a precisar do conhecimento do idioma polonês, embora devamos ficar aqui por sete anos. Mas mesmo que sua língua se torne mais flexível, isso não compensaria o dano potencial que longas conversas em polonês com diversos nativos ignorantes, padres locais e outros idiotas infligiriam em sua mente."⁴¹

---

39. Forster escreve para Campe, 9 de julho de 1786, ibid., pp. 502–503.
40. Therese Forster, *Johann Georg Forster's Briefwechsel*, conforme citado em Saine, op. cit., p. 43.
41. Forster escreve para Sömmerring, 8 de outubro de 1786, *Georg Forsters Werke 14*, op. cit., p. 561.

Forster demonstrou ainda menor interesse pelo lado judaico da cidade. Ele com frequência fundia negativamente os dois universos num só, sobretudo em questões de comércio local, que descreveu como "completamente dominado por cristãos com virtudes judaicas"[42] que cobram preços *unchristlich*, ou "não cristãos",[43] por serem "mais gananciosos que os hebreus."[44] Contudo, uma das poucas pessoas que Forster chegou a respeitar em *Wilna* foi um médico judeu com quem partilhou a descoberta do filósofo judeu alemão Moses Mendelssohn.[45] O professor alemão participava de um pequeno salão filosófico organizado regularmente na casa do médico. Costuma dizer que o ambiente iluminista se devia à anfitriã, esposa do médico. Apesar de sentimentos cordiais, os Forsters jamais se tornaram amigos próximos desse casal de judeus.

∽

A Lituânia, em geral, constituía um estranho desafio representacional para Forster, não por ser um "país infeliz governado por uma tenaz anarquia", mas porque, em suas próprias palavras, ele era obrigado a se utilizar de "cores e metáforas completamente diferentes" a fim de capturá-lo.[46] Por conseguinte, Forster estava continuamente em busca de uma visão descritiva perfeita que fosse capaz de transformar magicamente a caótica cena lituana num quadro ordenado. Ao final, ele concluiu que a Lituânia se encontrava presa entre dois polos contrastantes de desenvolvimento cultural:

---

42. Georg Forster escreve para Johann Karl Phillip Spener, 17 de junho de 1787, ibid., p. 699.
43. Forster escreve para T. Heyne, 16 de fevereiro de 1785, ibid., p. 282.
44. Forster escreve para Sömmerring, 12–13 de dezembro de 1784, ibid., p. 236.
45. O médico foi provavelmente Judah ben Mordechai ha-Levi Hurwitz, embora Forster jamais mencione seu nome na correspondência.
46. Georg Forster escreve para Petrus Camper, 7 de maio de 1787, *Georg Forsters Werke 14*, op. cit., pp. 677–680.

É possível identificar um farto material risível nessa mistura de brutalidade sarmácia ou quase neozelandesa e de extremo refinamento francês... ou talvez não; pois damos risada apenas de pessoas cuja única culpa é serem risíveis; não damos risadas daqueles que, por meio das maneiras de governar, da pecuária (como a educação aqui deveria se chamar), do exemplo, dos padres, do despotismo de vizinhos poderosos e de um exército de vagabundos franceses e inúteis italianos, são mimados desde a juventude, vendo-se desprovidos de qualquer expectativa futura de aperfeiçoamento. A verdadeira população, isto é, milhões de cabeças de gado sob forma humana, aqui perfeitamente excluída de qualquer privilégio da humanidade... a população está, atualmente, de fato, graças a uma longa e costumeira escravidão, mergulhada num tal grau de bestialidade e insensibilidade, de uma preguiça indescritível e de uma ignorância tão estúpida, que talvez um século não seja suficiente para que galguem ao mesmo nível da gentalha de outras nações europeias.[47]

Forster, auto-intitulado especialista em raças humanas, não mostrava o mínimo interesse pela localização cultural intermediária da Lituânia como universo entre civilização e selvageria. Ao invés de observar em derredor e encontrar algo novo ou interessante na natureza lituana – assim como dele esperavam seus colegas –, ele se ensimesmou, concentrando-se em seu próprio desenvolvimento. No jargão naturalista, ele descreveu sua existência em *Wilna* como a de uma larva pronta para deixar o casulo e esticar as asas.[48] Numa terminologia mais clássica, ele lhe deu o nome de *Ulubris Sarmaticis*.[49] Na Antiguidade, Ulubris era uma cidade remota onde, alegadamente, o primeiro imperador romano Augusto passou a adolescência antes de ser adotado pelo tio-avô Júlio César. Era um lugar de exílio, mas também de antecipação, e Forster ansiava por um indulto real que o resgatasse. Como sempre, sua esposa era mais pragmática. "Nosso clima é

---

47. Georg Forster escreve para Georg Christoph Lichtenberg, 18 de junho de 1786, ibid., pp. 491–492 [Tradução para o inglês por Wolff, op. cit., p. 338].
48. Forster escreve para Sömmerring, 3 de fevereiro de 1785, ibid., p. 271.
49. Forster escreve para Herder, 21 de julho de 1786, ibid., p. 512.

rigoroso", escreveu Therese, "o ambiente é duro e infértil; a comida, em geral, é barata, mas ninguém tem preço fixo. A nação é asselvajada e seus nativos não pertencem à humanidade. Mas chega de falar deles; sinto pena deles, porém não vejo a hora de me tornar uma leal súdita da Rússia, Áustria ou Prússia, assim que recomeçar a próxima partilha deste país."[50] Ambos os seus desejos se tornaram realidade.

No verão de 1787, o embaixador da Rússia abordou Forster com uma oferta. O almirantado russo planejava uma expedição ao redor do mundo, incluindo uma vasta investigação científica da costa do Oceano Pacífico na Ásia e América do Norte. Forster foi recomendado à função de cientista-chefe da viagem, garantindo-se-lhe liberdade irrestrita de pesquisa e uma recompensa financeira substancial. Ele se entusiasmou com a oportunidade de ir "para além do Japão e Kamchatka", e avisou Herder de imediato quanto à possível saída da Sarmácia: "Caríssimo e amado amigo! [...] Você talvez tenha tomado conhecimento de que, graças ao *Deux ex machina*, fui libertado de meu *pontus Wilna*[51] e, na qualidade de súdito russo, participarei de novo de uma expedição aos mares do Sul."[52] Havia, contudo, um sério obstáculo aos planos de Forster – o senado da universidade não queria liberá-lo do contrato de sete anos. A tzarina russa Catarina II interferiu e, por intermédio do ex-amante, o rei polonês Stanislaw Poniatowski, ela comprou o contrato de Forster com a universidade.

Os Forsters saíram de *Wilna* no fim do verão de 1787. O naturalista foi para Londres, e sua esposa, para a casa dos pais na Alemanha. Enquanto isso, eclodiu uma guerra entre a Turquia e a Rússia, de modo que a expedição teve de ser adiada por tempo indeterminado. Em Londres, Forster recebeu o pedido de

---

50. Therese Forster escreve para Spener, 19 de fevereiro de 1786, ibid., p. 793.
51. No original, *Wilnaschen Pontus*.
52. Forster escreve para Herder, 1º de setembro de 1787, *Georg Forsters Werke* 15. Berlim: Akademie Verlag, 1981, p. 32.

reassumir a posição de docente na universidade de *Wilna*, mas, desligado das obrigações financeiras, ele se recusou em voltar para o "exílio". Outrossim, ficou encantado em saber-se ainda necessário nas florestas periféricas da Sarmácia:

> Minha felicidade aumenta a cada dia ao receber tantas cartas da Polônia. Desde que a expedição ao redor do mundo foi cancelada, tenho recebido pedidos para retornar a *Wilna*. Sou desejado pela universidade local, que me pede que apresente minhas condições contratuais. Devo admitir que isso não só é prazeroso, como é também o momento do meu triunfo, a única vitória capaz de satisfazer qualquer indivíduo honesto e determinado. Antes, fui desprezado por ter partido; agora, estão ávidos por recompensar minha diligência convidando-me de volta da maneira mais honrosa. Tal pedido dobra minha satisfação, pois não tenho necessidade de retornar. Uma vez na vida *Wilna* cai bem, mas nunca duas vezes. Acredito ter cumprido meus deveres com responsabilidade, e todos se satisfizeram comigo; mas não fiquei contente com a situação. Deveria estar feliz pelo tempo que lá passei... um homem solteiro talvez se contentasse, mas um homem casado deve se preocupar com a felicidade da esposa e a educação do filho. Ademais, rejubilo-me em saber que minha cátedra ainda está vaga e que a universidade não consegue encontrar ninguém mais adequado que eu.[53]

Com o passar dos anos, sua esperança de que a expedição pelo Pacífico fosse retomada diminuiu, e Forster canalizou suas aspirações para as promessas da emancipação universal humana oferecida pela Revolução Francesa. Chegou a Paris no auge da euforia revolucionária como delegado junto à Assembleia Nacional, representando os territórios alemães capturados pelos franceses. Num movimento, porém, em que os próprios revolucionários de sangue francês podiam se tornar suspeitos, a origem germânica mista de Forster empurrou-o perigosamente para as margens da revolução. Aos 39 anos de idade, em 10 de janeiro de 1794, Forster morreu de pneumonia em Paris, durante os piores meses do Terror. Sua doença e morte prematura certamente

---

53. Georg Forster escreve para Johann Georg von Zimmermann, 4 de maio de 1788, *Georg Forsters Werke 15*, op. cit., p. 151.

o salvou da guilhotina. Mas morreu na solidão. Abandonado pela esposa distante e pelo próprio pai, ostracizado pela maior parte de seus compatriotas alemães e quase totalmente esquecido pelos camaradas revolucionários franceses, Forster faleceu desesperado em seu "porto seguro de resignação."[54] Até mesmo o humanista Goethe, que havia se tornado amigo de Forster alguns anos antes e que muito apreciava sua mente crítica, expressou não mais que uma reservada simpatia por ocasião de sua morte em Paris. "O pobre Forster, portanto," lamentou o célebre escritor, "teve que pagar, no final das contas, com a própria vida pelos seus erros, mesmo que tenha escapado de uma morte violenta! Sinceramente tive pena dele."[55]

A morte de Forster em Paris coincidiu com o desmembramento político da Sarmácia. Em 1793, a Rússia e a Prússia procederam à segunda partilha da Polônia-Lituânia, provocada pela adoção da constituição liberal da República em 1791. Em 1792, durante a invasão russa da Polônia-Lituânia, o exército tzarista ocupou a capital lituana. Em 24 de abril de 1794, rebeldes locais liberaram Vilna e fundaram um comitê revolucionário lituano. Tropas russas sitiaram a cidade até os rebeldes capitularem quatro meses depois. A derrota da rebelião conduziu à partilha final da República em 1795, que fez de Vilna uma cidade russa de província.

---

54. Forster conforme citado em Saine, op. cit., p. 147.
55. Goethe escreve para Sömmerring, 17 de fevereiro de 1794, conforme citado em Saine, op. cit., p. 155.

A praga de Napoleão

> Em 1789, a fermentação se levanta em Paris; ela cresceu, transborda e se exprime por meio do movimento dos povos do Ocidente para o Oriente. Várias vezes, esse movimento se dirige para o Oriente, entra em choque com um movimento contrário, do Oriente para o Ocidente; em 1812, ele alcança seu limite máximo – Moscou –, e com uma simetria notável ocorre um movimento contrário, do Oriente para o Ocidente, carregando consigo os povos centrais, exatamente como ocorrera no primeiro movimento. O movimento contrário alcança, no Ocidente, o ponto de partida do primeiro movimento – Paris – e se aquieta.
>
> LIEV TOLSTÓI, *Guerra e paz*[1]

Em 11 de setembro de 1804, na véspera do dia do Santíssimo Nome de Maria, um dos melhores médicos de Viena, Johann Peter Frank, deixou sua casa rumo à cidade russa de Vilna. O doutor Frank estava acompanhado do filho Josef Frank, também médico, da nora – uma elegante e talentosa cantora lírica italiana, chamada Christine Frank, nascida Gerhardi – das duas filhas solteiras, Carolina e Lizete, e da governanta Frau Janisch. Além deles, três pajens homens, uma camareira e um cozinheiro engrossavam a grande família. O velho Frank transferiu ao filho as responsabilidades da viagem pelas perigosas veredas de uma Europa em guerra, e acabou se tornando a primeira vítima da

---

1. Conforme tradução feita por Rubens Figueiredo de *Guerra e paz*, São Paulo: Cosac Naify, 2011. [N. T.]

estrada: depois de uma noite fria ao relento, pegou um resfriado e teve que ficar de cama por uma semana. No fim de setembro, a caravana finalmente chegou à Lituânia, no posto de fronteira do rio Bug, onde as três grandes potências europeias – Rússia, Áustria e Prússia – haviam estabelecido uma nova fronteira após a divisão da Polônia-Lituânia.

"Em Tiraspol," recordou Josef Frank, "dissemos adeus ao reino austríaco. Após atravessar o rio Bug, chegamos a Brest-Litovsk; os cossacos muito gentilmente nos abriram os portões do império russo. Havia visto esses cossacos barbudos alguns anos antes, quando o exército russo conduzido por Suvorov estacionou perto de Viena [em 1799], e sua estranha aparência não me surpreendera em nada. Percebera logo também que esses cossacos não são tão cruéis como se pode imaginar. Na verdade, eram mais razoáveis que a maioria dos oficiais de alfândega russos."[2] O império russo também agradou aos viajantes pela efetiva demarcação das estradas. "Tão logo entramos na Rússia, ficamos muito surpresos com os postes cuidadosamente pintados de verde que marcavam cada versta e indicavam com precisão as distâncias entre a fronteira e as duas capitais russas, São Petersburgo e Moscou. Uma vez que sete verstas correspondem aproximadamente a uma milha alemã, achamos estranho que o maior império do mundo utilizasse as menores unidades de medida geográfica."[3]

As indicações de fronteira e de direção, recém-pintadas, eram sinais de uma nova era. Ao concluírem as três partilhas da República Polono-Lituana em 1772, 1793 e 1795, os monarcas russo, austríaco e prussiano deram início a um período de rearranjamento territorial jamais visto. O desmembramento da República foi apresentado pelos regimes absolutistas como um gesto benéfico e necessário do espírito iluminista: a ordem imperial substituía a anarquia sarmácia. Um espírito juvenil expulsava uma

---

2. Jozefas Frankas (Josef Frank), *Atsiminimai apie Vilnių*, trad. Genovaitė Dručkutė. Vilna: Mintis, 2001, p. 42.
3. Ibid., p. 44.

era de tradições. Como bem observou Frank, na Rússia governada pelo jovem tzar Alexandre I, que subira ao trono em 1801, "as mudanças aconteciam a toda hora. Jovens impérios, como a Rússia, distinguem-se totalmente das velhas monarquias. Experimentam-se continuamente novos métodos administrativos, tornando cada ano diferente do anterior. Uma nova ordem substitui a antiga, conduzindo a sociedade local de um sistema para outro. No império russo, onde tudo muda a cada minuto, a única certeza é a própria instabilidade."[4] Nem mesmo a forma tzarista de originalidade política, mudança cultural e flexibilidade social, contudo, era capaz de competir com as ambições continentais de Napoleão, que se nutria da ebulição incontrolável das ruas parisienses, transformando-a num eficiente instrumento de governança inspirado por ideais revolucionários e lucros baseados na guerra. A fantástica ascensão de Napoleão às alturas imperiais tornou obsoleto qualquer mapa da Europa. Sob a pressão do exército francês e dos revolucionários locais, velhos estados sucumbiram como nunca antes, ao passo que novos estados, decorados com nomes da Antiguidade ou novos rótulos – tais como Etrúria, Helvétia, Ilíria e Batávia, ou a República Cisalpina e a Confederação do Reno –, foram criados da noite para o dia ao toque veloz da pena do conquistador. A Europa, junto com a família Frank, estava em movimento, transformando seu velho estilo de vida rumo a um novo início.

A família Frank, contudo, logo se deu conta de que viajar pelo terreno de um império em transformação não era menos desafiador que perambular pela caótica Sarmácia. A estrada recém-cartografada era despopulada e desprovida dos confortos mais elementares. "Avançávamos tão rápido quanto possível pelas estradas arenosas da Lituânia. A floresta sem fim que atravessávamos tinha um quê de majestade. Mas os campos congelados que se entreviam entre os bosques pareciam nos dizer que o inverno já havia chegado. O vento setentrional, também, soprava

---

4. Ibid., p. 46.

como um lembrete adiantado. Viajávamos noite e dia sem encontrar abrigo ou comida. [...] A fome azedou nossa gloriosa chegada a Vilna, que adentramos em 4 de outubro de 1804, às dez e meia da manhã."[5] Exatos dois meses depois, em Paris, Napoleão haveria de se coroar imperador.

Vilnius, ou como os russos e franceses a chamavam, Vilna, tornara-se a terceira maior cidade do império russo, depois de São Petersburgo e Moscou. A população total do antigo Grão-Ducado da Lituânia era de cerca de quatro milhões e meio de habitantes; o recenseamento efetuado em 1795 indica 17.690 moradores de fé cristã morando na cidade. Entre seus residentes, havia 2.471 membros da nobreza, 568 padres católicos e 107 sacerdotes de outras confissões, 238 professores e acadêmicos e 860 artesãos organizados em 38 corporações de ofício. As autoridades russas listaram ainda 32 igrejas católicas, 15 mosteiros, cinco igrejas greco-católicas com três mosteiros, uma igreja ortodoxa russa, uma igreja luterana e uma igreja reformista,[6] além de dez grandes palácios.[7] A população judaica local – talvez a maior parte de seus habitantes – fora simplesmente deixada sem contar pelos burocratas tzaristas. Frank, em suas memórias de Vilna, imbuiu o quadro estatístico da cidade com detalhes mais vívidos:

> Vilna tinha um aspecto caótico – inúmeros palácios rodeados por choupanas. Embora houvesse muitos edifícios feitos de tijolos, a maior parte das casas eram de madeira. Abaixo da Colina do Castelo, a porção da cidade que se estendia ao longo da confluência dos dois rios era extremamente suja. O admirável prédio da prefeitura, em estilo italiano, se erguia numa praça bela e ampla, repleta de barracas horrendas de incontáveis comerciantes. As ruas que conduziam à majestosa catedral, não pavimentadas e cheias de lixo, logo se transformavam num lamaçal sempre que chovia. Porcos corriam por toda parte e, do lado de fora da

---

5. Ibid., pp. 44–45.
6. Ou calvinista.
7. Tomas Venclova, *Vilnius: City Guide*. Vilna: R. Paknio leidykla, 2001, p. 37. O recenseamento de 1795 não fornece estatísticas sobre residentes de confissões não cristãs.

cidade, tudo o que se podia notar com os olhos e o nariz eram enormes montes de estrume. Os subúrbios literalmente afundavam em areia e sujeira, algo que nem mesmo a beleza natural da paisagem circundante era capaz de ocultar.[8]

Apesar da aparência deplorável, a cidade detinha a aura de uma cosmópole da Antiguidade. "A capital lituana," continua Frank, "tinha mais de 35 mil habitantes: entre eles, havia cerca de 22 mil católicos, 600 ortodoxos gregos, 500 luteranos, 100 reformados, 11 mil judeus e 60 muçulmanos. A aristocracia local, professores universitários e burgueses eram católicos em sua maioria. Entre os ortodoxos gregos, havia autoridades do governo, comerciantes e agricultores russos. Os luteranos e calvinistas, alemães em sua maioria, estavam envolvidos em atividades artísticas, de artesanato e comércio." Os judeus "compunham uma comunidade separada" cuja história local "perdia-se no tempo." A população judaica chegou à Polônia ocidental vindo da Alemanha, mas, observa o médico, "à parte oriental do país, eles vieram da região do mar Cáspio. Outros especialistas incluem também os caraítas como judeus, mesmo que não falem um idioma de influência alemã. Na Lituânia, porém, os judeus de origem alemã[9] muito diferem de seus compatriotas da Alemanha: em Vilna, eles se vestem como Don Basílio em *O barbeiro de Sevilha*. As mulheres judias se vestem exclusivamente à moda oriental, mas seus trajes – valiosos ou não – estão quase sempre imundos."[10]

A família Frank se adaptou bem ao mundo imperial dessa metrópole de província. Pai e filho se mudaram para Vilna a convite de Alexandre I, a fim de dirigir a Faculdade de Medicina da universidade local. Rapidamente, o velho Frank foi chamado para São Petersburgo para se tornar o médico particular da família do tzar, enquanto o filho ficou em Vilna por quase duas

---

8. Frank, op. cit., p. 49.
9. A referência feita diz respeito aos judeus *ashkenazi*.
10. Ibid.

décadas.[11] Em 1803, a Universidade de Vilna foi reestruturada e modernizada uma vez mais. Sob os auspícios do aristocrata polono-lituano Adam Jerzy Czartoryski,[12] curador do Distrito Escolar Lituano, amigo próximo e conselheiro-chefe do tzar, a universidade foi transformada numa academia europeia progressista. Durante as duas décadas da direção de Czartoryski, "que enfrentou a turbulência do colapso de Napoleão e o período de ajustes pós-napoleônico, *Wilno* empunhou a tocha da cultura polonesa, resgatando muitos dos ideais da antiga Comissão Educacional e espalhando sementes para a mais brilhante colheita intelectual do século."[13] Apesar do caráter nacional polonês, a universidade recebeu o título de Universidade Imperial e se tornou uma academia de ponta na Rússia. Os dois Frank, pai e filho, se gabavam de ser suas brilhantes estrelas científicas.

O jovem Frank nascera em 1771 e concluíra os estudos universitários em Göttingen, embora houvesse passado a maior parte da juventude na Itália, onde acabou conhecendo a esposa. No pequeno mundo da elite acadêmica europeia, as trilhas profissionais das famílias Frank e Forster se cruzaram com frequência. Embora a família Frank estivesse perfeitamente a par da vida desafortunada, duas décadas antes, que Forster levara em *Wilna*, bem como de sua trágica morte em Paris, ela não comungava da mesma posição melancólica para com a Lituânia, nem de seu zelo revolucionário. Os membros da família Frank eram autênticos burgueses vienenses: encaravam os prazeres da vida com gosto. Por intermédio da esposa, o jovem Frank se ligou ao meio teatral e musical europeu e suas casas, tanto a de Viena como a de Vilna, estavam sempre abertas aos frequentadores dos mundos artístico e acadêmico.

---

11. Durante sua longa e aventurosa vida, o velho Frank teve o privilégio e o desafio de servir como conselheiro médico para três famílias imperiais da Europa: Habsburgo, Romanov e Bonaparte.

12. Czartoryski nasceu em 1770 e morreu em 1861.

13. Norman Davies, *Heart of Europe: the Past in Poland's Present*. Oxford: Oxford University Press, 2001, p. 173.

A maior parte dos residentes de Vilna se opunham ao domínio tzarista, se não de maneira aberta, pelo menos entre quatro paredes, de maneira que a lealdade de Frank aos regimes imperiais russo e austríaco deveriam fazer dele um estrangeiro mal quisto. A família Frank, entretanto, sediada em sua confortável residência da Rua Grande, liderava os saraus da cidade.[14] Isso se deveu, sem dúvida, à cordialidade, etiqueta profissional e sensibilidade cultural do casal de anfitriões. Frank era um médico bom e não preconceituoso, com reputação de ser um cuidadoso praticante da medicina moderna. Embora talvez enervassem alguns colegas e farmacêuticos locais, seus princípios de diagnóstico e métodos terapêuticos lhe valeram imensa popularidade entre os pacientes da elite de Vilna, obcecados que eram por novidade. O médico também fazia avanços charmosos, benevolamente arrogantes e maliciosos no seio da sociedade, o que o tornou objeto de toda espécie de fofoca, obsessões amorosas e demandas sociais. Sua esposa, Christine, era também uma diva sedutora: uma *prima donna* de um coração de ouro, que não só tolerava as indiscrições do marido, como também desenvolvia uma brilhante carreira só sua. Na provinciana Vilna, ela era um tesouro musical ítalo-vienense de magnitude europeia. Poucos anos antes da chegada da família à Lituânia, Franz Josef Haydn compusera sua obra-prima em matéria de oratório, *A criação*, especialmente para a voz de Christine. Após a primeira apresentação pública da composição em 1799 em Viena, a crítica a descreveu como uma beleza graciosa dotada da mais fabulosa de todas as vozes de soprano. Malgrado o sucesso lírico na capital *habsbúrgica*, ela acompanhou o marido para Vilna, onde os dois procuraram se beneficiar do universo local com responsabilidades partilhadas: Christine organizava e se apresentava em recitais para as atividades beneficentes do médico. Essa generosa colaboração derrotou

---

14. Ulteriormente, esse edifício do século XVII veio a ser conhecido como Casa Frank e, atualmente, abriga a Embaixada da França.

qualquer ressentimento local – a família Frank se tornando os queridinhos da sociedade, e seu salão constituindo o coração unificador de uma cidade fraturada dos pontos-de-vista cultural e político.

Para a família Frank, a vida em Vilna oferecia um certo grau de conforto. "Não faltava comida na cidade," recorda o médico, "especialmente no inverno, quando as estradas congeladas garantiam o transporte de mercadorias. As carnes bovina e suína e a vitela eram da melhor qualidade e duas vezes mais baratas que em Viena. Havia também abundância de muito boa carne de pássaro, em especial frangos suculentos. O mercado local geralmente exuberava em carne de caça e pescado. As pessoas mais modestas comem sobretudo batata, repolho e beterraba, ao passo que nas casas mais ricas serve-se aspargo, couve de Bruxelas e alcachofra. O pão e a cerveja eram excelentes; o vinho, contudo, era muito caro e tinha de ser trazido de Riga."[15] Numa Europa volátil em tempo de guerra, o acesso ao abastecimento de comida barata não era uma questão menor, em especial durante os anos do bloqueio continental napoleônico.

Em Vilna, cidade predominantemente católica e barroca, a família Frank se sentiu em casa. Frank, ao contrário de Forster, ansiava por se integrar no universo local. Ele primeiro aprendeu polonês e, em seguida, russo. A família adotou um bebê abandonado.[16] Ulteriormente, durante visita ao velho Frank em Viena, o menino se tornou companheiro de brincadeira de Napoleão II, filho do deposto Napoleão e neto de Francisco I, imperador da Áustria. Mesmo depois desse encontro com a progenitura imperial, Frank insistiu que seu único filho recebesse uma educação local – católica e polonesa. O médico liberal, porém, ficou ligeiramente chocado com a informalidade dos costumes religiosos locais:

---

15. Frank, op. cit., p. 49.
16. Corria o boato de que se tratasse de um filho ilegítimo do médico.

Em Vilna, encontramos mais monges e freiras que em Viena. Para além da catedral e das igrejas de São Casimiro e São João, que pertenciam à universidade, todas as outras igrejas tinham diversos mosteiros como proprietários. Era impossível assistir às missas populares na igreja dominicana, sobretudo aos domingos, quando as pessoas constantemente entravam e saíam, perambulando sem cessar pelos corredores, cumprimentando, se beijando e fofocando em voz alta com amigos e conhecidos. Havia também igrejas gregas, luteranas e reformistas [calvinistas], uma sinagoga e uma mesquita. Em geral, os católicos não festejavam o sábado, pois era um dia de feira em que os camponeses vendiam seus produtos. Por outro lado, os judeus respeitavam com rigor o seu sábado e outros feriados religiosos. Naqueles dias, não procediam ao comércio, nem que se lhes oferecessem todos os tesouros do mundo. Os tártaros muçulmanos respeitavam escrupulosamente a sexta-feira, seu dia sagrado. Fiquei muito impressionado com a concórdia, e mesmo a camaradagem, existente entre os membros de diferentes confissões. Durante o jantar oficial pelo aniversário do imperador Alexandre I, oferecido pelo governador-geral russo em seu palácio, pude encontrar o bispo católico, o arquimandrita grego, o pastor luterano e o ministro calvinista sentados à mesma mesa. Todos conversando prazerosa e amistosamente entre si.[17]

Frank, porém, não era indiferente à mutável estratificação étnica e social da população da cidade. Quando a família se estabeleceu na Lituânia, Vilna "estava repleta de lojas sofisticadas, cujos donos eram em sua maioria alemães que mantinham um estilo de vida opulento e que logo foram à bancarrota. Com o tempo, os patrões alemães não conseguiram mais competir com os comerciantes judeus, que levavam uma vida frugal e se satisfaziam com lucros pequenos, podendo cobrar preços muito mais baixos pelas mesmas mercadorias."[18] Durante os anos das guerras napoleônicas, quando o contrabando e o comércio clandestino floresceram, a competição mais desafiadora ao comércio dos judeus surgiu com a política protecionista do estado russo e

---

17. Ibid., pp. 49–52.
18. Ibid., p. 50.

seus corruptos representantes locais. "Não devemos esquecer," recorda Frank, "que as esposas dos funcionários públicos russos do alto escalão pegavam tudo o que queriam das lojas dos judeus, sem ao menos pensar em pagar pelos produtos requisitados. Os comerciantes não podiam se queixar às autoridades, pois, se fossem pegos com mercadoria contrabandeada, necessitariam de proteção daqueles mesmos funcionários públicos."[19]

Frank foi um dos primeiros não judeus da cidade a entrar no bairro judaico com um sentido de dever profissional. Para o médico, os judeus de Vilna ofereciam uma oportunidade única para testar algumas das mais recentes teorias de etnografia médica. À entrada do bairro judaico, ele se imaginou viajando por terras exóticas, ou mesmo orientais:

Tão logo cheguei a Vilna, os judeus começaram a me procurar, pois eles costumam sempre visitar um médico estrangeiro recém-chegado. A prática médica, entre os judeus, era muito lucrativa, porém as recompensas financeiras não eram capazes de superar os aborrecimentos do ofício. Eu tinha, contudo, um objetivo mais altaneiro. Queria estudar os hábitos e o estilo de vida daquela misteriosa nação. Os judeus locais não deveriam ser confundidos com os judeus de outras partes da Europa, onde mais ou menos se pareciam com a população cristã. Os judeus poloneses não têm nada a ver com eles. Então disse a mim mesmo: se tantos médicos têm de empreender longas viagens cruzando oceanos a fim de estudar enfermidades em terras exóticas e longínquas, eu não deveria temer perigos menores ao tratar os judeus de Vilna. Após tal resolução profissional, já estava pronto para entrar nos quintais escangalhados e cheios de lixo, galgar as escadas precárias na direção dos apartamentos surrados e sujos, e me expor a piolhos e a uma atmosfera insalubre.

De início, mal podia compreender a língua, uma vez que eles temperam o idioma alemão com diversos vocábulos poloneses e hebraicos. Por outro lado, os judeus poloneses me entendiam perfeitamente, embora não parassem de fazer perguntas. Eu me irritava rápido em ter que repetir as mesmas coisas o tempo todo. Mas logo percebi que precisava explicar-lhes tudo em detalhe: como tomar remédios e como

---

19. Ibid.

seguir uma determinada dieta. Funcionou! E então comecei a utilizar esse método de explicação para todos os meus pacientes, judeus e não judeus.

Devo admitir que os judeus poloneses cuidam muito bem de seus pacientes, a quem nada falta. Sem dúvida, os judeus precisam cuidar de si mesmos pois levam vida lutando constantemente contra diversas enfermidades. Segundo os doutores Friedlander e Tainer, que compuseram monografias médicas sobre as enfermidades dos judeus poloneses, a débil constituição dos judeus é resultado de seu estilo de vida. Desde a mais tenra idade, os judeus são obrigados a estudar intensamente as assim chamadas escrituras religiosas, que no fundo não passam de uma espécie de maluquice rabínica. Casam-se muito cedo, na idade em que as crianças do norte da Europa ainda estão na puberdade. E devemos ainda recordar sua dieta inadequada, que consiste sobretudo em arenque e cebola; suas estridentes cerimônias religiosas em sinagogas abafadas e mal ventiladas; e a prática, entre as mulheres, de se lavar com água fria após a menstruação e a cópula. Ainda por cima, eles praticam um jejum rigoroso, respeitado estritamente por quase todos os judeus, e vivem em condições insalubres. Não devemos também esquecer o tráfico ilegal de mercadorias, que torna a vida dos judeus tão estressante, causando-lhes muitas enfermidades cardíacas; sofrem, ademais, com o comportamento cruel para com eles por parte dos outros habitantes locais, da polícia e do exército. Não aborrecerei o leitor com uma longa lista adicional de detalhes sobre seu estilo de vida nada saudável. Outrossim, cumpre dizer que os membros dessa nação preservaram uma compleição peculiar, quase oriental, que os torna mais resistentes a certas patologias médicas. O progresso de doenças crônicas, por exemplo, é muito menos variável entre os judeus do que entre pessoas de outras nações, que, em geral, necessitam de maior atenção e cuidado médicos. Em geral, os judeus poloneses exemplificam várias hipóteses médicas de Hipócrates, sobretudo no que toca às observações sobre o progresso da crise. O tratamento médico dos judeus poderia se tornar mais interessante do ponto de vista científico e mais benéfico do ponto de vista profissional caso permitissem a autópsia *post-mortem*. Entretanto, os judeus da Antiguidade aceitavam de bom grado o embalsamamento de seus mortos.[20]

---

20. Ibid., pp. 65-68.

O professor não logrou produzir um trabalho substancial sobre as "condições clínicas" dos judeus, mas sua tentativa de registrar e sistematizar as "enfermidades judaicas" foi uma das primeiras no sentido de *racializar* o conhecimento médico. Em pelo menos uma ocasião, o interesse de Frank pelos corpos dos judeus foi guiado por objetivos mais tentadores:

> Um de meus pacientes, o negociante Simpson, estava doente de reumatismo e apresentava sintomas epilépticos. Ele não ligava para as superstições judaicas e permitia que sua bela esposa se vestisse segundo a moda francesa, embora tivesse-lhe dito de cobrir o cabelo conforme a tradição judaica. Ela tinha a própria carruagem e era livre para sair em visitas sociais; podia até mesmo flertar um pouco com os homens. Esse tipo de liberdade fez do negociante um pária no seio da comunidade judaica e, por ocasião de sua morte, a *Kahal*, autoridade judaica comunitária, se posicionou contra o sepultamento do cadáver no cemitério judaico. Os judeus mais pobres estavam ávidos por profanar seu corpo, e *madame* Simpson entrou em pânico; felizmente, tudo terminou apenas em lágrimas. Ela costumava me respeitar sem questionar e, certa vez, descobriu a cabeça na minha frente. Foi um gesto de extrema intimidade, que admirei mais do que qualquer outro gesto de reconhecimento. Como são inteligentes as mulheres orientais, disse para mim mesmo, ao só aparecerem em público embrulhadas em xales da cabeça aos pés![21]

Na mesma época da chegada de Frank a Vilna, as ideias europeias sobre o Oriente adquiriam novas conotações. O Oriente se tornara o quintal marcial, mercantil e estético da Europa: não deveria apenas ser conquistado, mas desvelado, seduzido e exposto. Os impérios europeus se fizeram no Oriente, e Napoleão estava ansioso por obter seu mais precioso troféu, a Índia. Ele via dois obstáculos em seu trajeto rumo à Índia: a marinha britânica e o expansionismo russo. Incapaz de sobrepujar o primeiro, ele se concentrou no último.

---

21. Ibid., pp. 110–111.

Em 1807, no auge do triunfo militar, Napoleão assinou o tratado de paz de Tilsit com Alexandre, às margens do rio Niemen. O tratado de paz fortalecia o Sistema Continental e criava o Grão-Ducado de Varsóvia a partir do que restara do reduzidíssimo reino da Prússia. Embora a paz entre França e Rússia houvesse prevalecido por algum tempo, ambos se preparavam para uma nova guerra. Como Vilna ficara fora do Grão-Ducado, o ressurgimento de um estado polono-lituano estava na cabeça de todos. Na primavera de 1812, Napoleão começou a reunir uma quantidade imensa de tropas com vistas à invasão da Rússia. Encarava a iminente guerra como "sua 'guerra polonesa' e, ao cruzar a fronteira do Império Russo, a *Grande Armée* estaria de fato restaurando a fronteira histórica da Polônia e Lituânia, anulada em 1795."[22]

Para a família Frank, o ano de 1812 trouxe também mudanças significativas. Pressentindo desconfiança e hostilidade – afinal, a Áustria estava do lado de Napoleão – a família saiu de Vilna em maio de 1812, logo antes do início da campanha militar. Durante o período de guerra, a família Frank permaneceu em segurança em Viena. Mas um infortúnio atingiu Christine Frank: ela perdeu a voz diante de toda a família imperial austríaca durante uma apresentação da ópera *Le nozze di Figaro* de Mozart, regida por Salieri. Sua voz retornou, mas sem a força e o brilho de outrora. Jamais voltou a se apresentar.

Para sua guerra polonesa, Napoleão levou consigo os mais atualizados e detalhados mapas da Lituânia, mas, em todo caso,

---

22. Davies, op. cit., p. 142.

escolheu também alguns mapas da Índia.[23] O imperador demonstrava uma compreensão cartográfica muito limitada da Rússia e, quando um de seus generais, Narbonne, indagou-o sobre as estratégias de guerra, ele simplesmente deu uma resposta retórica: "Que o destino se cumpra, e que a Rússia seja esmagada sob o meu ódio pela Inglaterra! Liderando 400 mil homens... com um batalhão lituano de gente do mesmo sangue da população que atravessaremos, não temo esse longo trajeto margeado por desertos. Afinal de contas... esse longo trajeto é o trajeto rumo à Índia. Alexandre, o Grande, partiu para alcançar o Ganges de uma distância que não era maior do que a de Moscou. [...] Seria uma expedição gigantesca, admito, mas possível no século XIX. Num só golpe, a França terá conquistado a independência do Ocidente e a liberdade dos mares."[24] Nesse esquema grandioso de dominação global, Vilna era vista como um portão para o Oriente.

A fim de garantir "a independência do Ocidente," os seiscentos mil homens da *Grande Armée* se reuniram na margem esquerda do rio Niemen, um rio lituano que, depois do remapeamento imperial da Europa, se tornara a fronteira com a Rússia. A *Grande Armée* – o maior exército jamais reunido na história da Europa – era realmente uma babilônia de nações:

Da direita para a esquerda, ou de sul a norte, o exército se enfileirou ao longo do Niemen. No canto direito, vindo da Galícia, o príncipe Schwartzenberg com 34 mil austríacos; à sua esquerda, vindo de Varsóvia via Bialystok e Grodno, o rei da Vestfália à frente de 79.200 vestfálios, saxões e poloneses; mais para a esquerda, o Vice-rei da Itália, que

---

23. Em geral, o exército francês parece ter tido uma compreensão geográfica e um conhecimento cartográfico parcos sobre a Lituânia. Contudo, antes do início da campanha russa, Napoleão se familiarizou com o trabalho de C. Malte-Brun, geógrafo francês que, em 1807, publicou um estudo geo-histórico sobre a Polônia, intitulado *Tableau de la Pologne ancienne et modern*, que incluía também a Lituânia.

24. Paul Britten Austin, *1812: the March on Moscow*. Londres: Greenhill Books, 1993, p. 31.

havia mobilizado seus 79 mil e trezentos bávaros, italianos e franceses perto de Marienpol; em seguida, o Imperador com 200 mil homens comandados por Murat, o príncipe de Eckmuehl e os duques de Danzig, Ístria, Reggio e Elchingen. Essas tropas tinham marchado desde Thorn, Marienwerder e Elbling; e no dia 23 de junho todas elas foram reunidas num só corpo compacto perto de Nogarisky, a cerca de uma légua depois de Kovno.

Tudo estava pronto. Desde Guadalquivir e o litoral da Calábria até as margens do Vístula, 670 mil homens, dos quais 480 mil já estavam presentes, seis companhias de engenheiros, um comboio de assédio, milhares de carroças de provisões, inúmeros rebanhos bovinos, 1372 peças de canhão, milhares de peças de artilharia e carroças-hospital foram agrupados e estavam agora estacionados a pouca distância do rio russo.[25]

O conde Phillipe-Paul de Segur, que descreveu esse impressionante encontro da Europa napoleônica, seguia os passos do pai, que havia atravessado a Lituânia rumo a São Petersburgo em sua missão diplomática em 1784. Na França imperial, a dinastia Segur se aproveitou ao máximo de suas origens no *ancien régime*. O velho Segur havia servido como Grão-mestre de Cerimônias durante a coroação de Napoleão, e seu filho participou da expedição de 1812 como Intendente-Geral. O jovem Segur venerava Napoleão e, como a maioria dos militares, sentia-se seduzido pela orientação e força ambiciosa da campanha. "Através da escuridão os nossos olhares ávidos se esforçavam por enxergar aquela gloriosa terra prometida. Imaginávamos escutar os gritos jubilosos dos lituanos à aproximação de seus redentores. No olho de nossa mente, víamos o rio alinhado com mãos suplicantes. Aqui nada tínhamos, lá, seríamos cobertos por dádivas... e seríamos cercados por amor e gratidão... O dia surgiria por pouco tempo, trazendo calor e ilusões. [...] O dia realmente surgiu! E nos revelou apenas trechos estéreis de areia e sinistros bosques negros. E

---

25. Phillipe-Paul de Ségur, *Napoleon's Russian Campaign*, trad. J. David Townsend. Londres: Michael Joseph, 1959, pp. 16-17.

então nossos olhos desenganados se voltaram para nós mesmos, e sentimos como o orgulho e a esperança cresciam de novo dentro de nós à visão impressionante de nosso exército reunido."[26]

O Barão Louis-François Lejeune, futuro retratista dos campos de batalha napoleônicos, testemunhou esse tipo de orgulho do alto da colina em que Napoleão organizou seu ponto de observação. Nas palavras do artista, tratou-se do "mais extraordinário, mais pomposo, mais inspirador espetáculo que se pode imaginar – dentre todos, aquele que, intensificando a extensão de seu poder, tanto material como moral, é mais capaz de inebriar o conquistador. [...] As saudações de milhares de trompetes e tambores – os gritos entusiasmados de aclamação ao imperador sempre que aparecesse – tanta devoção e disciplina prestes a mover essa multidão cuja imensidão se perdia no horizonte, onde as armas cintilavam como estrelas incontáveis – tudo isso exaltava a confiança de todos no chefe que nos liderava."[27] Participantes menos imaginativos ou privilegiados da campanha, como o locotenente Heinrich August Vossler de Württemberg, que manteve um diário dos eventos, viam a coisa a partir de um outro viés. "Em 22 e 23 de junho, uma verdadeira enxurrada de tropas finalmente avançou pela imensa planície até as margens do rio que fazia fronteira com a Rússia, e lá aguardaram a ordem de atravessar. Nos últimos dias, o exército francês já tinha deixado atrás de si um rastro de pilhagem e destruição enquanto se movia por território aliado. Só Deus sabe o que fariam em solo inimigo!"[28]

Os primeiros sentinelas atravessaram o rio sem luta. Conforme as memórias de Segur, apenas "um oficial cossaco comandando uma patrulha noturna" apareceu na outra margem. "Estava sozinho, parecendo pensar estar em pleno período de paz,

---

26. Ibid., p. 18.
27. Louis-François Lejeune, *Mémoires du Général Lejeune*, conforme citado em Austin, *1812: the March to Moscow*, op. cit., p. 44.
28. H. A. Vossler, *With Napoleon in Russia in 1812: the Diary of LT. H. A. Vossler, a Soldier of the Grand Army 1812–1813*, trad. Walter Wallich. Londres: Constable, 1998, p. 45.

perfeitamente insciente de que diante dele estava toda uma Europa armada. Perguntou aos invasores quem eram. 'Franceses,' responderam-lhe. 'O que vocês querem?' ele ainda indagou. 'E por que vieram até a Rússia?' No que um dos sapadores respondeu com franqueza, 'Para lutar contra vocês! Para tomar Vilna e libertar a Polônia!'"[29] Após o toque de batalha das primeiras tropas, Napoleão atravessou o rio duas vezes no mesmo dia: primeiro, envergando as cores francesas e, depois, vestindo o elegante uniforme de hussardo polonês.

O único inimigo que as tropas libertadoras encontraram no caminho para Vilna foi mandado pelos céus. A cidade fronteiriça de Kovno já havia sido parcialmente destruída pelas forças russas em retirada. As tropas libertadoras de Napoleão pilharam o que restara. "Fogueiras ainda fumegavam na praça do mercado, a mobília havia sido posta para fora das casas e as vidraças, estilhaçadas. No máximo, era visto ainda um ou outro judeu. Bastava um olhar. Kovno era uma cidade totalmente saqueada."[30] Depois de uma tranquila manhã, o céu repentinamente escureceu e emboscou a *Grande Armée* com raios e trovões. "O céu ameaçador," relembra Segur, "nesta terra sem abrigo à vista, esmoreceu nosso espírito. [...] A tempestade foi tão grandiosa quanto nosso desígnio. Por várias horas, as nuvens se tornavam mais espessas e mais negras por cima de todo o exército. De uma ponta a outra, ao longo de cinquenta léguas, as tropas se encontravam por toda parte ameaçadas pelos relâmpagos e submersas no aguaceiro. Estradas e campos estavam alagados. O insuportável calor subitamente se transformou num frio desagradável."[31]

---

29. Segur, op. cit., p. 17.
30. Carl von Martens, *Dänkwürdigkeiten aus dem Leben eines alten Offiziers,* conforme citado em Austin, *1812: the March to Moscow,* p. 57.
31. Segur, op. cit., pp. 19–20.

Com o imprevisível tempo lituano como principal adversário, o exército avançou penosamente. "Resumindo," escreveu Vossler, "nossa situação era a seguinte: vimo-nos obrigados a proceder a uma árdua campanha constituída por frequentes marchas forçadas ao longo de estradas abomináveis, sufocados em areia ou chafurdados na lama até o joelho, ou beirando precipícios sob um céu que alternava o calor insuportável com o despejar de uma chuva gelada."[32] A divisão de Vossler, pelo menos, seguia a estrada para Vilna – a Guarda Imperial de elite, atolada na intempérie, tinha se desnorteado. Um dos veteranos da Guarda, o Sargento Bourgogne, lembra estar "perdido, e não sabia para que lado ir. Corri para me abrigar na direção do vilarejo onde o general estava alojado, mas só tinha os relâmpagos para me guiar – de repente, durante um dos clarões, achei ter divisado uma estrada (era infelizmente um canal, dilatado pela chuva até o nível do chão). Esperando encontrar terra firme sob os pés, mergulhei e afundei."[33]

A todos convinha culpar o mau tempo e o terreno traiçoeiro pelo retardo do avanço. Numa escala maior, porém, a caótica marcha rumo a Vilna era um sintoma da ignorância geográfica francesa sobre a região. Os mapas franceses da Lituânia eram seriamente falhos: desatualizados, com escalas inadequadas, e topograficamente incompreensíveis. A transcrição ortográfica francesa dos topônimos lituanos era tão defeituosa que impossibilitava a comunicação básica com a população local. Os moradores locais simplesmente não podiam dar orientações porque não compreendiam a pronúncia estrangeira dos nomes de suas próprias aldeias, vilarejos ou cidades. De nada servia o fato de que o exército russo em retirada removera todos os marcos de milha das estradas: ninguém parecia saber a distância até Vilna,

---

32. Vossler, op. cit., pp. 50–51.
33. Bourgogne, *Memoir of Sergeant Bourgogne*, Londres: Jonathan Cape, 1940 [1896], p. 16.

ou que direção o exército devia tomar. No quartel-general imperial, o conde polonês Roman Soltyk imediatamente percebeu que "a noção geográfica do império moscovita tida no gabinete de Napoleão era tão imperfeita quanto possível, e o mesmo se aplicava ao conhecimento topográfico. Todo tempo Napoleão interrogava continuamente o general polonês Soholnicki a respeito desse assunto. Ao me dispor a retificar a ortografia dos topônimos, mandaram-me escrevê-los direto no mapa, de maneira que Napoleão pudesse ter uma ideia melhor de sua localização."[34] Para o resto do exército, o sol, ao invés de um mapa, é que se tornou o guia mais confiável na jornada para o leste. "A cada dia," escreveu o general Compans para sua jovem noiva: "Estou me conscientizando da inadequação dos mapas que temos, de maneira que comprei uma bússola para me guiar. Embora não esteja acostumado a esse instrumento, não me falta a esperança de que ele me possibilitará encontrar São Petersburgo ou Moscou."[35]

Nesse meio tempo, a administração tzarista e a população local em Vilna vinham também se preparando para a guerra. O quartel-general do exército russo, liderado pelo imperador, se localizava em Vilna. Desde o início de junho, Alexandre e, junto com ele, a corte imperial russa, excetuando os aposentos das senhoras, havia se mudado para o antigo palácio do bispado, o qual, naquela altura, servia como residência oficial do governador-geral da Lituânia. Enquanto os preparativos de guerra incluíam treinamentos e inspeções militares, a maior parte deles era constituída por paradas intermináveis, procissões, torneios, fiscalizações, festas de salão, banquetes, espetáculos teatrais, concertos musicais e bailes extravagantes. Embora, em geral, a nobreza local, em especial a geração mais jovem, tendesse a apoiar Napoleão, os nobres lituanos se uniram de bom grado à corte

---

34. Roman Soltyk, *Napoleon en 1812. Mémoires Historiques et militaires sur la Campagne de Russie*, conforme citado em Austin, *1812: the March to Moscow*, p. 98.
35. Conforme citado em Austin, *1812: the March to Moscow*, p. 98.

imperial russa. Todos na cidade esperavam que o tzar concedesse autonomia à Lituânia, como contramedida às promessas de Napoleão de restaurar a antiga República.

Napoleão esperava uma batalha por Vilna, mas Alexandre lhe negou esse prazer. Tão logo soube das notícias sobre o início da campanha, ele abandonou a cidade rapidamente. As tropas e os funcionários públicos russos logo o seguiram. Uma Vilna evacuada se preparou para a chegada da *Grande Armée*. Em 28 de junho, os lanceiros poloneses entraram na cidade e foram saudados por uma multidão de patriotas. "Nossa entrada," lembra um dos participantes, "foi um triunfo. As ruas e os espaços públicos estavam abarrotados de gente. Todas as janelas estavam enfeitadas com mulheres arrebatadamente entusiasmadas. As fachadas de diversos edifícios ostentavam tapetes valiosos."[36] Uma "imensa bandeira branca e azul-celeste, alegadamente as cores da dinastia dos Jagiello, antigos soberanos da Lituânia," foi alçada sobre as ruínas do antigo castelo do qual se via toda a cidade.[37] Segur ecoa o mesmo sentimento: as pessoas na rua "se abraçavam e se cumprimentavam. Velhos se vestiam de novo com o antigo uniforme, com as memórias de honra e independência. Choravam de alegria à visão das flâmulas nacionais seguidas por multidões."[38] Napoleão, desapontado, não demonstrava interesse por aquela exibição pública de alegria. Para ele, tomar cidades provinciais era uma questão de importância estratégica; assim, em primeira instância, ele queria saber tudo sobre as características militares e topográficas do local. Antes de entrar na cidade, o imperador francês mandou um emissário apanhar o reitor da universidade, Jan Śniadecki, que era um idoso professor de astronomia e meteorologia. Śniadecki assegurou diplomaticamente o imperador da lealdade da cidade e da universidade

---

36. Soltyk, op. cit., p. 71.

37. François Dumonceau, *Mémoires du Général Comte François Dumonceau*, conforme citado em Austin, *1812: the March to Moscow*, p. 74.

38. Segur, conforme citado em Austin, *1812: the March to Moscow*, p. 71.

para com ele e não para com sua nêmesis imperial, Alexandre. Em troca, o reitor foi declarado membro do governo provisório da Lituânia. Após a entrevista, segundo o general Caulaincourt, ex-embaixador francês na Rússia, "o Imperador passou por Vilna sem se fazer perceber. A cidade parecia deserta. Não havia um único rosto numa vidraça sequer, nenhum sinal de entusiasmo ou mesmo curiosidade. Tudo era sombrio. Ao passar no meio da cidade, ele inspecionou a ponte Viliya, destruída pelo fogo, as áreas suburbanas e as lojas que o inimigo havia incendiado e que ainda queimavam. Ordenou pressa no reparo das pontes e na realização de obras defensivas, após o que ele retornou e foi para o palácio."[39] Num gesto de coragem, Napoleão ocupou os mesmos aposentos no mesmo palácio em que só dois dias antes havia morado Alexandre. Com a substituição de uma corte pela outra numa velocidade fenomenal, o papel de Vilna também se modificou. Antes da invasão, ela era a assim chamada capital marcial da Rússia; agora, era a primeira cidade da Europa napoleônica.

O medo talvez houvesse tomado conta da cidade, mas nenhum francês, o imperador incluso, deixou de perceber a diferença no trato dos moradores locais para com os poloneses e os libertadores estrangeiros: poloneses e lituanos eram saudados como parentes, ao passo que franceses e outros europeus eram perfeitos estrangeiros. Mesmo quando Napoleão estabeleceu o quartel-general imperial no palácio do governador-geral russo e sua chegada foi tornada pública, não houve festa na cidade. "O Imperador," observou Caulaincourt, "impressionou-se com isso. Ao entrar em seu gabinete, comentou: 'Os poloneses daqui não são como os de Varsóvia. São mais frios que os poloneses em Varsóvia e muito mais reticentes.'"[40]

---

39. Armand de Caulaincourt, *Mémoires du Général de Caulaincourt, Duc de Vizence, Grand Ecuyer de l'Empereur*, conforme citado em Austin, *1812: the March to Moscow*, p. 73.

40. Ibid.

Apesar do sucesso estratégico, Napoleão não estava satisfeito com os resultados táticos da ocupação francesa da cidade. Napoleão queria humilhar Alexandre e, ao mesmo tempo, erigir uma estrada para o Oriente. O recuo russo o aborreceu enormemente, pois privou-o de uma inauguração épica para a campanha. Ao receber uma carta de Alexandre, propondo a negociação de um tratado de paz sob a condição de uma retirada imediata da *Grande Armée* para o outro lado do Niemen, Napoleão, conforme Caulaincourt, se enfureceu:

> Alexandre está brincando comigo. [...] Como pode imaginar que vim até Vilna para negociar acordos? Vim para aniquilar o colosso bárbaro do Norte, de uma vez por todas. Eles têm que ser empurrados de volta para o gelo e a neve, para que pelo menos por um quarto de século não sejam mais capazes de interferir na Europa civilizada. A espada foi desembainhada. O tzar está vendo que seu exército foi partido ao meio. Quer chegar a um acordo. A aquisição da Finlândia o fez perder a cabeça. Se precisa de vítimas, que derrote os persas; mas que não se meta nos problemas da Europa. Minhas manobras desconcertaram os russos. Em menos de um mês, eles vão se ajoelhar a meus pés.[41]

Enquanto esperavam o próximo movimento, os franceses e seus aliados fizeram de Vilna o quintal político e social da Europa. Tão logo Napoleão estabeleceu a corte expedicionária na cidade, os embaixadores da Áustria, Prússia e dos Estados Unidos da América chegaram de Paris. Mais uma vez, a cidade se consumiu numa atmosfera festiva, e a rápida transição do domínio russo para o francês só fez acelerar a intensidade das comemorações. O duque Fezensac lembra chegar a uma cidade onde: "reuniões, bailes e concertos se sucediam ininterruptamente. Presentes a tais comemorações, mal podíamos reconhecer a capital de um país devastado por dois exércitos inimigos, e cujos habitantes haviam sido reduzidos à miséria e ao desespero; e se os próprios lituanos por vezes parecessem se lembrar disso, era aceitável dizer que para os poloneses nenhum sacrifício seria demasiado

---

41. Ibid., p. 77.

quando se tratasse do restabelecimento do próprio país."⁴² Uma vez mais, a nobreza local se juntou à crescente festa da velha e nova aristocracia europeia com a paixão de um caso de amor reavivado. Durante os bailes noturnos, o Capitão Fantin des Odoards recorda ter "uma melhor oportunidade para julgar as mulheres de Vilna, sobre cujo charme já havia formado opinião favorável durante os serviços religiosos. Dessa vez, fui invadido por um tipo completamente diferente de admiração ao vê-las animadas pela dança, pelo prazer e pelo patriotismo e percebi quão brancos e roliços eram os objetos que subiam e desciam debaixo das cores nacionais durante os suaves abraços da valsa."⁴³

A elite europeia ali reunida não podia dissimular o fato de que Vilna fosse o ponto mais oriental conquistado pelos franceses. Em parte, já pertencia à misteriosa cartografia do Oriente. À sua chegada na cidade, o Capitão François Dumonceau, por exemplo, observou, perto do portão Ostra Brama, "uma espécie de claustro com uma capela. Seu campanário era uma bola de listras multicoloridas, o primeiro estranho campanário russo que víamos. Suas paredes estavam todas cobertas por longas sentenças em russo que gostaríamos de ter decifrado."⁴⁴ Um cenário oriental de conto de fadas tomou conta inclusive do quartel-general do exército francês, localizado junto ao palácio, por onde passou o Sargento Carabineiro Bertrand:

dois cidadãos e duas outras pessoas de turbante estavam sentados à uma mesa bem iluminada, sobre a qual estava servido um delicioso jantar. Pajens vestidos na libré do Imperador permaneciam à disposição deles. Estupefato, não sabia se avançava ou se me retirava. Mas sem saber ainda como bater em retirada, aproximo-me, erguendo a mão até meu

---

42. M. de Fezensac, *The Russian Campaign, 1812*, trad. Lee Kennett. Athens: University of Georgia Press, 1970, p. 10.
43. Louis-Flarimond Fantin des Odoards, *Journal du general Fantin des Odoards*, conforme citado em Austin, 1812: the March to Moscow, p. 101.
44. Dumonceau, *Mémoires du Général Comte François Dumonceau*, conforme citado em Austin, *1812: the March to Moscow*, p. 73.

quepe. "O que você quer?" diz um dos homens de turbante. "Um canto onde possa repousar. Mas vejo que este não é o lugar, desculpe." – "Se for só você", replicou o homem de turbante, que reconheci como sendo Roustam, o mameluco do Imperador, "entre. Sua divisão esteve na guarda avançada o dia todo. Você deve estar morto de cansaço." Surpreso com meu golpe de sorte, enfiei com valentia meu garfo numa asa de frango, ao que se seguiu um presunto gelado, que fiz descer com o melhor dos vinhos da última safra. O segundo homem de turbante, o mameluco de Murat, mandou servir uma garrafa quadrada embrulhada em palha, e bebemos pela saúde do Imperador, de sua digna esposa, do príncipe Imperial, e do Rei Murat.[45]

As escapadas noturnas pelas ruas e pelo labirinto social de Vilna tinham um efeito pernicioso na disciplina. Milhares de soldados e oficiais desapareciam e, "por toda a cidade e no campo," segundo a condessa Tiesenhausen, nascida na Lituânia, "ocorriam excessos extraordinários. Igrejas eram pilhadas, cálices sagrados eram maculados; nem os cemitérios eram respeitados, e mulheres eram violadas."[46]

O saque poderia se explicar pela completa falta de provisões e abrigo para o exército. Enquanto a elite europeia organizava festas na cidade, cem mil soldados se viam obrigados a esperar no campo por novas ordens. Dumonceau lembra-se de seus homens trancados no jardim de um mosteiro murado, onde:

Chovia aos cântaros, e essa chuva era acompanhada por um frio glacial que sentíamos mais profundamente por causa do insuportável calor que de imediato se seguia. Em pouco tempo, o chão do jardim, conturbado e alagado, nada mais era que um enorme pântano de lama. Ficávamos em pé dentro dele até os joelhos, sem uma esteira para deitar ou qualquer tipo de abrigo, e sem lenha para acender uma fogueira. E então, coroando tudo isso, veio um terrível furacão. Encontrando a mesma dificuldade em ficar em pé ou deitado, agachamo-nos para

---

45. Vincent Bertrand, *Mémoires du capitaine Vincent Bertrand*, conforme citado em Austin, *1812: the March to Moscow*, p. 77.
46. Choiseul-Gouffier, conforme citado em Adam Zamoyski, *Moscow 1812: Napoleon's Fatal March*. Nova York: Harper Collins, 2004, p. 162.

cochilar sobre nossos casacos por cima da lama; e acordamos apenas para ver como a chuva continuava caindo e o furacão aumentava com maior fúria. Telhas e chaminés despencavam sobre nós. [...] Armas e equipamentos jaziam sobre a lama. Nossas débeis fogueiras se extinguiam. Nossos cavalos tremiam no mínimo tão violentamente quanto nós mesmos. Vários deles sucumbiram durante a noite ou morreram no dia seguinte, assolados pelo frio e miséria.[47]

Vossler encontrou também pouca diversão em Vilna. "Gostaria de ter passado algum tempo em Vilna," lembrou o oficial alemão, "mas, com as minhas carroças, fazê-lo não era oportuno nem seguro, e nem teria servido a qualquer propósito prático, pois não era possível obter qualquer tipo de provisão dos moradores apavorados, nem mesmo com muito dinheiro."[48]

Em geral, a coleta obrigatória de provisões afetava os judeus locais mais do que qualquer outro grupo. Eugene Labaume, capitão dos Engenheiros Geógrafos Reais, viveu o infortúnio de permanecer estacionado em Troki, antiga capital da Lituânia. "Este agradável local contrastava surpreendentemente com a estrada que tínhamos acabado de percorrer, e todos se admiraram com sua bela localização, e com o encantador efeito produzido por um enorme convento no topo de uma montanha, com vista para as cidades, [...] Quem tivesse a mínima ideia de pintura jamais se cansaria de admirar aquele formoso lugar. No meio do lago, havia um antigo castelo em ruínas, cujas muralhas escurecidas se refletiam de um lado sobre a superfície da água e, do outro, pareciam tocar de ouro o horizonte." Todavia, o ideal pictórico não passava de uma miragem:

Troki a princípio se fez passar por um lugar deslumbrante, porém a ilusão terminou no momento em que entramos. Mal havíamos nos aproximado das primeiras casas quando um grupo de judeus, acompanhados por mulheres, crianças e velhos, se atiraram a nossos pés, implorando que os livrasse da rapacidade dos soldados que haviam

---

47. Dumonceau, op. cit., pp. 74-75.
48. Vossler, op. cit., p. 2 e 53.

roubado e destruído tudo de suas casas. Não podíamos lhes conceder nada além do nosso consolo. O bairro em que nos aquartelamos não tinha lojas e os nossos soldados, já há muito privados de suas rações, subsistiam agora apenas do saque. Isso causou a maior das confusões. E essa fatal ausência de disciplina é a mais perniciosa, por constituir sempre um sinal certo da iminente ruína de um exército.[49]

Desde Vilna, a *Grande Armée* se impulsionou sem meta para o leste, saqueando e aterrorizando a população local. A captura de Vitebsk no final de julho significou a conquista formal da Lituânia, embora ninguém tivesse uma ideia clara da futura direção da campanha. Em retrospecto, Segur via isso como um momento de encruzilhada: "Com a libertação da Lituânia, o objetivo do conflito havia sido atingido, embora parecesse que a guerra mal havia começado. Apenas lugares haviam sido conquistados, e não pessoas. O exército russo ainda estava intacto, e seus dois flancos, antes separados pelo ardor do ataque inicial, haviam acabado de se reunir. Estávamos na melhor época do ano. Era essa a situação quando Napoleão decidiu estacionar às margens do Dnieper e Duna – decisão que considerou irrevocável. Ele era bem-sucedido ao ocultar suas intenções dos outros, uma vez que as ocultava de si mesmo."[50]

Incapaz de tomar uma decisão, Napoleão decidiu inicialmente passar o inverno na Lituânia, e comandou a limpeza de Vitebsk. Essa operação potencialmente ameaçava o estatuto de Vilna como epicentro social e cultural da campanha. Napoleão "ordenou à guarda demolir algumas casas de pedra que estragavam a aparência da praça do palácio, e remover o entulho. Começou a pensar nos prazeres invernais. Atores seriam trazidos de Paris para Vitebsk e, como a cidade estava esvaziada de civis, espectadores femininos chegariam até lá atraídos desde

---

49. Eugene Labaume, *The Campaign in Russia*. Londres: Samuel Leigh in the Strand, 1815, p. 34. Muito provavelmente, os judeus descritos por Labaume eram caraítas locais.

50. Segur, op. cit., pp. 29-30.

Varsóvia e Vilna."[51] Felizmente, a sociedade de Vilna foi poupada de tal desgraça social promovida pela inquietação de Napoleão. O "tédio de seis longos meses de inverno às margens daqueles rios devem ter-lhe parecido o pior dos inimigos."[52] O imperador finalmente tomou a decisão de continuar e, em 10 de agosto, ordenou a travessia dos rios.

O moral das tropas estava muitíssimo mais baixo que antes de cruzarem o rio Niemen menos de dois meses antes. A maioria dos soldados tinha medo da Rússia. Em seu diário, Vossler expressou orgulho misturado a angústia. "Agora nossa marcha pelo território inimigo me preenche realmente de nada além de pressentimentos sombrios. Éramos porém um exército com a força de centenas de milhares de homens, camaradas de armas na flor da idade, e muitos ainda se rejubilavam ao atravessar o fatídico rio. A outra margem, distante, os aguardava com um silêncio sinistro. O olhar só alcançava florestas espessas e ameaçadoras em toda direção. Os poucos vilarejos estavam desertos. Nenhum sinal de vida humana em lugar algum. O destino desse imenso exército ao qual pertencia me oprimia profundamente."[53]

O quadro sombrio da Rússia pintado por Vossler encontrou eco em Henri Beyle, mais conhecido como o escritor francês Stendhal, que se juntou à campanha na função de mensageiro imperial. "A alegria que experimento por estar aqui não é grande," anotou o escritor. "Como um homem pode mudar! Minha velha sede por novas paragens foi totalmente saciada. [...] Você acreditaria que, sem qualquer aborrecimento que me afeta mais do que a qualquer outro, e sem qualquer tristeza pessoal, eu por vezes me encontro a ponto de explodir em lágrimas? Neste oceano de barbaridade não há um único som que encontre eco na minha alma! Tudo é vulgar e sujo, fedorento física e moralmente." Stendhal se juntara à campanha russa levando memórias recentes da Itália,

---

51. Ibid., p. 30.
52. Ibid., p. 205.
53. Vossler, op. cit., p. 52.

onde, durante sua função administrativa em Milão, se tornara um amante apaixonado da ópera italiana. As melodias memoráveis de árias divinas afastavam-no da cruel realidade da guerra. Rodeado pela paisagem de matizes outonais das latitudes setentrionais, ele cantava os prazeres meridionais: "Sempre que eu via Milão e a Itália no mapa, tudo ao meu redor me repelia com sua brutalidade. [...] Imagino que minha alma habite – aquela alma que compõe, trabalha, escuta Cimarosa e cai de amores por Angela,[54] em meio a uma agradável atmosfera – imagino essas alturas como colinas deliciosas." À visão da fronteira russa, contudo, o *crescendo* da memória acaba numa súbita queda. "Muito longe daquelas colinas, lá embaixo na planície, há brejos fétidos – e cá estou submerso, e nada no mundo exceto a visão de um mapa é capaz de me fazer lembrar das minhas colinas."[55]

~

Em 14 de setembro, após a impiedosa batalha de Borodino em 7 de setembro, a *Grande Armée* adentrou nos arredores abandonados e fumegantes de Moscou. A captura da antiga capital russa restaurou o espírito e a paixão do exército. "Era um belo dia de verão," evoca o Sargento Bourgogne, "o sol se refletia em todas as cúpulas, ponteiras e palácios dourados. Várias capitais que me foi dado ver – tais como Paris, Berlim, Varsóvia, Viena e Madri – não me haviam deixado nenhuma impressão fora do comum. Mas agora era diferente; para mim – e, de fato, para todos – o efeito foi mágico. Diante daquela visão, todos os problemas, perigos, cansaços e privações foram esquecidos, e o deleite de entrar em Moscou absorveu toda a nossa mente. Agora era ocupar bons aposentos para o inverno, e realizar conquistas de outra natureza – tal é o caráter do soldado francês: da guerra ao

---

54. Uma cantora na ópera La Scala.
55. Stendhal, *To the Happy Few: Selected Letters of Stendhal*. Nova York: Grove Press, 1952, p. 139.

amor, e do amor à guerra!"[56] A cidade em chamas só aumentou a sensação de feitiço, e até mesmo Stendhal, malgrado o desânimo, chegou a admirar a cena demoníaca a partir das alturas intelectuais de sua miséria particular. "Saímos da cidade, que se encontrava iluminada pela mais sublime deflagração que o mundo já vira: ela formava uma imensa pirâmide que, como a prece dos fiéis, tinha a base na terra e o pico no céu. Por cima daquele ambiente em chamas e fumaça, brilhava o luar. Era um espetáculo impressionante; a fim de gozá-lo, porém, era necessário estar sozinho, ou na companhia de gente inteligente."[57]

Após o incêndio que tudo consumiu, Napoleão decidiu, em 18 de outubro, deixar Moscou e se retirar para a Lituânia, a fim de se instalar mais confortavelmente durante o inverno. Na manhã seguinte, um exército de cento e dez mil soldados recebeu ordens de marchar na direção da cidade russa de Kaluga. O Corpo Imperial do Sargento Bourgogne foi o primeiro a partir rumo àquele destino desconhecido e indagando sobre suas futuras conquistas:

Partimos durante a tarde, empacotando a bebida das nossas provisões na carreta da cantineira Mãe Dubois, assim como nossa grande vasilha de prata; já tinha quase escurecido quando conseguimos sair da cidade. Encontramo-nos em meio a uma grande quantidade de carretas e carroças conduzidas por homens de todas as nacionalidades, alinhadas em três ou quatro ao longo de uma légua. Ouvíamos ao nosso redor francês, alemão, espanhol, italiano, português e outras línguas, pois havia também camponeses moscovitas entre eles, e um grande número de judeus. Essa multidão de pessoas, com diversos costumes e idiomas, donos de taberna com esposas e crianças aos prantos, avançavam apressados em meio àquele barulho, tumulto e desordem inauditos. Havia quem acabasse com a carreta toda amassada, e por conseguinte urravam e praguejavam tanto que enlouqueciam a todos. Esse era o comboio de toda a tropa e era bastante complicado ultrapassá-lo. Marchamos pela estrada de Kalonga [sic], estávamos agora na Ásia. [...]

---

56. Bourgogne, op. cit., p. 27.
57. Stendhal, op. cit., p. 144.

A maior parte das carretas estava aos pedaços, e muitas já nem podiam mais se mover, com as rodas atoladas fundo na areia da estrada. Era possível ouvir gritos em francês, palavrões em alemão, súplicas ao Todo-poderoso em italiano, e à Virgem Santa em espanhol e português. Depois de atravessar essa babilônia, vimo-nos obrigados a esperar pelo restante da coluna.[58]

Vossler, que não havia estado com as tropas ocupantes em Moscou, tinha muito pouca simpatia pelos heróis da conquista, desmoralizados porém arrogantes. Ficou chocado com a aparente falta de disciplina e valores morais:

Haviam todos estado em Moscou, onde passaram o tempo pilhando e de onde trouxeram qualquer coisa que pudessem carregar. Ficamos surpresos com a aparência deles. Muitos estavam sem armas, outros estavam armados de acordo com a moda, mas tinham mosquetões imprestáveis ou sem munição. Aqueles homens não eram mais soldados, mas saqueadores e seguidores de acampamento, extremamente indisciplinados, por vezes mal vestidos, carregando estranhas peças de equipamento mas, em geral, sobrecarregados de fardos de lã, linho e seda de todas as cores e qualidades, com peles masculinas e femininas, da zibelina à ovelha, chapéus e bonés de todos os tamanhos e formatos, botas e sapatos da moda, utensílios de cozinha de cobre, bronze e ferro, faqueiros de prata e lata, pratos e bandejas de estanho, copos, taças, tesouras, agulhas, linhas, fio encerado, e assim por diante; em suma, levando todo tipo de objeto de que qualquer viajante bem equipado em tempos de paz, a cavalo ou a pé, fosse gentil-homem, artista, comerciante, artesão ou não importa o quê, pudesse eventualmente precisar. [...] Era esse o espetáculo apresentado pelos primeiros membros do exército em retirada. Seu número aumentava rápido a cada dia. Com esse grupo heterogêneo, que havia se juntado a nosso destacamento para sua própria segurança e a maior segurança de seu botim, avançávamos. Toda disciplina havia sido arruinada.[59]

---

58. Bourgogne, op. cit., pp. 66-67.
59. Vossler, op. cit., p. 89.

No seio dessa horda de gente, qualquer distinção nacional, linguística e religiosa parecia se desfazer, como se, na estrada para Vilna, a Europa houvesse se liquefeito numa torrente humana anônima e gigantesca que corria na direção de sua origem. Então, de súbito mas previsivelmente, tudo mudou, e a pressa frenética se transformou num congelamento tétrico. "Até o dia 7 de novembro, o céu havia permanecido azul e sereno, e o vento não soprava mais áspero que na Alemanha daquela época do ano. No dia 8, porém, o inverno de repente se instalou. Uma ventania penetrante, vindo do nordeste, trouxe uma nevasca e uma geada que se tornaram tão severas que, no dia seguinte, o frio já havia se tornado insuportável."[60] A friagem destruiu os últimos vestígios de ordem marcial. "Agora, as trouxas de roupa saqueada se desembrulhavam e nossa coluna começou a se parecer com um baile de máscaras."[61] Nessa altura, havia ainda oitocentos quilômetros até Vilna, o mais próximo posto avançado garantido da Europa.

Ao chegar aos limites históricos do Grão-Ducado da Lituânia, no rio Dnieper, Napoleão se perdeu de novo. Nas palavras de Segur, quando "a floresta lituana em que estava prestes a mergulhar tornou-se-lhe irreconhecível, ele invocou o conselho de oficiais que a haviam atravessado para se juntar a ele." O imperador foi aconselhado a ir até Borisov, às margens do rio Berezina, onde o exército poderia atravessar "os pântanos lituanos por cima de uma série de pontes de madeira" a fim de voltar em segurança para Vilna.[62] Três semanas depois, exauridas por doença, fome, frio e à contínua perseguição dos russos, as tropas desmoralizadas chegaram até o rio. Os generais "não prestavam atenção em ninguém além de si mesmos, no intuito de salvar suas parcas posses ou suas próprias pessoas, marchando desapercebidos em meio aos soldados, a quem não davam ordens e de quem nem

---

60. Ibid., p. 73.
61. Ibid., p. 90.
62. Segur, op. cit., pp. 205–206.

poderiam esperar mais nada, todos os laços entre eles tendo sido rompidos e toda diferença de hierarquia obliterada pela miséria comum."[63] Só um insano ainda cumpriria ordens. Às margens do Berezina, Bourgogne encontrou um homem "vestido em *uniforme completo*! Perguntei-lhe para que aquilo, e ele apenas deu risada. O coitado estava doente; aquela risada era a risada da morte, ele acabou sucumbindo durante à noite."[64]

A travessia do Berezina começou no dia 28 de novembro e deveria durar dois dias. O rio ainda não estava congelado por completo e duas pontes foram erguidas pelos engenheiros militares. As pontes construídas às pressas desabavam toda hora sob o peso da multidão apressada e das carroças abarrotadas. Num dado momento, uma bateria russa na margem esquerda do rio abriu fogo. O caos e o pânico tomou conta do exército em retirada, posto que o desastre "havia atingido o ponto culminante. Uma imensa quantidade de carroças, três pesadas peças de artilharia, milhares de homens, algumas mulheres e crianças foram abandonados no lado inimigo. [...] Alguns se atiraram na água e tentaram nadar; outros apostaram nos pedaços flutuantes de gelo. Outros ainda correram direto para a ponte em chamas, que ruiu debaixo de seus pés. Queimados e congelados ao mesmo tempo, morreram de duas formas opostas de tortura, e seus corpos logo se amontoaram junto com o gelo, batendo contra as vigas da ponte."[65]

Metade do exército em retirada pereceu durante a travessia, transformando, aos olhos de Bourgogne, as divisões e batalhões remanescentes que serviam sob os mais variados estandartes da Europa napoleônica numa indiferenciada "mixórdia de franceses, italianos, espanhóis, portugueses, croatas, alemães, poloneses, romanos, italianos e até mesmo prussianos."[66] Os que conse-

---

63. Ibid., p. 226.
64. Bourgogne, op. cit., p. 201.
65. Segur, op. cit., p. 243.
66. Bourgogne, op. cit., p. 203.

guiam atravessar o Berezina "se abraçavam e se felicitavam como se houvessem atravessado o Reno, que ficava porém a 400 léguas dali."[67] Era uma transformação épica e, tal como a travessia do Niemen ou a conquista de Moscou, era digna de um "pintor inteligente... que pudesse ter feito um belo quadro! Ele teria pintado *une nature morte*. Árvores brancas curvadas sob o gelo, neve e sincelo. Ao fundo, entre coníferas empoadas de branco, poderiam ser vistos pérfidos basquires, aguardando perspicazes o momento favorável para se lançarem sobre a presa. O próprio rio desempenharia o papel principal e, caso necessário, poderia representar Aqueronte, o rio de Hades, segundo a fábula. Os malditos, na margem esquerda. Os eleitos, na direita."[68]

Aos afortunados sobreviventes da travessia, inclusive inúmeros desertores, Vilna se tornou um inacessível destino de esperança. Frio e fome eram os maiores assassinos, embora chamas ardentes provassem ser tão perigosas quanto as noites glaciais. Quem deixava aceso o fogo à noite "era normalmente encontrado morto na manhã seguinte. Seus cadáveres, solidamente enregelados no chão, eram pilhados pelos próximos que chegavam, e utilizados como assentos junto às fogueiras reacendidas com os restos cortados de suas carretas. Outros, arrastando-se na direção do fogo, ansiando por calor, metiam seus membros direto nas brasas e agonizavam, meio carbonizados e meio congelados, até a morte."[69] As "estradas se assemelhavam a campos de batalha de tantos corpos que havia, mas a neve que caía incessante suavizava o horror dessa visão. Havíamos perdido toda ideia de compaixão; ademais, já insensíveis ao nosso próprio sofrimento, éramos ainda mais ao dos outros."[70] Uma sensação de

---

67. Ibid., p. 209.
68. C. F. M. Le Roy, *Souvenirs de Leroy, major d'infanterie, veteran des armies de la République et de l'Empire*, conforme citado em Austin, *1812: the Great Retreat*. Londres: Greenhill Books, 1996, p. 312.
69. Vossler, op. cit., p. 92.
70. Bourgogne, op. cit., p. 217.

desilusão e indiferença se instalara entre os sobreviventes. "Todos, sem exceção, sofreram algum dano, ao menos temporário, em suas faculdades mentais, que não raro se manifestava numa espécie de torpor letárgico. As tropas passaram a chamar isso de 'Neurastenia de Moscou.'"[71] Segundo Segur: "Sessenta mil homens cruzaram o rio Berezina, e naquele meio tempo 20 mil recrutas haviam se juntado a eles. Desses 80 mil homens, no mínimo metade morreu – e a maioria nos últimos quatro dias, entre Molodeczno e Vilna!"[72]

O Sargento Bourgogne chegou aos arredores de Vilna no dia 9 de dezembro, num estado de completo delírio. Na manhã seguinte, doente e exausto, ele "juntou um pouco de coragem" e, na companhia de outras figuras fantasmáticas, caminhou até a cidade:

Aquele frio horrendo foi muito mais do que eu podia imaginar. Quase desmaiava, e parecíamos caminhar numa atmosfera feita de gelo. [...] Mal podia respirar: sentia o nariz congelado; os lábios, colados; os olhos, úmidos, ofuscados pela neve. [...] Por todos os edifícios que passamos havia gente desafortunada, incapaz de continuar, esperando morrer.

Podíamos agora vislumbrar as ponteiras e os telhados de *Wilna*. Tentei me apressar para chegar lá entre os primeiros, mas os velhos *chasseurs* da Guarda me impediram. Haviam bloqueado a rua de tal maneira que ninguém podia passar por eles sem marchar em ordem. Esses veteranos, com gelo pendurado nos bigodes e barbas, se mantinham marchando, controlando o próprio sofrimento a fim de preservar a ordem nas fileiras; essa era, porém, uma ordem impossível de se manter. Já nos subúrbios da cidade, o tumulto reinava. Diante da porta de uma casa, vi um de meus velhos amigos, granadeiro, estendido morto. Haviam chegado uma hora antes de nós.[73]

---

71. Vossler, op. cit., p. 93.
72. Segur, op. cit., p. 261.
73. Bourgogne, op. cit., pp. 220-21.

A maioria nem sabia onde estava. "Às duas e meia da tarde," lembra um dos sobreviventes, de pés encharcados e congelados, "chegamos a uma grande cidade cheia de pobres diabos como nós. Disseram-nos que era Vilna."[74]

∽

Depois que Napoleão saiu de Moscou, a crença geral era a de que passaria o inverno em Vilna. O imperador descreveu Vilna em poucas palavras para a esposa Marie Louise como uma "bela cidade de 40 mil almas", capaz de acomodar o "imenso estoque de comida e outros suprimentos reunidos em Danzig e Königsberg que poderiam ser trazidos de barca pelo rio Viliya."[75] Toda a correspondência social, administrativa e política entre a França – e a Europa – e a *Grande Armée* passava pela cidade. O fluxo constante de correspondência imperial, diretrizes secretas, instruções burocráticas e boletins militares, além de numerosas inspeções diplomáticas, administrativas e culturais, fizeram de Vilna o ponto de encontro da Europa napoleônica. Stendhal, enviado de Paris até Vilna para entregar correspondência ao imperador, inclusive uma carta da Imperatriz Marie Louise, descreveu a viagem de um mensageiro numa carta a sua irmã. "Meu trajeto até Vilna é o seguinte: preciso viajar rápido, com um estafeta à frente, até Königsberg. Mas, nessa altura, os doces efeitos da pilhagem começam a se fazer sentir, duplicando-se em Kovno: dizem que, na região dessa cidade, é possível atravessar cinquenta léguas sem encontrar vivalma. [...] Nesses desertos devastados é muito difícil viajar, especialmente numa pobre e mínima caleche vienense, esmagada sob milhares de pacotes; cada pessoa teve a inspiração de me confiar um."[76]

---

74. Jean-Marc Bussy, *Soldats Suisses au service de la France*, conforme citado em Austin, *1812: the Great Retreat*, p. 365.
75. Conforme citado em Austin, *1812: the March to Moscow*, p. 76.
76. Stendhal, op. cit., p. 136.

Visitantes ocasionais vindos da França também chegavam à cidade. A jovem esposa do marechal imperial, duque Oudinot, chegou a Vilna em outubro a fim de cuidar do marido ferido. Ficou impressionada com o esplendor panorâmico: "Nada se compara à visão que se tem de Vilna do alto das colinas que a cercam... Embora o Viliya abra caminho por campos que parece incapaz de fertilizar, uma profusão de cúpulas e torres de igreja se ergue radiante por cima de 36 conventos."[77]

Já em novembro, o oficial polonês Bangowski anotou em seu diário que "Vilna ostenta a mais lamentável das aparências. [...] Ruas atravancadas de gente ferida, morta e agonizante, devastadas pela epidemia. Falta de espaço nas igrejas, nos hospitais. Falta de recursos para remover as carcaças dos cavalos. E mais comboios chegando toda hora de Moscou trazendo feridos! Cada um faz o que pode para sobreviver, sem contar com a compaixão de ninguém."[78] Apesar disso, Vilna organizou um espetáculo festivo no dia 2 de dezembro, para marcar o oitavo aniversário da coroação de Napoleão. A comemoração incluía "uma salva de 21 tiros às 8 da manhã; uma mesma salva durante a execução do *Te Deum* na catedral, e novamente às quatro da tarde."[79] À noite, organizou-se um baile no palácio do governador. "Como de costume," observou um conviva francês, "ele começou com uma *polonaise*, que não é nada mais que um passeio. [...] É hábito entre os oficiais ir aos bailes de bota com esporas e envergando calças de estrebaria. As mulheres presentes falavam francês, assim como quase todas em Vilna."[80]

---

77. Marie Charlotte Oudinot, *Récites de guerre et de Foyer*, conforme citado em Austin, *1812: the March to Moscow*, p. 70.
78. Bangowski, conforme citado em Austin, *1812, the Great Retreat*, p. 367.
79. Austin, *1812: the Great Retreat*, p. 367.
80. Porphyre Jacquemont, conforme citado em Austin, *1812: the Great Retreat*, p. 368.

O desassossego finalmente começou a se instalar entre os moradores no dia 6 de dezembro, quando descobriu-se que Napoleão havia evadido de Vilna para escapar até Paris. Havia ordenado a Murat e Berthier que permanecessem "na capital por toda uma semana, suficiente para reagrupar o exército e insuflar-lhe coragem e força o bastante para dar continuidade à retirada em condições um pouco menos deploráveis."[81] No mesmo dia, Stendhal chegou a Vilna e teve sorte de encontrar abrigo na casa da família Frank, que havia se transformado numa confortável pousada militar. De lá, escreveu à irmã sobre suas provações. "Encontro-me bem de saúde, minha querida. Pensei várias vezes em você durante a longa marcha desde Moscou, que levou cinquenta dias. Perdi tudo, só estou com as roupas do corpo. Muito melhor é o fato de ter emagrecido. Enfrentei muitas dificuldades físicas, sem qualquer prazer espiritual, mas tudo acabou, e estou pronto de novo para servir a Sua Majestade."[82] Os habitantes locais, contudo, não ansiavam mais por servir aos interesses do império. "Já no primeiro dia" de sua chegada, testemunhou um oficial francês estacionado na cidade, "as lojas, as estalagens e cafeterias, incapazes de acomodar tal quantidade de consumidores, fecharam e os moradores, temendo nossa avidez que logo levaria à fome, puseram-se a esconder suas provisões."[83] Dumonceau encontrou a localidade "relativamente deserta; o silêncio reinava, as moradias estavam trancadas de cima a baixo, como numa cidade sitiada."[84]

Os administradores militares franceses tentaram impor alguma espécie de ordem e normalidade, o que gerou um massacre burocrático dos sobreviventes. Aos olhos de Segur, "por dez longas horas, com o termômetro marcando 16 ou 17 abaixo de 0,[85]

---

81. Segur, op. cit., p. 253.
82. Stendhal, op. cit., p. 152.
83. Fezensac, op. cit., p. 109.
84. Dumonceau, conforme citado em Austin, *1812: the Great Retreat*, p. 380.
85. Equivalente a -27 ou -28 graus centígrados.

milhares de soldados que imaginavam finalmente estar em segurança caíam mortos, congelados ou sufocados na multidão. [...] Esses administradores, cumpre dizer, não tinham consciência da situação desesperadora das tropas; e por muitas horas eles deixaram nossos desafortunados companheiros morrer de fome diante daquelas montanhas de provisões, que o inimigo haveria de capturar na manhã seguinte."[86] A multidão de soldados desesperados estava reunida do lado de fora da muralha da cidade. "Muitos fugitivos haviam chegado a Vilna já em 6 de dezembro," observou Vossler, "e nos dois dias seguintes o afluxo foi tamanho que bastaria mais um rio à frente e russos vindo atrás a fim de reproduzir, nos portões da cidade, as mesmas cenas da travessia do Berezina. De fato, elas foram de novo representadas no dia 9, quando os pontas de lança russos chegaram aos portões ao mesmo tempo que a nossa retaguarda, adentrando Vilna juntos, saqueando e matando a seu avanço."[87] Segundo o testemunho de uma francesa que havia chegado a Vilna para cuidar do filho, as hordas ávidas concentradas junto ao portão Ostra Brama avançavam "como se mergulhassem, a multidão parecia estar convicta de haver chegado à Terra Prometida. Foi lá que morreram quase todos os franceses que tinham vindo de Moscou. Lutando contra o frio e a fome, não puderam entrar na cidade."[88] Dumonceau lembra ter galgado por cima daquela turba tocada pela morte: "empurrando, atropelando, obstruído por todos os lados, horripilado por ter de atravessar tudo aquilo e a cada passo correr o risco de ser derrubado pelos tremores, pelos espasmos convulsivos das vítimas que pisoteávamos."[89]

---

86. Segur, op. cit., pp. 261–262.
87. Vossler, op. cit., p. 84.
88. Louise Fussil, *Souvenirs d'une Femme sur la retraite de Russie*, conforme citado em Austin, 1812: the Great Retreat, p. 377.
89. Dumonceau, conforme citado em Austin, *1812: the Great Retreat*, p. 376.

Do lado de dentro da cidade, o caos grassava. Numa questão de horas, evoca o Barão Roch-Gotard, "Vilna se transformou num verdadeiro labirinto, era simplesmente impossível se localizar."[90] O duque Fezensac se viu numa "cidade rica e populosa" invadida por uma multidão de "soldados mortos de fome, perambulando em farrapos."[91] Alguns, como Vossler, tiveram a sorte de encontrar seus camaradas de Württemberg reunidos "no café Lichtenstein", onde gastaram todo o soldo adiantado, recebido dos fundos de guerra de Württemberg, num banquete de vinho e comida excelente que se estendeu por três dias.[92] Alguns poucos, conforme o relato de Segur, conseguiram sobreviver graças "à compaixão dos lituanos e à avareza dos judeus" que os acolheram em suas casas. "Foi então comovente testemunhar a emoção daqueles pobres diabos que podiam de novo se ver dentro de uma casa habitada. Um filão de pão levedado lhes parecia o mais delicioso dos pratos; e que prazer indescritível experimentavam ao comê-lo sentados a uma mesa. [...] Pareciam ter retornado do fim do mundo, tão profundamente a violência e a sucessão inesgotável de dificuldades os haviam alienado do estilo anterior de vida, tão tenebroso fora o abismo do qual agora emergiam."[93] Mas a maior parte dos soldados havia sido reduzida "a uma espécie de gentalha, mais como uma legião de condenados ou duendes hediondos do que soldados," movimentando-se atrás de descanso.[94] Os doentes, feridos e insanos se reuniam em torno das igrejas e mosteiros, doravante convertidos em acampamentos e hospitais. Dolorosamente, não eram lugares de conforto. Milhares "eram recusados, não pelos que estivessem vivos, pois

---

90. Roch-Godart, *Mémoirs du general-baron Roch Godart, 1795-1812*, conforme citado em Austin, *1812: the Great Retreat*, p. 367.
91. Fezensac, op. cit., p. 108.
92. Vossler, op. cit., p. 87.
93. Segur, op. cit., p. 262.
94. Nicholas Louis Planat de la Faye, *Vie de Planat de la Faye*, conforme citado em Austin, *1812: the Great Retreat*, p. 380.

era a morte que ali reinava suprema. Alguns dos pacientes desenganados ainda respiravam: queixavam-se de ter ficado, por muito, muito tempo, sem leitos, mesmo sem colchão, e quase que totalmente desatendidos. Os pátios, os corredores, e todas as enfermarias, abarrotadas com pilhas de cadáveres, não passavam de criptas."[95]

À noite, chamas iluminavam o céu de inverno. "Os homens," observou uma das testemunhas locais, "acendiam fogueiras nas ruas para se aquecer. Mil homens podiam ser vistos espalhados entre as chamas e fazendo saltar faíscas. O prédio da prefeitura ainda ostentava parte da decoração festiva. Visto através das nuvens de fumaça que se alçavam ao céu, o monograma de Napoleão parecia estar coberto por um véu."[96] Uma imensa fogueira feita no pátio do palácio do governador foi alimentada com a carruagem do imperador assim como por barracas e camas de acampamento. Os soldados amotinados atiraram também às chamas todos os troféus que Napoleão trouxera de Moscou: ícones, crucifixos de ouro, bandeiras e armas de coleção.

O Sargento Bourgogne passou aquela noite memorável na companhia do amigo Coronel Picart numa estalagem de proprietários judeus na periferia da cidade. Ele perguntou a Picart "como era possível ele se dar tão bem com o judeu, pois ele observara que o tratavam como um membro da família. Ele respondeu que se passara como filho de uma judia e que, durante as duas semanas que haviam passado ali no mês de julho, ele os acompanhara à sinagoga, de modo que, por causa disso, tinha sempre aguardente para beber e nozes para mordiscar." Bourgogne não tinha como reagir a não ser com gratidão pela gentileza que recebera dos anfitriões judeus. "Jamais esquecerei do curioso efeito que uma casa habitada teve sobre mim. Parecia-me que há anos não via uma. [...] O judeu me contou que os homens que haviam

---

95. Segur, op. cit., p. 262.
96. Choiseul-Gouffier, conforme citado em Austin, *1812: the Great Retreat*, p. 383.

chegado primeiro pela manhã devoraram tudo. Aconselhou-nos de não sair de sua casa, e mesmo de pernoitar ali, e que providenciaria tudo o que quiséssemos, impedindo, inclusive, que outros entrassem. Aceitei o conselho e me sentei para descansar num banquinho ao lado do fogão."[97]

Outros soldados franceses, também, encontraram nos judeus um precioso apoio em momentos de aflição. "Quando ninguém era capaz de nos fornecer pão ou açúcar, café, chá etc., eles nos traziam pão temperado. E ainda por cima, eram capazes até de arranjar – sabe Deus de onde – meios de transporte, cavalos e trenós quando era impossível encontrá-los onde fosse. Graças a eles, centenas de oficiais conseguiram escapar das planícies geladas da Rússia. Mas *le monsieur* tinha que ter dinheiro', muito dinheiro mesmo, pois eles eram uns ladrões de marca maior."[98] Para Bourgogne, contudo, a encarnação judaica de Picart era uma piada: "Embora minha risada não tivesse durado muito, explodi numa gargalhada diante daquilo, até o sangue escorrer pelos lábios. Picart insistia com suas histórias engraçadas, até de repente ouvirmos uma rajada de artilharia e vermos nosso anfitrião se precipitando para dentro. Parecia aturdido, impossibilitado de falar. Finalmente disse que havia visto soldados bávaros, perseguidos por cossacos, entrando pelo mesmo portão pelo qual tínhamos entrado."[99] Com uma sensação de humilhação, o sargento fugiu da cidade. "Quando me vi do lado de fora da cidade, não pude deixar de pensar no estado de nosso exército: cinco meses antes, havia entrado orgulhoso e jubilante na capital lituana; agora partia como um bando miserável de fugitivos."[100]

Enquanto os cossacos cercavam a cidade, a fuga era mais fácil de insuflar do que de organizar. O conde Segur detectou atos de traição nos mais altos níveis do comando militar francês:

---

97. Bourgogne, op. cit., p. 222.
98. Em Austin, *1812: the Great Retreat*, pp. 384-385.
99. Bourgogne, op. cit., pp. 222-223.
100. Ibid., p. 230.

Em Vilna, assim como em Moscou, Napoleão não havia dado nenhuma ordem oficial de retirada. Ele não queria anunciar nossa derrota, queria que ficassem sabendo dela por ela mesma, a fim de tomar de surpresa nossos aliados e seus monarcas, de maneira que pudéssemos nos aproveitar da confusão e atravessar em segurança o território antes que eles se dispusessem a se juntar aos russos para nos subjugar. É por isso que todos em Vilna – lituanos, estrangeiros, o próprio primeiro-ministro – se enganaram. Não puderam acreditar na nossa derrota até vê-la, e a fé europeia quase supersticiosa na infalibilidade do gênio de Napoleão deu-lhe vantagem sobre os inimigos. Essa mesma confiança, porém, acalentou seus amigos com uma falsa segurança pois, em Vilna, assim como em Moscou, nenhum deles havia sido preparado para qualquer tipo de ação.[101]

Murat, rei de Nápoles e comandante-em-chefe do exército, cortou pela raiz qualquer conversa a respeito da defesa da cidade com uma única frase: "Não vou permitir que me segurem nesta merda."[102]

Muitos soldados não tinham o desejo de lutar, nem a capacidade de fugir – de maneira que ignoravam todas as ordens. Como a canção entoada por uma sereia, Vilna enganava aquelas pobres almas:

Se tivéssemos podido ficar mais 24 horas em Vilna, muitas vidas teriam sido salvas. Essa cidade mortífera nos custou 20 mil homens, incluindo trezentos oficiais e sete generais. A maior parte atingida pelo frio e não pelos russos, embora fossem os últimos que colhessem os benefícios. Outros, aparentemente sãos do ponto de vista físico, estavam com a resistência esgotada. Após terem tido a coragem de ultrapassar tantas dificuldades, desanimaram diante do porto seguro, a uma distância de apenas quatro dias de marcha. Finalmente haviam chegado a uma cidade civilizada e, ao invés de se lançarem de novo no deserto, eles optaram por permanecer e confiar na Fortuna. No caso deles, ela foi cruel![103]

---

101. Segur, op. cit., p. 265.
102. Jean Rapp, *Mémoires écrits par lui-même et publiés par sa famille*, conforme citado em Austin, *1812: the Great Retreat*, p. 382.
103. Segur, op. cit., p. 264.

Os que conseguiram continuar não se deram melhor. As ruas estavam repletas de "milhares de cadáveres, completamente nus, muitos deles ostentando marcas de punhais. Mas com certeza não foram os poloneses a cometer tais crimes," considerou o Capitão François, pois "eles nos demonstravam um especial apego. Foram os cossacos de Platov que assassinaram os doentes e os feridos e que os moradores locais, horrorizados por aqueles bandidos, haviam expulsado de suas casas."[104]

Nos arredores ocidentais da cidade, na colina Ponari, a carnificina continuava. Assim como a morte, os cossacos pareciam ser ubíquos. Durante os tumultos, os soldados se puseram a devorar as últimas relíquias do tesouro napoleônico. Sob o reino da loucura coletiva, ambos os adversários se uniram numa aliança profana pilotada apenas pela cobiça. Na visão de Segur, o império expirou nas encostas congeladas da colina.

Em nossa marcha de conquista para o leste, esse outeiro arborizado teria parecido aos nossos hussardos pouco mais que uma leve irregularidade do relevo, do topo da qual podia-se ver toda a planície de Vilna, e estimar a força do inimigo. Na verdade, sua encosta íngreme porém curta mal havia sido notada. Numa retirada normal, ela teria sido um excelente posto de observação para verificar a posição do inimigo; numa fuga caótica, porém, onde tudo o que poderia ser útil se transformava num entrave, quando na pressa cega viramos tudo contra nós mesmos, essa colina com seu desfiladeiro era um obstáculo insuperável, uma muralha de gelo contra a qual se rompiam nossos maiores esforços. Ela nos despojou de tudo – mantimentos, tesouro, botim e homens feridos. Esse infortúnio foi grave o suficiente para coroar nossa longa sucessão de desastres; pois foi ali que irremediavelmente se perdeu o pouco que ainda nos restava de dinheiro, honra, disciplina e vigor.

Quando, após 15 horas de luta inútil, os cocheiros e soldados da escolta viram Murat e a coluna de fugitivos passando por eles rumo à encosta da colina; quando viram o próprio Ney se afastando com seus três mil homens remanescentes na direção de De Wrede e Loison; quando olharam em derredor e viram a colina atrás deles numa

---

104. Charles François, *Journal du Capitaine François*, conforme citado em Austin, *1812: the Great Retreat*, p. 393.

balbúrdia de carroças e canhões derrubados e espalhados, homens e cavalos no chão, morrendo uns em cima dos outros – então eles não pensaram em salvar mais nada, mas apenas em pilhar a si mesmos, a fim de impedir a avidez do inimigo.

A explosão de uma carroça contendo botim trazido de Moscou foi o sinal. Todos se arremessaram uns sobre as carroças dos outros, arrombando-as e capturando os objetos mais valiosos. Os soldados da retaguarda, que se aproximaram do tumulto, largaram as armas e começaram também a participar do saque. Dedicaram-se a isso com uma tão furiosa avidez, que não foram capazes de prestar atenção nos projéteis sibilantes e gritos dos cossacos que corriam ao seu encalço. Dizem que os cossacos se misturaram a eles sem se fazer notar. Por alguns instantes, europeus e tártaros, amigos e inimigos, se uniram na cobiça comum do lucro. Franceses e russos foram vistos lado a lado, a guerra deixada de lado, saqueando a mesma carroça. Dez milhões de francos em ouro e prata desapareceram num piscar de olhos!

Para além desses horrores, porém, gestos de nobre devoção também puderam ser vistos. Houve, naquele dia, quem deixasse tudo para carregar os feridos nas costas; outros, incapazes de demover da batalha os companheiros semi-congelados, morreram defendendo-os da brutalidade dos próprios camaradas de arma e dos golpes do inimigo.

[...] A catástrofe de Ponari foi ainda mais vergonhosa na medida em que teria sido facilmente prevista, e ainda mais facilmente evitada; pois teria sido possível contornar a colina pelo outro lado.[105]

No topo da colina, Murat foi saudado por uma bateria de artilharia recém-chegada da Alemanha. O comandante da bateria solicitou suas ordens, no que Murat respondeu-lhe brusco: "Major, nós estamos f–didos. Monte o seu cavalo e dê no pé."[106] A galope, o duque Fezensac lançou um último olhar sobre Vilna. A fumaça que se elevava a cobria como um véu, mas sob seus pés ele viu "um estranho espetáculo" de "homens cobertos em ouro, contudo morrendo de fome" e "espalhados pela neve da Rússia todos os produtos de luxo de Paris."[107]

---

105. Segur, op. cit., pp. 266–267.
106. Em Zamoyski, op. cit., p. 513.
107. Fezensac, op. cit., p. 112.

O primeiro sentinela russo chegou a Vilna vindo da mesma direção do exército napoleônico em fuga. Os cossacos eram liderados pelo extravagante poeta Denis Davidov, que não demonstrou compaixão alguma pelos soldados inimigos que agonizavam:

De Novy Troki até o vilarejo de Ponari, a estrada estava livre e limpa. Em Ponari, porém, onde a estrada se bifurca para Kovno, montes de homens e cavalos mortos, um canteiro de carruagens, peças de artilharia e caixotes, tudo distribuído de maneira que mal havia espaço para passar; pilhas de soldados inimigos, quase mortos, estendiam-se na neve ou procuravam abrigo nas carruagens, à espera de uma agonia de gelo e fome. Meu caminho se iluminava às labaredas de cabanas e casebres de madeira cujos infelizes ocupantes eram queimados vivos. Meu trenó avançava aos solavancos por sobre cabeças, pernas e braços de homens que haviam morrido ou quase morrido congelados. Meu trajeto de Ponari até Vilna foi acompanhado por um coro bizarro de gemidos e gritos de sofrimento humano, que vez ou outra se dissolvia em algo que mais se assemelhava a um exultante hino de libertação.[108]

Patriotismo à parte, outros oficiais do exército russo foram mais ponderados. Durante algum tempo, o Barão Boris Uxkull, jovem oficial báltico-alemão da intendência, seguiu as pegadas das unidades dos cossacos, até chegar a Vilna no dia 1º de dezembro, conforme o calendário russo. Fora um pesadelo de viagem, marcada por perplexidade e auto-incriminação. "Passamos por todos os fantasmas, todos os cadáveres, sem qualquer sentimento ou arrepio, tão habituados que já estávamos aos horrores daquela guerra devastadora. [...] Por oito dias olhamos para tudo aquilo, e por oito dias fui assediado pelo terror; por oito dias fui incapaz de fechar os olhos; aquelas cenas jamais se apagarão da minha

---

108. Denis Davidov, *In the Service of the Tsar against Napoleon: the Memoirs of Denis Davidov, 1806-1814*, ed. e trad. Gregory Troubetzkoy. Londres: Greenhill Books, 1999, p. 156.

memória. Como o homem se torna cruel no momento em que perde a compaixão e a empatia! Os cossacos continuavam pregando peças naqueles infelizes."[109]

Para Davidov, a reconquista de Vilna faiscava com fulgores de glória imperial: "Apresentei-me diante de Sua Serena Alteza no dia 1º de dezembro. Que mudanças no quartel-general! Pois, anteriormente, o pano de fundo era uma cidade arruinada com uma cabana coberta de fuligem e rodeada por sentinelas, ou uma guarita de madeira com banquetas dobráveis. Agora, vi um pátio cheio de carruagens luxuosas e uma multidão de autoridades polonesas em uniforme, generais capturados e nossos próprios generais e oficiais andando por toda parte!"[110] Uxkull viu uma outra paisagem. "Finalmente chegamos. Que felicidade! Que alegria! Nossa entrada, que deveria supostamente representar um triunfo, mais se assemelhava a um baile de máscaras. As roupas dos vários regimentos eram realmente burlescas, e o Imperador, que chegara um dia antes e diante de quem desfilamos, não pôde conter o riso."[111]

A revista imperial das tropas indicou uma pausa nas manobras de guerra. Depois de perseguir os remanescentes do exército napoleônico até expulsá-los pela fronteira, as forças russas ganharam um mês de moratória. O tzar ocupou os mesmos aposentos no palácio do governador geral de Vilna, onde havia instalado sua corte antes da invasão no mês de junho. Os comandantes russos e representantes de seus aliados o seguiram e se instalaram na cidade com vistas a discutir as próximas estratégias políticas. Com a ocupação de Vilna surgiu a esperança de paz, e muitos militares russos chegaram à cidade com a sensação de volta ao lar. Em Vilna, Uxkull se reuniu a seu irmão mais jovem e se ins-

---

109. Boris Uxkull, *Arms and the Woman: the Intimate Journal of a Baltic Nobleman in the Napoleonic Wars*, trad. Joel Carmichael. Nova York: The Macmillan Company, 1966, p. 105.
110. Davidov, op. cit., p. 156.
111. Uxkull, op. cit., p. 105.

talou na elegante e confortável residência de "*madame* de Zidlerova", uma jovem e "encantadoramente bela" viúva. No ambiente acolhedor e aprazível do salão da viúva, que, após a morte do marido, "não abandonara os prazeres deste mundo," tudo ficava "no esquecimento – perigo, fome, miséria, frio e febre." A corte entre o jovem oficial e a viúva se deu descaradamente rápido. No terceiro dia de sua permanência na casa, Uxkull disse-lhe ser uma deusa que inflama os sentidos e a imaginação. No dia seguinte, ela responde à adulação, chamando-o de "seu amor e seu amante." Os dias se passaram com "risadas e piadas", anotou Uxkull em seu diário. "Minha gentil anfitriã, seguindo o costume dos compatriotas, às vezes se senta no meu colo e me acaricia inescrupulosamente. Devo confessar-lhe minha paixão, a fim de acelerar minha vitória e sua derrota." Na escuridão e no frio de uma noite de inverno, uma "luz invisível me fez avançar, e finalmente pude tocar o leito que continha tanto encanto e tanto tesouro. Dois braços roliços e carnudos me receberam e me comprimiram contra um peito mais macio que a seda persa, palpitando de prazer e ansiedade. Lábios queimando de amor buscaram minha boca, que já devorava o mais secreto de seus encantos. Deslizar para baixo das cobertas, apertar-me contra seu corpo divino, e desmaiar com luxúria por um instante." Como se espelhasse as artes marciais, a vitória em questões amorosas trazia seus próprios riscos: "As coisas continuarão como antes; mas temo que continuem com demasiada rapidez e demasiada frequência para mim, e que acabem por me enfraquecer, e que minha constituição talvez se arruine devido a toda essa demasiada frequência e rapidez."[112]

Enquanto o amor reinava em alguns lares, um frio de arrepiar cobria a cidade. O general Robert Wilson, adido militar britânico na corte russa, chegou a Vilna em 17 de dezembro e

---

112. Ibid., pp. 106-109.

lá permaneceu durante o Natal e Ano-Novo. Seu diário retrata a desconcertante cena de morte e triunfo, unidos na paisagem petrificada de uma mente entorpecida:

17 DE DEZEMBRO
Wilna

Cheguei a *Wilna* justo quando o Marechal Kutuzov estava indo jantar. Das planícies da miséria eu passei ao banquete. Após o jantar, encontrei meus aposentos – um magnífico palácio de verão, geladeira de inverno porém; sem lareira, um único fogão, de modo que há 18 graus de gelo no quarto em que sou obrigado a ocupar e permanecer à noite. Aqui soube do adoecimento do Lorde Tyrconnel na casa de um professor inglês na Universidade de *Wilna*. Fui vê-lo imediatamente e soube que esteve muito doente, mas se recuperava. [...] Essa noite fui ao teatro e quase congelei. Como se tratava de um evento oficial, fui obrigado a permanecer até o fim, mas meus dentes rangiam e, quando me ergui para ir embora, mal pude mover os membros. No lugar não havia uma única senhora, o que só aumentou a miséria.

26 DE DEZEMBRO
Wilna

No dia 20 morreu George, duque de Tyrconnel, aos 25 anos de idade. [...] Lorde Tyrconnel tinha uma mente vigorosa, cinzelada com tanta cordialidade, que seu emprego jamais alarmou o orgulho alheio. [...] No dia 22, o cadáver foi levado ao túmulo, escoltado por duas companhias da Guarda Imperial, e sepultado com todas as honras possíveis. Eu mesmo, claro, organizei as pompas fúnebres. O evento foi solene, e a entoação da música foi irresistivelmente emocionante. A mente humana se organiza de maneira estranha; uma miséria real raramente conta com profunda simpatia, mas um pesar extravagante dissolve o hábito e a filosofia. [...] "Que mundo estranho!" é o que Adão teria dito ao entrar nele; e é o que dirá também o último homem. [...] Ontem foi o aniversário do Imperador. Desfile, audiência privada com o Imperador, imundície, e 20 graus de gelo, foram os incidentes da manhã. O Marechal ofereceu depois um grandioso banquete oficial ao Imperador, por ocasião de seu agraciamento com a Ordem de São Jorge no grau de primeira classe.[113]

O inesperado degelo de Natal recordou Wilson do iminente perigo mortal que rondava a cidade. Mais do que qualquer outra coisa, Vilna precisava remover seus mortos. "Doenças progrediram gravemente na cidade. Em quinze dias, 9 mil prisioneiros morreram e, só em 18 horas, setecentos. A mortalidade naturalmente se estendeu aos moradores. Os médicos recomendaram que montes de palha fossem queimados diante das casas, mas não se corrige uma atmosfera pestilenta com esse tipo de paliativo; e, como se o destino houvesse decidido espalhar o contágio ao máximo, houve um degelo nas últimas vinte e quatro horas."[114] As graciosas igrejas e mosteiros barrocos se transformaram em fétidas criptas urbanas abarrotadas de carne humana em decomposição:

O hospital de São Basílio ostentava a mais horrenda e terrível das visões: 7.500 corpos estavam empilhados como porcos de chumbo, uns sobre os outros, pelos corredores; carcaças se espalhavam por toda parte; e todas as janelas estilhaçadas e paredes quebradas estavam recheadas de pés, mãos, troncos e cabeças fechando as aberturas, a fim de que aquele ar não chegasse aos que ainda estavam vivos. A putrefação da carne descongelada, nos pontos em que a decomposição estava em ação, emitia o mais cadavérico dos odores.[115]

Os mortos aguardavam pacientemente o momento adequado para seu último assalto letal à cidade: "Na primavera, *Wilna* deverá se transformar numa completa fossa comum. Todas as carcaças que foram removidas das ruas e hospitais foram deixadas

---

113. Robert Wilson, *General Wilson's Journal, 1812-1814*. Londres: William Kimber, 1964, pp. 92-94. O duque de Tyrconnel era adido da embaixada britânica em São Petersburgo, mas integrou o exército russo na aventura de perseguir Napoleão.
114. Ibid., p. 96.
115. Ibid., p. 97.

a pouca distância da cidade, em grandes ajuntamentos; e então as partes que os lobos não terão devorado durante o inverno voltarão a lançar miasmas pestilentos sobre a cidade, a qual, na posição em que se encontra, está sempre envolta em vapores."[116]

Após viajar um mês inteiro passando pelo hórrido espetáculo da morte, Aleksandr Chicherin, oficial russo de baixa patente e pintor amador, saiu em busca de normalidade na Vilna reocupada. Ele estivera estacionado na cidade alguns meses antes, e só tinha a intenção "de descansar um pouco da vida de marchas, ter um jantar decente, ir ao teatro, passear nas avenidas e complementar o guarda-roupa."[117] Na verdade, tudo o que desejava era encontrar uma xícara de bom café e uma fatia de bolo.

Chicherin se instalou numa casa próxima ao palácio, de modo que pôde acompanhar os longos preparativos para a farra de três dias que consistiria em bailes, festas, concertos e espetáculos teatrais para marcar a chegada do imperador russo. Mas, devido a sua baixa patente, ele acabou aproveitando só de longe das festividades. Assim, para ele, Vilna não lhe pareceu mais que "um vilarejo: não fui ao teatro; o baile de ontem aconteceu sem mim; não fui aos desfiles militares nem aos treinamentos e, em geral, não vou a nenhum encontro público. Sim, quase esqueci: ontem fui admirar a iluminação, mas, como um filósofo ponderado, serpenteei pelas ruas da cidade junto com a multidão, tentando decifrar os incomuns criptogramas" do lugar.[118] Numa diferente abordagem mental, Uxkull, que, apesar das aventuras amorosas particulares, estava ávido por explorar a vida social da cidade, considerou os espetáculos públicos muito menos esotéricos: "Esta noite fui ao teatro; embora não pudesse compreender nada do que se dizia, pude facilmente notar que o teatro não era grande coisa; quanto à orquestra, foi terrível. Estava presente

---

116. Ibid., p. 96.
117. Aleksandr Chicherin, *Dnevnik Aleksandra Chicherina*. Moscou: Nauka, 1966, pp. 67-68.
118. Ibid. P. 74.

uma grande audiência, apesar de a maioria da nobreza se encontrar recolhida em suas fazendas. A quantidade de mulheres com a moral na bolsa e as virtudes no chapéu é enorme, mas elas me repelem por eu estar fazendo a corte à minha viúva."[119]

Embora Chicherin, não diferente de Uxkull, pensasse ter "nascido para morrer pela pátria," sua crença na guerra foi estremecida pela breve permanência em Vilna.[120] Em longas caminhadas pela cidade, sua melancolia se transforma em angústia existencial – para a alma, a vitória poderia ser tão perigosa quanto a derrota:

Tudo o que vejo ao meu redor me deprime. Estou sozinho no quarto, onde a melancolia e desejos irrealizados me torturam, e não tenho com quem conversar; levanto-me, visto-me e saio, na esperança de espantar minha desesperança ao assistir ao movimento da vida nas ruas. Mas que estranha massa de gente tenho encontrado em minhas andanças. Serão guardiões sanitários de doenças epidêmicas? Será uma alma indigente em busca de ajuda? Rápido, livre-se dele, pois espalha doença. Está vendo esse pobre diabo, mal conseguindo respirar junto à fogueira que supostamente elimina o risco da epidemia? Saia correndo – mas se você é tão piedoso quanto pensa ser, deveria apunhalá-lo com uma lâmina afiada, pois esse é o único gesto de bondade que ele pode esperar de você.

Agora, por favor me acompanhe pelo burburinho da cidade e verá um tipo diferente de espetáculo revoltante – o caos deste mundo! Aqui todos correm, esperam atrás de portas, reúnem-se às janelas. Um general enceta uma conversa com um burocrata e tenta agradá-lo com fala mansa. Um funcionário dispersa brutalmente um grupo de pessoas – está apressado – sobre seus ombros pesa o destino da pátria.

É simplesmente impossível descrever que tipo de coisa se vê quando se mora perto do quartel-general imperial, e que tipo de melancolia todo esse tumulto induz! Será possível que essa monstruosidade que esconde uma adaga por baixo de uma máscara de amizade – esse veneno que paira no ar advindo de uma respiração corrupta e que impregna tudo com um delicioso perfume de flores – sempre dominará

---

119. Uxkull, op. cit., p. 107.
120. Chicherin, op. cit., p. 93.

as pessoas e incitará nelas desejos pecaminosos? Será possível que o amor pela pátria, verdade, razão e justiça – mesmo em uníssono – jamais será capaz de evitar que essa monstruosa excitação se espalhe pela cidade como uma doença infecciosa?!"[121]

Finalmente, para Chicherin, Vilna pareceu uma miragem, "um lugar tão prazeroso de longe e tão enfeitado de fantasias, mas onde era impossível encontrar qualquer deleite."[122] Quando chegaram as ordens de partir na véspera de Natal, portanto, ele se despediu irônico: "adeus, Vilna, adeus para sempre."[123] Uxkull, que deixou a cidade no dia de ano-novo, foi menos rabugento. Seu caso com a viúva terminou ao estilo de um *gran finale* de ópera bufa. A fim de pôr à prova o amor de sua *belle*, Uxkull incentivou seu camarada e companheiro de quarto a fazer a corte à *madame* de Zidlerova. Ao ter a viúva "mordido a isca", Uxkull compreendeu que seu amigo "havia triunfado. Será possível? Jamais acreditei que essa mulher fosse tão fácil. [...] mas estou me consolando. Quanto a isso, é melhor acreditar apenas na metade do que as mulheres dizem. Adieu, Vilna querida, cidade encantadora. Quando é que ainda vou vê-la de novo?"[124]

⁓

O "retorno triunfal a Vilna" de Josef e Christine Frank teve que esperar até o fim do verão de 1813.[125] Ao que parece, todos na cidade estavam impacientes por rever e cumprimentar o casal, como se sua chegada de fato anunciasse o fim da guerra. De maneira simbólica, os expatriados vienenses se mudaram para sua casa avariada na Rua do Castelo no dia 12 de agosto, dia em que a Áustria havia oficialmente declarado guerra a Napoleão.

---

121. Ibid., p. 75.
122. Ibid., p. 94.
123. Ibid., p. 95.
124. Uxkull, op. cit., p. 111.
125. Frank, op. cit., p. 415.

Embora houvesse formado sua própria opinião sobre a ocupação napoleônica de Vilna quase só por ouvir dizer, Frank se baseara na pintura de J. Damel, artista pouco conhecido, para compor sua narração memorialista:

> Ao meu retorno a Vilna, todos os moradores da cidade vieram me contar sobre o mais indescritível dos espetáculos – a retirada do exército napoleônico pelas ruas de Vilna. Um jovem artista fez uma pintura desse trágico baile de máscaras. Digo "baile de máscaras" por ser difícil reconhecer os soldados como tais, debaixo de vestes grotescas e capas. Um dos soldados, ao invés de capacete, ostenta um chapéu feminino de veludo com um laço de cetim preto. [...] O rosto de cada um se vê marcado pela desesperança. Groddek, o professor alemão de filologia clássica, detectou nesse inaudito colapso do exército napoleônico algumas características peculiares do caráter nacional francês e gaulês. Segundo ele, eles festejam a vitória com uma explosão de júbilo vulgar, mas a derrota acaba completamente com eles. A angústia pela perda os conduz à insânia. Outro acadêmico local, o professor Cappelli, observou que, muito tempo atrás, seu compatriota Machiavelli já havia feito comentário semelhante ao comparar os franceses vitoriosos a leões e os derrotados, a lebres.[126]

Menos hipoteticamente, o médico contou ainda que, nos meses de inverno,

> havia mais de 40 mil cadáveres insepultos em Vilna e seus subúrbios. A maior parte dos mortos ainda envergava alguma espécie de uniforme militar; estavam solidamente congelados e ficaram no mesmo lugar e posição do momento da morte. Vez ou outra, moleques zombeteiros os rearranjavam de outra maneira. Claro que, uma vez com o aumento da temperatura, aquela massa amontoada de cadáveres impunha um perigo iminente de diversas doenças infecciosas. As autoridades ordenaram um sepultamento em massa: os corpos foram levados da cidade e enterrados em longas valas, que haviam sido previamente cavadas pelos franceses por razões defensivas. *Inciderunt itaque in fossam quam sibi ipsi fecerunt.*[127]

---

126. Ibid., pp. 416-417. A pintura, transposta para uma litografia, foi amplamente reproduzida em Vilna e no exterior por todo o século XIX.
127. Ibid., p. 398.

O rápido sepultamento dos cadáveres foi supervisionado por colegas de Frank, praticamente já no verão. Vilna parecia ter sido totalmente limpa. Por sorte, não havia também sinais de epidemia. Segundo Frank, isso teria sido motivado pela eficiência e habilidade das recém-nomeadas autoridades russas a cargo da prevenção de um surto. Mas foi útil também o fato de a cidade estar apenas parcialmente habitada, pois muitos de seus moradores retornaram muito lentamente. Apesar da guerra, havia muita comida, e o tempo bom do verão prometia uma excelente colheita, de modo que os preços dos produtos logo retornaram ao nível anterior à guerra. Dentre todas as cidades da Lituânia visitadas pela família Frank na viagem de volta para casa, Vilna parecia a que tinha menos sofrido. De fato, o professor encontrou uma cidade em melhor estado do que antes da guerra, graças ao novo governador russo, o enérgico general Korsakov, que "ordenou uma limpeza do estrume empilhado nos subúrbios, criou novas avenidas, plantou árvores e repintou as casas manchadas e as igrejas escoriadas."[128]

Na Vilna do pós-guerra, a lealdade de Frank ao império russo o comprometia aos olhos de muitos moradores. Embora uma anistia geral houvesse sido concedida pelo tzar a todos os que serviram no exército napoleônico ou no regime de ocupação, uma profunda desconfiança e animosidade entre pró-russos e pró-franceses ainda dilacerava a cidade. A universidade se tornou o epicentro da hostilidade: vários estudantes haviam feito parte da *Grande Armée* e, por conseguinte, morreram durante a retirada. A vasta maioria do corpo docente também dera as boas-vindas a Napoleão como libertador da Lituânia. Apesar do apoio sincero, a universidade não escapou ao saque. Durante a ocupação francesa, seus prédios se transformaram em acampamentos e hospitais, e praticamente todo o equipamento científico

---

128. Ibid., p. 419.

e inventário acadêmico foram pilhados e destruídos.[129] As autoridades russas culparam os membros colaboradores da faculdade pelo estrago. O velho reitor Śniadecki foi obrigado a se exonerar, sugerindo-se o leal Frank para ocupar o cargo. Frank recusou a oferta, na esperança de preservar sua neutralidade acadêmica e independência profissional.

Em meio a esse tumulto acadêmico, a família Frank, que recebeu uma enxurrada de cartas implorando auxílio, procurava ajudar vários refugiados e prisioneiros de guerra que permaneceram na cidade:

Nem todos sabiam que, durante a guerra, eu havia deixado Vilna. Meu pai em Viena havia recebido inúmeras cartas de famílias francesas, holandesas, alemãs e especialmente italianas implorando que eu mandasse notícia de parentes por entre os prisioneiros de guerra na Rússia; em caso de morte, pediram-me que emitisse certidões de óbito, necessárias à solução de questões de herança e outros problemas domésticos. Em Viena, eu também havia recebido semelhantes pedidos. Com a ajuda de *monsieur* Horn, supervisor-chefe dos prisioneiros de guerra na Lituânia, fiz o melhor que pude. Contudo, só fui capaz de obter informações de muito poucos indivíduos. Em geral, as pessoas morriam sem ser contabilizadas nos seguintes casos: muitos morreram congelados na estrada, queimados em acampamentos militares ou afogados nos rios; alguns morreram de fome ao lado de seus cavalos exaustos, por não terem tido energia de os alimentar; e outros foram assassinados por camponeses russos e judeus poloneses. 'Você pode me dar informações daqueles que morreram nos hospitais de Vilna,' perguntei a *monsieur* Horn. "Claro, mas só posso fornecer informações daqueles que morreram após o restabelecimento da ordem. Antes disso, não houve ocasião de registrar óbitos" foi sua resposta.[130]

---

129. Havia boatos a respeito de soldados famintos que beberam e comeram todos os preparados anatômicos, mergulhados em álcool, depositados na clínica da universidade.

130. Ibid., p. 418.

Entre os sobreviventes da campanha, Frank encontrou o marido da irmã, o Coronel Peternelli de Baden. Ademais, o professor encontrou também colegas, conhecidos e mesmo antigos estudantes da Áustria, França, Savoia, Tirol, Lombardia, Vestfália, Boêmia, Toscana e Nápoles. Sua esposa também descobriu entre os refugiados um velho colega e amigo, o famoso cantor lírico italiano Tarquini, que havia sido levado até Moscou para divertir Napoleão.

A guerra também afetou enormemente a saúde da população local e, nesse caso, Frank pôde ser decerto mais útil e eficiente. Ao chegar a Vilna, pôs-se imediatamente a investigar as trajetórias geográfica e social de diversas enfermidades. Indicou a existência de uma correlação direta entre o pico de transtornos cardiovasculares e o estresse causado pela guerra. Pesquisou também uma condição psicológica hoje em dia conhecida como transtorno de estresse pós-traumático. Ao mesmo tempo, Frank estimulou a pesquisa sobre a propagação da *plica polonica*. Para sua decepção, não encontrou nenhuma evidência da doença na Lituânia. Após examinar alguns pacientes com sintomas atribuídos à *plica polonica*, ele chegou à conclusão de que a enfermidade, se é que existisse, não era hereditária, contagiosa, ou causada pelo clima local. Baseando-se em observações científicas, ele determinou que a síndrome era causada por nada mais que um remédio tradicional utilizado equivocadamente no tratamento de diversos transtornos neurológicos. A *plica polonica* era uma moléstia causada pela má higiene a que eram constrangidos, pela inércia médica da tradição, os pacientes mentais. Ao que tudo indica, essa condição patológica, assim como a própria Sarmácia, era mais invenção que realidade. Observadores estrangeiros ignorantes, inclusive médicos, fizeram disso um mistério cultural, transformando-o numa sensação médica.

Frank acreditava também ser responsável por dissipar um pouco do preconceito social local dirigido contra os sobreviventes da aniquilação da *Grande Armée*. Entre os centenas de refugiados civis da retirada de Moscou que permaneceram em Vilna, havia uma certa Charlotte Kops, nascida Devi, jovem intrigante, cuja origem nacional e estatuto social foram encobertos por sua dramática história de sobrevivência. Conforme Frank, *madame* Kops era uma inglesa elegante e bem educada que, alguns anos antes de 1812, se casara com um comerciante polonês em Moscou. Ninguém sabia por que *madame* Kops chegara à Rússia, mas é possível que lá houvesse inicialmente trabalhado como governanta. Durante a ocupação francesa de Moscou, o comerciante foi nomeado conselheiro municipal e o casal foi obrigado a fugir junto com a *Grande Armée*. Durante a retirada, *madame* Kops alegou de maneira ambígua ter protegido a si e a seu marido de morte certa. Os dois chegaram sãos e salvos a Vilna mas, na colina Ponari, foram atacados pelos cossacos e, no frio extremo, quase desnudos, viram-se obrigados a voltar à cidade. Apesar da colaboração do marido com os franceses, as autoridades russas permitiram ao casal permanecer em Vilna, onde abriu uma pequena forja. Charlotte Kops, devido a sua beleza e intrigante história de vida, foi de imediato percebida pelos espectadores da classe alta e logo se tornou objeto de inúmeros boatos infames e aventuras *voyeuristas*. Era constantemente assediada por comentários de conotação amorosa e sexual por parte dos homens, enquanto as mulheres da classe alta lhe eram especialmente maldosas, pois, segundo Frank, repetidamente "iam observá-la em grupos ou utilizavam-se de binóculos para analisar seus traços. 'Ela é muito bonita,' dizia uma. 'Pena que suas maneiras sejam tão inglesas,' respondia a outra."[131]

Intrigado e provavelmente seduzido por *madame* Kops, Frank se tornou seu padroeiro social e, possivelmente, amante. Ao invés, porém, de visitá-la em segredo na oficina, ele, num gesto dramático de afirmação pública, era frequentemente visto na sua presença nos mais variados eventos. O professor até mesmo a convidou até sua casa, onde a apresentou aos membros da elite social de Vilna. Por um certo tempo, sua relação

---

131. Ibid., p. 419.

ostensiva com *madame* Kops escandalizou a cidade, mas talvez tenha sido essa a reação que tentou provocar. Após seu retorno, Frank pareceu mais assertivo em sua crítica à vida insular de Vilna. A ligação manifesta com a sra. Kops diferia em muito da relação anterior, mais discreta e talvez mais afetuosa, com a sra. Simpson, viúva do comerciante judeu.

Dez anos após ter retornado de Viena, Frank começou a contemplar deixar Vilna. Embora se sentisse ligado à cidade e seus moradores, ele não queria ter de escolher entre a lealdade ao regime tzarista e o ressentimento local pelo mesmo. O compromisso de Frank para com Vilna permaneceu vigoroso ao longo dos anos e, mesmo após a morte do filho adotivo, Victor, em 1819, ele ainda nutria a esperança de adquirir uma casa onde passar a vida de aposentado numa das áreas pitorescas da cidade. Decidiu abandonar Vilna só no verão de 1823, quando a polícia tzarista desvelou uma conspiração anti-russa na universidade. O medo de uma revolução ou revolta nacional polono-lituana tomou conta da administração imperial: o reitor da universidade foi detido e os estudantes amotinados foram mandados para a prisão. Frank reconheceu nessas prisões o fim da "concórdia sarmácia". Sabia que Vilna, sob o domínio absolutista do império russo, haveria de se tornar um lugar hostil e opressivo para se morar. Entretanto, ele evoca a decisão da família de voltar a Viena como um dos mais dolorosos momentos de sua vida:

Vou-me lembrar sempre com carinho da gente de Vilna. O mais difícil foi dizer adeus a meus pacientes, amigos e à cidade onde me encontrava tão bem. Jamais me arrependi de ter passado os melhores anos da minha vida neste país generoso. Certamente poderia ter obtido mais glória profissional se tivesse lecionado num dos centros internacionais da Europa, onde visitantes estrangeiros não são raros. Em Vilna, porém, como em nenhum outro lugar da Europa, tive tantas oportunidades para praticar meu conhecimento. Meu coração sangraria se os lituanos pensassem que só vivi em Vilna por causa do dinheiro que eu poderia gastar mais tarde alhures. Teria me aposentado com alegria na Lituânia, não tivesse eu experimentado ano passado uma tremenda angústia. Sabia que, mais cedo ou mais tarde, uma tempestade varreria a universidade.[132]

---

132. Ibid., pp. 577–578.

A intriga russa

> Estou querendo ir à Europa, Alóicha, e partirei daqui; mas sei que vou apenas visitar um cemitério, no entanto é o cemitério mais precioso, mais precioso, é isso! Lá jazem os mortos, cada lousa sobre eles fala de uma vida passada com ardor, de uma fé apaixonada em seus feitos, vou cair por terra, beijar aquelas lousas e chorar sobre elas – ao mesmo tempo convencido de todo coração de que há muito tempo aquilo é um cemitério e nada mais. E não vou chorar de desespero, mas pura e simplesmente porque estarei feliz por minhas lágrimas derramadas. Vou deleitar-me com meu próprio enternecimento.
>
> FIÓDOR DOSTOIÉVSKI, *Os irmãos Karamázov*[1]

As guerras napoleônicas transformaram a Europa em benefício da Rússia tzarista. Depois que o exército russo chegou a Paris, varrendo o continente atrás dos restos da *Grande Armée*, o país adentrou em cheio na era imperial. O Congresso de Viena, reunido em 1814 pelas potências vitoriosas, selou o destino de Vilna – a cidade, junto com a maior parte do território do antigo Grão-Ducado, haveria de ficar com a Rússia. Embora a Rússia imperial houvesse absorvido a Lituânia nos últimos anos do século XVIII, foi só durante as sufocantes décadas do governo de Nicolau I[2] que o regime imperial restritivo chegou a ser sentido

---

1. Conforme tradução feita por Paulo Bezerra de *Os irmãos Karamázov*, São Paulo: Editora 34, 2008, p. 318. [N. T.]
2. O inflexível irmão menor de Alexandre I, que subiu em 1825 ao poder pela repressão de um motim liberal militar.

em sua totalidade. Inevitavelmente, a Guerra de 1812, batizada na Rússia como Grande Guerra Patriótica, se transformou num ponto essencial de referência da autoridade russa sobre Vilna. Estimulada pelos vizinhos europeus, a família tzarista governou Vilna valendo-se do direito divino pré-concebido, suposta prerrogativa de todo império. No entanto, aos olhos da sociedade russa como um todo, poloneses e lituanos, com suas lealdades oscilantes e teimosia paroquial, jamais seriam confiáveis. O sonho da nobreza local de ressurreição de sua República fracassada era considerado importante fonte de instabilidade na Europa. Nessa concepção geopolítica, a Rússia era apoiada pela Prússia e Áustria; França e Inglaterra, por outro lado, nutriam mais simpatia pela causa polono-lituana. Contudo, no mapa geopolítico mais amplo da Europa, o controle russo sobre a Lituânia contribuiu para o equilíbrio de poder no continente por quase um século. Para a Rússia, Vilna era o guardião da fronteira imperial com a Europa Ocidental. A cidade era considerada lar russo de direito, mesmo que corrompido pela desordem e espírito insubmisso.

Meio século se passara entre a era das guerras napoleônicas e a publicação de *Guerra e paz*, de Liev Tolstói. O conde Tolstói,[3] que passou mais de uma década escrevendo o romance, examina aquele período histórico a partir da perspectiva da sociedade russa e, entre muitas outras coisas, *Guerra e paz* trata do lugar da Rússia na Europa. Nesse retrato intimamente panorâmico da vida durante a guerra, Vilna se torna ponto importante de transição geopolítica. É o local onde a Mãe Rússia se transforma em império, permutando assim o ideal heroico de auto-sacrifício nacional pela arrogância de um conquistador imperial. Para Tolstói, cruzar Vilna era como um rito de honra: a leste da cidade ficava a Rússia – terra familiar que oferece conforto espiritual e respeito de si; a oeste – a Europa – território estrangeiro que põe em dúvida o caráter nacional e incita ao constrangimento.

---

3. Tolstói nasceu em 1828 e morreu em 1910.

Na primavera de 1861, Tolstói fez uma breve parada em Vilna em sua viagem de trem de Berlim até São Petersburgo. O escritor de 41 anos atravessou a fronteira entre a Prússia e a Rússia em 12/ 24 de abril, conforme os calendários juliano e gregoriano. Resumiu assim o dia em seu diário: "Fronteira. Mal se nota a sã e feliz Rússia." A anotação feita em 13/ 25 de abril – muito provavelmente o dia da visita a Vilna – é mais impenetrável. "Noite com os judeus. Lehman, ambiente alegre. Frio na carruagem, o vendedor tomou emprestado um pouco de dinheiro..."[4] Tolstói criou em seu romance uma imagem mais extensa e memorável de Vilna. No início, a cidade surge brevemente por ocasião da chegada da *Grande Armée* ao território russo. Um relato mais minucioso, porém, desponta no fim do romance, com o retrato final de Kutuzov, comandante russo vitorioso:

> No dia 29 de novembro, Kutúzov entrou em Vilna – sua boa Vilna, como ele dizia. Duas vezes em seu tempo de serviço, Kutúzov fora governador de Vilna. Na rica Vilna, que havia sobrevivido à guerra, além dos confortos da vida dos quais ele estava privado havia tanto tempo, Kutúzov encontrou velhos amigos e recordações. E ele, de repente pondo de lado todas as preocupações militares e de governo, mergulhou numa vida sossegada, rotineira, ao menos na medida em que as paixões que ardiam à sua volta lhe davam repouso, como se tudo o que acontecia agora, e o que tinha de acontecer no mundo histórico, não lhe dissesse o menor respeito.
>
> [...] No dia seguinte houve um jantar na casa do marechal de campo e também um baile que o soberano honrou com sua presença. A Ordem de São Jorge de primeira classe tinha sido concedida a Kutúzov; o soberano lhe conferia a mais alta distinção; mas a insatisfação do soberano com o marechal de campo era conhecida de todos.
>
> [...] A insatisfação do soberano com Kutúzov aumentou em Vilna sobretudo porque Kutúzov obviamente não queria ou não conseguia entender a importância da campanha futura.

---

4. Liev Tolstói, conforme citado em Birutè Masionienè, *Levas Tolstojus ir Lietuva*. Vilna: Vaga, 1978, pp. 11-12.

Quando, no dia seguinte pela manhã, o soberano disse para os oficiais reunidos à sua volta: "Os senhores salvaram não só a Rússia; salvaram a Europa", todos já haviam entendido que a guerra não havia terminado.

Só Kutúzov não queria entender aquilo e manifestava abertamente sua opinião de que uma nova guerra não poderia melhorar a situação e aumentar a glória da Rússia, mas poderia apenas piorar a situação e rebaixar a glória suprema que, a seu ver, a Rússia então havia alcançado. Tentou mostrar ao soberano a impossibilidade de convocar tropas novas; falou da situação penosa da população, da possibilidade de um fracasso etc.

[...] A guerra de 1812, além de seu significado, caro ao coração do povo russo, deveria ter outro significado – europeu.

Após o movimento dos povos do Ocidente para o Oriente, deveria se seguir outro, do Oriente para o Ocidente, e para aquela nova guerra era necessário um ator novo, com características e opiniões diferentes de Kutúzov e guiado por outras motivações.

Para o movimento dos povos do Oriente para o Ocidente e para a restauração das fronteiras nacionais, Alexandre I era tão necessário quanto tinha sido Kutúzov para a salvação e a glória da Rússia.

Kutúzov não entendia o que significava a Europa, o equilíbrio, Napoleão. Não conseguia compreender isso. Para o representante do povo russo, depois que o inimigo fora aniquilado, a Rússia estava liberta e se alçara à sua glória suprema; para um russo, enquanto russo, não tinha sentido fazer ainda algo mais. Para o representante da guerra popular, não restava outra coisa senão a morte. E ele morreu.[5]

Enquanto Vilna, na obra ficcional de Tolstói, se apresenta como uma reconfortante cidade russa, o jugo tzarista sobre ela e a Lituânia inteira, na realidade, não foi nada sereno. Os cento e vinte anos de dominação russa, de 1795 a 1915, foram pontuados por três guerras de insurreição – 1812, 1830 a 1831 e 1863 a 1864 – e a revolução de 1905. Cada um desses conflitos alterou a natureza política do regime imperial, assim como a hierarquia sócio-cultural local.

---

5. Conforme tradução feita por Rubens Figueiredo de *Guerra e paz*, São Paulo: Cosac Naify, 2011. [N. T.]

O período anterior à insurreição de 1830 a 1831 foi marcado por uma relativa tolerância para com as atividades culturais e religiosas polonesas e também, até um certo limite, lituanas. No geral, muitos costumes e instituições tradicionais da Lituânia, tais como o código legal, certos privilégios provinciais da nobreza, e a preponderância da igreja católica, foram mantidos. A perseguição e censura políticas em Vilna só aumentaram depois da descoberta, em 1823, de uma conspiração revolucionária na universidade entre os estudantes poloneses. Em geral, a Universidade Imperial havia formado uma nova geração de administradores e especialistas, tais como médicos, geógrafos e geólogos, para todo o império russo. Contudo, em especial depois de 1812, a universidade se tornou o centro nervoso da resistência intelectual polonesa contra a dominação tzarista na região. Seus mais famosos estudantes foram os poetas românticos poloneses Adam Mickiewicz e Juliusz Słowacki.

A universidade foi fechada em 1832 por decreto de Nicolau I após a supressão da insurreição polono-lituana. No lugar, as autoridades tzaristas abriram a Academia Médica, que também foi dissolvida em 1842, e o Seminário Católico, que em 1844 foi transferido para São Petersburgo. A maior parte dos recursos institucionais da universidade – professores, biblioteca e arquivos – foi transferida para outras academias russas. Essas e muitas outras repressões educacionais e culturais diminuíram o estatuto intelectual de Vilna: após mais de dois séculos e meio de vida universitária ativa, Vilna deixava de ser uma importante cidade acadêmica.

Ambos os lados – russos e poloneses – viam a Lituânia como província ocupada. Os russos procuravam suprimir a polonização cultural e linguística da região, enquanto os poloneses resistiam à crescente russificação. Após a escandalosa erradicação das organizações patrióticas estudantis em Vilna, a administração russa impôs também um novo currículo educacional às escolas primárias na Lituânia. A fim de realinhar a região à visão de mundo do império, decidiu-se pelo ensino de história e geografia exclusivamente em língua russa, ao invés do habitual polonês. A iniciativa pretendia contrabalançar a influência cultural da Igreja Católica e da nobreza local de fala polonesa, mas pouco fez para criar uma nova geração de súditos russos leais.

No núcleo da batalha cultural estavam as lealdades religiosas da população. A administração e *intelligentsia* russas com frequência equiparavam o patriotismo polonês ao fanatismo conspiratório jesuíta, criando uma imagem de conflito russo-polonês como uma batalha entre o racionalismo moderno e a irracionalidade medieval. Depois de 1831, o regime tzarista deu início a uma ampla campanha anti-católica: o patrimônio da igreja foi expropriado e os mosteiros, fechados. Contudo, a principal vítima da repressão religiosa tzarista na Lituânia foi a igreja greco-católica. Em 1839, a prática da fé greco-católica foi proibida e seus poucos milhões de seguidores foram forçados a integrar a igreja ortodoxa russa. Em Vilna, essa assimilação religiosa forçada pouco influenciou no enfrentamento da supremacia demográfica católica. A fim de reduzir a visibilidade católica na cidade, as autoridades tzaristas converteram diversas igrejas em templos ortodoxos. A igreja de São Casimiro foi transformada na basílica de São Nicolau, sua fachada romano-barroca ganhando características distintivamente ortodoxas russas.

A russificação e a subsequente modernização de Vilna afetou os judeus locais de uma maneira diferente. Antes da anexação da Polônia-Lituânia no fim do século XVIII, havia muito poucos judeus na Rússia. Na virada do século XX, havia mais de quatro milhões e meio de judeus morando no império russo, quase dois terços de todos os judeus da Europa. Com cerca de 700 mil judeus vivendo nas províncias lituanas, a região detinha uma das maiores concentrações de população judaica na Europa, cerca de 15% do total. A administração tzarista sempre tratou essa numerosa população judaica com grande suspeita e, imediatamente após a incorporação das terras anexadas, implantou restrições à migração judaica para outras partes do império. A Zona de Assentamento Judeu coincidia aproximadamente com o território histórico da República Polono-Lituana. Em várias ocasiões, as autoridades tzaristas procuraram também eliminar a autonomia comunitária e as distinções culturais dos judeus. Em 1844, *Kahal*, o mais antigo órgão de auto-determinação da comunidade judaica, foi abolido. Escolas russófonas para crianças judias foram instituídas por toda a Zona, e dois seminários rabínicos estatais, um deles em Vilna, foram estabelecidos. Em 1851, homens judeus foram proibidos de usar roupas tradicionais e cachos laterais, *peiot*, e mulheres judias foram obrigadas a parar de raspar a cabeça. A maioria dessas iniciativas punitivas jamais entrou em vigor, limitando a assimilação judaica. Por outro lado, a grande concentração de judeus na Zona contribuiu para um incomparável florescimento da vida judaica sob os aspectos cultural, social e religioso. Por conseguinte, a Zona se tornou o centro do judaísmo *ashkenazi*, onde amadureceram importantes desdobramentos da história judaica moderna – hassidismo, sionismo e cultura iídiche.

Entre os judeus, *Vilnè* ficou conhecida como *Yerushalaim d'Lita*. Segundo a lenda, Napoleão foi o primeiro a dar a *Vilnè* o nome de Jerusalém. Dizem que a força numérica e a religiosidade da comunidade judaica local lembrou o imperador francês da Jerusalém na Terra Santa, onde havia estado durante a fracassada campanha egípcia de 1798-1799. Para a maior parte dos judeus, entretanto, o título de *Yerushalaim d'Lita* era menos associado a Napoleão que à vigorosa cultura judaica que ali se desenvolveu. Em primeiro lugar, *Vilnè* ganhou o título de Jerusalém do Norte devido à renomada erudição de Eliyahu ben Shlomo Zalman,[6] mais conhecido como o Gaon de *Vilnè*, cuja vida e obra materializaram o ideal da existência judaica no exílio. Na virada do século XX, *Vilnè* se tornara o lugar onde, nas palavras de Benjamin Harshav, ocorreu a revolução judaica moderna:

---

6. Zalman nasceu em 1720 e morreu em 1797.

O apelido "Jerusalém da Lituânia" se baseou na solidez do ensino judaico e da impressão de todo o Talmude babilônico em Vilna. Parece, contudo, que foi o movimento secular, que em Vilna foi percebido como herdeiro da tradição religiosa, que inventou e promoveu aquele nome. Em 1859, publicou-se um livro em hebraico de autoria do *maskil*[7] e erudito Rashi Fin,[8] que descrevia a história de Vilna e sua comunidade judaica. O livro se chamava *Kiryá ne'emaná*, ou "Cidade piedosa", e descrevia Vilna nos termos bíblicos em geral utilizados para Jerusalém. Se já existisse o nome "Jerusalém da Lituânia", Fin o teria usado. Mas é o oposto: foi a partir do nome do livro que o apelido se originou. Os movimentos iídiche e secular de Vilna, assim como a poesia moderna hebraica, adotaram o nome, orgulhosos de dar seguimento à tradição do Gaon de Vilna.

[...] À semelhança de Jena e Weimar, Cambridge e Oxford, Vilna era uma cidade pequena, um centro cultural que servia a uma extensa província. Os laços dentre Vilna e a rede de cidadezinhas eram muito estreitos, as pessoas iam e vinham, a cidade servia como uma espécie de 'shopping center' e centro cultural para toda a região, e várias pequenas cidades desempenhavam também importantes papéis: *yeshivot* famosas podiam ser encontradas em cidadezinhas tais como Volozhin, Mir, Ponevezh; uma grande seita hassídica, Chabad, que surgiu na Lituânia oriental, tinha sua capital em Lubavitch, uma cidade de 1667 judeus. De fato, a maioria dos escritores e intelectuais de Vilna nasceram alhures... Por outro lado, inúmeros jovens de cidades menores se mudaram para a capital a fim de estudar no Seminário Rabínico ou nas Faculdades de Educação Hebraica ou Iídiche, para então retornar a suas pequenas cidades ou emigrar para a Palestina ou para o Ocidente.

Portanto, quando uma cidade de meros 60 mil judeus percebeu ser um importante centro de uma cultura que se espalhara pelo mundo, isso se deveu a suas instituições culturais e aos milhões de judeus do Leste europeu que a serviam e representavam.[9]

---

7. Escritor iluminista, seguidor do movimento judaico da *Haskalá*.
8. Samuel Joseph Fuenn.
9. Prefácio de Benjamin Harshav em Herman Kruk, *The Last Days of the Jerusalem of Lithuania: Chronicles from the Vilna Ghetto and the Camps, 1939-1944*, trad. Barbara Harshav. New Haven: Yale University Press, 2002.

Para a comunidade católica local, o nome de Jerusalém tinha um significado diferente. Na década de 1660, em agradecimento pela libertação da Lituânia da ocupação russa, o bispo católico local criou uma trilha da Via Dolorosa numa encosta suave e cheia de árvores do rio Neris, ao norte da cidade. A réplica barroca do Calvário se tornou um importante local de peregrinação na Lituânia, e deixou sua marca na toponímia local: um riacho próximo foi renomeado Cédron e o vilarejo vizinho ganhou o nome de Jerusalém, nome utilizado até os dias de hoje.

Os russos, que jamais foram mais que um quinto da população local, sentiam-se ameaçados pela forte presença católica e judaica naquele lugar. Durante todo o período do governo imperial, a população de Vilna se manteve em constante fluxo. Enquanto muitas pessoas se mudavam para a cidade vindo das províncias adjacentes, um grande número a deixava rumo a centros metropolitanos mais prósperos ao redor do mundo. A população russa, que consistia sobretudo em oficiais militares e administrativos com as respectivas famílias, era ainda mais instável. Mais efêmeros ainda eram os governadores russos de Vilna: nos cento e vinte anos de administração tzarista, eles totalizaram quase trinta.

Mas nem todos os russos, nem todos os residentes ortodoxos da cidade eram colonos. Os laços culturais e religiosos entre Vilna e Bizâncio (ou, nesse caso, Moscóvia) existiam desde os primórdios históricos da cidade. Várias esposas de grão-duques lituanos católicos e pagãos, por exemplo, vinham de famílias de príncipes russos. E os primeiros mártires cristãos locais eram de fé ortodoxa bizantina. Essa conexão próxima e quase sempre íntima entre Vilna e a cristandade oriental fez da colonização imperial russa um processo mais imaginativo, porém não menos brutal. No fundo, muitos russos se sentiam na cidade como seu lar de direito, mesmo que a vivenciassem só como um lugar de passagem.

Com a crescente repressão política e o fechamento da universidade, o estatuto de Vilna no império russo, como uma das maiores e uma das mais vibrantes cidades do ponto de vista intelectual, foi aos poucos esmorecendo. Depois de 1812, imperadores e dignitários russos raramente visitaram a cidade. Perto do fim do governo tzarista, Vilna era uma cidade provinciana de tamanho médio, com pouca riqueza financeira ou potencial industrial. O que salvou a cidade da ruína econômica e esquecimento foi a ferrovia. O primeiro trem chegou de Dvinsk[10] vindo da direção da capital imperial de São Petersburgo, em 4 de setembro de 1860. No ano seguinte, a inauguração de uma linha férrea até a fronteira russo-prussiana passou a conectar a cidade a Königsberg e Berlim.[11] Finalmente, com a conclusão da linha São Petersburgo – Varsóvia em 1862, Vilna foi definitivamente pregada ao mapa do império como importante eixo de transporte.

∽

Ao viajar de Berlim a São Petersburgo na última década do século XIX, o etnógrafo dinamarquês Age Meyer Benedictsen[12] descreveu o trajeto pela Lituânia numa série de instantâneos aleatórios:

Muita gente passou pela Lituânia sem conhecê-la ou sem se importar com ela. As grandes linhas férreas que conectam as capitais da Rússia e Alemanha atravessam justamente o território de Gediminas, atravessam justamente a terra em que ainda moram camponeses lituanos. Sentados em vagões confortáveis, homens e mulheres contemplam com indiferença a paisagem de certo modo monótona com seus vastos acres de milharais ondulantes, com seus meândricos bosques de bétulas e bordos, carvalhos e abetos. Passamos com velocidade diante de casarões baixos de madeira, e o trem para em estações com nomes peculiares, Schillen, Pilkallen, Gumbinnen, Eydtkuhnen, nomes que se querem alemães mas que soam tão estrangeiros; mas são só esses nomes que interferem com a ideia de estarmos viajando pela Alemanha. Tudo no trem é alemão, os passageiros, os guardas, os avisos

---

10. Em letão Daugavpils, e em alemão Dunaburg.
11. J. Jurginis, V. Merkys e A. Tautavičius, op. cit., pp. 275-276.
12. Benedictsen nasceu em 1866 e morreu em 1927.

impressos; as estações ferroviárias se parecem com as da Rheinland e Hannover, com o mesmo "Vorstand" de quepe vermelho, a mesma afetação de ombros das garçonetes, os mesmos garçons nos mesmos salões de estilo *altdeutsch*. Ao chegarmos à fronteira, vemos pela última vez a bandeira preta, branca e vermelha, o capacete pontudo e a organização alemã – atravessamos a linha e estamos na Rússia. Devemos apresentar os passaportes, e vemos cartazes naquelas letras angulares que nos incomodam por não entendê-las. Policiais em azul escuro e galões vermelhos caminham pela plataforma deserta. Então chegam os oficiais da alfândega, vagões são trocados, vacas russas são embarcadas e ouvimos a língua russa, assim como era de se esperar em chegando à Rússia – e o trem continua a todo vapor. De novo estações que para um neófito poderiam ter nomes russos, mas que aos próprios russos soam estrangeiros: Gielgudiski, Vilkoviski, Pilviski e assim por diante. Nos vagões, ouve-se russo, alemão e talvez também polonês. Policiais e soldados de blusas pretas com bonés redondos, sinos, botas de cano longo e capas cinza jogadas à vontade por sobre os ombros podem ser vistos em cada estação, e também um tipo muito peculiar, novo para nós, ocidentais, o célebre judeu polonês, com sua figura desagregada vestindo roupas surradas, de mãos dobradas e barba despenteada, uma massa de feiura que, à primeira vista, parece tudo explicar – seu caráter, sua maneira de viver e sua existência de pária. Passaram-se metade de um dia e metade de uma noite em que ou dormimos ou contemplamos preguiçosamente a paisagem plana, escutando o estrondo das rodas pelas pontes sobre os rios, ou chacoalhando entre os pinheirais. Teria sido possível observar, com certo interesse, um grupo de cossacos pernaltas com quepes achatados e pescoços grossos, que haviam saído montados em seus cavalinhos feios junto à ferrovia, eles tanto se parecem com aquilo que se escreve sobre eles, que é impossível não achar um pouco engraçado. Teria sido possível também observar carruagens de madeira desajeitadas, atreladas a três cavalos gordos que vigorosamente pisam no chão e bufam em resposta às palavras do cocheiro; haviam vindo do casarão vizinho a fim de encontrar o escudeiro na volta de sua viagem ao Exterior. Aqui e ali, abóbadas em forma de cebola, douradas ou verdes, passam rapidamente e chega-se enfim a uma cidade grande, Dunaburg, após atravessar toda a Lituânia sem se tornar, diga-se de passagem, mais sábio por causa disso.[13]

Enquanto tornava a Lituânia mais misteriosa, a ferrovia também trazia muitos visitantes ocasionais até Vilna. Nos estágios iniciais da viagem, todos os passageiros indo da ou para a Rússia eram obrigados a desembarcar e baldear em Vilna. A parada obrigatória marcava o nome da cidade no itinerário de todos. Mas chegar de trem escondia a visão que se costumava ter ao se aproximar da cidade: o túnel ferroviário mais comprido do império, inaugurado em 1860 pelo tzar Alexandre II, cortava a colina Paneriai, também conhecida como Ponari. Durante séculos, quem quer que chegasse à cidade podia se maravilhar com sua posição panorâmica, mas o túnel escuro de parapeito íngreme – maravilha da engenharia do século XIX – não dava tempo nem permitia a sua visão. Após alguns minutos de escuridão, o trem chegava a uma estação ferroviária ordinária, construída na periferia da cidade. Era um prelúdio miserável para Vilna.

A partir de meados do século XIX, tornou-se possível e estava na moda, para os intelectuais russos, viajar à Europa. Uma viagem de lazer para o Exterior era uma questão sazonal: ela em geral coincidia com o início do verão nos famosos spas da Europa Ocidental ou com as férias de inverno na costa do Mediterrâneo. Muitos daqueles que viajavam, como Tolstói, escreviam anotações ou diários, em que Vilna marcava o início ou o término da aventura europeia. Nesse contexto, a cidade se tornara um portão de acesso, na experiência tanto do real como das narrativas.

O dramaturgo russo Aleksandr Ostrovsky[14] visitou Vilna na primavera de 1862. As peças de Ostrovsky revelavam as degradantes condições sociais do sistema capitalista russo emergente,

---

13. Age Meyer Benedictsen, *Lithuania, The Awakening of a Nation – a Study of the Past and Present of the Lithuanian People*. Copenhagen: Egmont H. Petersens, 1924, pp. 139–141.
14. Ostrovsky nasceu em 1823 e morreu em 1886

não raro a partir da perspectiva da difícil situação das mulheres. Nicolau I em pessoa mandou censurar sua obra e o colocar sob vigilância policial mas, durante os anos liberais de Alexandre II, foi-lhe permitida mais liberdade criativa e pessoal. O realismo social de suas peças era do agrado do público: sua obra era tão popular que até mesmo o guia de língua inglesa Murray recomendava àqueles que visitassem Moscou e "talvez não compreendam os diálogos" que fossem assistir a suas peças a fim de "estudar o comportamento e os costumes do país assim como se apresentam no palco."[15]

Antes da viagem à Europa, o dramaturgo, que contava então 39 anos, se propôs a escrever um diário. Em contraste com Tolstói, que só foi capaz de voltar para casa pela recém-inaugurada ferrovia, Ostrovsky saiu da Rússia de trem. A primeira anotação foi redigida em Vilna:

2 DE ABRIL

Deixamos Petersburgo em 2 de abril, segunda-feira, às 3 da tarde. [...] Decidimos ficar em Vilna e visitar as atrações locais.

3 DE ABRIL

---

15. *Handbook for Travellers in Russia, Poland and Finland.* Londres: John Murray, 1867, p. 173.

Ao meio-dia e meia chegamos em Vilna. O tempo está esplêndido, nenhum sinal de neve; em Moscou, um tempo assim só temos no fim de abril. Ficamos no hotel Jmurkevich, atrás do portão Ostra Brama. À primeira vista, a cidade surpreende com sua originalidade. Ela é toda construída de pedra, com ruas estreitas e inacreditavelmente limpas, casas altas cobertas de telhas e igrejas majestosas para onde quer que se olhe. Almoçamos no Yodke; é uma pequena taverna – apenas duas salas – em que trabalham um jovem rapaz, a filha do dono e o próprio dono, que é ator e está sempre com um copo de vinho Madeira na mão. Após o almoço, fomos visitar a cidade. Por sobre ela vela uma serra com inúmeros picos cônicos; em cima de um deles há uma torre. Essas colinas e a cidade apresentam uma visão invulgar e incrivelmente bela. Alugamos um coche para subir a serra; passamos em frente à igreja de São João, à casa do governador, à Catedral (entramos), e chegamos às margens do rio Viliya, que estava inundado; perto da caserna, deixamos o coche e começamos a subir a encosta íngreme da colina. Queríamos muito ver a cidade de cima e, lá pelas quatro da tarde, bem dispostos, chegamos de certa forma ao topo da montanha: ao que parece, o lugar era protegido por militares que, brutais, nos deram ordem de descer imediatamente. Em nossa caminhada para baixo, um amável estudante do ginásio local havia reunido as primeiras flores da primavera (anêmonas). Ele as ofereceu a nós. As flores aqui já florescem, enquanto a grama fresca começa a brotar. Voltamos ao nosso coche e decidimos visitar a igreja de São Pedro e São Paulo. À esquerda, temos o rio Viliya e, à direita, colinas cobertas por pinheiros: lugar perfeito para se divertir no verão. A igreja do lado de fora não é nada especial, mas por dentro é esplêndida – todas as paredes e abóbadas são completamente revestidas. É raro encontrar um espetáculo de tanta opulência.

4 DE ABRIL

O tempo está frio e nublado: caminhamos pela cidade, fomos à igreja dos Bernardinos.[16] Ademais, fomos à igreja de São João, edifício imenso e magnífico e cheio de gente. Em frente à igreja, uma bela moça polonesa faz as vezes de superintendente eclesiástico. Batendo

---

16. A mais significativa da cidade, do ponto de vista arquitetônico.

os delicados dedinhos no prato, ela tenta chamar a atenção do público. Em geral, há muitas moças polonesas bonitas em Vilna e, às vezes, até mesmo algumas belas mulheres judias também podem ser vistas. Aqui, pela primeira vez, pude testemunhar a paixão da fé católica: homens e mulheres de joelhos, com o livro de orações na mão, completamente absorvidos pela prece; e a fé pode ser vista não só nas igrejas como também nas ruas, sobretudo em frente ao Ostra Brama. Esse lugar é um templo local – em cima do portão há uma capela contendo um ícone milagroso da mãe de Deus, de origem grega [ortodoxa].[17] Na igreja dos Bernardinos vimos um homem prostrado, estirado como uma cruz por cima do chão gelado de pedra. Todas as igrejas permanecem abertas ao longo de todo o dia, e estão cheias de gente rezando, sobretudo mulheres, que, durante a atual Semana Santa, adquirem um aspecto extremamente solene. Por outro lado, os judeus comemoram o Pessach elegantemente vestidos e limpos, à diferença dos dias normais, e passeiam na companhia das esposas demasiadamente vestidas e crianças. A maior parte das mulheres judias enfeitam os chapéus da maneira tradicional; encontramos várias judias, todas vestidas com blusas simples de cor cinza e portando, por cima das perucas, véus pretos rendados enfeitados com laços e flores coloridos. Tomamos o café da manhã de novo no Yodke, onde pude degustar um ótimo peixe local. Francamente, os servidores poloneses são ótimos, meticulosos mas sem serem demasiado servis; o mesmo poder-se-ia dizer dos cocheiros locais.

5 DE ABRIL

Acordei – neve! Fizemos as malas e fomos à estação ferroviária; esperamos uma eternidade pelo trem; a propósito, atrasos são bastante comuns entre os franceses, e a crítica e o desprezo que lhes são dirigidos são bem merecidos. Eles são, em geral, rudes e, sobretudo, malandros e charlatães. [...] Frio e neve. Em Verjblovo: um bufê-restaurante em estilo europeu.

Prússia. Eydtkuhnen. Ordem e precisão... nosso trem estava atrasado e perdemos o trem para Berlim.[18]

---

17. Em princípio pertenceu aos ortodoxos, mais tarde, porém, de alguma maneira, os poloneses o obtiveram.
18. Aleksandr Ostrovsky, *Polnoje sobranije t. 10*. Moscou: Isskustvo, 1978, pp. 379–381.

A visita de Ostrovsky a Vilna ocorreu no contexto de dois importantes acontecimentos: a abolição da servidão no império russo e a segunda insurreição polono-lituana contra o domínio tzarista. Em Vilna, segundo relatos oficiais, "os protestos haviam começado já em 1861 com hinos revolucionários cantados dentro de igrejas e espaços públicos ao ar livre – em frente à mãe de Deus do Ostra Brama. No dia 6 de agosto, uma grande procissão, formada por uma imensa multidão cantando e empunhando cartazes revolucionários, bandeiras e símbolos nacionais da Polônia e Lituânia, partiu na direção da periferia da cidade, para o bairro Pohulianka, a fim de se juntar a uma outra procissão que, segundo os boatos, se dirigia a Vilna vindo da direção de Kovno." A administração local mandou os cossacos confinar a cidade. Nessa altura, "os protestatários, liderados por jovens moças fanáticas, tentaram passar pelas fileiras de soldados que guardavam a cidade." As senhoritas amotinadas "transformaram suas sombrinhas em armas perigosas, apontando as extremidades pontudas para o rosto dos soldados. Os cossacos perderam a paciência, empunharam os rifles e dispersaram a multidão." Houve algumas vítimas: um nobre e um artesão "foram feridos, mas se restabeleceram de pronto." As autoridades tzaristas acusaram "os jornais poloneses de fora" de disseminar mentiras sobre "uma grande batalha na cidade, com várias pessoas mortas ou afogadas no rio." O bispo católico de Vilna se envolveu ao "declarar uma vigília de três semanas pelas vítimas da batalha."[19] A fim de evitar acontecimentos similares, o governo tzarista declarou lei marcial na cidade. Contudo, os militares fracassaram em acalmar a população rebelde, e quando Ostrovsky chegou a Vilna com a esposa e um amigo da família na primavera de 1862 durante a Semana Santa católica e o Pessach judaico, a Lituânia estava

---

19. "Pamiati grafa Mikhaila Nikolaevicha Muravieva" em *Russkaja literature v Litve XIV–XX v.*. Vilna: Lietuvos Rašytojų Sąjungos Leidykla, 1998, pp. 218–219.

à beira da explosão. Dali a poucos meses, as cercanias de Vilna se transformariam num teatro de guerra, com forças imperiais lutando contra unidades armadas de insurgentes locais.

Mais uma vez, Vilna tornou ao mapa imperial como lugar decisivo de batalha geopolítica. Dessa vez, entretanto, a luta era entre o caráter polonês e o caráter russo do local. A aniquilação do "bando de insurgentes" na primavera de 1863 perto da antiga capital lituana, conforme o *Severnaya Pchela*,[20] jornal político liberal e literário de São Petersburgo, "extinguiu a esperança entre os habitantes de Vilna" pela restauração da soberania nacional polonesa. "À visão do retorno jubilante e vitorioso das nossas tropas russas a Vilna, os poloneses demonstraram ostensivamente a sua tristeza" e se vestiram de preto.[21]

Na mesma edição do *Severnaya Pchela*, outro artigo descrevia a vida quotidiana em Vilna. A insurreição e a questão do pertencimento nacional da cidade se ausentava visivelmente desse retrato destinado a seus visitantes. A falta de elementos do conforto moderno, tais como iluminação urbana, calçadas pavimentadas e largas avenidas, foi identificada como o maior risco aos visitantes metropolitanos; e tendo em vista que todos os trens chegavam à cidade durante a noite, Vilna, embora situada numa das mais belas paisagens naturais da Europa, dava a impressão de ser um lugar escuro, hostil e potencialmente perigoso. Outro aborrecimento local observado pelo repórter era o peculiar programa da vida comercial da cidade, o qual, para o grande choque dos leitores russos, seguia o calendário religioso da fé judaica, sendo os domingos e os feriados cristãos os dias de compra mais movimentados do mês. Comerciantes judeus eram também acusados de fazer de Vilna uma cidade obscenamente cara, malgrado a visível pobreza de seus numerosos habitantes. No geral, concluía o periódico, Vilna necessitava desesperadamente de uma mão forte que a conduzisse da Idade Média à Modernidade.

---

20. Em português, *Abelha do Norte*.
21. "Polskij Vopros" em *Severnaya Pchela*, 5 de maio de 1863, p. 3.

Um aspecto da vida em Vilna, porém, foi apreciado como exemplo notável de uma sociedade cívica modelo. "Só de olhar para a vida nas ruas de Vilna," observou o repórter, "pode-se facilmente notar que aqui as mulheres são respeitadas da maneira mais admirável. Diferente de São Petersburgo, uma jovem em Vilna pode caminhar sozinha livremente à noite pelas ruas movimentadas sem se expor a comentários obscenos insultuosos de vagabundos lascivos. Em geral, o Don Juan, caso mesmo exista aqui, é raro entre os jovens de Vilna. Isso deve ser visto não só como elogio aos homens locais que demonstram grande respeito pelas mulheres, mas também como tributo às mulheres locais, capazes que são de merecer tanta reverência." As raízes sociais desse galanteio eram também fáceis de identificar, pois "a educação das mulheres nas regiões ocidentais do império avança com rapidez e, mais importante ainda, aqui o encontro não é limitado, como no passado, ao flerte superficial, mas demonstra algumas direções práticas." Em Vilna "as jovens deixaram de ser bonecas de salão" e "muitas delas revelam uma visão prática e muito sadia da vida."[22]

O interesse dos meios de comunicação russos por Vilna proclamava dramáticas mudanças políticas e culturais na Lituânia. Em maio de 1863, o governo imperial enviou a Vilna o recém-nomeado governador-geral Mikhail Muraviev no intuito de esmagar a rebelião e fazer da Lituânia parte leal e inseparável da Rússia. Muraviev, nascido em 1796, era familiar com o radicalismo político. Na juventude, foi ativo nos círculos liberais da Rússia.[23] Apesar da família e dos laços sociais comprometedores, Muraviev se tornou um servidor confiável da autocracia russa.

---

22. A. Sas., "Poezdka v Vilno" em Severnaya Pchela, 5 de maio de 1863, p. 1.
23. Seu irmão foi um dos Dezembristas, grupo de oficiais russos que fracassadamente tentaram derrubar Nicolau I em 1825.

Enquanto o exército russo perseguia os rebeldes, Muraviev levou a luta para as ruas de Vilna. Apenas duas semanas após sua nomeação, o novo governador passou uma lei proibindo as mulheres de vestir preto ou qualquer joia com atributos macabros ou funerários: cruzes, caveiras, correntes, laços pretos etc. Segundo a ordem, todo funcionário público cujo parente de sexo feminino se vestisse de preto em público poderia perder imediatamente o emprego. Lei similar proibiu o uso da cor preta na pintura ou na decoração de qualquer edifício na cidade – público ou particular. Os funerais, também, só eram permitidos com autorizações especiais. Em suma, todos os sinais de luto, junto com símbolos patrióticos poloneses ou lituanos, foram simplesmente banidos da cidade. Além disso, Muraviev trouxe consigo o espectro da perseguição para dentro da cidade ao ordenar o enforcamento público dos líderes da rebelião. Ficou conhecido como Muraviev, o Carrasco.

Em seguida, Muraviev realizou um ataque contra a língua. O uso público do polonês na cidade foi proibido e o alfabeto latino da língua lituana foi banido e substituído pelo cirílico. Ademais, os direitos da nobreza falante do polonês foram rigorosamente restritos, e a maioria dos mosteiros e igrejas católicas foi fechada. O nome histórico da Lituânia foi também eliminado da utilização pública. Foi substituído por uma denominação espacial mais abstrata, a *Severo-Zapadnyi Krai*.[24]

A repressão fez a cidade parecer mais trágica do que russa e, em 1867, três anos após a revolta, viajantes britânicos rumo a São Petersburgo foram alertados pelo guia de viagem sobre as características litigiosas e melancólicas do lugar:

As medidas repressivas do general Mouravieff[25] em 1863 e 1864 foram estipuladas em *Wilna*. Aqui, os líderes da frustrada insurreição nas províncias foram encarcerados, julgados, enforcados e fuzilados. Estima-se entre 50 mil e cem mil o número de pessoas transferidas das

---

24. Em português, "região noroeste".
25. Ou M. N. Muraviev.

províncias do noroeste por meio de deportação para áreas distantes do império. As vicissitudes políticas a que estas províncias estiveram sujeitas e a natureza mista de sua população proporcionam fonte fértil e desastrosa de desacordos entre russos e poloneses.

Wilna, quatrocentos e quarenta e uma milhas de São Petersburgo. População de 58 mil. Principal cidade do antigo ducado independente da Lituânia... situa-se num vale aos pés de inúmeras colinas que se elevam sobremaneira a sudeste e oeste. O rio Viliya acaba na extremidade norte do vale e, serpenteando por ravinas profundas e intrincadas, coberto pela folhagem dos abetos, bétulas e tílias, cria um panorama extremamente pitoresco e sorridente, pouco perto das severas ações punitivas que tornaram *Wilna* tão famosa. [...] As igrejas mais que valem uma visita. Elas possuem considerável mérito arquitetônico e, entre seus monumentos, figuram alguns de várias famílias cujos nomes soam familiares aos conhecedores da história polonesa.[26]

No mesmo ano, o escritor russo Fiódor Dostoiévski[27] passou pela cidade em seu trajeto rumo à Alemanha. Dostoiévski concebeu a viagem como uma fuga. No fim do outono de 1866, após um mês de namoro, o escritor, então com 46 anos, pediu a mão de Anna Grigoryevna Snitkina, sua estenógrafa de 21 anos de idade. Naquela altura, Dostoiévski, segundo Anna Grigoryevna, "'encontrava-se numa encruzilhada, e três caminhos se abriam diante dele.' Poderia ir para o Oriente – Constantinopla e Jerusalém – e ficar lá, 'talvez para sempre'; poderia ir para o estrangeiro jogar roleta, e 'se imolar no jogo que ele considerava tão absolutamente cativante'; ou poderia 'se casar de novo e buscar conforto e felicidade na vida familiar.'"[28] Anna Grigoryevna aceitou alegremente esposar Dostoiévski e salvá-lo das más ações. O casamento foi celebrado no inverno de 1867 em São Petersburgo, em meio à grandiosidade da Catedral Izmailovsky.

---

26. *Handbook for Travellers in Russia, Poland and Finland*, pp. 51–52.
27. Dostoiévski nasceu em 1821 e morreu em 1881.
28. Joseph Frank, *Dostoevsky: the Miraculous Years, 1865–1871*. Princeton: Princeton University Press, 1995, p. 161.

A vida feliz dos recém-casados durou pouco. Na época, Dostoiévski sustentava sua família estendida, que incluía um filho adotivo já grande e uma cunhada cheia de filhos. Além de suas próprias dívidas, que eram enormes, ele herdou imensas obrigações financeiras do falecido irmão. Dinheiro era um problema constante e fonte de tensão – brigas diárias, acusações, mentiras, intimidações e exigências afligiam a família. A presença de Anna Grigoryevna, "ademais, era percebida como a de um intruso que ameaçava minar as expectativas daqueles que estavam acostumados a viver às custas da renda, absolutamente insegura e inconstante, de Dostoiévski."[29] Como resultado, o escritor era capaz apenas de escrever e ler durante a noite e, como a jovem esposa logo haveria de perceber, era simplesmente impossível para os recém-casados passar um instante sozinhos.

A tensão aumentou e, poucos dias após o casamento, Anna Grigoryevna descobriu que Dostoiévski sofria de uma forma severa de epilepsia. A descoberta foi evocada pela noiva como tendo ocorrido numa noite horrenda. Enquanto conversava com ela, Fiódor Mikhailovich se tornou "extremamente entusiasmado" e então "sobreveio um grito horrível, inumano, ou mais precisamente um uivo – e ele começou a cair para a frente."[30] Poucas semanas mais tarde, a família de Dostoiévski acusou Anna Grigoryevna de provocar a crise com sua presença. Sua posição na família tinha "se tornado crescentemente onerosa e frustrante; e foi muito por causa de sua insatisfação bem como de sua determinação em salvar o casamento a todo custo – mesmo com certo sacrifício pessoal financeiro – que o casal decidiu viajar para o estrangeiro na primavera de 1867."[31] A viagem foi também encorajada pela mãe sueca de Anna, cuja "visão de vida", segundo a filha, "era mais ocidental e mais sofisticada; e ela temia que

---

29. Ibid., p. 184.
30. Anna Dostoevskaya, conforme citado em Frank, ibid., p. 185.
31. Ibid., p. 184.

os bons hábitos assimilados pela minha educação desaparecessem graças ao estilo de vida russo, impregnado de hospitalidade desordenada."[32]

Era a primeira viagem de Anna Grigoryevna ao estrangeiro, e ela estava emocionada. Mas Dostoiévski já havia estado no estrangeiro algumas vezes. A última vez que estivera na Europa fora em 1864, após a morte da primeira esposa. Perdeu todo o dinheiro jogando nos cassinos, e detestou. Dessa vez, Dostoiévski estava empenhado em realizar uma viagem mais agradável e, com isso em mente, o casal se despediu da miséria de São Petersburgo. Num dia de primavera, foram "acompanhados até a estação ferroviária pelos parentes de Anna Grigoryevna bem como por Emilya Feodorovna [a cunhada], sua filha Katya, e Milyukov,[33] velho amigo de Dostoiévski. Pasha, num ataque de irritação, não estava presente; ele se recusou a acompanhar o grupo para desejar boa sorte e boa viagem a seu padrasto e sua nova esposa."[34] O casal planejava ir primeiro a Berlim e depois a Dresden, onde tencionavam permanecer por vários meses. Como de costume, a viagem rumo à Alemanha exigia um pernoite em Vilna.

Antes de partir, "Anna Grigoryevna prometeu à mãe manter um diário de viagem, e comprou um caderno na estação logo antes do embarque a fim de cumprir com a obrigação. Esse diário, que manteve até cerca de um ano após o nascimento do primeiro filho, oferece um relato mais amplo e detalhado dos acontecimentos quotidianos da vida de Dostoiévski em comparação àquilo de que dispomos sobre qualquer outro período de sua existência."[35] Em geral, o diário detalha as "circunstâncias imediatas e um tanto penosas em que viviam, o problema de se ajustar ao

---

32. Ibid., p. 189.
33. Milyukov tinha vindo se despedir dele na Fortaleza de Pedro e Paulo antes da partida para a Sibéria, e o cumprimentou na ferroviária por ocasião de sua volta.
34. Joseph Frank, ibid., p. 191.
35. Ibid.

humor continuamente instável de Dostoiévski, e as dificuldades de se viver num ambiente estrangeiro em que não conheciam ninguém, vendo-se constantemente obrigados a procurar companhia entre si mesmos."[36] Anna Grigoryevna inaugura o relato diário de vida com Dostoiévski em Vilna:

Às duas da tarde de 15 de abril chegamos a Vilna. Rapidamente, o lacaio do Han, o hotel na rua Bolshaya,[37] nos apanhou e nos levou ao hotel. No portão do hotel, fomos interpelados por um conhecido de Fiódor Mikhailovich, o Senhor Barsov. Ele nos contou que mora em Vilna, que virá nos apanhar às seis para nos mostrar a cidade. No hotel tivemos que subir muitos degraus, pois nos mostraram um quarto após o outro – mas todos eram terrivelmente sujos. Fedya quis ir embora até que finalmente encontramos um quarto bom em que pudemos nos instalar sossegadamente para passar a noite. Os funcionários do hotel eram muito estranhos – não importa quanto tempo tocássemos a campainha para chamá-los, nunca respondiam. Havia ainda algo de misterioso neles: dois deles só tinham o olho direito, o que fez Fedya pensar que, nesta cidade, funcionários caolhos não seriam incomuns, pois deveriam ser provavelmente mais baratos.

Almoçamos e saímos para visitar a cidade. Parece bem grande apesar das ruas estreitas, com calçadas de madeira e telhados de telhas vermelhas. Hoje é Sábado de Aleluia e, por isso, as ruas estão muito movimentadas. Em especial, há muitos judeus[38] acompanhados das esposas, todas cobertas sob xales amarelos e vermelhos e cachecóis rendados. Os cocheiros aqui são muito baratos. Ficamos cansados de passear a pé e tomamos um coche; ele nos mostrou toda a cidade sem cobrar quase nada. Todos estão numa disposição de feriado; as ruas estão cheias de gente carregando docinhos e bolos de Páscoa. As igrejas católicas estão lotadas de paroquianos. Fomos rezar na igreja russa de São Nicolau Milagreiro na Rua Bolshaya. Em seguida, passamos rapidamente pela igreja católica da Rua Ivanovo. Depois vimos uma cruz na colina e o rio Viliya. É um rio bastante veloz, mas estreito; é muito bonita a visão que se tem das margens do rio para as montanhas

---

36. Ibid.
37. Em português, "grande".
38. No texto original em inglês, ao longo de todo o relato da esposa de Dostoiévski, utiliza-se o termo pejorativo para judeu, *yid*. [N. T.]

ao longe, a cruz e o cemitério. Deve ser muito agradável aqui durante o verão, quando tudo floresce. Visitamos a capela Alexander Nevsky na praça Georgevsky, recentemente construída para comemorar a pacificação dos poloneses; gostei muito, é uma capela tão bonita, simples e elegante. Às sete da noite voltamos para o hotel, tomamos um pouco de chá e fomos dormir. Todo o pessoal do hotel foi para a igreja mas, antes que saíssem, um dos funcionários nos instruiu como nos trancar por dentro. Fiódor Mikhailovich achou que aquilo era um esquema perfeito para nos roubarem enquanto todos estavam fora. Ele se pôs a bloquear as portas com mesas e nossas malas. De madrugada, às 15 para as 2, Fedya teve uma crise, muito forte; durou 15 minutos. [...] Na manhã seguinte, quando estávamos prontos para partir, um judeu veio até nosso quarto e pediu que comprássemos algo dele. Tínhamos esquecido de trazer sabonete, então comprei um pedaço de sabonete de ovo a 15 copeques. Um amigo dele nos ofereceu uma espécie de ícone polonês, que, de acordo com suas palavras, lhe custara 15 rublos, mas que estaria disposto a nos vender por muito menos; contudo, recusamo-nos a comprá-lo. Em pouco tempo, todo o quarto estava repleto de judeus querendo nos ajudar; todos diziam adeus e se precipitavam para carregar nossa bagagem e, no fim, todos eles, claro, pediram uma gorjeta. Já estávamos sentados em nosso coche que já começara a se pôr em movimento quando de repente fomos assediados por mais um judeu; queria nos vender duas piteiras de âmbar – dissemos-lhe que sumisse dali. Na estação, tivemos que esperar por muito tempo. Compramos passagens para o trem direto para Berlim e pagamos 26 rublos e 35 copeques cada. Éramos os únicos passageiros no vagão de segunda classe, de maneira que pudemos dormir. [...] Em torno das oito da manhã chegamos a Verjblovo, onde tomamos nossa última refeição em território russo. [...] Quando voltamos a nossas poltronas, um oficial, provavelmente alemão, apareceu em nosso vagão e perguntou muito rudemente: "Nome?" Fedya se enervou, perguntou se era alemão e se quisera dizer: "Qual é o seu nome?" Após o incidente, recebemos de volta nossos passaportes e continuamos rumo a Eydtkuhnen. As duas estações, Verjblovo e Eydtkuhnen, são separadas por um riacho, que separa a Rússia do território prussiano.[39]

---

39. Anna Dostoevskaya, *Dnevnik 1867 goda*. Moscou: Nauka, 1993, pp. 4–6.

O encontro difícil de Dostoiévski com Vilna é um reflexo da sua própria versão da xenofobia oficial russa. Um pequeno círculo de intelectuais liberais russos era simpático aos objetivos políticos dos insurgentes polono-lituanos, mas Dostoiévski não fazia parte desse grupo. Embora fosse um contestador político convicto, o escritor se colocava firmemente do lado da autocracia. Ele apoiou as medidas repressivas da administração imperial e não derramou qualquer lágrima pelo mortos, exilados e despossuídos da Lituânia. Era, segundo ele, a única maneira de purificar a região da influência insidiosa do catolicismo polonês. O ambiente católico festivo e o caráter judaico da cidade só fez inflamar seu chovinismo. Para Dostoiévski, "'judeu' e 'usurário' eram sinônimos, fato consagrado que não exigia comprovação."[40] E, numa típica maneira anti-semita, o casal Dostoiévski via os judeus como não entidades locais: "O judeu perdeu até mesmo o direito ao nome; ele é o *yid* – o *zhid, zhidok, zhidishka, zhidyonok*."[41] Por outro lado, os poloneses católicos demonstraram ser mais segredosos e, assim, inimigos mais perigosos do espírito russo. A tradicional animosidade entre a *intelligentsia* russa e a polonesa já existia pelo menos desde o século XVIII, mas se tornou particularmente visível durante e após a insurreição polono-lituana. Dostoiévski vivia obcecado pela ideia de uma conspiração polonesa para aniquilar o império russo e a igreja ortodoxa russa. Estava especialmente traumatizado com o recente atentado à vida de Alexandre II, que paradoxalmente nada teve a ver com a insurreição polono-lituana.

No dia 4 de abril de 1866, o imperador russo foi alvejado em São Petersburgo por um estudante chamado Dimitry Karakozov. O imperador saiu ileso, mas Karakozov foi de imediato "arrastado até Alexandre II, que tomou-lhe pessoalmente a pistola e perguntou se era polonês. Parecia inconcebível ao tzar que

---

40. David Goldstein, *Dostoevsky and the Jews*. Austin: University of Texas Press, 1981, p. 57.
41. Ibid., p. 56.

um atentado à sua vida pudesse ser feito por alguém que não fosse estrangeiro; Karakozov, contudo, que vinha de uma família de pequenos proprietários arruinados e que havia sido expulso da universidade por não conseguir pagar a mensalidade, como Raskolnikov, respondeu: 'Russo puro.'"[42] Em seguida, "o conde N. M. Muraviev, que havia suprimido a rebelião polonesa em 1863 com sanguinolenta ferocidade... foi nomeado chefe da comissão de investigação dos bastidores da tentativa de assassinato e recebeu virtualmente poderes ditatoriais."[43] Dostoiévski, voluntariamente ou por medo – como ex-convicto político, ainda se encontrava sob vigilância policial – aplaudiu a censura ditatorial instituída por Muraviev. O escritor ainda elogiou a política editorial do jornal eslavófilo e arquiconservador *Moskovskii Vedomosti*[44], que insistia no fato de que "a tentativa de assassinato só podia ter-se originado de uma conspiração polonesa," embora Karakozov fosse comprovadamente russo e não tivesse conexão alguma com a Polônia ou os poloneses.[45]

A desilusão pública de Dostoiévski com relação à conspiração polonesa se misturou a uma ansiedade pessoal a respeito das origens de sua própria família. Dostoiévski nasceu em Moscou, no seio de uma família russa, de nobres arruinados: o pai era médico e a mãe vinha de uma família de abastados comerciantes moscovitas. Entretanto, as raízes da família Dostoiévski se encontravam na antiga República Polono-Lituana.[46] O avô do escritor era um arcipreste greco-católico na Podólia[47] sob dominação polonesa e a família alegava descender da nobreza lituana do século XVII. A casa patriarcal da família ficava em Dostoievo,

---

42. Joseph Frank, op. cit., p. 47.
43. Ibid., p. 48.
44. Em português, *Gazeta Moscovita*.
45. Ibid., p. 50.
46. Para mais informações sobre as origens lituanas da família Dostoiévski, vide Birutė Masionienė, "F. Dostojevskio kilmės klausimu" em *Literatūrinių ryšių pėdsakais*. Vilna: Vaga, 1982, pp. 7-35.
47. Atual Ucrânia ocidental.

a nordeste de Pinsk;[48] essa região testemunhou uma "contínua contenda entre nacionalidades e credos conflitantes,[49] e ramos da família Dostoiévski lutaram em ambos os lados."[50] Os Dostoiévskis ortodoxos haviam pertencido à classe nobre pobre e desvalorizada – a nobreza ortodoxa tinha menos direitos civis que os católicos na Lituânia –, e "afundaram na classe inferior do clero não monástico."[51] A aceitação do sacerdócio greco-católico por parte do bisavô de Dostoiévski foi um compromisso ideológico que pretendia preservar para a família certos privilégios sociais ou nobres. "O fascínio horrorizado que Dostoiévski nutria pelos jesuítas, que considerava capaz de qualquer vilania a fim de obter poder sobre a alma dos homens, talvez tenha sido estimulado por alguma observação a respeito da fé de seus ancestrais."[52] Assim que a região foi incorporada ao império tzarista, os greco-católicos foram socialmente marginalizados, e a família Dostoiévski perdeu o estatuto de nobreza. Mais tarde, o pai de Dostoiévski abraçou a ortodoxia russa e readquiriu o estatuto de nobre por meio do serviço militar. Os filhos do médico, entretanto, "se consideravam pertencentes mais à antiga nobreza aristocrática do que ao novo serviço criado por Pedro, o Grande – a classe à qual, de fato, seu pai tinha acabado de aderir. Seu verdadeiro lugar na sociedade, porém, estava em flagrante contradição com essa lisonjeira auto-imagem."[53]

Em suma, por parte de pai, Dostoiévski pertencia ao ramo da *szlachta* lituana que fora privado de direitos, e cujos membros de certo modo traíram as tradições locais – e, assim, perderam suas residências – em favor de privilégios imperiais de uma identidade

---

48. Atual Bielorrússia meridional.
49. Referência à ortodoxia russa e catolicismo polonês.
50. Joseph Frank, *Dostoevsky: the Seeds of Revolt, 1821–1849*. Princeton University Press, 1976, p. 8.
51. Ibid.
52. Ibid.
53. Ibid., p. 9.

russa recém-adquirida. Vilna sempre se posicionou defensivamente contra tais transgressões culturais e políticas, lembrando todos, inclusive os russos, da natureza resistente das tradições locais. Caso a reação alterada, até mesmo paranoica, de Dostoiévski com relação às peculiaridades religiosas e nacionais de Vilna seja evidência de uma identidade "esquizofrênica", isso é questão a ser debatida. Uma coisa é certa: a barricada de móveis junto à porta do quarto de hotel foi o gesto de uma pessoa que se sente ameaçada e insegura.

Dostoiévski tinha a esperança de permanecer incógnito em Vilna – não por temer ser reconhecido como um escritor russo famoso, mas por estar fugindo dos credores em São Petersburgo. Barsov, literato local menor e mal conhecido por Dostoiévski, dera risada de seu segredo. Assim que foi cumprimentado na entrada do hotel, tornou-se óbvio para Dostoiévski que a viagem para o estrangeiro era de conhecimento público.[54] Talvez a angústia que assumira a forma de xenofobia houvesse sido agravada por uma razão mais imediata. Dostoiévski estava fugindo, mas foi apanhado devido à própria fama.

~

É conhecida a afirmação de Dostoiévski segundo a qual, na Ásia, os russos eram europeus, mas, na Europa, asiáticos. Em Vilna, o regime tzarista assumira um papel mais nuançado: ele se dedicou ao desafio de modernizar a cidade, transformando-a num local de herança russa. Publicações oficiais sobre a cidade esforçavam-se da melhor maneira possível por rearranjar o passado da cidade à luz da história russa. Vilna foi declarada cidade russa de direito, pois, "desde tempos imemoriais, as tribos lituanas viviam em estreita proximidade com as tribos russas vizinhas e, desde a época de sua fundação, Vilna sempre foi uma

---

54. Mais tarde, Dostoiévski, irritado, evitou deliberadamente encontrar-se com Barsov na hora programada.

cidade semi-russa. O nome da cidade é provavelmente também de origem russa. É evidente que o nome vem do riacho chamado Vilna – hoje conhecido como *Vileyka* – que corre na direção do rio *Viliya*, antigamente conhecido como *Veliya*. Já no século XIV, um cronista alemão[55] que descreveu a expedição dos cavaleiros alemães à Samogítia e Lituânia, mencionou Vilna como sendo a *Civitas Ruthenica.*[56]".[57] Do ponto de vista russo, Muraviev merecia crédito por ter feito o solo de Vilna ansiar pela alma russa. Em 1898, autoridades locais inauguraram uma estátua dedicada a Muraviev com um discurso de gratidão:

Após a supressão da rebelião, Muraviev permaneceu no cargo, mas, dessa vez, seu objetivo se tornou a transformação total da vida interna e doméstica da região. Uma espessa camada de persistência polonesa, como um profundo e pesado manto de neve, cobria o querido, familiar e ancestral solo russo da região. Essa cobertura estrangeira foi varrida e a terra foi finalmente limpa; o fogo da rebeldia foi também extinto. Contudo, havia ainda a questão premente de possibilitar o florescimento dos brotos, ainda débeis, da vida, língua, educação, moral e tradição russas, bem como da igreja ortodoxa, que havia enfim se enraizado no solo russo maternal. Sob os cuidados da administração, essas características russas, como a natureza no início da primavera, rebentaram instantaneamente, cresceram fortes, floresceram e, mais tarde, amadureceram por completo. Finalmente, com abundância colossal, elas cobriram toda essa preciosa terra russa ancestral. Naquele tempo, era extremamente importante utilizar cada recurso para que cada indivíduo russo, dono de sua própria terra, pudesse assumir de direito o trono patriarcal. [...] Graças a Muraviev, a vida russa local ganhou seu sopro de vida e vigor. Hoje, a língua russa é ouvida por toda parte e a burocracia russa é aparente em todos os cantos da região; a vida espiritual russa é fascinante; igrejas ortodoxas cintilantes

---

55. O cronista mencionado é Vygand de Magdeburgo.
56. Em português, a "cidade russa".
57. F. Dobryanski, *Staraja i Novaja Vilna*. Vilna: Typografia A. G. Syrkina, 1904, pp. 10–11.

deleitam a todos. Foi assim que nasceu uma resoluta esperança por um brilhante futuro russo.[58]

Logo depois, mais dois monumentos foram erguidos no intuito de reforçar o espírito russo de Vilna: um busto simples do poeta Aleksandr Pushkin e uma escultura colossal da Imperatriz Catarina II. E, no espírito de um "brilhante futuro russo," Vilna ganhou tardiamente uma cara moderna:

Desde 1903, Vilna vem sendo iluminada por energia elétrica gerada na usina local construída perto da ponte na margem direita do rio Vilya, em frente ao centro da cidade. A usina fornece energia para instituições públicas e residências particulares. Sob supervisão direta do antigo governador, general *v. v.* von Wahl, que hoje cumpre funções no Conselho de Estado Imperial, implementou-se finalmente um sistema correto de numeração das casas. Esse sistema se baseia no modelo de São Petersburgo. Ademais, questões relacionadas ao desenvolvimento de um sistema de esgoto, rede elétrica etc. vêm sendo discutidas na cidade.

Em termos de elegância e qualidade dos edifícios modernos, a melhor rua é a Avenida Georgievskij, recentemente construída, e que conduz direto ao recém-incorporado subúrbio de *datchas* de Zverinec, que foi rebatizado Aleksandria. [...] Nos velhos tempos, aquela vasta propriedade pertencera à família Witgenstein, cujo último membro a viver no Império Russo foi a duquesa Hohenlohe, esposa do chanceler alemão de então. Hoje em dia, Zverinec, antigo campo de caça dos duques lituanos, pertence a um particular, *v. v.* Martinson, que fracionou o enorme terreno com a construção de ruas num traçado moderno. Blocos residenciais têm sido rapidamente construídos na propriedade loteada. Contudo, dois templos ortodoxos russos – a igreja da Mãe de Deus e a igreja de Santa Catarina erguidas próximas à antiga mansão do governador-geral – também foram construídos. Hoje, Vilna ainda é uma curiosidade histórica, apesar do fato de que durante seus 600 anos de existência, muitos dos monumentos históricos tenham sido devastados por guerras, incêndios e agitações sociais. Mas, a cada

---

58. "Pamiati grafa Mikhaila Nikolaevicha Muravieva"em Lavrinec, op. cit., pp. 221–224.

ano que passa, a velha Vilna tem sido suplantada pela moderna Vilna emergente.[59]

Benedictsen, que visitou Vilna na virada do século XX, situou as divisões culturais da cidade naquele contexto moderno de jugo imperial:

Este país e estes povos são agora regidos pelos russos, não exatamente pelo povo russo, longe disso, de fato, mas pelas autoridades do Governo Russo com seus ajudantes, a polícia, os militares e os cossacos. Nem seria de se esperar que os poucos milhares de nobres poloneses pudessem aqui reinar para sempre, mas eles foram os pioneiros, e quando os poderosos perderam sua força, os que ainda resistiam foram fuzilados um a um, e o novo poder, que era mais brutal, tomou as rédeas.

Vilna ilustra até hoje, de maneira formidável, a divisão em quatro do país. No velho castelo onde, antigamente, o grão-duque da Lituânia reinava, a administração central russa, o Governador-Geral de todo o território lituano, estabeleceu agora a sua dominação. Em todos os desgraciosos edifícios de reboco amarelo, nas casernas, na sede dos correios, nas delegacias de polícia e nas escolas da cidade brilha a águia preta e dourada de asas abertas: o brasão moscovita. Policiais e militares russos patrulham as ruas, cada placa e cada cartaz está escrito em russo, cada rua tem um nome russo, tudo o que era polonês foi cuidadosamente arrancado. Mas quem olhar para além do uniforme da classe alta, notará sem dificuldade que nem todos são russos.

Houve um período em que foi proibido, simplesmente proibido, falar polonês em Vilna; agora é permitido, exceto nas reuniões, e de fato fala-se muito polonês. Todos esses homens sérios e verticais e mulheres de olhos brilhantes são poloneses; elas têm aquele *wzdiek*,[60] que não pertence às mulheres russas. O polonês é a língua das salas de desenho da cidade, acima do sofá pode ser visto um retrato do rei dos poetas poloneses, Adam Mickiewicz, na prateleira podem-se encontrar todos os grandes nomes da literatura polonesa e, em mármore ou gesso, Kosciuszko olha para baixo a partir do lugar que lhe coube. Em quase todo lar podem-se encontrar os mesmos sentimentos e esperança.

---

59. A. A. Vinogradov, *Putevoditel pe gorodu Vilna i evo okrestnosiam*. Vilna: Tipografia Shtaba Vilenskavo Voenava Okruga, 1908, p. 41.
60. Em português, "charme e graça".

Ela foi o bastião do espírito polonês no Oriente e, agora, está rebaixada ao nível do chão, mas os poloneses ainda se aferram ao lugar, na esperança de uma restauração dos tempos idos.

E a sacralíssima imagem da própria mãe de Deus brilha desde seu lugar excelso no "portão pontudo", o Ostra Brama em Vilna. Essa imagem miraculosa é o orgulho e o conforto de Vilna e toda a sua população romano-católica. Cercada por um halo de velas de cera acesas, essa imagem primorosa zela, a partir da opulenta moldura, pelos inúmeros devotos lá embaixo. Sempre que alguém passa pela rua estreita que termina no "portão pontudo" sobre o qual foi erguida a capela da imagem, veem-se aleijados e mendigos de joelhos orando e fazendo o sinal da cruz, e todos devem descobrir a cabeça ao passar por esse lugar sagrado.

Mas a gente agitada de Vilna, que lota as ruas fazendo comércio, que se apressa azafamada são os judeus, pois Vilna, mais do que tudo, é a cidade dos judeus. Já desde o início é possível encontrá-los na estação ferroviária, como atendentes de hotéis pequenos e imundos, como vigaristas prontos para atacar; eles trabalham como cocheiros, e quase todos os garotos de rua parecem ser judeus. Aqui é possível ver o autêntico judeu polonês, desde o menino de expressão meio esperta e meio descarada, a menina com um nariz grande demais, olhos cintilantes e boca desafiadora, até o empregado curvo, cuja aparência só parece indicar uma única coisa: *Geschäft machen!*[61] independente de ser porteiro, cocheiro ou mascate; e termina no velho bonito e venerável do qual nenhum outro povo no mundo pode se gabar além dos judeus, o velho patriarca de harmoniosos cabelos e barbas brancas, olhar sério e amável e passo sossegado. É estranho que esses mascates frenéticos terminem assim. É um repúdio vivo ao horrendo veredito pronunciado pelos inimigos dos judeus, conforme o qual as almas dos judeus foram transformadas em mãos gananciosas.

O quarto povo de Vilna, os próprios lituanos, não são apenas encontrados como camponeses afobados, como aquele sentado quieto debaixo do capote de lã, e raramente lá mesmo, pois os camponeses bielorrussos avançaram até Vilna, há muito expulsando os lituanos de sua própria terra. Tudo o que é lituano em Vilna é como se fosse uma marca d'água num selo postal alegremente colorido. O nome da cidade

---

61. Em alemão, "fazer negócios". [N. T.]

é lituano, os bairros periféricos ainda têm nomes lituanos, Antokoln e Boksta, "Na montanha" e "A torre". As ruínas da fortaleza de Gediminas e o Templo do Fogo erguem-se altaneiros por sobre os telhados da cidade, desolados e negligenciados, símbolo da condição de seu povo.[62]

Em 1904, o regime tzarista liberalizou as leis relacionadas ao idioma na região, e a revolução de 1905 levou para as ruas reivindicações políticas das nacionalidades sufocadas. Vilna se tornou uma cidade abertamente poliglota de identidades contestadas, com uma população crescente de mais de 200 mil habitantes. Antes de 1905, a cidade tinha 15 publicações periódicas, todas em russo; em 1911, já havia 69 periódicos, dentre eles 35 poloneses, 20 lituanos, sete russos, cinco judaicos e dois bielorrussos.[63]

Para parte dos russos, a súbita eclosão da polifonia local ofereceu a oportunidade de vivenciar e lembrar a cidade como lar das multiplicidades libertadoras, onde era possível gozar das contradições imperiais de uma identidade cosmopolita. O seminal filósofo e crítico literário russo Mikhail Bakhtin[64] nasceu em Orel, mas passou a infância e início da adolescência em Vilna, ali morando entre 1904 e 1910. A família de Bakhtin pertencia à camada superior privilegiada dos administradores públicos russos.[65] O pai foi diretor da sucursal local do Banco Imperial Russo. Como resultado, Bakhtin comungou das vantagens e inconveniências da minoria russa ressentida porém dominante, e há poucos indícios de ele ter-se envolvido diretamente com as culturas ou ambientes linguísticos subalternos da cidade.

Bakhtin não deixou qualquer relato de sua vida em Vilna. Contudo, de acordo com as evocações do irmão Nikolai, a cidade deixou em Bakhtin uma marca determinante na sua maneira de compreender o mundo. E alguns dos biógrafos de Bakhtin suge-

---

62. Benedictsen, op. cit., pp. 174–177.
63. Venclova, op. cit., p. 53.
64. Bakhtin nasceu em 1895 e morreu em 1975.
65. Após deixar Vilna, a família de Bakhtin se mudou para Odessa, no litoral do mar Negro.

rem uma conexão direta da sua formulação literária do diálogo linguístico e da polifonia narrativa com a adolescência passada na Vilna imperial.

A Vilna da juventude de Bakhtin foi portanto um exemplo realizado de *heteroglossia*, fenômeno que viria se tornar o fundamento de suas teorias. A *heteroglossia*, ou a mistura de diferentes grupos, culturas e classes linguísticos, foi para Bakhtin a condição ideal, garantindo uma revolução línguística e intelectual perpétua que se protege contra a hegemonia de qualquer "língua da verdade" ou "língua oficial" numa determinada sociedade, contra a ossificação e a estagnação do pensamento. De fato, em um de seus ensaios da década de 1930, "Sobre a pré-história do discurso romanesco", que defende a ideia de que o pluralismo linguístico da Grécia helênica tenha estimulado o desenvolvimento do romance grego, Bakhtin descreve Samósata, cidade de Luciano, em termos que igualmente se aplicam a Vilna como ele a conheceu. Os habitantes de Samósata eram sírios que falavam aramaico, enquanto a elite educada falava e escrevia em grego. Mas Samósata era governada pelos romanos, que tinham uma legião ali estacionada, e portanto o latim era a língua oficial. E visto que a cidade se situava numa rota comercial, muitas outras línguas também eram ouvidas ali.[66]

Os irmãos Bakhtin frequentaram o Primeiro Ginásio de Vilna, que ocupava os prédios barrocos da antiga universidade, perto do palácio do governador russo. Na escola, o irmão mais velho se tornou líder dos alunos não conformistas que, em suas próprias palavras, estavam "num estado contínuo de tensão intelectual, sabendo que tinham milhares de livros por ler e uma infinidade de coisas por aprender, mas acreditando que, após absorver séculos de pensamento humano, desenvolveriam a própria corrente e se tornariam por sua vez criadores." Liam de tudo, de Marx a Nietzsche, veneravam Leonardo da Vinci e Wagner, e emulavam Baudelaire. "Um antigo membro do grupo de *Vilnius* evocou que 'de vez em quando eles passavam a noite diver-

---

66. Katerina Clark e Michael Holquist, *Mikhail Bakhtin*. Cambridge: Harvard University Press, 1984, p. 22.

tindo-se e bebendo, ou fumando haxixe na esperança de induzir visões, mas com maior frequência costumavam caminhar pelas ruas de Vilna até o raiar do dia, recitando poemas e filosofando."[67]

~

A decadência provinciana da vida de Vilna acompanhava o espírito revolucionário da época, que foi melhor capturado e difundido pelo movimento cultural russo amplamente conhecido como Simbolismo. O principal advogado do Simbolismo russo, que fundia o caráter nacional com o cosmopolita, era o jornal *Mir Iskusstva*,[68] publicado entre 1898 e 1905 em São Petersburgo. Sergei Diaghilev, o gênio por detrás das sensacionais temporadas dos *ballets russes* na Paris da década de 1910, dirigia o jornal. Um dos mais próximos aliados artísticos de Diaghilev era o pintor Mstislav Dobuzhinsky,[69] que tinha fortes laços biográficos com Vilna.

Os pais de Dobuzhinsky não formavam um casal convencional: a mãe era uma cantora de ópera que, depois de se separar do marido, deixou o filho a seus cuidados. Do lado paterno, Dobuzhinsky vinha de uma família da velha nobreza lituana. Entretanto, o avô e o pai eram oficiais de alta patente no exército tzarista. Apesar disso, nenhum deles se envergonhava das raízes não russas. Na casa em São Petersburgo, o avô de Dobuzhinsky exibia com orgulho retratos de heróis nacionais poloneses. A família de Dobuzhinsky levou a típica vida nômade dos funcionários públicos imperiais, mudando-se de uma cidade para outra e de uma região do império para outra, indo atrás dos diversos cargos militares do pai. Num dado momento, o pai foi mandado para Vilna, onde se aposentou.

---

67. Ibid., p. 25.
68. Em português, *O mundo da arte*.
69. Dobuzhinsky nasceu em 1875 e morreu em 1957.

Na Páscoa de 1884, aos 9 anos de idade, Dobuzhinsky foi a Vilna pela primeira vez visitar o tio. A cidade o deixou com uma impressão duradoura:

A primavera, com o céu de um azul suave, já estava em Vilna. Depois da São Petersburgo geométrica e austera, encontrei de repente vias estreitas e tortuosas com casas multicoloridas de telhados inclinados cobertos de telhas vermelhas, rodeados por torres de igreja e ponteiras. Tudo ao meu redor era festivo, totalmente aquecido pelo sol, e o reverberava com uma notável e comemorativa ressonância de Páscoa. Aqui, pela primeira vez, ouvi o som dos sinos católicos. Não se tratava de um zumbido ou de um eco infindável da incomensurável piedade ortodoxa que vim a conhecer durante minhas visitas a Novgorod. Aqui, o som dos sinos chegavam de maneira triunfal e digna, em ondas.[70]

Quatro anos depois, Dobuzhinsky se mudou com o pai de S. Petersburgo para Vilna, onde se graduou no ginásio russo local. Em 1895, deixou Vilna para estudar Direito na capital imperial.

Em Vilna, a família Dobuzhinsky ostentava as marcas da identidade nacional helicoidal. Eram colonistas russos com características de lealdade local lituana. Em suas memórias, Dobuzhinsky descreve como o caráter russo havia sido impresso na cidade. "Nosso bairro suburbano era chamado *Peski* e estava em pleno desenvolvimento. A maioria das ruas já haviam sido traçadas, mas não havia casas, só cercas, pintadas de branco, amarelo ou um estranho rosa – as cores mais populares em Vilna. Nos cruzamentos das ruas vazias, placas já haviam sido instaladas com nomes russos de lugares: ruas Tombov, Yaroslavl, Voronezh e Kostroma. Esses nomes geográficos tinham o intuito de imprimir a Rússia na cidade e já então esse processo de intensa russificação me incomodou tremendamente."[71] A Rússia em si

---

70. Mstislav Dobujinsky, *Vospominaniya*, vol. 1. Nova York: Put' Zhizni, 1976, p. 72.
71. Ibid., p. 150.

permanecia um mistério para Dobuzhinsky: "depois de crescer na 'europeia' São Petersburgo e na Vilna barroca e católica, passei a ver as cidades russas com olhos de estrangeiro."[72]

O pai de Dobuzhinsky sonhava fazer do filho um homem europeu. O filho queria se tornar pintor. Os dois sonhos se tornaram realidade quando, em 1899, Dobuzhinsky, após uma insatisfatória carreira burocrática em São Petersburgo, foi estudar pintura na Munique *fin de siècle*. Lá ele travou contato com Jawlensky e Kandinsky, os grandes sacerdotes da arte decadente. Nos anos que se seguiram, Dobuzhinsky viveu e estudou em outros centros sociais da arte moderna: Berlim, Dresden, Paris e Veneza. Ele porém considerou sua precoce exposição a Vilna tão informativa, do ponto de vista estético, quanto o conhecimento que obteve naquelas outras cidades:

> As igrejas mais elegantes de Vilna foram construídas no século XVIII, e foi lá que apreendi o espírito daquela época. Ademais, Vilna acumulava toda uma gama de camadas arquitetônicas, desde o Gótico, um Barroco requintado e Classicismo.[73] Havia também uma encantadora igreja de Santa Ana, do Gótico tardio, feita de tijolos – no inverno, rodeada por neve, essa igrejinha parecia uma decoração de teatro perfeita. Diz-se que Napoleão, ao vê-la, ficou muito amargurado por não poder levar consigo esse brinquedinho gótico para Paris. Depois da querida São Petersburgo, meu gosto e minha visão continuaram a se desenvolver organicamente, rodeados pelas verdadeiras obras-primas de Vilna. Aqui eu me sintonizei com a importância das proporções arquitetônicas, a elegância das superfícies planas interrompidas por um cartucho ou escudo decorativo,[74] a beleza do *rocaille* e, acima de tudo, a poesia da arquitetura.[75]

---

72. Ibid., p. 169.
73. Um exemplo da última vertente citada é o palácio do governador, onde Napoleão se hospedou.
74. Pode ser citada a Catedral ou a Igreja de São João.
75. Ibid., p. 152.

Por conseguinte, quando o artista iniciante foi para a Europa Ocidental pela primeira vez em seus anos de estudo – nesse caso, Dresden – ele "se sentiu completamente rodeado pela decoração familiar da Vilna de sua própria origem, com o mesmo Rococó e os mesmos edifícios de fachadas lisas do século XVIII em torno da Praça do Mercado Antigo."[76] Anos mais tarde, partindo de Munique rumo à Rússia, Dobuzhinsky pousou brevemente em Vilna. A reação do artista com a cidade foi a mesma – puro encantamento: "como sempre, minha querida cidade me deliciou. E toda vez, após cada viagem ao estrangeiro – em geral rumo a São Petersburgo – eu fazia uma costumeira escala em Vilna, que, com seu Barroco singular, jamais perdeu qualquer teste de comparação."[77] Era também, para ele, um local para pintar:

No verão de 1903 [...] retornei à minha querida Vilna com minha esposa e filha pequena, Verochka. Realizei ali algumas pinturas novas com técnica mista de aquarela e design gráfico. Eram novas porque me tornara muito mais atrevido na minha técnica: comecei a afiar meu ponto de vista e a fortalecer o senso de composição.

Em Vilna, pela primeira vez, deixando de lado duas ou três pinturas dos meus anos estudantis, comecei a desenhar a giz – um pátio, completamente cheio de caixas e um campanário barroco protuberante; uma parede vazia e comprida na igreja de Pedro e Paulo com uma árvore em frente, e outros pequenos motivos arquitetônicos. Tentava também desenhar florestas, mas quase sempre fracassando.

Nos anos seguintes, pintei quase só em Vilna, para onde retornava com frequência vindo de São Petersburgo. Então eu não tinha vergonha de pintar ostensivamente na rua. Pintar Vilna era uma prática doméstica, aconchegante, uma vez que ninguém ali me incomodava, a não ser pelo ocasional cheiro de esgoto do pitoresco gueto da cidade – meu canto favorito – com suas alamedas estreitas e tortuosas, passagens em arcos e casinhas coloridas. Quando terminava as sessões de pintura, velhas mulheres judias, comerciantes, que costumavam ficar sentadas com suas cestas perto da *rinshtok*, a sarjeta, me diziam: "Volte

---

76. Ibid., p. 213.
77. Ibid., p. 256.

sempre para nos ver." Certa vez, senti alguém atrás de mim apontando o dedo para minha pintura: "As proporções estão erradas," repreendeu-me um estudante da escola de arte. Agradeci-o pelas sugestões. Noutra ocasião, enquanto pintava um terreno baldio pitoresco, ouvi uma voz: "É o terceiro que pinta este lugar – deve ser um canto de sorte." Virei-me e vi um policial que passou dando-me as honras.[78]

Para Dobuzhinsky, assim como no caso de Bakhtin, essa relação íntima e estetizada com Vilna foi determinante para a sua perspectiva cosmopolita. Para a maior parte dos russos, porém, a cidade ainda provocava sentimentos estritamente nacionalistas. Em 1870, o poeta religioso e conservador Feodor Tyutchev[79] – oráculo temporão do Simbolismo russo – proclamou a cidade como sendo o santo graal do espírito russo: "Por sobre a antiga Vilna russa/ Brilham cruzes da pátria/ E sons ortodoxos dos sinos de cobre/ Ressoam nos céus."[80] Em Vilna, contudo, depois da revolução pós-1905, quando outras nacionalidades – poloneses, lituanos, judeus e bielorrussos – começaram a reivindicar a cidade como sua, essas visões atávicas e xenofóbicas procuravam se fortalecer. Em 1912, o centenário do fracassado ataque de Napoleão à Rússia foi marcado por uma série de eventos comemorativos e educacionais, inclusive excursões patrióticas à colina onde a *Grande Armée* entrou em colapso.[81] No ano seguinte, um novo templo ortodoxo russo foi consagrado em homenagem aos três séculos do governo da dinastia Romanov. Concebido no tradicional estilo bizantino-moscovita e erguido no mais elevado

---

78. Ibid., pp. 289-290.
79. Tyutchev nasceu em 1803 e morreu em 1873.
80. Feodor Tyutchev, "Nad Russkoj Vilnoj starodavnej" em Lavrinec, op. cit., p. 330.
81. O centésimo aniversário da Guerra de 1812 induziu a publicação de diversos livros, incluindo memórias russas sobre o papel de Vilna durante a guerra. Por exemplo, ver C. F. Dobryanski, *K istorii otechestvenoi voiny. Sostoyania Vilny v 1812 g.*, livro 3. Vilna: 1912; e O. A. Kudrinskii, *Vilna v 1812 godu*. Vilna: 1912.

ponto possível na área moderna da cidade, sua intenção era a de imperar silenciosamente por sobre as cúpulas católicas barrocas da cidade velha.

Um ano mais tarde, começada uma nova guerra, Vilna foi honrada pela visita de Nicolau II, último imperador da Rússia, em revista obrigatória à linha de frente. Bernard Pares,[82] observador britânico oficial junto ao exército russo no campo de batalha, acompanhou a comitiva militar do imperador até Vilna. Pares chegou à cidade no dia 8 de outubro de 1914 – seis semanas após o início da campanha militar – e se surpreendeu com uma cidade que exibia sinais extremos de lealdade à monarquia russa:

A visita do Imperador a Vilna foi um grande sucesso. Ele cavalgou sem medidas de proteção pela cidade. As ruas estavam apinhadas de gente, a recepção foi das mais cordiais. [...] Não há muitos russos além de altas autoridades. No início da guerra, a proximidade do inimigo era sentida com muita ansiedade. Agora reina uma atmosfera de trabalho e confiança. O Grand Hotel e diversos edifícios públicos foram convertidos em hospitais, onde o idioma polonês é bastante empregado. O Imperador visitou todos os hospitais mais importantes, e conversou com vários feridos, distribuindo tantas medalhas que elas logo acabaram. Recebeu representantes da comunidade judaica e agradeceu a atitude simpática dos judeus nesse momento tão solene para a Rússia. A sensação geral pode ser descrita como uma nova página da história. Entre os poloneses, sejam instruídos ou não, o entusiasmo é generalizado. Isso é ainda mais surpreendente na medida em que sob hipótese alguma Vilna pode ser considerada polonesa do ponto de vista político.[83]

A descrição de Pares de uma Vilna patriótica foi talvez uma fantasia da propaganda de guerra britânica, que retratava a Rússia como aliado confiável na guerra contra a Alemanha. Exatamente no mesmo dia, o americano Stanley Washburn, correspondente

---

82. Pares nasceu em 1867 e morreu em 1949.
83. Bernard Pares, *Day by Day with Russian Army, 1914-1915*. Londres: Constable & Company, 1915, p. 17.

militar para o *The Times* em Londres, que tinha muita familiaridade com a Rússia, também passou por Vilna a caminho do fronte. Suas impressões sobre a cidade foram menos entusiasmadas. "Chegamos a Vilna na manhã seguinte, em 8 de outubro. Já havia passado por ali uma meia dúzia de vezes, mas jamais me detivera. Essa cidade é uma das maiores cidades judaicas da Rússia e é muito antiga. Como não havia nada de interesse, contentei-me em passear por uma ou duas horas e então voltei para o trem."[84]

Durante o inverno de 1914, centenas de milhares de tropas russas inundaram a cidade no ziguezague da linha de frente que avançava profundamente no território alemão. Entre os soldados havia um repórter de guerra, Valery Bryusov,[85] que alcançou a fama literária como um dos mais audaciosos advogados da arte decadente e do estilo de vida boêmio russos. A poesia de Bryusov escandalizava o público com imagens literárias de sexualidade e sadismo patentes. Na juventude, contudo, o poeta foi um grande admirador de Tyutchev, cujos versos sentimentais e patrióticos haviam sido redescobertos pela nova geração de simbolistas russos. O exército russo se coroava de vitórias, mas, vivenciando a Vilna em tempo de guerra, Bryusov, que tinha plena consciência do chovinismo de Tyutchev, engendrou um tom mais sinistro ao retratar a presença russa na cidade. A guerra desperta um reconhecimento do caráter estrangeiro do domínio imperial:

> Mais amiúde as ruas de Vilna
> Se revestem de luto.
> A colheita da guerra é farta
> As criptas abertas assomam vastas.
>
> Mais que amiúde, em geral num canto

---

84. Stanley Washburn, *On the Russian Front in the World War I: Memoirs of an American War Correspondent*. Nova York: Robert Speller and Sons, 1982, p. 41.
85. Bryusov nasceu em 1873 e morreu em 1924.

Das igrejas escurecidas,
Senta-se desamparada em absorta tragédia
Uma mãe, irmã ou filha.

A guerra, como um trovão celeste,
Estremece o mundo temível...
Mas sonhos ainda embalam a criança miraculosa,
O padroeiro de Vilna – Casimiro.

O sonho calado, o mesmo de sempre,
Como um sonho de eras idas,
Eleva o templo de Santa Ana,
Com a suprema beleza das paredes.

E o mar de lamentos locais,
Pleno de compaixão e infortúnios,
Ruge no bairro judaico
Sob os urros das vitórias russas.[86]

Ao longo de um ano, as vitórias russas na Prússia Oriental se transformaram em derrotas, e tão logo o exército alemão cruzou a fronteira do império, Vilna se transformou em cidade da linha de frente. No verão de 1915, com o exército russo perdendo batalhas contra a Alemanha nas províncias da Polônia, o governo russo de repente encontrou um trunfo propagandístico na causa polonesa – e lituana. O grão-duque Nicolau, comandante supremo das forças russas e primo do tzar Nicolau II, emitiu uma proclamação prometendo a restauração do estado polonês em aliança com a Rússia ao término da guerra. Contudo, os poloneses, tantas vezes traídos pelas potências imperiais da Europa, não tendiam a confiar na autocracia russa. Apesar de tudo, o namoro tzarista com os poloneses exonerava o regime russo aos olhos

---

86. Valery Bryusov, *Sem' tsvetov radugi: stikhi 1912–1915*. Moscou: Izdatelstvo K. F. Nekrasova, 1916, p. 116.

dos principais aliados militares, França e Grã-Bretanha, ávidos por se contrapor ao objetivo geopolítico alemão e austríaco de absorver todas as terras polonesas em sua esfera de controle.

Stephen Graham,[87] outro jornalista britânico e, em suas próprias palavras, grande admirador dos russos, passou o verão de 1915 em Vilna. Ficou enfeitiçado pela afeição e o respeito que teria testemunhado entre duas nações rivais, poloneses e russos, e religiões oponentes, católica e ortodoxa, no meio da frenética rotina diária em tempo de guerra:

> Estou na bela cidade antiga de Vilna, uma cidade de poloneses bem-educados, lar de várias dentre as antigas famílias nobres da Polônia. Ela está agora atropelada por oficiais e soldados russos. Ao longo da rua principal passa uma incessante procissão de tropas e, olhando para baixo, pode-se avistar um mar de pontas de baioneta ondulando como junco ao vento. Quando se está deitado à noite na cama, ouve-se o estrépito dos passos dos soldados. Basta olhar pela janela para assistir, por 20 minutos inteiros, à passagem de carroças e canhões, ou pavoneando-se por cima do pedregulho e da lama os cossacos do Don, do Volga, da região dos Sete Rios. Nos dias da explosão revolucionária, os poloneses mordiam os lábios de ódio à visão dos soldados russos, praguejavam a cada respiração, arremessavam-se com suas pistolas e atiravam, lançavam bombas. Hoje eles sorriem, lágrimas escorrem por suas faces; eles até mesmo dão vivas. Ninguém imaginaria ver o dia em que os poloneses aplaudiriam as tropas russas marchando pelas ruas de suas próprias cidades!
>
> Os russos estão perdoados. Agora eles vêm para libertar os eslavos e não, como antes, para os pisotear. Entre num restaurante e peça sua comida em russo, você será coberto de sorrisos e tratado com reverência. Ser russo é ser um *amigo*. Os russos também, com toda aquela atrapalhação de sentimentos de que só os povos eslavos são capazes, demonstram bastante afeição pelos poloneses. Diz-se que, desde a proclamação do grão-duque Nicolau, tem havido uma grande demanda por gramáticas e dicionários poloneses por parte de russos

---

87. Graham nasceu em 1884 e morreu em 1975.

que desejam aprender o polonês. Eu, por exemplo, ao ler a proclamação, e decidi na hora aprender um pouco de polonês, pois compreendi que a Polônia de repente começava a contar.

Um espetáculo muito emocionante pode ser visto atualmente todo dia junto ao Ostra Brama, o portão sagrado de Vilna. Por cima do portão, há uma capela de portas escancaradas exibindo uma imagem da Virgem, ricamente dourada e coberta de flores. De um lado, uma fileira de tubos plúmbeos de órgão e, do outro, um padre. A música emana pela atmosfera junto com o incenso e o som da reza. Lá embaixo, na ruela lamacenta, ajoelham-se homens e mulheres pobres segurando seus livros de orações. São poloneses. Mas pelo portão passam incessantemente, todo dia e toda noite, tropas russas rumo ao frente. E quem se aproxima, cada soldado, seja oficial ou não, ergue o chapéu e atravessa de cabeça descoberta toda aquela multidão em prece. Isso é belo. Que a Rússia se comporte sempre assim na presença da Mãe da Polônia.[88]

Essa miragem de harmonia nacional não incluía os judeus, responsabilizados por todos os males da Rússia e também da Polônia. A visão mais triste que se podia ter de Vilna, observou Graham, eram "os grupos de judeus pobres e sem teto" que haviam sido forçados a fugir de seus lares devido ao avanço da linha de frente, e ora afluíam "para a cidade segurando nas mãos tudo o que lhes restara."[89] A derrota do exército russo reativou o anti-semitismo populista. "Todos os russos pareciam reconhecer um judeu à primeira vista pelo rosto e maneira de se mexer, tão intenso é o desprezo por sua figura. Acho eu," afirmou o jornalista britânico, "que isso se deva à oposição fundamental do caráter judaico àquilo que o eslavo considera mais precioso, como o descuido leviano, o desprezo para com posses materiais, o amor ao vizinho, o misticismo." Malgrado portanto sua trágica condição e seu estatuto marginal, os judeus, declarou Graham,

---

88. Stephen Graham, *Russia and the World*. Nova York: The Macmillan Company, 1915, pp. 145–147.
89. Ibid., p. 90.

"com o talento que têm para o comércio, a simpatia pelo ocidentalismo e o desdém pelo orientalismo, põem em perigo o ideal russo."[90]

Graham via no sonho sionista de uma nação política a solução para a alienação judaica. "A dificuldade dos judeus é a de que aos poloneses foi prometido algo enquanto poloneses, ao passo que aos judeus nada foi prometido." A longo prazo, "uma das possibilidades da guerra é a queda do Império Turco e a libertação da Síria do jugo maometano." Diante de tal resultado, refletiu o jornalista, "a Palestina será desocupada, ou pelo menos passível de um novo governo. Parece-me que algo deveria ser feito com vistas ao estabelecimento dos judeus na Palestina." Esse esquema geopolítico radical poderia ser garantido pela recém-reformulada ordem mundial imperial do pós-guerra, e "tão logo um governo judaico se forme, seria possível dar aos judeus a opção de renunciar a seus diversos documentos nacionais europeus para se tornar súditos judeus." Os judeus "receberiam a proteção financeira e moral do próprio governo. Se quiserem, poderiam tempestivamente instituir uma democracia na Palestina; poderiam ter seu próprio exército e marinha caso necessário. Isso seria uma enorme bênção para o mundo." Por seu lado, o estado judaico salvaria o império tzarista, de alma russa e ortodoxa, da humilhação nacional, pois "o motivo principal que faz o camponês russo considerar maldito o judeu é o fato de que ele não tem sua própria terra. Por exemplo, quando os russos batiam em retirada para a Polônia, perguntei a razão a um soldado raso. Sua resposta foi – 'Os judeus nos traem... eles nos perseguem e nos vendem a todo canto.'"[91]

Geopolítica à parte, o fato de as forças alemãs se aproximarem de Vilna imbuiu a mente de Graham com poderes mefistofélicos de uma criatividade macabra. Embora aturdido pelas perspectivas futuras de um mundo destroçado pela guerra, Graham

---

90. Ibid., pp. 160-161.
91. Ibid., pp. 167-168.

compreendeu o significado histórico do momento ao mencionar a cidade com o nome alemão. A conversão textual de Vilna para *Wilna* sinalizou o fim iminente da dominação russa:

> Quantos dias passei em *Wilna* chapinhando pela chuva! Encontrei-me muito mais próximo da guerra do que nunca antes. A guerra se tornava mais íntima, criava e liberava um fluxo musical de pensamentos e impressões, de modo que, sempre que caminhava, eu era como Abt Vogler ao órgão. O tropel de milhares de passos rumo ao conflito e à morte, a música de batalha, a paixão pela guerra e a dança da orgia, as cores e as flâmulas, os emblemas e os símbolos, as vitórias e as terríveis matanças, as conquistas de reinos, a humilhação de velhos deuses, e a ereção de novos estados misturam-se à alma numa música grandiosa, apaixonada e apavorante.[92]

O lírico Bryusov também teve seu quinhão de emoções exacerbadas em Vilna, mas de um ponto de vista diferente. O simbolista russo via a inevitável onda de violência com os olhos de uma alma errante, cuja decadente indiferença não fosse talvez mais do que uma máscara que cobrisse uma aflição patriótica pela potencial perda de Vilna. Sob a marcha trovejante do campo de batalha cada vez mais próximo, o poeta vagueava pelas ruas da "antiga Vilna russa" com um sentimento nostálgico de não haver volta:

> De novo estou só – um vagabundo sem teto,
> Respirar contudo é tão fácil.
> Onde agora, espírito meu inquieto,
> Quais os próximos passos?[93]

---

92. Ibid., p. 110.
93. Bryusov, "Em Vilna", op. cit., p. 115.

A intromissão alemã

> A guerra, apesar de sua destruição, ou, na verdade, devido a seu penetrante horror, havia se transformado em força evocativa, estímulo não para uma mudança social mas para a imaginação e a introspecção pessoais, uma avenida que se abria para um novo e vital reino de atividade.
>
> MODRIS EKSTEINS

O primeiro sentinela alemão chegou às cercanias de Vilna em 10 de Tishrei de 5676, de acordo com o calendário judaico; era o dia 4 de setembro de 1915, conforme a tradição russa juliana, e 17 de setembro no calendário gregoriano europeu ocidental. A data marcava um dos mais sagrados dias judaicos, o Iom Kipur. No Dia do Perdão, que marca o fim dos Dias de Arrependimento e o início do novo ano, perdoam-se os pecados humanos e se reafirma a aliança com Deus. Não se trata de uma festa alegre, mas de um rito sóbrio de jejum e auto-negação, que começa com visitas ao cemitério e termina com a oração do *N'iloh*. A palavra hebraica *N'iloh* significa fechamento, e se refere originalmente ao fechamento dos portões do Templo. Mais tarde, após a destruição do Templo, ela se imbuiu de um significado mais celestial, indicando o fechamento do acesso ao Céu. É um momento de passagem do ano que sela o destino humano.[1]

---

1. Hayyim Schauss, *The Jewish Festivals: History and Observance*. Nova York: Schocken Books, 1975, p. 154.

Na véspera do Iom Kipur, as cidades judaicas do Leste Europeu mergulham no silêncio, como se todas as coisas mundanas se adiassem diante da espera de um recomeço. Joseph Roth, escritor de credenciais vienenses, comparou a cena do ritual do Iom Kipur à de um funeral judaico. "Súbito, as ruazinhas escurecem porque de todas as janelas jorra a luz das velas e as lojas são fechadas com urgência e uma precipitação receosa – e de maneira tão indescritivelmente hermética que se pode imaginar que só voltarão a ser abertas no dia do Juízo Final. […] Agora se acendem as luzes para todos os mortos; outras são acesas para todos os vivos. Os mortos são deste mundo; os vivos, um passo do além. Começa a grande oração. […] Das milhares de janelas irrompe o grito de oração, interrompido por melodias calmas e suaves do além, um canto ouvido do céu."[2]

Em 1915, o silêncio e as luzes palpitantes do Iom Kipur foram extintos pelo caos da fuga russa e a iminente chegada dos alemães. O chefe da equipe do distrito militar de Vilna era Paul von Rennenkampf, general russo de origens aristocráticas báltico-alemãs, que tinha, junto com as forças alemãs e de outros países, liderado as tropas tzaristas na supressão da Rebelião dos Boxers na China na virada do século XX. Nos primeiros dias de guerra, o protestante Rennenkampf costumava rezar na única igreja luterana de Vilna pela saúde do tzar e a vitória das armas russas. Dessa vez, porém, a única esperança do alto comando tzarista era retardar o inevitável: o Décimo Exército Russo, que se arrastava para defender a Lituânia, não era páreo para o seu primo militar melhor equipado, o décimo exército alemão, que se projetou na direção de Vilna no verão de 1915.

---

2. Joseph Roth, *The Wandering Jews*, trad. Michael Hofmann. Nova York: W. W. Norton, 2001, pp. 40-43. Utilizou-se a tradução de Marcus Tulius Franco Morais de *Judeus em exílio*. São Paulo: Mundaréu, 2017, pp. 55-56. [N. T.]

O desespero russo se tornava evidente nas ordens militares contraprodutivas que tentavam fazer a cidade sumir do horizonte dos alemães que avançavam. Em agosto, Vilna imergiu na escuridão e numa letargia forçada: a iluminação pública foi eliminada e um apagão total foi imposto às janelas de todas as casas viradas para o oeste. As autoridades russas proibiram também todas as reuniões sociais e atividades culturais, fixando severas restrições à circulação de civis nas ruas. As medidas se revelariam inúteis; tão logo os alemães atravessaram a linha de frente, mal protegida, a confusão, regida pelo pânico, se instaurou.

Após a queda de Kowno no fim de agosto, *Wilna* se preparou para a evacuação. Havia muito as ruas já estavam lotadas de charretes de refugiados que escapavam para o leste. Agora partia a administração governamental, autoridades e funcionários se aglomeravam na estação ferroviária, estalando de tantos pacotes e bagagem. Levavam consigo estátuas e monumentos, símbolos do domínio tzarista. Paroquianos circundavam as igrejas para evitar que levassem os sinos. A cidade foi interditada, os serviços de correio e telefone foram cortados. À aproximação dos alemães, logo ouviram-se tiros de canhão vindo de três lados. Zeppelins flutuavam por sobre a cidade, atirando bombas sobre as ruas escuras. Os russos em retirada estavam decididos em deixar para trás o menos possível aos alemães que avançavam. Ao cair da noite, as margens da cidade eram incendiadas, pois o fogo 'evacuava' o que a ferrovia não conseguia. O governo procurava mobilizar todos os reservistas locais, de maneira que a mão de obra não caísse nas mãos do inimigo. Rapidamente, todas as medidas previamente planejadas se diluíram em pânico. Equipes de incêndio punham fogo nas casas, fazendas e casarões, saqueando, pilhando e empurrando as pessoas à força para o leste. No dia 9 de setembro de 1915, o chefe do exército ordenou que todos os homens entre 18 e 45 anos se retirassem junto com as tropas. Quem fosse capturado pela polícia era enviado a centros de arrecadação para ser transferido para longe. A intensificação do bombardeamento dos zeppelins, que danificaram a estação ferroviária e atiravam explosivos a esmo, era o anúncio do fim. Os últimos regimentos russos e os cossacos deixaram a passo de marcha uma cidade que parecia morta. No intervalo onírico antes da chegada dos soldados alemães, a vida começou lentamente a se refazer, com a organização, por parte dos habitantes locais, de comitês cívicos, polícia e jornais. O último adeus das forças tzaristas foi o som de explosões, causado por pontes mandadas aos ares.[3]

Nas primeiras horas do dia 19 de setembro, enquanto os últimos soldados russos fugiam da cidade, cento e vinte anos de domínio tzarista chegavam ao fim. Por um breve momento, residentes locais assumiram o poder, até o exército alemão chegar e exigir os despojos.

O alto comando alemão, assim como Napoleão em 1812, viam na tomada de *Wilna* uma vitória estratégica. Ela abria, segundo o general Erich von Ludendorff, a possibilidade de se terminar a guerra com "uma derrota decisiva dos exércitos russos."[4] Apesar das grandes esperanças de Berlim, o avanço alemão na Frente Oriental não trazia nenhuma perspectiva de paz. No fim de 1915, a frente teuto-russa se estabeleceu ao longo das margens norte e oriental da Lituânia, tornando *Wilna* uma localidade de fronteira.

A partir dos territórios ocupados da região *Severo-Zapadnyi*, noroeste do império russo, os alemães criaram o território *Ober-Ost*.[5] Dentro de seus confins, o fracassado estrategista militar Ludendorff – àquela altura nomeado chefe do comando no Oriente – se concentrou no grandioso "trabalho alemão para a civilização." "A monotonia da guerra de trincheira," escreveu o general, "foi aliviada sobremaneira pelo emprego dos homens na indústria. Simpatizei com esse sentimento, e fiquei contente em encontrar um novo campo em que pudesse servir à Pátria. Uma atividade muito estimulante me coube, e absorveu toda a minha atenção. Sentimos que trabalhávamos pelo futuro da Alemanha, mesmo em terra estrangeira."[6]

---

3. Vejas Liulevicius, *War Land on the Eastern Front: Culture, National Identity and German Occupation*. Cambridge: Cambridge University Press, 2001, p. 19.
4. Erich Ludendorff, *My War Memories*, vol. 1. Londres: Hutchinson & Co., 1919, p. 175.
5. Em português, "leste superior".
6. Ibid., p. 243.

Na Lituânia, Ludendorff vislumbrava o futuro da *Vaterland* à luz heroica das tribulações nacionais alemãs. Nessa perspectiva, a visão de Kowno, onde estabeleceu o quartel-general militar da região *Ober-Ost*, se transformava num panorama histórico das obras da civilização alemã:

> Na margem mais distante do Niemen, ergue-se a torre de um velho castelo alemão dos Cavaleiros Teutônicos, símbolo da civilização alemã no Oriente e, não longe dele, há um memorial dos planos franceses para a conquista do mundo – aquela colina em que Napoleão esteve em 1812, enquanto observava seu grande exército cruzando o rio.
> Minha mente foi invadida por memórias históricas irresistíveis; ordenei que se retomasse, no território ocupado, aquele trabalho civilizatório a que os alemães haviam se dedicado naquelas terras por tantos séculos. Sua população, formada como é por um misto de raças, jamais realizaria nada por vontade própria e, abandonada a si mesma, sucumbiria à dominação polonesa. [...] Um futuro brilhante de prosperidade garantida parecia se abrir à nossa Pátria.[7]

Unir a futura prosperidade da Alemanha à história do território conquistado era mais exitoso que fazê-lo servir às necessidades presentes do império. Apesar da proximidade histórica e geográfica, a *Ober-Ost*, aos olhos dos oficiais alemães, era *terra incognita*:

> O país se encontrava devastado devido à guerra, e só onde estabelecemos zonas de ocupação por algum tempo é que havia algo que se parecesse com ordem. [...] A população, exceto a de origem alemã, se manteve à distância de nós. Os distritos alemães, em especial os bálticos, deram as boas vindas a nossas tropas. Os letões eram oportunistas, e aguardavam o desenrolar dos acontecimentos. Os lituanos acreditavam que chegara o momento da libertação e, quando os bons tempos que haviam imaginado não se materializaram, devido às cruéis exigências da guerra, eles se tornaram de novo desconfiados e se voltaram contra nós. Os poloneses eram hostis, pois temiam, com certa razão, a instauração de uma política pró-lituana da nossa parte. Os rutenos brancos não tinham importância, pois os poloneses os haviam espoliado de sua nacionalidade e lhes dado nada em troca. No outono de

---

7. Ibid., pp. 210–212.

1915, pensei que seria bom ter uma ideia da distribuição dessa raça. Em princípio, eram literalmente impossíveis de ser encontrados. Depois, descobrimos que eram um povo amplamente disperso, aparentemente de origem polonesa, mas de um nível tão baixo de civilização que seria necessário muito tempo para que pudéssemos fazer algo por eles. Os judeus não sabiam que comportamento adotar, mas não nos criavam problemas, e éramos pelo menos capazes de conversar com eles, o que era quase impossível com os poloneses, lituanos e letões. As dificuldades linguísticas pesaram muito a nosso desfavor e não podem ser subestimadas. Devido à escassez de obras alemãs de referência sobre o assunto, sabíamos muito pouco sobre o país e o povo, e nos encontramos num mundo estranho. Numa região tão grande quanto a Prússia Oriental e Ocidental, a Pomerânia e Posen todas juntas, víamo-nos diante de uma tarefa espantosa. Tínhamos que construir e organizar tudo do zero.[8]

Como no passado, a reorganização dos territórios conquistados começava com o saque, o que, nas palavras de Ludendorff, "foi realizado da maneira mais ordenada possível, embora um pouco de confusão tenha sido inevitável."[9] A confusão, entretanto, não deveria ser imputada à inadequação ou ineficiência da ordem alemã, mas às "lamentáveis condições impostas pelas exigências da guerra." Contudo, "para o indivíduo que sofre, não interessa *como* perde sua propriedade. Ele nada entende das necessidades da guerra e, portanto, está sempre pronto a falar dos bárbaros métodos militares do inimigo."[10]

Enquanto Kowno alimentava sonhos de glória, *Wilna* os desafiava, na medida em que "dificuldades extraordinárias ainda precisavam ser superadas."[11] Tais dificuldades surgiam nem tanto da inabilidade alemã em controlar as exigências da guerra, como da intrincada localização geográfica da cidade. Entre Kowno e

---

8. Ibid., pp. 221-222.
9. Ibid., p. 211.
10. Ibid., pp. 211-212.
11. Ludendorff, *My War Memories*, vol. 2. Londres: Hutchinson & Co., 1919, p. 154.

Wilna, observou o escritor Alfred Brust,[12] que chegou à Lituânia integrando as fileiras do exército de ocupação, "a dogmática divisão de Ocidente e Oriente perde o sentido, pois tudo – religiões, línguas, culturas, povos, histórias e estilos arquitetônicos – aqui se entrelaça."[13] Kowno, notou Richard Dehmel, censor da imprensa alemã nos territórios do *Ober-Ost*, "pouco difere das cidades provincianas da Prússia Oriental... e o panorama da cidade me faz lembrar de Veneza com suas lagunas ao invés de Moscou ou Petersburgo. A verdadeira Rússia só começa em *Wilna*, a cidade de uma centena de igrejas e um milhar de bordéis. Mesmo ali, porém, predominam os espíritos lituano e polonês."[14]

Segundo as estatísticas russas, Vilna tinha quase 200 mil habitantes logo antes da guerra, aproximadamente 40% dos quais eram judeus, mais de 30% poloneses, cerca de 20% russos, enquanto o resto consistia em pequenas minorias de lituanos, bielorrussos, alemães e tártaros. A situação demográfica se modificou dramaticamente assim que começou, na primavera de 1915, a contra-ofensiva alemã. Embora a maioria dos russos houvesse evacuado a cidade, ela foi inundada por milhares de refugiados do interior da Lituânia. Muitos desses refugiados eram judeus forçados a abandonar suas casas sob ordens da administração russa, por serem potencialmente "simpáticos ao inimigo."

A ocupação alemã de Vilna foi inicialmente anunciada em três línguas: alemão, russo e polonês. O general Pfeil, comandante do exército de ocupação, alardeou o fim da tirania tzarista: "As forças militares alemãs impeliram o exército russo para fora do território da cidade polonesa de *Wilna*. Várias divisões do exército alemão entraram na notável e lendária cidade de *Wilna*.

---

12. Brust nasceu em 1896 e morreu em 1934.
13. Alfred Brust, *Die verlorene Erde*, conforme citado em Dietmar Albrecht, *Wege nach Sarmatien – Zehn Kapitel Preussenland: Orte, Texte, Zeichen*. Munique: Martin Meidenbauer, 2006, p. 174.
14. Richard Dehmel, *Zwischen Volk und Menschheit: Kriegstagebuch*, conforme citado em Albrecht, op. cit., p. 173.

A cidade foi sempre uma pérola dos domínios poloneses... e a Alemanha é amiga desses domínios."[15] No dia seguinte, Pfeil recebeu a visita de representantes das comunidades lituana e judaica, que fizeram objeções ao fato de os alemães terem situado a cidade nos domínios poloneses. *Wilna*, explicaram os delegados, era uma cidade poliglota, capital da Lituânia, com uma população judaica predominante. Em seguida, o general institucionalizou um multilinguismo semi-oficial. Como a língua alemã substituiu o russo como língua franca oficial, a nova administração reconheceu também o uso público de línguas adicionais: polonês, iídiche, lituano e bielorrusso.

A fim de esclarecer a difusão nacional e as perspectivas futuras do lugar, os alemães iniciaram a dominação com um recenseamento. Contaram um total de 140.840 habitantes, divididos em diversos grupos linguísticos baseando-se no princípio da língua materna, com o polonês, em 50%, e o iídiche, em 44%, afirmando-se com as maiores quotas. Juntos, falantes de lituano, russo e bielorrusso contavam menos de 10% da população, com os russos sofrendo a maior queda nos números. Havia também cerca de mil alemães, menos de 1% entre a população civil. A afiliação religiosa da cidade espelhava sua segregação étnica, com mais da metade da população sendo católica e 43% pertencendo à fé mosaica. Ademais, havia minúsculas minorias greco-ortodoxas e protestantes.[16]

As estatísticas revelaram uma paisagem demográfica não muito bem recebida em Berlim. Entre os povos da região ocupada, os alemães favoreceram claramente os lituanos, que consideravam ser menos ativos do ponto de vista político e cultural e, portanto, mais complacentes com o poder alemão. Enquanto a

---

15. Petras Čepėnas, *Naujųjų laikų Lietuvos istorija*. Vilna: Mokslo ir enciklopedijų leidykla, 1992, p. 27.
16. Wiktor Sukiennicki, *East Central Europe during World War I: from Foreign Domination to National Independence, vol. 2*. Nova York: Columbia University Press, 1984, p. 161.

administração imperial tencionava estabelecer um principado lituano avassalado, Ludendorff se preocupava com o fato de que "qualquer príncipe em Vilna acolheria a nobreza polonesa em sua corte, os oficiais do exército seriam poloneses, assim como também a maioria das autoridades civis." Como resultado, só "os alemães prussianos seriam capazes de manter a Lituânia para os lituanos, e providenciar oficiais militares e autoridades civis, que os lituanos seriam incapazes de prover em números suficientes. Estados capazes de existência independente não são produzidos por palavras de ordem políticas, nem pequenas nações conseguem assim se manter vivas. Não me contentava de maneira alguma, portanto, com soluções vagas, que pareciam ser tão perigosas para o futuro da Alemanha."[17]

Essa intensa preocupação com o futuro político da cidade não trouxe alívio para seus habitantes. A administração alemã colocou a Lituânia sob ordens de requisição de alimentos e instituiu exigências de trabalho pesado aos residentes urbanos. Com a redução do abastecimento de comida, ondas de epidemias varreram a cidade. A fim de evitar a disseminação de doenças, os militares rotineiramente proibiam a realização de feiras e determinavam a desinfecção das lojas. Procissões funerárias foram também proscritas e "todos foram forçados a se vacinar contra cólera, sarampo etc., proibidos de mudar de casa, e as prostitutas foram registradas e examinadas."[18] Contudo, tais medidas fracassaram em salvar a cidade:

Os russos haviam deixado um legado de cólera, que fora erradicado em novembro de 1915; mas a privação física daqueles 16 meses gerou uma epidemia de tifo, que grassou desde o início de 1917 ao longo de nove meses, acompanhada parcialmente por um surto de disenteria. No verão daquele ano, era raro uma casa em Vilna não ostentar um sinal vermelho avisando ao público de que a contaminação chegara

---

17. Ludendorff, op. cit., *My War Memories*, vol. 2, pp. 153-155.
18. Petras Klimas, *Iš mano atsiminimų*. Vilna: Lietuvos enciklopedijų redakcija, 1990, p. 45.

ali. Casos urgentes costumavam ter de esperar dois ou três dias até que a ambulância pudesse transferi-los para o hospital de isolamento, e em geral ela chegava tarde demais. As pessoas tinham que fazer fila para obter caixões. Os carros fúnebres eram incapazes de fazer frente à demanda, de maneira que os caixões eram enfileirados no pavimento, à espera das carroças sobre as quais eram depois empilhados. Vilna se transformou numa cidade dos mortos, e os que ainda por ela perambulavam se sentiam como meros fantasmas.[19]

A administração alemã teve mais sucesso em salubrizar as ruínas topográficas e cartográficas russas da cidade. A maioria dos nomes de ruas foram traduzidos do russo para o alemão; mas, estranhamente, a Praça Muraviev passou a ser chamada *Napoleon Platz*. A igreja ortodoxa russa de São Nicolau[20] foi convertida num templo protestante a fim de abrigar as necessidades espirituais do décimo exército alemão. O tzar Nicolau II havia orado ali por bênçãos celestes durante os primeiros dias da guerra – o kaiser Wilhem II fez o mesmo ao passar em revista a Frente Russa no verão de 1916.

∽

Apesar da proximidade com a linha de frente, a população multinacional e o futuro incerto, os alemães rapidamente arrogaram a cidade para si. À pluralidade linguística da imprensa local, o comando militar alemão adicionou o próprio jornal, o *Wilnaer Zeitung*. Seu primeiro número foi publicado em 20 de janeiro de 1916, com uma manchete sobre a capitulação de Montenegro. Entretanto, o artigo principal levava simplesmente o título de *Das Deutsche Wilna*.[21]

---

19. Israel Cohen, *Vilna*. Filadélfia: The Jewish Publication Society of America, 1992, p. 366.
20. Antiga igreja católica de São Casimiro.
21. Em português, "A Vilna alemã".

A INTROMISSÃO ALEMÃ

O *Wilnaer Zeitung* foi um produto da ocupação, publicado pelo Décimo Exército para um público-alvo de soldados alemães estacionados na cidade ou ao redor dela. Em suas páginas, notícias militares se misturavam tranquilamente a histórias mundanas do mundo civil, e críticas de peças locais do teatro alemão, iídiche, polonês e lituano tomavam tanto espaço quanto os relatórios dos avanços estratégicos do exército alemão. Toda semana, o jornal publicava o horário dos trens da estação ferroviária de *Wilna* – indicador do seu papel como importante eixo de transporte, conectando a *Vaterland* alemã à Frente Oriental. Em março de 1916, a publicação iniciou uma série de artigos ao gênero do folhetim – vinhetas do quotidiano da vida urbana – sob o título *Wanderstunden in Wilna*,[22] "Essas vinhetas," explicou o editor, "são dirigidas aos soldados alemães de licença, que têm o desejo de explorar melhor a cidade". Eram publicadas uma vez por semana e, inicialmente, assumiram a forma de breves orientações turísticas, indicando atrações locais aos soldados erráticos: a catedral, as igrejas, o bairro judaico, ou os mais interessantes distritos periféricos da cidade. Em poucas semanas, o tom e o formato de tais artigos anônimos se modificaram – transformando-se, de notas de jornal instrutivas e descritivas, em exemplos de escrita literária.

O *Wilnaer Zeitung* era co-editado por Paul Otto Heinrich Fechter, crítico cultural e literário, que, em 1914, escreveu um dos primeiros livros sobre o Expressionismo como corrente artística. Fechter nasceu em 1880 na cidade de Elbing, perto de onde também era Forster, na Prússia Ocidental, numa família de negociantes de madeira com estreitas conexões comerciais com a Lituânia. Como tantas outras pessoas talentosas de seu tempo, ele se sentiu atraído por Berlim, a irrequieta capital do Império Alemão, onde estudou arquitetura, matemática e física. Aos 26 anos de idade, doutorou-se em filosofia com uma tese sobre a dialética. Uma profissão acadêmica, porém, não se enquadrava nas

---

22. Em português, "Passeios por *Wilna*".

intenções de Fechter, de modo que passou a se dedicar ao jornalismo criativo, tornando-se um editor de folhetim, primeiro em Dresden e depois em Berlim. Fechter escreveu imensamente sobre teatro e literatura modernos e, no papel de um dos primeiro defensores do Expressionismo, foi totalmente absorvido pela experiência espetacular e frenética da vida de uma metrópole.[23]

Durante a guerra, Fechter evitou o serviço militar ativo, sem porém deixar de compreender de perto as técnicas modernas de guerra.[24] Designado ao cargo de escritor de folhetim no *Wilnaer Zeitung*, Fechter procurou utilizar sua verve criativa tanto quanto possível. As exigências propagandísticas e a severa censura do jornal militar ofereciam pouco espaço de manobra: seu conhecimento da arte expressionista, do teatro moderno e da literatura de alto nível acabava ficando guardado para si. A imaginação de Fechter, contudo, encontrou um minúsculo nicho literário nas narrativas dos *Wanderstunden in Wilna*, onde foi capaz de combinar a sensibilidade artística de um *flâneur* metropolitano com a questão restritiva dos assuntos militares. As vinhetas urbanas foram reunidas num guia e publicadas sob o mesmo título pelo jornal, como sendo de autoria de Paul Monty, pseudônimo de inspiração inglesa utilizado por Fechter. O livro ganhou três edições consecutivas – a última em 1918, ao término da ocupação alemã – e foi oficialmente aprovado pelo comando militar dos territórios do *Ober-Ost*.

Monty/Fechter inicia sua jornada por *Wilna* como uma fuga às responsabilidades militares, o que, ironicamente, abre a possibilidade de uma conquista mais ampla:

Neste mundo, o direito de conquistar cidades estrangeiras é um privilégio reservado apenas aos poucos governantes e líderes militares corajosos, embora todo viajante possa exitosamente dominar cidades desconhecidas caso se aperfeiçoe na arte de andar sem destino. Se o

---

23. Paul Fechter morreu em 1958 em Berlim Ocidental.
24. O irmão mais novo, Hans Fechter, foi um dos primeiros pilotos de submarino da flotilha imperial alemã.

viajante for um estrategista inteligente, ele decerto consultará vários mapas e crônicas antes de se aventurar numa cidade estrangeira. Se o viajante for um artista – e andar sem destino é a forma mais livre da arte – ele abordará a cidade a partir de uma perspectiva completamente diferente. Sem qualquer hesitação, o andarilho urbano permitirá que o ar fresco o guie pelas ruas desconhecidas da cidade remota. Essa maneira de viajar tem o poder de destruir todo tipo de fortificação. Felizmente para o viajante, nossa velha e boa *Wilna* é abençoada por uma brisa perpétua, criando condições perfeitas para um passeio sem fim por suas ruas e praças.[25]

Essa vivência de *Wilna* testemunha uma história não realizada de modernidade e juventude, atributos externos do soldado alemão. "A história da cidade," anuncia o guia, "não tem como ser resumida por crônicas nem livros. A idade do lugar se reflete da maneira mais evidente pelo modo como ele mesmo se expressa. As funções modernas da cidade se definem por suas provações históricas e energia contemporânea. Se o rosto de uma pessoa reflete sua vida e destino, então o caráter de uma cidade se torna visível no traçado geral do lugar." "O mapa de *Wilna*," prossegue o autor do guia, "se parece com o rosto de um velho longevo que jamais verdadeiramente experimentou os mais importantes e cruciais momentos da vida."[26] Segundo o autor, a cartografia em processo de envelhecimento revelava um padrão de regressão histórica:

Wilna, assim como muitas outras cidades antigas, passou por vários incêndios devastadores. Tanto tempos difíceis como a falta de líderes habilidosos sempre comprometeram a total recuperação da cidade. Foi assim que o rosto velho e enrugado da cidade amadureceu: como não havia um plano geral, cada casa foi construída sem considerar os outros edifícios. Assim, uma linha reta se tornava curva e, com o tempo, e

---

25. Paul Monty, *Wanderstunden in Wilna*. Vilna: Verlag der Wilnaer Zeitung, 1918, p. 76.
26. Ibid., p. 9.

devido ao terreno colinoso, essas curvas se transformaram numa teia. Comparando com *Wilna*, a trama intrincada e entrelaçada das ruas antigas de Roma parece coerente e racional.[27]

Esse esqueleto urbano retorcido, continua Monty, "com ruas tortuosas e enlaçadas, não apresenta uma hierarquia de logradouros claramente demarcada," não tendo, portanto, "um coração que regule a vida quotidiana." Em suma, "o mapa da cidade implora por uma incisão," uma cirurgia cartográfica radical que faça penetrar a energia da Europa moderna pelas artérias urbanas entupidas de uma *Wilna* envelhecida.

A regeneração da cidade deveria começar pela eliminação das ruelas estreitas e cheias de meandros da cidade velha e o alargamento das principais vias públicas. Novas avenidas deveriam ser traçadas e praças urbanas em coma precisavam ser reavivadas; os rios rebeldes deveriam ser demarcados e a natureza que tudo engolia tinha de ser domesticada. O mais importante era que a cidade generosamente abraçasse a estação ferroviária – elo essencial da máquina de guerra alemã. Para esse propósito, "as velhas ruas curvas têm de ser endireitadas e alargadas de maneira que o centro da cidade tenha acesso direto à estação de trem. Esse corte nítido criará um eixo urbano principal que harmonizará de imediato o mapa funcional da cidade." Em um tom satírico, Monty opina que o lendário realizador da modernidade urbana "Barão Haussmann, criador dos bulevares parisienses, encontraria bastante inspiração para trabalhar." Mas até que esse momento mágico da transformação moderna chegue, aqueles que visitarem *Wilna* "terão de tolerar a lógica quase inexistente do traçado das ruas, pois navegar por esse incompreensível labirinto urbano só é possível aceitando-se sua coerência anacrônica."[28]

---

27. Ibid., p. 10.
28. Ibid., pp. 10–12.

Como o próprio Monty admitiu, ao seguir essa lógica, o viajante inevitavelmente se encontrará vagueando sem rumo por um labirinto de lugares impossíveis de identificar. "Em muitas cidades, podemos nos orientar lembrando-nos de nomes de ruas e observando a relação geográfica dentre elas. Não é assim que funciona em *Wilna*, onde quem a visita é obrigado a cruzar a mesma rua diversas vezes até conseguir distingui-la das outras."[29] Ademais, embora a cidade possua muitas "praças grandes e pequenas, encantadoras durante a primavera, não há uma praça principal que possa unificar a vida da cidade. Todas as praças, assim como as ruas curvas da cidade, brotaram espontaneamente, sem qualquer função pública clara em mente." Não há nada em *Wilna*, por exemplo, que pudesse se comparar à "Marktplatz de Hildesheim, ao Altmarkt de Dresden ou à Piazza de Florença." A imensa praça da catedral de *Wilna* é "uma aparente protuberância sem delineio, limitada por um lado pela cidade mas, por outro, solta no mato." Não é "nem mesmo uma praça, e sim um parque revolto, um túnel verde que se projeta até a Colina do Castelo e funde a cidade aos jardins privados que a cercam."[30] A intromissão da natureza restringe todas as atividades modernas; como resultado, "o progressivo ritmo urbano contemporâneo ainda precisa invadir as praças de *Wilna*, até agora governadas pela letargia penetrante do passado."[31]

Monty chama a atenção para a diferença entre aquilo que encontra um observador que simplesmente passa pela cidade e o que se revela a quem adentra no quebra-cabeças. "Qualquer pessoa que olhar do alto para a cidade, a partir das colinas que a rodeiam ou de edifícios mais altos, como o majestoso quartel perto da estação ferroviária," afirma o guia, "poderá notar que *Wilna* é uma cidade grande. Muitos viajantes, que por aqui se

---

29. Ibid., p. 17.
30. Ibid., p. 13.
31. Ibid., p. 15.

demoram por apenas algumas horas em seu trajeto rumo a destinos mais importantes, testemunham apenas o espetáculo nada atraente de uma pobre cidade provinciana, de ruas mal pavimentadas. Essa primeira impressão, que é soturna, extingue qualquer desejo por descobrir a cidade. Mas só imergindo em seu território meândrico é que se torna possível explorar a intrincada vida multicolorida da cidade."[32] Por conseguinte, Monty convida os viajantes a se tornarem *flâneurs*, utilizando seu texto como diagrama para encontros urbanos potencialmente intrigantes. Em outras palavras, na ausência de um bom mapa ou de um traçado topográfico moderno, é só por meio de uma perambulação a esmo que *Wilna* é capaz de se enquadrar no espírito progressivo da vida moderna.

O público-alvo do autor e, portanto, as pessoas que potencialmente realizariam o "trabalho de campo" dos itinerários urbanos sugeridos, eram os soldados da linha de frente estacionados em *Wilna* e arredores. O guia não contém informações turísticas práticas, como por exemplo detalhes específicos relativos a hospedagem, alimentação e transporte, pois os soldados não necessitavam de tal conhecimento. Suas acomodações e comida eram providas pelo exército. Havia algumas outras publicações em alemão, publicadas pela mesma gráfica do Décimo Exército, que se concentravam especificamente na paisagem arquitetônica e histórica da cidade, sublinhando sua afiliação à cultura teutônica.[33] Por outro lado, Monty procurava familiarizar os leitores com *Wilna* através de uma série de excursões aleatórias e expressionistas, instigando um maior nível de liberdade pessoal e imaginação.

---

32. Ibid., p. 16.
33. Vide, por exemplo, Paul Weber, *Wilna: eine vergessene Kunstsstätte*. Vilna: Verlag der Zeitung der 10. Armee, 1917.

Com a guerra se tornando mais brutal e se movendo para além das imediações do mundo civilizado, pacífico e familiar, o soldado alemão, nas palavras do historiador Eksteins, passou a perder gradualmente sua afiliação ao ambiente cultural de sua terra natal e a se transformar num personagem ambíguo. "Como agente tanto da destruição como da regeneração, da morte e do renascimento, o soldado tendia a se ver como personalidade 'fronteiriça', paladino da mudança e de uma nova vida. Ele encarnava um viajante que, para cumprir ordens, havia zarpado para os limites da existência, e lá na periferia ele 'viveu' de uma maneira única, nas margens de uma terra de ninguém, no limite das categorias normais."[34] Na frente oriental, essa "personalidade fronteiriça" do soldado foi fortalecida pelo simples fato de ser o conquistador de uma terra estranha e desconhecida. O soldado não só havia viajado para os extremos da existência humana, como também para os confins do mundo alemão. Ali, nos territórios ocupados, ele tinha a obrigação de ser pioneiro, um portador da *Kultur* alemã. Carecendo de um espaço racionalmente ordenado e uma existência metropolitana, *Wilna*, nas palavras de Monty, só "fala às nossas emoções,"[35] o que, ironicamente, faz da cidade o local perfeito para testar os limites da *Vaterland* e da *Kultur* alemãs.

Monty revela tanto um autêntico interesse pelo lugar, como um conhecimento detalhado do mesmo; presume-se que tenha passado tempo razoável na cidade, tornando-se de todo habituado à sua "anacrônica lógica espacial." E talvez sua consciência, ou melhor, seu respeito pessoal pelas complexidades culturais, religiosas e históricas do local tenha feito de Monty um partidário apaixonado da cidade. Ao longo da narrativa guiada sobre *Wilna*, Monty com frequência se refere à cidade como "nossa cidade." O pronome possessivo pode ser simultaneamente interpretado

---

34. Modris Eksteins, *Rites of Spring: The Great War and the Birth of the Modern Age*. Nova York: Anchor Books, 1990, p. 211.
35. Monty, op. cit., p. 81.

como indicação de familiaridade e como sinal de dominação. O Décimo Exército era uma força combatente, e sua longa linha defensiva de trincheiras se estendia pela parte setentrional da frente russo-alemã que havia congelado a algumas centenas de quilômetros a leste da cidade, no fim do outono de 1915. À diferença, entretanto, dos exércitos combatentes alemães na Frente Ocidental, o Décimo Exército era também um exército de ocupação, com responsabilidades administrativas integrais. Como Ludendorff aventou, os soldados do Décimo Exército, em especial os oficiais de alta patente, tinham um dever patriótico duplo: combater o inimigo e colonizar, ou seja, germanizar a região ocupada. Assim, de certo modo, Monty, através de seu guia pouco ortodoxo, tenta aclimatar os soldados alemães à ideia e à prática da dominação colonial. Seus passeios por *Wilna* unem as responsabilidades militares dos soldados combatentes na linha de frente aos prazeres sutis do vaguear pela cidade. Monty ensina aos soldados errantes como se infiltrar nos espaços desconhecidos da cidade sem perder o forte sentido da identidade alemã.

~

A iniciação à cidade começa na estação de trem, lugar intensamente regulado por chegadas e partidas cíclicas porém anônimas. Aqui, no ponto em que, nas palavras de Monty, "Guerra e paz chegam juntas," nem a cidade e nem aqueles "que chegam do estrangeiro" precisam adquirir uma identidade marcada por um sinal reconhecível de seu pertencimento.[36] A estação ferroviária é um local fluido, "um saguão de espera gigantesco onde cada indivíduo é um viajante liberto de sua relação dependente com a pátria e o lar."[37] O soldado alemão, contudo, não é um viajante livre, posto que sua mobilidade é determinada e restrita pelas inconstantes trajetórias da guerra. "O viajante em tempos de

---

36. Ibid., p. 28.
37. Ibid., p. 27.

guerra não é um indivíduo," relembra o autor do guia, "mas um objeto, uma mercadoria viva, forçado a abandonar todos os laços domésticos com a vida quotidiana."[38] É a linha de frente, mais que a vida urbana, que regula a rotina da estação ferroviária:

> A estação de trem de *Wilna* é como qualquer outra estação de trem em tempos de guerra – tudo aqui serve às necessidades da guerra. Não há a mínima indicação de confusão ou desordem: trens militares e civis chegam e partem na hora. E os trens se movimentam em ambas as direções: rumo ao ocidente, na direção de casa, e rumo ao oriente, na direção de novos campos de batalha. A estação ferroviária não pertence totalmente à cidade, pois se conforma às regras e regulamentos da colossal máquina de guerra que governa o mundo inteiro.[39]

Aos olhos do soldado efêmero e subordinado, o ritmo preciso da estação ainda consegue camuflar a proximidade imediata da guerra. O saguão de espera, os horários dos trens, as bilheterias, as salas de entrega de bagagem e tudo o mais que torna uma viagem de trem possível, oferecem conforto tanto aos passageiros militares como aos civis. Na estação, homens e mulheres de todas as idades compartilham do mesmo gesto de ir e vir, ao passo que oficiais e soldados alemães parecem se misturar livremente com camponeses locais e empregados civis. A estação é uma terra de ninguém, mas, em contraste com a linha de frente, ela aparentemente pertence a todos. Concluindo, conforme a visão de Monty, nessa intersecção espacial de Guerra e paz, "destinos individuais se entrelaçam," mas só por um breve momento, para imediatamente se desemaranhar.[40]

No início, o impacto da cidade sobre o destino e a destinação do viajante é mínimo, e é só "do lado de fora da estação, onde a cidade realmente começa," que o soldado se deixa totalmente envolver por sua afabilidade. "Na estação ferroviária," observa

---

38. Ibid.
39. Ibid., p. 28.
40. Ibid.

Monty, "o viajante é um sem-teto; fora dela, ele se vê imediatamente confrontado com o anúncio de sua nova residência. A cidade rapidamente o apanha e o leva embora. A partir de agora, o viajante não precisa procurar mais nada – ele só precisa seguir. E até que o saguão de espera da estação leve o soldado de volta para a guerra, a cidade controla por completo o seu destino."[41]

Do lado de fora da estação de trem, *Wilna* se abre como uma cidade sem nome e sem rosto, lugar desprovido de conexões claras com a Alemanha ou de associações diretas para o soldado. Mas a cada novo encontro o soldado acrescenta uma nova característica à face anônima da cidade. Gradualmente, *Wilna* começa a se parecer com um lar.

Monty chega à desconhecida *Wilna* com um mapa de divisão continental na mente. Por toda parte encontra sinais que o querem expulsar da Europa. Tradições locais, hábitos e detalhes arquitetônicos peculiares são logo identificados numa geografia que antecipa a expansão russa, os espaços asiáticos e as bandas orientais. E mesmo as marcas nativas de modernidade ostentam um quê de distintivamente não ocidental. A recém-concebida Lukischkiplatz na Georgsstrasse, que fazia as vezes de bulevar, é um "típico terreno baldio russo, sem qualquer relação clara com os edifícios circundantes." E à Georgsplatz, situada no meio da área moderna de compras da cidade, "faltam coerência arquitetônica e um sentido europeu de ordem espacial."[42]

É só sob um exame minucioso que a cidade consegue revelar afinidades com o país natal. A igreja gótica de Santa Ana, por exemplo, deleita o visitante alemão com sua "energia arquitetônica que só poderia ser encontrada nas catedrais da Alemanha meridional."[43] Os panoramas pitorescos do alto da Colina do Castelo evocam as palavras líricas do desconhecido porém pre-

---

41. Ibid.
42. Ibid., p. 14.
43. Ibid., p. 40.

sumivelmente reconhecido "famoso poeta alemão."[44] E as ruas curvas e estreitas, cobertas de paralelepípedos, da cidade velha de *Wilna* recordam aventuras de juventude em "pequenas cidades universitárias" da Alemanha que poderiam ser resumidas num tom estudantil familiar.[45] Através dessas referências espaciais e biográficas pertencentes sobretudo à classe média alemã, a espacialidade incompreensível de *Wilna* é abordada com sentimentos de fraternidade e galanteio, até ser finalmente domesticada. Esses fragmentos desvendados de um território familiar garantem aos soldados alemães deslocados uma proximidade geográfica com a terra natal, apesar de que, nessas circunstâncias, a cidade ocupada se apresente como lembrete imperfeito da idílica vida alemã. Assim, Monty considera que *Wilna* se localiza "entre a terra natal e a terra estrangeira", *Zwischen Heimat und Fremde*.[46]

Para o soldado da linha de frente, a descoberta da condição intermediária de *Wilna* é, acima de tudo, uma experiência de aprendizado:

Quando um soldado volta da zona de guerra para a cidade, sua relação com o mundo e as pessoas passa por imensas mudanças. Se o soldado voltasse diretamente da linha de frente, onde levara uma vida primitiva de existência no mato, uma rápida aclimatação à vida urbana é impossível. No fronte, os pés do soldado se acostumam a um terreno lamacento e pantanoso mas, na cidade, ele se vê diante do pavimento sólido da rua. O soldado precisa reaprender o ritmo de caminhar sem pressa, adotando vários movimentos característicos. Nessas circunstâncias, uma prática ordinária, que é o caminhar, se transforma num gesto extraordinário.

Mas se o destino trouxer essa criatura da linha de frente até *Wilna*, ele precisará aprender algo mais: deverá dominar a navegação por passagens estreitas. As ruas principais de *Wilna* são como as ruas de qualquer parte da Europa: as pessoas passeiam por largas calçadas que separam nitidamente a rua dos edifícios. Na Alemanha, chamamos

---

44. Ibid., p. 27.
45. Ibid., p. 87.
46. Ibid., p. 79.

essa parte da rua de *bürgersteig*, posto que já quase esquecemos seu outro nome francês, *trottoir*, que, entre o populacho, ficou conhecido como *trittoir*. Mas como descrever, em alemão, ou em qualquer outro idioma estrangeiro, as incivilizadas calçadas de nossa cidade? Que termo seria capaz de explicar essa prancha estreita ao longo da sarjeta, que continuamente range e se move sob nossos pés: ela de repente sobe e depois some completamente na lama. Claro, raro acontece que essa gangorra pertença toda a uma só pessoa – todos os pedestres desejam utilizá-la. Portanto, desenvolve-se uma dança fascinante com novos movimentos a toda hora: primeiro, saltamos sobre ela, depois, subimos, nos retorcemos e pulamos de novo, tentando manter o equilíbrio. Não é uma caminhada, é uma dança de quadrilha."[47]

Dominar as ruas é essencial para se chegar ao coração da cidade, pois em *Wilna* "há algumas vias e sendas secretas que são conhecidas apenas pelos residentes locais. Essas passagens íntimas conectam inúmeras casas e quintais, porém não podem ser encontradas nos mapas. Seu espírito romântico é uma anomalia em nossa sociedade governada pela abrangência da viagem de trem, mas a nossa ideia moderna de passagens comerciais se originou desses lugares intimamente ancestrais."[48] As alamedas de *Wilna* são como arcadas comerciais modernas, onde a ação jamais cessa.

Toda cidade da Europa tem algumas passagens secretas, que são em geral lugares muito sossegados e desertos. Mas não em *Wilna*! Aqui, até os dias de hoje, as misteriosas galerias de *Wilna* fervem de vida. Ademais, o aspecto mais intrigante de *Wilna* não é que essas passagem estejam sempre cheias de vida, e sim o fato de que cada habitante da cidade as conheça intimamente. Toda a vida comercial da cidade se organiza ao longo dessas vias públicas particulares. É possível comprar qualquer coisa: móveis, salsichas, calçados, camas de ferro, peles etc. Em *Wilna*, essas alamedas são tão importantes para o bem-estar geral da cidade como os grandes bulevares numa metrópole moderna. Nessas vias secretas, a vida ainda está para se tornar história.[49]

---

47. Ibid., pp. 82–84.
48. Ibid., p. 20.
49. Ibid., pp. 22–23.

Através das vielas estreitas da cidade velha, Monty conduz inevitavelmente os seus leitores até o bairro judaico, onde a história é mais vívida. Ao contrário dos antigos dominadores imperiais da Lituânia – os russos – os alemães ficaram fascinados pela vida judaica da cidade. A afinidade linguística entre os idiomas alemão e iídiche tornava mais fácil a confraternização.[50] Aos alemães, porém, os judeus seguiam sendo uma nação misteriosa – um assombro cultural de proporções bíblicas. "No coração da grande cidade de *Wilna*," anuncia Monty, "há uma ilha oceânica onde o povo de Israel leva uma vida isolada. No passado, os portões do gueto mantinham os judeus reunidos, mas hoje as tradições e a fé os mantêm separados do resto da população." Uma viagem por esse atol urbano contava com alguns riscos físicos, tendo em vista que "independente das condições meteorológicas, o céu sobre o bairro judaico está sempre escuro. Um ocidental que acidentalmente aporte na costa dessa ilha é assaltado de imediato pelo mar de sujeira e pobreza. Sua audição se ofenderá por uma dissonância perpétua; e o olfato – bem, o olfato será impiedosamente atacado por todo tipo de odores nauseabundos. Para o europeu errante, um passeio pela vizinhança judaica é um desafio extremo, pois só os residentes locais são capazes de suportar aquela atmosfera de um ranço sufocante."[51]

Nesse ambiente urbano inacessível, desagradável, ameaçador e ofensivo aos sentidos, mas ao mesmo tempo misterioso e quimérico, o soldado-esteta alemão se transmuta de súbito num etnógrafo colonial cuja paciência é em breve recompensada pelo espetáculo febril de um bazar oriental:

No inverno, os habitantes ficam enfiados dentro de suas casas, ao abrigo do frio e do vento. Num dia quente de verão, porém, a rua tortuosa e apertada de calçadas estreitas e pavimento impraticável se transforma num palco. Essa cenografia local é familiar a quem

---

50. O *Wilnaer Zeitung* imprimia inclusive o alfabeto hebraico, de modo que os soldados alemães pudessem ler as placas das lojas em iídiche.
51. Ibid., p. 59.

quer que tenha viajado para o Oriente. Contudo, ao contrário de Tânger ou Argel, onde a massa agitada de gente é dispersada por um sistema de ruas interconectadas, aqui a rua converte as pessoas numa multidão. Nessa rua, em que a vida doméstica flui ao ar livre de todos os cantos, a vida particular reclusa de um único indivíduo se desfaz num episódio comunitário. Inúmeros negócios começam nessas infinitas passagens, pátios e corredores de edifícios: cada canto, alcova ou fenda na parede estoura de atividade. O Gueto inteiro é uma gigantesca praça de mercado, e o comércio, ao qual essa nação é predisposta desde tempos imemoriais, regula cada gesto dos habitantes. A maioria das lojas, contudo, parecem cavernas sem luz ou ar fresco. [...] Ao sairmos do bairro judaico, duas imagens memoráveis persistem: a abundância das cestas de compras e de crianças.[52]

A avaliação etnográfica feita por Monty da vivacidade comercial do bairro judaico desmoraliza a política oficial alemã que procurava regularizar toda transação mercantil. A comida era racionada e a maior parte da população urbana estava quase morrendo de fome; de acordo com numerosos decretos administrativos, porém, quase todos os negócios comerciais, em especial os que envolviam a venda de produtos agrícolas, estavam proibidos. Monty testemunhou, descreveu ou imaginou a ilegalidade ou semi-ilegalidade da vida comercial da cidade, que servia às necessidades básicas de seus moradores pobres e famintos. Em geral, não se tratava de um comércio de larga escala, posto que se fundava no fluxo imprevisível de bens agrícolas contrabandeados do interior da Lituânia. Até as autoridades militares alemãs tiveram de admitir que o "espetáculo" da vida comercial judaica local em tempo de guerra tinha pouco a ver com as tradicionais normas e práticas mercantis dos judeus "orientais". Na verdade, o pobre bairro judaico de *Wilna* pouco servia aos desejos etnográficos da oficialidade alemã. "Certa vez," relembra Hirsch Abramowicz, um dos habitantes da cidade durante a Grande Guerra, "os alemães conceberam uma maneira um tanto original

---

52. Ibid., pp. 59–60.

de explorar a paixão por peixe entre a população de Vilna. Fez-se circular em iídiche, em cada vizinhança judaica, cartazes com a notícia de que, sexta-feira, seria vendido peixe no mercado por dez centavos a libra, em quantidade ilimitada. Na sexta-feira, as pessoas invadiram o mercado aos milhares, mas não havia peixe à venda. Os alemães precisavam filmar uma seqüência de filme da população judaica de Vilna, e essa foi a única maneira encontrada, naqueles dias, para reunir uma grande multidão."[53]

Não obstante, na *Wilna* de Monty, a vida agitada do bairro judaico "continua fervendo ali o tempo todo, até que, de repente, todas as cestas de compras, balanças e crianças desaparecem. A hora do *shabat* faz todas as grutas comerciais fecharem e o habitual estrépito da rua rapidamente silencia. O drama da vida quotidiana finalmente termina."[54] Mas até mesmo esse gesto religioso do ciclo semanal judaico foi dramaticamente alterado pela ocupação alemã. Os regulamentos administrativos alemães não só modificaram significantemente os espaços e hábitos comerciais dos habitantes da cidade, como também forçaram a ruptura da tradicional sacralidade da hora do *shabat*. Periodicamente, por todos os territórios ocupados, "as lojas dos judeus eram obrigadas a permanecer abertas e em funcionamento por várias horas aos sábados. Isso acabou com o temor provinciano de profanar o *shabat*. Os alemães não tinham qualquer consideração por tais sentimentos religiosos e com frequência forçavam os judeus a limpar as ruas, consertar o pavimento, e assim por diante, durante o *shabat*."[55] Apesar das maneiras impostas no sentido de modernizar as tradições judaicas, ou talvez por causa delas, Monty continuou desbravando o bairro judaico em busca das sendas secretas dos judeus religiosos e devotos.

---

53. Hirsz Abramowicz, *Profiles of a Lost World, Memoirs of East European Jewish Life before World War II*. Detroit: Wayne University Press, 1999, p. 193.
54. Monty, op. cit., p. 62.
55. Abramowicz, op. cit., p. 202.

Tão logo termina o primeiro ato, comercial, do drama quotidiano do bairro judaico, começa o segundo ato, o do espetáculo religioso. No intuito de testemunhar esse ato, o soldado-etnógrafo deve romper as barreiras físicas e sociais que o separam dos moradores do distrito judaico. Ele precisa se tornar um dos participantes do evento comunitário e, mais do que simplesmente respeitar e registrar os hábitos religiosos judaicos, deve reencenar esse episódio cíclico de antigas tradições. Por conseguinte, na noite de *shabat*, Monty convida o soldado a se juntar à enigmática cerimônia da "antiga tribo judaica." Mas, primeiro, o herói moderno precisa encontrar o coração espiritual da vida religiosa judaica de *Wilna*: a grande sinagoga, que costuma permanecer inacessível a invasores estrangeiros.

Todos os edifícios cristãos religiosos importantes de *Wilna* são claramente visíveis e fáceis de localizar; entretanto, a célebre Grande Sinagoga se esconde do olhar do viajante. É simplesmente impossível encontrá-la, pois está oculta atrás de casas ordinárias e desinteressantes do bairro judaico. O viajante é capaz de passar por essa casa de Deus uma centena de vezes sem mesmo suspeitar de sua existência. Uma única abertura, um daqueles misteriosos portões de *Wilna*, revela sua localização não sinalizada: o portão do edifício marcado como Deutsche Strasse[56] 12, é o mágico ponto de entrada para o universo ilusório da grande sinagoga.

A melhor hora para adentrar nesse mundo misterioso é ao redor das seis da tarde de uma sexta-feira. A poucos passos dali, a agitada e barulhenta Deutsche Strasse ostenta lojas cheias de vitrines modernas, mas, tão logo o viajante cruza a soleira do portão, ele é imediatamente transportado no tempo para a história antiga. A trilha estreita e tortuosa o cumprimenta com o ar abafado do gueto: as paredes dos edifícios estão enfeitadas com irreconhecíveis letras hebraicas. Multidões imensas de homens judeus devotos se apressam em torno do viajante, mas nenhum edifício próximo indica a presença sagrada da Casa de Deus que causasse tanta comoção. Será possível que essa casa insignificante diante dele, que engole essa procissão de gente, fosse o destino final de

---

56. Em português, "rua Alemã".

sua investigação? O viajante, sem saber ao certo para onde será levado, é obrigado a seguir o fluxo de devotos. Tem que ter paciência e seguir os passos daqueles que acabaram de desaparecer para dentro do edifício. Uma escadaria escura leva para baixo e, então, inesperadamente, torna-se claro o que permanecia oculto por detrás da trilha estreita. Finalmente, encontra-se o Grande Templo! O edifício, como um símbolo do tempo em que a religião forçava seus seguidores a inclinar as cabeças, está profundamente submerso no chão. Os séculos escureceram as paredes, mas a sinagoga conseguiu preservar um incrível senso de reverência e devoção. Perto da sinagoga há uma casa de banho e uma biblioteca, o que faz de todo esse complexo o eixo do universo judaico. Um devoto pode passar a vida inteira sem precisar sair do pátio da grande sinagoga. Sua vida, mantida por hábitos e tradições que ali chegaram vindo de países e séculos distantes, segue a apenas poucos passos do tumulto da guerra da *Wilna* contemporânea.[57]

Ao término da expedição urbana ao epicentro religioso da judiaria de *Wilna*, Monty chega à percepção de que os dois mundos – a cidade e a "ilha judaica" – não só levam vidas separadas, como também se orientam por coordenadas temporais e geográficas distintas. Assim, para o viajante moderno, torna-se extremamente difícil contextualizar esse compacto mundo judaico, que parece eclodir com a mesma fé e misticismo religiosos da Antiguidade. Os judeus que encontrou – jovens e velhos que foram ao pátio da sinagoga por razões religiosas e sociais – simplesmente o ignoram, e o *flâneur* casual deixa o bairro judaico com uma sensação desconcertante de estar deslocado, como se houvesse sido expulso de *Wilna* por alguma força cultural que se recusa a reconhecer sua presença.

Ele tenta a sorte artística e etnográfica num recanto remoto de *Wilna*, o antigo cemitério judaico do outro lado do rio. Via de regra, Monty não tenta situar o mundo judaico existente dentro dos mundos europeu ou alemão, porém, diante dos mortos judeus no ato final de seu "drama judaico," ele se sente obrigado a

---

57. Monty, op. cit., pp. 62–67.

inserir ao menos o passado judaico na cronologia cultural alemã. A ida ao cemitério judaico começa na travessia do rio: vindo do centro da cidade, chega-se ao cemitério com um passeio de barco. Nessa velha e relativamente remota necrópole, uma vez rodeado por túmulos "estranhos, estrangeiros e indecifráveis", o viajante procura circunscrever o universo judaico com as marcas biográficas de alemães célebres. "É óbvio que nenhum defunto cruzou os portões do cemitério há muitas décadas," observa o guia. "Tudo aqui leva a marca da decadência, do abandono e de um passado prescrito. As primeiras sepulturas surgiram na época em que Martinho Lutero era ainda criança – os últimos enterros tiveram lugar aqui no tempo da morte de Goethe."[58]

Após visitar o universo local judaico, Monty se afasta da cidade velha rumo a um dos subúrbios mais exóticos de *Wilna*: Lukischki, ou Lukiškės. Nessa zona semi-rural da cidade, caracterizada por um "espaço urbano tipicamente russo," a Lukischkiplatz, coroamento inacabado de uma avenida moderna, a Georgstrasse, a imponente estrutura de uma prisão tzarista e o rio Wilja, o herói moderno encontra mais um lugar impenetrável da cidade, o assim chamado bairro turco. "Cabe esclarecer desde o início," adverte Monty, "que o assim chamado bairro turco não significa que haja toda uma vizinhança em *Wilna* habitada por nossos fiéis aliados, os otomanos. O nome foi dado a um distrito da cidade ocupado pelos seguidores da fé muçulmana."[59] Mas, tendo em vista a associação com o Islã, o pequeno bairro se transformou em marca oriental no solo setentrional de *Wilna*. "Cruzamos a Lukischkiplatz, uma vasta extensão urbana," continua o guia, "e adentramos no contrastante mundo de um labirinto urbano oriental."[60]

---

58. Ibid., pp. 68–71.
59. Ibid., p. 73.
60. Ibid., p. 74.

Uma investigação minuciosa desse labirinto oriental revela a existência de um espetáculo local menos misterioso mas não menos exótico. Surpreendentemente, só a recém-construída porém despretensiosa mesquita e o velho cemitério muçulmano sobraram como resíduos do antigo "labirinto oriental." O assim chamado recanto turco nada mais é que um pitoresco vilarejo a poucos quarteirões de distância do centro da cidade: "Se pavimentos de pedra e casas de tijolo são indicativos de um centro urbano, então sabemos que, aqui, nos encontramos numa verdadeira aldeia, cercados exclusivamente por casas de madeira, cercas compridas, e fachadas cobertas por decorações fantasticamente esculpidas em madeira." Ao contrário da zona judaica, que perceptivelmente existe para além do perímetro da guerra, essa vizinhança, que vem abrigando os tártaros muçulmanos desde o século XV, foi totalmente reestruturada pelo espectro da guerra. A curiosidade de Monty pela população muçulmana da cidade se deve à consciência geopolítica do papel do Império Otomano como aliado chave da Alemanha no conflito em curso. Ele explora o vilarejo em busca de garantias visíveis dessa aliança. Infelizmente, é recebido por uma silenciosa indiferença. As necessidades da guerra condicionam no entanto todo o seu olhar e, ironicamente, as casas de madeira com graciosos detalhes esculpidos não estimulam apreciação estética, mas provocam uma resposta estritamente utilitária. "Em tempos de guerra," conclui Monty, "não se pode deixar de pensar que todas essas construções de madeira seriam extremamente úteis se transformadas em lenha. Mas parece que os moradores locais protegeriam com fervor cada detalhe esculpido de suas casas."[61]

Finalmente, o enclave rural não fornece a desejada experiência oriental, de modo que Monty se retira na direção de um local mais promissor e enigmático, o pequeno cemitério muçulmano

---

61. Ibid.

situado junto ao bairro. Ali, ele tece um breve e empático comentário sobre o triste destino histórico dos soldados tártaros deslocados, trazidos desde sua Crimeia original séculos antes:

> Uma estranha sensação nos invade ao contemplar as fileiras de sepulturas estrangeiras ofuscadas pela cúpula altiva da igreja cristã da prisão ao lado. Alta por cima dos túmulos se eleva uma cruz cintilante, símbolo imperial que domina sobre o crescente órfão da mesquita. Os ancestrais dos habitantes locais foram prisioneiros de guerra cujo sonho de instituir um cemitério constitui o último vestígio da fé islâmica. Tristeza e pesar pairam sobre a mesquita e por todo o distrito turco.[62]

Confrontado com os mortos historicamente distantes, Monty deixa essa "melancólica vizinhança" e conclui o passeio pela cidade com as seguintes notas: "Do outro lado do rio" e "Por cima dos telhados" se relacionam literalmente às alegrias e perigos de se perder pelas atrações da cidade estrangeira. No final, suas perambulações poéticas e geograficamente imprecisas pela cidade produzem um efeito contraditório. Enquanto cumpriam a função de familiarizar os soldados alemães com os traços mais exclusivos e secretos da cidade, elas também restabeleciam uma distância emocional entre o conquistador-artista e os moradores do lugar. Aparentemente, o "novo lar" não só é populado por gente desconhecida, como também é assombrado por diversas memórias fantasmagóricas de casa.

Inicialmente, os passeios de Monty envolviam uma pura atividade física – divagações livres pela cidade, desprovidas do peso de memórias pessoais ou de conhecimentos pré-existentes sobre o lugar. Simultaneamente, o intuito era o de desvelar os mistérios da cidade. Ao contrário da conquista militar, que normalmente é um ato coletivo que implica em certo grau de planejamento, perambular é supostamente um ato individual de conquista de uma dimensão espacial. Ekesteins, contudo, nos lembra de que, durante meados da Grande Guerra, a "guerra se tornou cada vez

---

62. Ibid., pp. 75–76.

mais uma questão de força interpretativa individual," e o itinerário ao redor de *Wilna* proposto por Monty parece se adequar a essa ideia.[63] A cada nova viagem, nova aventura e nova formação, a relação entre o soldado e a cidade se torna menos anônima, e o limite entre os dois, menos nítido e preciso. O protagonista das excursões por *Wilna* acaba por considerar progressivamente mais difícil separar a cidade ocupada de sua anônima cidade natal alemã, melancolicamente evocada. O corpóreo e o irreal se fundem em um caráter surreal sedutor e perigosamente hipnótico, e o soldado viajante começa a vivenciar nervosamente a cidade, ao invés de apenas contemplá-la. A proximidade imediata da cidade e a exposição prolongada a ela provocam uma eclosão emocional que conduz a uma perigosa perfuração no mundo interior do soldado.

Numa das passagens mais autobiográficas do guia, Monty mapeia uma breve viagem por sua sala de estar. "Não posso identificar o itinerário desta viagem," declara o escritor, "pois o trajeto é muito curto e, ademais, não se presta ao uso público. Preciso apenas me levantar da minha mesa e me aproximar da janela do meu quarto, e posso ver todas as atrações de *Wilna*. Toda a cidade se situa num vale que se estende entre nossa pequena colina particular e a Colina do Castelo. Minha janela emoldura e simultaneamente reflete esse espaço infindo de proporções russas. Daqui, meu olhar pode facilmente deslizar pelos telhados, frontões e torres da cidade."[64] Mas ao invés de examinar as maravilhas panorâmicas dessa "vastidão russa", Monty se concentra nas cenas íntimas que populam os pátios e apartamentos da cidade exposta. Devagar, mas sempre, sua evasão *voyeurista* gera uma dolorosa auto-descoberta. Tão logo se conquistam os quadros privados da cidade, o autor-viajante se vê rodeado pelo espectro brilhante do lar. Não se trata da aparição gloriosa e extática da

---

63. Eksteins, op. cit., p. 212.
64. Monty, op. cit., pp. 78–79.

Vaterland encontrada pelo Marechal Ludendorff em Kowno, mas uma visão perturbadora e desnorteante, um delírio que só pode levar à crise pessoal. Ao se tornar mais familiar, a cidade inflama as emoções. O *voyeur* triunfante se torna fugitivo, vítima de sua própria curiosidade, que inesperadamente se transforma em atração fatal. Sob um exame minucioso, *Wilna* se converte em sereia, e seus efeitos hipnotizantes sobre o soldado podem ser comparados ao estágio final da febre tifoide – doença que ceifou tantas vidas no fim da Grande Guerra – descrito por Thomas Mann como "debilitação [...] em sua pior forma," quando "ninguém é capaz de dizer se a mente do paciente mergulhou no vazio da noite ou se ela se tornou estranha a seu próprio corpo e saiu para passear por sonhos remotos, profundos e silenciosos, desprovida de sinais visíveis ou sons audíveis. O corpo jaz em apatia total. Esse é o momento da crise."[65] A fuga – dose de realidade – é a única solução para essa relação doentia entre cidade e soldado:

> Uma sensação incomum toma conta do soldado que fita do alto a cidade. Após passar meses embrenhado na floresta, as luzes e sombras da cidade mexem com suas memórias. Como se acometido por uma alucinação, o soldado vê as ruas e as praças de sua cidade natal. A guerra gerou um fenômeno, algo que se revolve entre a pátria e a terra estrangeira.
>
> Após sobreviver a todas as estações do ano no mato – depois de um ano na linha de frente – ganhamos um desejo incontrolável pela cidade. Queremos ver ao menos casas não danificadas, de telhados intactos e vidraças inteiras. Sentamo-nos junto à janela e olhamos para essa cidade – cujo nome jamais quisemos saber – e sentimos como seu ritmo rege nossa vida. O mistério da cidade se desdobra: desconhecida mas tão querida, estrangeira mas tão íntima, a cidade se despe diante do nosso olhar. Estranha mas familiar, essa cidade lá embaixo fala com os nossos sentimentos. Seu corpo de pedra se torna menos enigmático; mas sua alma, sua voz interior, iluminada pela luz brilhante do meio-dia, permanece em silêncio. É só depois do escurecer

---

65. Thomas Mann, *Buddenbrooks: the Decline of a Family*, trad. John E. Woods. Nova York: Knopf, 1993, p. 643.

que ela lentamente começa a se aproximar. No escuro, quando o brilho das velas do *shabat* nos atinge a partir de janelas descobertas e começa a pairar na quente noite de verão um suave murmúrio dos lares de seus habitantes que, devido à guerra, estão proibidos de sair às ruas, nossos sentimentos, seduzidos por tais segredos, se acalmam. Seria contudo muito melhor se nossas emoções pudessem permanecer intactas, de modo a podermos abandonar todos esses murmúrios e sussurros e voltar ilesos para a escuridão da noite.[66]

Tal ligação sentimental e torturadamente estrangeira por *Wilna* – uma raridade na época – teria de ser contrastada com a relação mais prosaica entre a cidade e seus ocupantes alemães, os quais, em algumas ocasiões, se comportaram de maneira intensa dos pontos de vista físico e emocional, assim como as oníricas invasões urbanas sugeridas por Monty. *Wilna*, como qualquer outra cidade do fronte, tinha casas de tolerância e, para muitos soldados alemães, seus breves encontros continham óbvios aspectos sexuais. Nesse caso, a relação entre os dois "parceiros" era mantida em memórias particulares e pessoais, posto que o exército alemão e a censura social não permitiam que a discussão de tais assuntos chegasse ao público na *Vaterland*. É difícil avaliar a extensão dessas relações socialmente assimétricas, mas parte da interação entre as mulheres do lugar e os soldados alemães se baseou mais numa co-dependência uniforme quanto aos aspectos social e material. Por exemplo, Lucien Finance, um alsaciano que servia o exército alemão em *Wilna*, se casou com uma local. Suas reminiscências da cidade, registradas em 1995, indicam um grau razoável de reciprocidade entre as moradoras polonesas e os soldados alemães. Os comandantes militares alemães, aliás, não tinham confiança nos latinizados "homens da Alsácia-Lorena... portanto eles eram, em geral, enviados para o Leste."[67] Assim, vários alsacianos "não confiáveis" ficaram estacionados em *Wilna* e arredores, e talvez só esse fator baste, como Finance sugeriu,

---

66. Monty, op. cit., pp. 79–82.
67. Ludendorff, *My War Memories*, vol. 1, op. cit., p. 137.

para explicar o maior grau de sociabilidade dos soldados alemães para com a população local. No final das contas, os alsacianos, assim como a maioria dos habitantes da cidade, possuíam uma identidade de fronteira: a maior parte deles era bilíngue e sua lealdade nacional dependia sempre da sorte imperial e dinástica de forças europeias contrárias.

Enquanto realizava uma viagem particular por Berlim e Königsberg, Finance, oriundo da pequena cidade alsaciana de Seleste, foi involuntariamente levado para *Wilna*. Ali vivenciou sua primeira batalha feroz, durante a qual, conforme evocou décadas mais tarde, ele "provavelmente cometera coisas terríveis." "Alguém tinha de morrer," narra Finance, "e eram eles, os russos, ou eu." Após a "defesa heroica" da Ponte Verde de *Wilna*, o comandante de Finance quis indicá-lo para a Cruz de Ferro. Mas ele ligava menos para a vaidade militar do que para a sobrevivência pessoal: "Disse-lhe que não precisava da Cruz de Ferro. Ao invés disso, pedi-lhe que me ajudasse a me manter longe do fronte. O comandante prometeu empregar-me em seu escritório, pois, conforme explicou, 'um homem tão corajoso merece o nosso respeito!' Por conseguinte, o capitão me colocou no setor de contabilidade do quartel-general militar."[68] Devido ao fato de sua coragem ter sido notada, desde o primeiro dia da ocupação alemã de *Wilna* até a retirada final das tropas alemãs em novembro de 1918, Lucien Finance morou na cidade.

Ele logo se apaixonou por Maria, uma polonesa que trabalhava no banco local e, ao término da estada em *Wilna*, eles se casaram.[69] De modo que, nas recordações de Finance, *Wilna* emerge como um lugar onde acontecimentos antes ordinários da vida familiar, mesmo que incomuns, se entrelaçam com a vivência quotidiana da linha de frente: batalhas, ferimentos, mortes

---

68. Jean-Noel Grandhomme, "Vilnius 1915–1918 m. seno kareivio iš Elzaso prisiminimai" em *Metai*, julho de 2000, p. 130.
69. Depois da guerra, Maria se mudou com ele para a França.

súbitas, doença, fome, saque, disciplina, subordinação hierárquica, deserção e assim por diante. Portanto, em suas memórias distantes, detalhes pessoais triviais e experiências íntimas da cidade prevalecem sobre experiências panorâmicas ou heroicas do lugar. Em resumo, para Lucien Finance, como talvez para vários outros soldados alemães, *Wilna* não exprimia nenhum significado diretamente ideológico ou claramente geopolítico. Era simplesmente, como relatou, um local familiar do "outro lado da Europa", para onde foi levado pelas imprevisíveis forças da guerra imperialista.[70]

---

70. Ibid., p. 136.

Nação ausente

> Não é de todo fácil que um estrangeiro consiga compreender o conflito ocorrido pouco tempo atrás entre a Polônia e a Lituânia no que toca à bela cidade de *Wilno*. Se for afeito aos livros de história, ele recordará que *Wilno* já foi a capital do Grão-Ducado da Lituânia e que, em tempos passados, os grão-duques da Lituânia eram ao mesmo tempo reis da Polônia. [...] Em poucas palavras, parece pairar um mistério nessa tal cidade de *Wilno*, onde ora todos são lituanos, ora ninguém.
>
> "Algumas aparências desconcertantes" em *A história de Wilno*

Na parte oriental da Europa, a paz chegou devagar. A assinatura do armistício no Fronte Ocidental, em novembro de 1918, que exigia a retirada alemã de todos os territórios ocupados, só fez alimentar a condição fronteiriça de Vilna. No vasto território deixado pelas forças alemãs – do Báltico ao mar Negro – uma série de estados nascentes tentavam plasmar sua existência política a partir dos despojos da Europa imperial. A Rússia, agora radicalmente transformada pela dupla revolução de 1917 em um estado soviético e flagelado por conflitos civis, terror e fome, estava ávida porém incapaz por restabelecer sua dominação pré-guerra na região. A Alemanha imperial, agora República de Weimar, se encontrava também politicamente fraca, militarmente contraída e demasiado esvaziada do ponto de vista social para fazer alguma notável diferença no rearranjo geopolítico da região, e as potências vencedoras – Grã-Bretanha, França e EUA – estavam demasiado distantes, divididas e descomprometidas para resolver problemas locais de fragmentação nacional e ideológica. Basicamente, o pragmatismo político se tornara a regra do engajamento: o inimigo do inimigo era um amigo, independente da coloração nacional, fundação ideológica ou perspectivas futuras de aliança. No entanto, quase todos os governos, apoiados por potências ocidentais, estavam lutando contra o avanço do exército vermelho, mas a guerra entre os novos estados e no interior deles era tão viciosa quanto aquela que se baseava no combate global entre comunismo e capitalismo. No fim, com a solidificação de vários povos em estados, teorias de internacionalismo e luta de classe foram substituídas pelo conceito de auto-determinação nacional. A Europa moderna estava se tornando um continente de estados-nações – uma colcha de retalhos de diversos países aglutinados por animosidades externas e desconfianças internas. Em grande parte, essa nova Europa recobria a mesma área geográfica da há muito esquecida região da Sarmácia, parte do continente marcada por fluidez espacial e contradições históricas.

Impérios se erguiam como negócios de famílias reais; repúblicas, pelo menos teoricamente, eram questões de assembleias populares. Enquanto o futuro da nação-estado na Europa era discutido pelos vencedores, massas de gente deslocada pela guerra e subsequentes revoluções, fatigadas por anos de privações e doenças,[1] tentavam encontrar um lar. Para inúmeros europeus, a mobilidade geográfica não era questão de opção. A busca de um lar e, em muitos casos, da família perdida, era uma tarefa árdua e sem fim à vista. Para algumas pessoas, as mudanças constantes feitas na cartografia política da Europa produziram um deslocamento diferente: com o surgimento de novos estados, era fácil ir parar num país estrangeiro sem nem mesmo mudar de casa.

Naqueles anos de tumulto geográfico, portanto, o lar era muito mais do que pudesse indicar um mero endereço residen-

---

1. 1918 foi o ano da pandemia de gripe que ceifou milhões de vidas

cial.² Múltiplos deslocamentos acenderam o desejo de viver uma identidade independente de guerras e convulsões sociais. O lar se transformou num lugar enraizado dentro das pessoas, num sentimento de solidariedade comunitária e companheirismo social. A ideia de nação e novas formas de estado oferecia uma espécie de conforto. A nação-estado era uma resposta aos problemas herdados do velho mundo, embora não servisse a todos de maneira equitativa ou idêntica. Numa viagem coletiva de auto-descobrimento, a Nova Europa exigia a renúncia de parte significante do passado de cada um, descartando a memória pessoal e a experiência particular como atributos de uma era passada.

Algumas nações, como a Polônia, emergiram do turbulento processo de criação de um estado moderno como vencedores machucados, instituindo réplicas reduzidas da antiga ordem imperial com um território vasto e diversificado, e uma população heterogênea e multicultural. Outras, como a Lituânia, menos exitosas em atingir objetivos nacionais, ficaram com orgulho ferido, redução territorial, insignificância política e marginalização cultural. Nesse ambiente de oportunidades desiguais, Vilna tentou fracassadamente encontrar um nicho como local de alavancagem, um lugar onde a vida da nação não precisasse se aliar de novo à prática do estado. Essa ideia de originalidade de Vilna no contexto do novo mapa da Europa foi uma ilusão intelectual, defendida por um grupo de ativistas locais que buscavam respostas aos dilemas modernos do caduco reino do Grão-Ducado da Lituânia. Suas explorações filosóficas jamais se materializaram, pois, de acordo com um dos defensores dessa ideia, o caos na cidade do pós-guerra, acentuado por mais uma onda de refugiados e por pressões militares externas e ideológicas, era tão imenso que não havia aptidão social ou política capaz de mudar alguma

---

2. O qual, aliás, poderia mudar da noite para o dia graças à obsessão ideológica de algum novo regime em renomear ruas e lugares.

coisa.³ Em essência, os princípios políticos em vigor da ocupação militar nunca abandonaram a cidade, pois mesmo depois da partida das últimas tropas alemãs nos primeiros dias de 1919, Vilna foi tratada por todos os lados em conflito – os governos polonês, lituano e soviético – como território conquistado.

A questão nacional de Vilna, ou seja, o problema de sua pertinência política, ameaçava o santuário diplomático da Conferência de Paz de Paris, convocada em 1919 pelas partes vencedoras com vistas a cartografar o futuro da Europa do pós-guerra. A questão, contudo, era complexa demais e, ao mesmo tempo, mundana demais para que os líderes das grandes potências fizessem dela uma lição diplomática de reconciliação nacional. Os lituanos reivindicaram *Vilnius* como capital histórica de direito da Lituânia independente; os poloneses rejeitaram tal reivindicação com base nas afinidades culturais e linguísticas de *Wilno* com a Polônia. O regime soviético, em isolamento diplomático, externou a opinião segundo a qual Vilna, embora houvesse feito parte da Rússia, seria naturalmente compartilhada pelos bolcheviques com os povos oprimidos, sobretudo camponeses de origens lituana e bielorrussa. Ninguém perguntou nem quis escutar o que *Vilnè* significava para os judeus.

Mas a disputa diplomática pela cidade ficou no ar, em parte porque nenhuma das partes realmente controlava a região. Num breve período de dois anos, de 1918 a 1920, a cidade vivenciou uma enxurrada de exércitos ocupantes, desde o exército vermelho até legionários poloneses e voluntários lituanos. Os habitantes locais se acostumaram à vida no campo de batalha, e os que eram corajosos o bastante para se aventurar fora de casa assistiam a um verdadeiro espetáculo de lutas entre as diferentes facções beligerantes na segurança de uma colina distante. A violência era casual mas previsível – os bolcheviques visavam os representantes da "burguesia nacional"; os poloneses visavam sobretudo

---

3. Mykolas Römeris, *Dienoraštis*, trad. Vaiva Grigaitienė. Vilna: Versus Aureus, 2007, p. 183.

comunistas e judeus, trazendo o espectro do *pogrom* a cada nova ocupação. Desprovidos de qualquer vantagem militar efetiva, as autoridades lituanas tentavam impor a supremacia linguística governando a cidade em lituano, idioma desconhecido à vasta maioria dos residentes.

Em 1920, a cidade se tornou capital de um principado militar renegado, estranhamente chamado de Lituânia Central, presidido por uma legião de oficiais poloneses insubordinados. Finalmente, em 1922, depois de um plebiscito duvidoso – por ter sido boicotado por muitos não poloneses –, *Wilno* foi incorporada à República da Polônia como centro de uma província polonesa recém-criada. Mas a questão do estatuto nacional da cidade persistia devido à exigência lituana de devolvê-la a seu país. De fato, apesar de ser uma cidade provincial na Polônia, *Vilnius* fora a capital constitucional da Lituânia. Esse conceito legal manteve ambos os países em permanente estado de guerra: a fronteira – na verdade, a linha do cessar-fogo – entre a Polônia e a Lituânia jamais foi ratificada, e não se permitiu que nenhuma rede postal ou de transporte cruzasse essa fronteira. A adoção polonesa da cidade nunca foi abrangente e, mesmo duas décadas depois do fim da Grande Guerra, a contestação do seu estatuto foi observada em *The National Geographic Magazine*. Em 1938, a revista difundiu uma foto com os dizeres: "*Wilno*, filha adotiva da fronteira polonesa."

~

O escritor alemão Alfred Döblin detestava viajar. Seu descontentamento em sair de casa mesmo que por uma breve viagem era, sem dúvida, acentuado pela experiência do isolamento nas trincheiras da guerra no Fronte Ocidental; mas também considerava viajar uma intenção frívola, adequada apenas ao burguês preguiçoso ou ao tolo entediado. Ele se interessava, contudo, pela vida urbana, em especial por sua expressão moderna e metropolitana. Berlim, ou, mais exatamente, o agitado bairro da classe trabalhadora que circundava a caótica praça Alexanderplatz, era o centro de seu universo. Ele vivia num bairro com a esposa e três filhos, trabalhava como médico no escritório de saúde público local e, graças à sua imaginação literária – e seu mais célebre romance, *Berlin Alexanderplatz* – ele tornou a praça sinônimo do *zeitgeist* modernista. A exploração urbana, com todos os acontecimentos imprevisíveis e trivialidades de melodrama, foi transformada em código representacional de toda experiência metropolitana, mas Döblin também fez dela uma forma de artesanato político, uma crítica social à era moderna, desprovida de qualquer nostalgia, sentimentalismo ou banalidade ideológica.

A vida da cidade corre no sangue das palavras de Döblin, delineando padrões modernos de migração urbana. O escritor era um autêntico berlinense e tinha a cidade como lar, embora, como vários dos habitantes da época, não fosse um nativo. Ele nasceu em 1878 na cidade de Stettin, no mar Báltico, onde o pai, Max Döblin, tinha um pequeno negócio. Aos 40 anos, o pai abandonou a família e fugiu com a amante para Hamburgo. Alguns anos depois, teria sido visto nos Estados Unidos. Enquanto isso, a mãe de Döblin, pobre e abandonada, mudara-se para Berlim junto com os cinco filhos. Esse gesto, conforme as palavras do escritor, determinou toda a sua "maneira de ser." A mudança abrupta do relativo conforto da provinciana Stettin para a pobreza abissal da metropolitana Berlim o fez compreender que havia se tornado membro permanente da "nação que era pobre." Anos mais tarde, Döblin ingressou nas fileiras da classe profissional, embora jamais tenha deixado de ser leal aos pobres do mundo.[4]

O escritor cresceu como alemão, mesmo que, assim como recorda em sua autobiografia pós-Segunda Guerra, "tenham-lhe contado em casa, em Stettin, que seus pais tinham origem judaica." Os avós ainda falavam iídiche – mas os pais já falavam alemão, com alguma inflexão polonesa. Döblin percebia um pouco

---

4. Alfred Döblin, *Destiny's Journey*, trad. Edgar Passler. Nova York: Paragon House, 1992, p. 105.

dessa confusão cultural no pai que os deixara, e que ele simultaneamente "amaldiçoava em voz alta e admirava em silêncio."[5] Max Döblin era uma pessoa sem terra natal. Era, nas palavras do filho, etnologicamente "vítima do reassentamento. Todos os seus valores foram reavaliados e desvalorizados."[6] Döblin ansiava por reverter esse nomadismo cultural tentando se reconciliar com o mundo perdido dos ancestrais: "Só na minha geração a memória, inclusive a memória alegre de nossa origem, e o antigo respeito, foi profunda e gradualmente revivificada." E se arrogou um sucesso: "Eu – sobrevivi ao grande reassentamento."[7]

Isso foi um salto substancial, pois, na infância de Döblin, a religião e a etnia da família passaram quase despercebidas. Os pais assimilados celebravam apenas duas festas judaicas – o Rosh Hashaná,[8] ano novo judaico, e o Iom Kipur – e aquilo "era quase a única coisa relativa ao judaísmo que pude observar em nossa família." Na escola, também, "a instrução judaica era duvidosa e antes voluntária. [...] Quanto ao ensinamento, o verdadeiro ensinamento religioso – eu o lia e escutava. Foi, e permaneceu, superficial para mim. Não me afetou emocionalmente. Não me senti conectado a ele."[9]

Durante a Grande Guerra, Döblin serviu como médico no exército alemão, ajudando a aliviar as tragédias humanas que se desdobravam nos hospitais de campo sobrecarregados do Fronte Ocidental. Voltou das trincheiras como pacifista convicto, anti-nacionalista e crítico implacável dos novos regimes políticos da Europa. Escreveu também um romance biográfico sobre Wallenstein, um dos mais cruéis e pérfidos generais da Guerra dos Trinta Anos. O romancista começou a se interessar mais pela política judaica só depois, quando, na "primeira metade da década

---

5. Heinz Graben, "Introduction", em Alfred Döblin, *Journey to Poland*, trad. Joachim Neugroschel. Nova York: Paragon House, 1991, xv.
6. Döblin, conforme citado em Graben, op. cit., xv.
7. Ibid.
8. Em hebraico, literalmente "cabeça do ano". [N. E.]
9. Döblin, *Destiny's Journey*, op. cit., pp. 105–106.

de 1920, algo semelhante a *pogroms* passou a ocorrer em Berlim, na parte oriental da cidade, na rua Gollnow e redondezas." Ao se tornar membro de um grupo de discussão que investigava questões de anti-semitismo, ele foi convidado por proeminentes intelectuais sionistas alemães a participar de uma viagem à Palestina. A proposta teve um efeito atípico sobre Döblin: "Para ser exato, não concordei em ir para a Palestina, mas senti que queria descobrir mais sobre os judeus. Percebi que não os conhecia. Não podia chamar de judeus meus conhecidos que se diziam judeus. Eles não eram judeus na crença nem na língua, eles talvez fossem o vestígio de um povo extinto que há muito tempo havia se assimilado ao ambiente. Então perguntei a mim mesmo e às outras pessoas: onde estão os judeus? A resposta foi: na Polônia."[10]

O escritor-médico partiu para a Polônia no outono de 1924, representando o *Die Neue Rundschau*, revista que publicava a maioria de seus trabalhos literários. Döblin foi incumbido de escrever uma série de relatos sobre os mais diversos aspectos sociais, culturais e políticos da nação-estado polonesa moderna, que seguia sendo um corpo territorial e nacional estranho aos olhos da maior parte dos alemães. O itinerário da viagem de três semanas, paga pela revista, foi definido pelos interesses pessoais e sensibilidades criativas de Döblin. Ele sabia muito pouco sobre a Polônia, e não ardia de vontade de ler tomos de livros acadêmicos, que suspeitava fossem tendenciosos, entediantes e desatualizados. Em suas explorações narrativas por Berlim, ele se baseou na técnica representacional daquilo que chamou de imaginação factual ou *Tatsachenphantasie*, criando uma forma expressionista de realidade fundada no princípio da montagem. Ele explorou e narrou a Polônia de maneira similar. Dois anos após a viagem, Döblin publicou um livro de título simples – *Vi-*

---

10. Ibid., p. 110.

agem pela Polônia.[11] O livro se opunha ao crescente fluxo de publicações antipolonesas e antijudaicas – e ainda tinha a rara qualidade da análise introspectiva.

Ao longo do século XIX, os judeus europeus ocidentais assimilados não raro olhavam para seus irmãos europeus orientais com um misto de ressentimento e fascínio. O etnógrafo Age Meyer Benedictsen, cujo pai fora um rico judeu dinamarquês, visitou a Lituânia na última década do século. Ele pertencia à geração dos pais de Döblin – "as vítimas do reassentamento." A descrição detalhada dos judeus lituanos revela um contraditório senso de superioridade e vergonha, misturado a compaixão e assombro, que os judeus ocidentais em geral exprimiam diante da massa de judeus não assimilados do Leste Europeu:

> Os judeus estão presentes na Lituânia desde os primeiros registros confiáveis, mas nenhum deles quis ou foi capaz de se assimilar aos habitantes nativos do país. Sua presença numerosa, seus preconceitos, seu fanatismo religioso e sua antiga legislação exclusivista tenderam a consolidar sua posição como um elemento completamente estrangeiro no país. Os séculos de convívio antes os distanciaram da raça nativa do que os aproximaram dela, eles não falam a língua do país entre si, mas usam o próprio dialeto hebraico-alemão, não se vestem como o resto das pessoas; embora tenham sido proibidos de usar suas roupas peculiares, eles conseguem se vestir de maneira a se diferenciar das outras pessoas. Não têm amigos nem inimigos, nem interesses comuns com as pessoas. A política dos judeus tem sido sobretudo oportunista, e isso por necessidade; jamais se dispuseram a fazer amigos verdadeiros por medo de fazer inimigos. Eles cuidadosamente escolheram o bairro em que pudessem contar com a maior proteção durante o tempo em que ali morassem, e jamais ousaram confiar na ideia de estar em segurança; eles provavelmente não teriam interesse em viver ali caso sentissem que estivessem morando no próprio país. A Lituânia é o lugar em que os judeus tiveram a mais simples e a mais sincera crença no Messias. Em nenhum outro lugar eles estiveram mais preparados para receber o Redentor do que nesse recanto fora de mão, onde as circunstâncias

---

11. Em alemão, *Reise in Polen*.

lhes permitiram preservar todas as memórias, tradições e hábitos na inteireza de sua obscuridade mística. Até o dia de hoje, os judeus lituanos, com a mesma convicção de séculos atrás, repetem: 'Ele virá seguramente e Ele virá logo.'

Deve-se olhar para o judeu lituano à luz dessa crença inabalável, ou em todo caso atendo-se às propensões hereditárias que baseiam essa crença, a fim de tentar compreendê-lo, pois só assim pode-se perdoar todo o seu estilo de vida; algo grandioso pode até ser identificado nesse povo que, de outra maneira, involuntariamente passa uma impressão desfavorável.

Os judeus lituanos se sentem estrangeiros, meio indigentes em meio a um povo que os evita, toda a sua existência é um desafio contínuo para manter uma posição equilibrada da maneira mais fácil, para ganhar o pão necessário, lutando à sua própria maneira astuciosa no intuito de obter o máximo possível de poder, e pela concepção judaica eles não se preocupam muito se esse poder fará bem ou mal ao país em que vivem. Humilde e desgraçado como o judeu em geral parece ser, o orgulho da raça ainda o habita. Por menos que se importe com a rudeza e o desdém dos infiéis, ele só comete uma traição se for obrigado, e seu orgulho mental não sofre com isso. [...] Sujo, mesquinho e ganancioso de um ponto de vista superficial, o judeu ainda possui o ouro da alma, capaz de cintilar no momento oportuno, e quem se aproximar dele sem preconceitos tolos poderá notar o que há de bom nele, e então as melhores qualidades humanas, simpatia e gentileza se tornam aparentes.

Essa situação discrepante é a causa da posição falsa em que os judeus se lamentam na Lituânia, e há muitos dentre eles que perderam o objetivo de vista, absorvidos pelos meios de atingi-lo.[12]

Na virada do século XX, um número crescente de intelectuais judeus alemães começaram a buscar suas raízes culturais ancestrais nas inúmeras *shtetlakh* da Europa Oriental. Essas descobertas etnográficas, literárias e por vezes genealógicas eram promovidas por uma revista influente com nome sugestivo, *Ost und West*. A revista introduziu o tema da reconciliação entre os dois ramos do judaísmo *ashkenazi*: os europeus ocidentais eman-

---

12. Benedictsen, op. cit., pp. 212-214.

cipados – os *Westjuden* – e os europeus orientais mais tradicionais – os *Ostjuden*. Sua política editorial "falava repetidamente de uma identidade judaica 'harmoniosa', uma identidade que se equilibrasse entre a tradição e a modernidade, entre o Leste e o Oeste."[13] Os contatos sociais entre as duas comunidades aumentaram no período de entreguerras, quando o exército alemão passou a controlar um vasto território russo habitado pelos *Ostjuden*. A guerra e a revista, cujo último número foi publicado um ano antes da viagem de Döblin à Polônia, possibilitou aos "judeus entre 20 e 40 anos romper com o aspecto assimilativo dos pais enquanto se distanciavam do lado negativo da *Ostjudentum*."[14]

A reação inicial de Döblin diante do arquétipo do "judeu polonês" foi marcado por um exagerado sentimento de descrença. Em Varsóvia, no primeiro dia da viagem, ele se viu às voltas com a própria incapacidade perceptiva de situar a identidade judaica no contexto mutante do terreno urbano da Europa moderna:

Estou em pé numa parada de bonde, examinando o utilíssimo diagrama do sistema de transporte, que indica as linhas e rotas. De repente, um homem solitário com uma barba cobrindo-lhe o rosto se destaca da multidão e vem na minha direção: envergando um sobretudo preto em frangalhos, boné preto na cabeça e botas de cano alto nos pés. E logo atrás dele, falando alto numa língua que reconheço como alemão, outro, também de sobretudo preto, um homem enorme, com um rosto largo e vermelho, penugem ruiva cobrindo-lhe as faces e os lábios. [...] Sinto um golpe na cabeça. Desaparecem na turba. As pessoas não prestam atenção neles. São judeus. Estou atordoado, não, apavorado.[15]

Poucas horas depois da primeira visão de um judeu, a angústia etnográfica de Döblin se metamorfoseou em fascínio cultural, e ele logo aprendeu a observar os judeus poloneses no contexto do próprio universo. Ele os seguia por toda parte, até que, em

---

13. David Brenner, *Marketing Identities: the Invention of Jewish Ethnicity in "Ost und West"*. Detroit: Wayne State University Press, 1998, p. 34.
14. Ibid., p. 83.
15. Döblin, *Journey to Poland*, op. cit., p. 7.

Cracóvia – ao término da viagem – considerou a arrogância cultural e práticas sociais dos judeus ocidentais assimilados como sendo insuportáveis e indefensáveis. "Sei o que os cavalheiros iluminados, os *iluminadores judeus*, dirão. Dão risada dos membros 'tolos e atrasados' de sua própria nação, têm vergonha deles. [...] Não sou *iluminador* nem membro dessas massas nacionais, um transeunte europeu ocidental – vejo esses *iluminados* como africanos que se gabam das bolinhas de gude que receberam dos marinheiros, das algemas sujas em seus braços dependurados, das cartolas amassadas novas em folha sobre suas cabeças. Como é pobre, como é esfarrapado, como é devastado pela indignidade e pela falta de alma esse Mundo Ocidental que lhes oferece as algemas; como é que eles poderiam saber."[16] Contudo, típico de sua maneira solitária de ver o mundo, e sem desafiar as próprias lealdades culturais, Döblin se isolou de ambos os tipos de identidade judaica. Escolheu o papel de observador independente, testemunha imparcial dos dois mundos.

～

No papel, a viagem de Döblin à Polônia foi uma investigação sócio-política e jornalística da Polônia independente a cargo da imprensa alemã de esquerda. O escritor tinha fortes conexões pessoais com diversas correntes do movimento socialista, mas jamais se tornou um ideólogo rígido ou funcionário do partido. Suas visões políticas foram influenciadas pelo pensamento anarquista russo e ele era muito crítico para com a função política restritiva e as práticas sociais coercitivas do estado. Fazia também objeções à ideia de nação-estado moderna, e foi à Polônia para ver que "o engano do significado único do estado e o reconhecimento de seu poder persistem."[17]

---

16. Ibid., p. 191.
17. Ibid., p. 240.

A Polônia não mudou a visão negativa que Döblin tinha do estado moderno ou da política nacionalista, embora jamais tenha se virado contra a auto-determinação nacional. A nação-estado europeia, julgava Döblin, tornou-se automaticamente uma estrutura opressiva pois seu caráter nacional era incapaz de abranger a heterogeneidade e diversidade locais. A Polônia rediviva estava longe de ser um país monolítico do ponto de vista linguístico e territorial. As estatísticas do estado, conforme Döblin notou, não conseguiam dissimular seu caráter pós-imperial e multinacional: "Estou com o Almanaque Polonês oficial de 1924; não vou me permitir intimidar pelas estatísticas. De acordo com o recenseamento de 1921, a Polônia atual tem uma superfície de quatrocentos mil quilômetros quadrados, habitada por 27 milhões de pessoas. Dessas, 11 milhões vieram do antigo Congresso da Polônia; 8, da Áustria; 4, da Prússia. Faltam 4 milhões: elas ocupam o 'território oriental', formado pelos distritos de Grodno, *Wilno*, Minsk e Volínia."[18] Cerca de dois terços da população eram poloneses, 14% ucranianos, quase 10% eram judeus, mais de 5% eram bielorrussos, cerca de 2,5% eram alemães, e menos de 0,5% era lituano. Döblin quis explorar o estado polonês recém-reconstituído pelo prisma de sua sociedade polimorfa. Logo se viu perplexo diante da tarefa. "Em breve vou jogar a toalha," anunciou o escritor, "pois não falo a língua, ou melhor, as línguas do país: polonês, ucraniano, bielorrusso, iídiche e lituano."[19]

Desestimulado pela própria insuficiência linguística, o escritor se tornou atento leitor da paisagem. O nascimento da nação-estado polonesa se deu sob o signo da guerra e, ao longo da viagem, ele repetidamente se viu diante de diversas marcas topográficas do conflito pregresso: ruínas, cidades despopuladas, desfiles de veteranos, cemitérios militares etc. Mas sua investigação foi também conduzida pelo espectro de guerras futuras: o

---

18. Ibid., p. 9.
19. Ibid., p. 31.

ódio encontrado entre vários grupos étnicos na Polônia, a desconfiança política dos países vizinhos, a manipulação ideológica das massas, o isolacionismo cultural e, acima de tudo, a veneração internacional pelo militarismo. No meio da viagem, ele cunhou seu lema político: "Os estados de hoje são os túmulos das nações."[20]

Aflito com as descobertas sociais, Döblin – naquela altura ateu auto-declarado – buscou os universos religiosos da Polônia multicultural. Ficou hipnotizado por cada local sagrado e visão espiritual: espetáculos católicos exuberantes, cerimônias ortodoxas russas misteriosas, e adoração hassídica intimista. Nesse caleidoscópio de pluralidade espiritual frequentemente antagonista, Döblin cartografou a direção da viagem: "Será um mundo morto ou um mundo novo? Não sei qual está morto. O velho não está morto. Sinto-me íntima e violentamente atraído por ele. E sei que minha bússola é confiável. Ela nunca aponta para algo que seja estético, ela sempre aponta para coisas vivas e urgentes."[21] Devagar mas sempre, a viagem assumiu a forma de uma peregrinação pessoal.

Döblin deixa a agitada Varsóvia no início dos oito dias do festival de Sucot, a Festa dos Tabernáculos. Essa antiga – e, para o escritor, desconhecida – festa judaica transfere as tradições nômades de um povo do deserto para a topografia movimentada da cidade moderna. A vívida fusão de Leste e Oeste, velho e novo, secular e espiritual o diverte e revela a compatibilidade dos dois mundos:

A Festa dos Tabernáculos está acontecendo logo ali na esquina. Tábuas já estão sendo levadas para os pátios das ruas dos judeus, placas simples, brutas, a serem marteladas e desbastadas na forma desejada. Uma porta é inserida; o teto é coberto por plantas. Em cada pátio crescem cabanas uma a uma. Cada família tem uma mesa com bancos, que eles colocam para dentro. Em vários desses pátios, eles puxam um fio do sistema

---

20. Ibid., p. 151.
21. Ibid., p. 187.

elétrico até o teto do tabernáculo, para iluminar o interior. [...] Agora vão festejar uma festa da natureza nos pátios escuros da metrópole, ao lado de latas de lixo, em terraços na altura dos telhados. Parece-se com um gesto de indestrutibilidade das massas: apesar de tudo![22]

Após uma viagem noturna num vagão dormitório compartilhado, Döblin chega às pitorescas cercanias de *Wilno*. Ele não tem nenhum conhecimento prévio da cidade e, emudecido pela incapacidade de conversar em qualquer um dos idiomas locais, é incapaz de obter informações claras sobre ela dos seus companheiros de viagem. Mas a paisagem em movimento põe a cidade no mapa. Da proximidade incômoda do trem sonolento, *Wilno* inesperadamente surge como um lugar sedutor:

No início do amanhecer, comecei a olhar pela janela do trem. Fui interrompido apenas uma vez, quando meu companheiro brutamontes que dormia acima de mim colocou para fora da cama suas pernas gordas envoltas em meias compridas de lã cheias de furos e, gemendo, calçou as botas enlameadas bem diante da minha cara. Às sete da manhã, a paisagem muda. Torna-se colinosa, ondulante. Até então, ela se esticava homogênea, como uma estepe, às vezes com um prado ou uma fazenda. Agora se torna ondulante, colinosa. Bosques, abetos e florestas caducas são recorrentes. Um edifício parecido com um castelo passa rápido do lado esquerdo, uma ruína. As entradas e saídas dos túneis são vigiadas por sentinelas com rifles; o país se encontra em estado de inquietação. Os jornais relatam ataques dos bolcheviques e quadrilhas anônimas; pressinto de repente que sejam mais que ataques perpetrados por quadrilhas, e sim verdadeiras movimentações de guerra. Arrastamo-nos vagarosamente por uma ponte alta e estreita. Como é maravilhosamente vívida a paisagem. As colinas se transformam em montanhas. O vermelho e o amarelo das árvores que fenecem; entre elas, o verde escuro esfumaçado dos abetos altivos. Fileiras compridas de vagões ferroviários nos trilhos, agitação dentro do trem. Do lado de fora, casinhas, indivíduos, grupos, nas ruas. Estação de *Wilno*.[23]

---

22. Ibid., pp. 70-71.
23. Ibid., p. 84.

Ainda com as memórias frescas da frenética vida das ruas da metropolitana Varsóvia, Döblin sai para passear. Ao redor da estação ferroviária sonolenta e provinciana, *Wilno* parece trivial. As ruas sem direção parecem levar a lugar nenhum até que, após dobrar umas poucas esquinas, Döblin, à deriva, encontra por acaso um portão muito antigo:

Na manhã gelada, passeio ao longo da avenida. Margeada por casas baixas, a maior parte delas velha e miserável. Então, do lado esquerdo, uma rua leva a uma avenida, uma rua meio estreita desprovida de uma verdadeira calçada. Continuo procurando a via principal, imaginando que haja uma. Então o arco de um portão de entrada, alto e considerável, avulta por cima da rua; enquanto ouço cantarem, passo pela velha estrutura, examinando-a. Uma multidão está agachada do lado direito: camponeses, gente da cidade, homens e mulheres, no chão, ajoelhados, curvando a cabeça até embaixo. Mas não são eles que cantam, o canto vem de outro lugar, de cima. E, ao me virar, vejo lá em cima uma capela em cima do arco. E lá, aberta para o lado da rua, um altar, com várias velas acesas e um emaranhado de coisas que não consigo distinguir. As pessoas que passam pela rua seguram os chapéus ou bonés na mão. Também tirei o chapéu por debaixo do arco. Uma efígie milagrosa da mãe de Deus está lá. A Madonna parece viva. Assoma por cima de uma tremenda meia-lua, que se assemelha a um enorme chifre curvo de animal. É visível do peito para cima. Suas roupas sacerdotais são ricamente adornadas. A cabeça coroada se inclina para a direita. As mãos cruzadas sobre o peito. O pescoço estreito emerge das vestes e mantos esplêndidos e coloridíssimos. Então surge uma face estreita e comprida, os olhos abertos como frestas, os lábios fechados. Raios dourados afiados contornam toda a cabeça. Está orando, ou em transe, ou está ouvindo suave e melancólica, ou absorvida em sua tristeza, tentando transcendê-la: não consigo definir sua expressão. A imagem parece insinuante, tocada. Os fiéis aqui tendem a fundir sua dor com a da criatura celestial para então se retirar mais sossegados. É uma grande realização artística que uma tal imagem pudesse ter sido feita e que uma imagem pintada possa servir de exemplo.[24]

---

24. Ibid., pp. 84-85.

Enquanto o encontro de Döblin com a Ostra Brama foi acidental, sua iniciação à fé católica foi um longo processo, que culminou em 1941 com a conversão ao catolicismo. Naquela altura, Döblin estava exilado na Califórnia com a família; a conversão significou uma ruptura, não só com a afiliação comunista e ateísta do escritor, como também com sua herança judaica. Döblin menciona o caminho tortuoso mas resoluto rumo ao catolicismo como uma sequência de revelações não relacionadas entre si: "Há dois tipos de encontro pelos quais devemos ser gratos. Um é o encontro com pessoas que realizam nossos desejos e respondem nossas perguntas. O outro é o encontro com pessoas, ou livros, ou acontecimentos ou imagens, que provocam em nós desejos e incitam em nós perguntas."[25] Os efeitos perceptivos de tais encontros são invisíveis, ou seja, ocorrem de maneira impremeditada e insondável, assim como alguém volta "para a própria casa do seu próprio jeito: desapercebido, simples."[26]

O papel de *Wilno* na conversão de Döblin só pode ser especulativo. Mas talvez seja possível traçar um paralelo entre seu encontro com a cidade e o de outro famoso converso católico, o proeminente escritor inglês Gilbert Keith Chesterton.[27] Chesterton foi ostensivamente batizado em público em 1922, e visitou *Wilno* com a esposa em 1927, durante um suntuoso e bem planejado passeio pela Polônia. A conversão aproximara Chesterton dos ambientes político e cultural das recém-surgidas nações-estado católicas. Portanto, ao contrário de Döblin, Chesterton foi oficialmente convidado a visitar a Polônia como campeão proeminente dos interesses poloneses. O casal Chesterton recebeu boas-vindas grandiosas: na estação ferroviária de Varsóvia, foram cumprimentados por um grande grupo de autoridades polonesas, inclusive vários oficiais de cavalaria que representavam o Marechal Piłsudski.

---

25. Döblin, *Destiny's Journey*, op. cit., p. 109.
26. Ibid., p. 322.
27. Chesterton nasceu em 1874 e morreu em 1936.

Durante a viagem, Chesterton expressou seu entusiasmo irrestrito pela Polônia. No livro de ouro do PEN Club polonês, deixou uma nota lisonjeira: "Se a Polônia não houvesse renascido, todas as nações cristãs teriam morrido."[28] Elogiou também Piłsudski, que descreveu como sendo "muito simpático para com a Lituânia; embora lituanos e poloneses estivessem brigando naquela altura. Nutria grande entusiasmo por *Wilno*; e mais tarde encontrei, na fronteira, um monumento histórico em que poloneses e lituanos são vistos em paz – mesmo quando estão em guerra."[29] Döblin, ao contrário, descrevera Piłsudski como um personagem muito mais ambíguo: "um revolucionário ao estilo de Mazzini... anti-clerical... esquerdista radical... que resolutamente organizou o exército à sua própria maneira... homem fascinante e profundamente apaixonado, um completo anti-parlamentar."[30]

Chesterton se deixou claramente seduzir por *Wilno*, barroca "cidade da concórdia" na região *kresy*[31] da Polônia. Alguns anos após a viagem, numa história autobiográfica, ele transformou a cidade no ponto alto da excursão polonesa. Como era de se esperar, o escritor não observou ou preferiu ignorar todos os sinais de animosidade nacional. Na sua memória, *Wilno* permaneceu como localidade lúdica e inocente:

> Estava guiando na companhia de uma senhora polonesa, muito espirituosa e conhecedora de todo o caráter da Europa, e também da Inglaterra (segundo o bárbaro hábito dos eslavos); e só percebi uma mudança no seu tom, como uma espécie de frieza, quando paramos diante uma passagem sob um arco que dava acesso a uma rua lateral, e ela disse: "Não podemos passar de carro por aqui." Surpreendi-me,

---

28. Gilbert Keith Chesterton, conforme citado em Michael Ffinch, *G. K. Chesterton*. Londres: Weidenfeld and Nicholson, 1986, p. 312.
29. Gilbert Keith Chesterton, *Autobiography*. Londres: Hutchinson and Company, 1936, p. 317.
30. Döblin, *Journey to Poland*, op. cit., p. 33.
31. Em português, "fronteiriça".

pois a passagem era larga e a rua, aparentemente livre. Enquanto caminhávamos por sob o arco, ela me disse, no mesmo tom desbotado: "Tire o chapéu aqui." E então pude ver a rua toda. Estava tomada por uma multidão imensa, todos virados para mim; e todos ajoelhados no chão. Era como se alguém estivesse chegando atrás de mim; ou como se algum estranho pássaro girasse por cima da minha cabeça. Olhei para trás e vi, no meio do arco, grandes janelas abertas, que revelavam um câmara cheia de cores e dourados; havia uma imagem por detrás; mas partes da imagem se moviam como num teatro de bonecos, atiçando estranhas memórias duplas como o sonho da ponte no teatro de bonecos da minha infância; e então percebi que, a partir daqueles grupos em movimento, brilhava e ressoava a ancestral magnificência da Missa.[32]

Enfeitiçado pela magia do lugar e pela agradável companhia, a curiosidade de Chesterton – ou sua memória – não se aventurou para além do portão. Döblin, por outro lado, demonstra interesse maior pela vida quotidiana da cidade. Desorientado mas não menos encantado, ele penetra mais fundo na cidade, até tropeçar em mais um dos mistérios locais:

A rua se chama Ostra-brama. Ela se estende quase silenciosa, os adoradores mal emitem sons. Na esquina, uma equipe está enterrando canos de esgoto no chão. Subo lentamente a rua com suas casinhas e seu lamentável pavimento. São dez da manhã. Mas as lojas ainda estão fechadas. Umas poucas abertas. E então olho para os nomes nas placas e percebo que são as lojas dos judeus que não abrem. A Festa dos Tabernáculos ainda está acontecendo.

A rua se alarga como uma praça. Do outro lado, uma velha caixa de pedra: é o antigo teatro, com carruagens defronte. Ao passar por um cinema, percebo que os cartazes estão em duas línguas: polonês e iídiche. As placas de diversas lojas estão também no alfabeto hebraico, em iídiche. Encontrei isso com frequência em Varsóvia, no bairro Nalewki; mas, aqui, está espalhado pela cidade. Parece haver aqui uma população judaica muito grande ou muito corajosa. Não vejo contudo nenhum judeu, e essa é a segunda coisa. Alguns judeus devem estar andando por aí, mesmo sendo feriado para eles. E agora noto que na

---

32. Chesterton, *Autobiography*, op. cit., pp. 317-318.

verdade os vejo mas não os percebo. Estão em pé ao meu lado do lado de fora do cinema, caminhando de bonés brancos, jovens rapazes e moças; os mais velhos cruzam devagar a praça esburacada, conversando na própria língua. Nenhum deles usa um cafetã! Não vejo ninguém de "capote" preto. Todos se vestem com roupas europeias – mas sem falar polonês. É um tipo de judeu diferente dos de Varsóvia.[33]

Döblin se confronta, mais uma vez, com a própria incapacidade de situar os judeus no ambiente em que vivem. Só dessa vez, sua inaptidão é ainda mais embaraçosa. Se em Varsóvia ele ficara superestimulado pela imaginação excessiva, em *Wilno* a falta dela o cega. Rapidamente, Döblin compreende que, a fim de enxergar o universo judaico de *Vilnè/ Wilno* em sua plenitude, é necessário adentrar no terreno não cartografado da cultura iídiche.

~

Haim Sloves,[34] escritor e dramaturgo iídiche, descreve a paisagem cultural do iídiche – a *Iídichelândia* – como um território permanentemente marcado pela fluidez geográfica: "Existe um país que não figura em mapa nenhum do mundo, um país estranho e desconhecido de uma imensidão quase irreal, cujas fronteiras sempre inconstantes atravessam continentes e oceanos. Trata-se da terra do iídiche. Quantas pessoas reivindicam para si essa língua, de Nova York a Moscou, de Buenos Aires a Varsóvia, de Jerusalém a Paris, de Melbourne a Johannesburgo? Milhões."[35] Devido a sua natureza plural, a Iídichelândia não tinha um centro. Contudo, observadores judeus contemporâneos "costumavam ver Vilna como exemplar da comunidade judaica do Leste Europeu, lugar em que as ricas tradições do passado

---

33. Döblin, *Journey to Poland*, op. cit., p. 86.
34. Sloves nasceu em 1905 e morreu em 1988.
35. Haim Sloves, conforme citado em Henri Minczeles, "A journey into the heart of Yiddishland" em *Yiddishland*. Corte Madera, California: Gingko Press, 1999, p. 7.

poderiam servir como base para uma nova cultura inovadora. Assim como disse em 1930 um palestrante durante a conferência da YIVO:[36] 'para nós, Vilna não é simplesmente uma cidade, é uma ideia.'"[37]

O estatuto de *Vilnè* como eixo cultural ideal para a Iídichelândia se fundamentava na localização geopolítica e linguisticamente indefinida da cidade no contexto do mapa europeu fragmentado das nações-estado. Posto que nem uma única força nacional, linguística, religiosa ou ideológica era capaz de governar incontestavelmente a cidade, os judeus falantes de iídiche puderam plasmar sua própria cartografia urbana, que sobreviveu à maior parte dos regimes reinantes:

De fato, se Vilna tinha uma geografia especificamente judaica, ela fora em grande parte criada pelo uso de um determinado idioma. Enquanto o nome da cidade oficialmente mudava de Vilna para *Wilno* e depois para *Vilnius*, os judeus a chamavam sempre de *Yerushalayim d'Lite*,[38] nome que jamais constou de nenhum mapa oficial. Ademais, os habitantes judeus empregavam a língua iídiche para pleitear sua reivindicação por determinadas partes da cidade, tanto formal como informalmente. Assim como os judeus tinham o próprio nome para Vilna, determinadas áreas da cidade, em particular aquelas localizadas no bairro judaico, tinham denominações distintivamente iídiches. A maior parte dos edifícios se organizavam em torno de pátios ou *hoyfn*, que eram chamados de acordo com o nome de seus proprietários. Por exemplo, o pátio da rua iídiche número 7 era conhecido como Hoyfn Reb Shaul Shiske, e o da rua Yatkever número 8, como Hoyfn Urel-Feygl. Algumas ruas tinham também seus próprios nomes em iídiche, como a rua São Nicolau, conhecida pelos residentes judeus como Gitkes-Toybes zavulek, ou "Alameda do Gitke-Toybe". Visto que a designação dos logradouros mudava frequentemente devido à

---

36. Sigla para Instituto Científico Iídiche.
37. Cecile E. Kuznitz, "On the Jewish Street: Yiddish culture and the urban landscape of interwar Vilna" em *Yiddish Language and Culture: Then and Now*. Creighton: Creighton University Press, 1998, p. 66.
38. Em português, "Jerusalém da Lituânia".

sucessão de regimes – russo, alemão, lituano, polonês – que chegavam ao poder, os nomes judaicos das ruas eram por vezes mais velhos e mais conhecidos do que suas contrapartidas oficiais.[39]

Entretanto, poucos visitantes não judeus, ou mesmo habitantes locais, tinham interesse pela topografia judaica da cidade. Em Varsóvia, um "político polonês nacionalista, muito inteligente e muito pragmático" preveniu Döblin quanto aos "enérgicos, astutos e odiosos *litvaks*", judeus lituanos, que identificava como sendo a principal causa do anti-semitismo polonês.[40] Muitos daqueles que passaram por *Wilno* ficavam com uma sensação palpável de intolerância racial e religiosa. Em 1938, por exemplo, Robert McBride, católico americano, foi ciceroneado pela cidade por um padre polonês ultra-nacionalista, que era também capelão militar. Seu itinerário e, por conseguinte, suas impressões da cidade traem um desprezo por tudo que fosse judaico:

> Em cada cidade polonesa, exceto as do extremo oeste, o gueto é parte integrante da comunidade. Em *Wilno*, ele é mais proporcionadamente uma entidade do que em qualquer outra cidade importante. Aqui, 40% da população é judaica e, aqui, como em qualquer outro lugar, eles preferem a reclusão e o caráter racial exclusivo do gueto à vida fora dele. Nos atuais tempos modernos, nenhuma tentativa foi feita contra a segregação; os judeus preferem viver amontoados em seus próprios bairros, assim como vestem suas próprias roupas ortodoxas pretas e mantêm as faces barbudas. Seu caráter racial e ortodoxia são cuidadosamente guardados, e eles não gozam de nenhuma relação social com os vizinhos poloneses. Aparentemente inassimiláveis, caso mantenham os costumes atuais, eles permanecerão uma raça à parte e serão vistos pelos poloneses como elemento estrangeiro na comunidade. Por que desejam continuar segregados nas ruas estreitas e fedorentas de seus guetos é difícil compreender. Decerto são influenciados por considerações econômicas, de conveniência e de hábito que têm origem na época em que se viram obrigados a viver separados dos vizinhos

---

39. Ibid., p. 67.
40. Döblin, *Journey to Poland*, op. cit., p. 37.

cristãos. A população hebraica de *Wilno* se dedica a todas as atividades comerciais – lojistas, mascates nos mercados, carroceiros e não duvido também que lavem as roupas uns dos outros.[41]

Döblin, claro, é diferente. Após a perplexidade inicial, ele corajosamente adentra no labirinto agitado do velho e miserável bairro judaico. Ele explica sua vitalidade sobrecarregada como sinal de dinamismo:

> Encontro a Avenida Alemã e a Rua Judaica. Aqui, compreendo a língua. Loja após loja, incontáveis pessoas. Judeus transportando, arrastando, parados em grupos. Um raro cafetã, traje europeu em geral provinciano. Vielas muito estreitas, vendedores ambulantes por todos os pátios. As lojas estão abertas, não raro sem vitrines, fileiras de lojas de carne e aves lado a lado. Arcos abrangem algumas ruas. Eles marcam os limites do antigo gueto. Essa é a energia da vida, aqui e na colina do castelo, no rio, onde os soldados treinam.[42]

A aclimatação rápida do escritor à vida urbana judaica se dá junto com uma descoberta mais descontraída da cidade. Ele a considera difícil de compreender, em parte por causa da identidade nacional e política não resolvida. Ele rejeita a cartografia como marca obstrutiva do estado mas, sem encontrar respostas sensatas no próprio local, ele se inquieta:

> Tenho comigo um mapa de *Wilno* da época russa e outro mais recente. Quase todas as ruas e praças foram renomeadas. Em Varsóvia, essa mudança de nomes me deliciou, me exultou; estranho: aqui, fico indiferente a isso. Como se houvesse sido infligida de cima. A mudança não surgiu de dentro, como em Varsóvia. A via principal do centro costumava se chamar Bolshaya, e a do noroeste, Georgievsky Prospekt; agora a Bolshaya se chama Wielka e Zamkowa, e a Georgievsky Prospekt foi rebatizada como Adam Mickiewicz. E ainda há as avenidas Slowacki, Pilsudski, Sigmund e Kosciuszko.

---

41. Robert Medill McBride, *Towns and People of Modern Poland*. Nova York: McBride and Company, 1938, pp. 137-138.
42. Döblin, *Journey to Poland*, op. cit., p. 98.

Uma mulher bem-educada cochicha ao meu ouvido: o polonês é polido, sentimental e falso; o russo tem uma natureza livre, é honesto e sedutor. Oh, ela me entende mal. Sou amigo do povo polonês. Os poloneses tiveram má sorte séculos a fio, foram forçados a ocultar os sentimentos, não puderam ser abertos – justamente sob o jugo dos russos honestos e sedutores. A opressão nos torna fracos e desonestos. E a Polônia não está livre como a Rússia, não é imensa como a Rússia; está encurralada a oeste e a leste, entre norte e sul. Isso gera qualquer coisa exceto gente simples. Uma ponte: será terra ou água? Sinto-me angustiado.

O território de *Wilno* é uma questão incendiária. Os lituanos reivindicam *Wilno* como capital. Os poloneses a ocuparam. A fronteira polono-lituana está fechada. Um permanente estado de guerra persiste entre os dois jovens estados.[43]

Como qualquer outro turista, Döblin sobe as escarpas da Colina do Castelo para obter uma melhor visão e, possivelmente, uma compreensão mais precisa do lugar. Naquela época, as maravilhas dos quadros panorâmicos já haviam se tornado clichê. As forças ocupantes alemãs, no entanto, foram as primeiras a fazer disso uma lição sobre os prazeres da amnésia histórica, sem porém tirar qualquer conclusão indesejável. Monty, em seus passeios por *Wilna*, descreveu a colina como o pilar mitológico da cidade. "A partir destas alturas, Gediminas governou seus vastos domínios e, de acordo com a lenda, seu túmulo está localizado em algum lugar próximo às ruínas do castelo. Neste ponto elevado, a história da cidade começa; mas hoje," acrescenta Monty, imperioso, "não há necessidade de relembrar seu passado." Ao invés da memória, o espectador deveria seguir o instinto estético e gozar "da mais bela visão em toda a Lituânia" com o olhar de uma mente aliviada, "deslizando pelos telhados, campos e colinas cobertos de neve na direção de um horizonte aparentemente sem fim." A própria magia do lugar dita as regras do compromisso,

---

43. Ibid., pp. 89-90.

pois "as colinas escuras e distantes emolduram com perfeição a cidade com suas inúmeras cúpulas e ponteiras, criando um notável senso de ritmo e movimento nesse ângulo do lugar."[44]

Apesar da localização ideal e cenário idílico, ou justamente por causa disso, o panorama não consegue hipnotizar Döblin, que olha para baixo e imediatamente escreve a história da imagem. Junto com a narração histórica vem a observação pessoal, que transforma em farsa a cena de perfeição:

> Mas a colina do castelo lá se ergue, com o que há de mais velho na velha *Wilno*, avultando outonal, num arroubo de folhagens marrom e amareladas. Viveu ali uma vez um grandioso príncipe lituano, Gedymin, que mandou construir o castelo lá em cima. Lá embaixo, uma chama ardia no templo pagão. O homem que a bela e delicada Jadwiga da Polônia deveria esposar, o primeiro Jagiello polono-lituano, se tornou cristão – segundo termos contratuais, creio – e destruiu o templo. Ele o substituiu pela Catedral de s. Estanislau, para se vingar do Cristianismo. Quando um cristão vê o horrendo edifício, ele retorna ao paganismo. Nada de bom geram tais casamentos arranjados. A igreja se parece com um templo grego ou um teatro municipal polonês. Antiguidade do Vístula. O casamento foi dissolvido por morte, a Polônia e a Lituânia estão de novo separadas, a catedral não pôde ser anulada. Diz-se que abriga o sarcófago de prata de S. Kazimierz, pesando 2.500 libras; oito estátuas de prata de reis poloneses estão ali, mas é tudo perfumaria... Um campanário se ergue solitário, junto a esse templo grego ou teatro municipal. Passo por ali ao meio-dia, um ribombo vem de cima. Um homem lá em cima toca um trompete nas quatro direções da rosa dos ventos. Ouço: é um soldado, e esse é um costume polonês nas guarnições. Os russos levaram embora do parque, aos pés da colina do castelo, o monumento ao seu Púshkin. Deveriam estar interessados no metal. O quartel-general alemão ficou alojado ali depois da retirada de Rennenkampf; música alemã era entoada no parque da cidade durante as tardes. Fileiras de bancos estão alinhadas como no parque de um balneário.[45]

---

44. Monty, op. cit., p. 23.
45. Döblin, *Journey to Poland*, op. cit., p. 94.

Assombrado por estilhaços de memórias da guerra, Döblin perde logo o interesse pelos numerosos monumentos arquitetônicos de *Wilno*: "Mostram-me uma série de igrejas; sigo obediente, porém fecho cauteloso olhos e ouvidos quando entro. Numa delas, vejo o rosto bochechudo de um camponês polonês talhado na pedra de um pilar. Em outra, contam-me que Napoleão se pôs diante dela e disse que queria levá-la para Paris. Não suporto essas malditas obras de arte antiga."[46] De tanto tédio, Döblin começa uma brincadeira ao acaso. Assume a responsabilidade narrativa de um guia que agarra e molda a história do lugar:

Na colina. Alvenaria de tijolos vermelhos; reza a lenda que um túnel parte daqui até Troki, o vilarejo vizinho. A caserna vermelha embaixo, arbustos amarelos pela encosta, a superfície negra e brilhante do rio: o Wilja. Massas de casinhas de telhado vermelho lá embaixo, vagões em movimento, som de marteladas. Atrás de mim, de lado, erguem-se – bastante estranhas – três altas cruzes brancas, uma do lado da outra: poloneses, ouço dizer, mortos pelo general Muraviev em 1863. Durante a ocupação, os poloneses, que nada esquecem, logo se puseram a erguer essas cruzes. Um canhão: os russos costumavam dispará-lo às 12 horas como sinal do meio-dia. Tantos velhos hábitos: doutorados na igreja, toques de trompete, disparos de canhão. Os relógios entraram em circulação recentemente, mas com que lentidão as autoridades chegam a perceber tais coisas. Deleito-me longamente nas águas brilhantes do Wilja; atrás dele, a grinalda da floresta.

Depois de olhar para baixo para aquilo que é conhecido como Praça do Castelo, com uma velha igrejinha por perto, o castelo propriamente dito, desço de novo, incapaz de me decidir por entrar. Afinal de contas, aquilo tudo é apenas para a velha geração de turistas, e eu pertenço à nova. Meu acompanhante adoraria vê-lo; ele é de *Wilno*; então decidi lhe mostrar o castelo.

'O governador-geral russo morou aqui?'
'Sim.'
'Eu sabia; era óbvio. Depois, os alemães o transformaram numa bagunça de oficiais ou num hospital de campanha – o comando geral era aqui, não era?'

---

46. Ibid., p. 97.

'Um hospital.'

'A placa de mármore com inscrições douradas diz que Napoleão ficou aqui durante a retirada da Rússia. Precisou sair da cidade disfarçado na noite de 24 de novembro de 1812.'

Uma cigana passa pela entrada, segurando uma criança pela mão. Os ciganos têm um acampamento fora da cidade; um monte deles vindos da Rússia. Meu acompanhante diz que estão fugindo dos bolcheviques.

'Não estão fugindo dos bolcheviques, meu filho. Quando gente pobre chega ao poder, eles só atacam os ricos. Os ciganos estão sempre fugindo, ou melhor, eles não fogem, eles perambulam.'

Fico impressionado com o verbo *perambular* pronunciado por meu acompanhante. Então entramos no pátio do castelo. É quase uma da tarde. Podemos caminhar sossegados. Napoleão fugiu, os russos partiram, os alemães se foram. Agora nós estamos ali. Meu acompanhante e eu refletimos se devemos hastear uma bandeira, fazer uma proclamação em polonês e iídiche, explicando que viemos como amigos e que os moradores devem acolher a nós e a nossas tropas de todas as maneiras. Mas ele quer primeiro perguntar ao zelador, e não me oponho. O zelador nos notou, e ficou tão perplexo que na hora saiu para almoçar. Meu acompanhante o alcança. Eles falam – o que é que eles falam? Russo. Admiram Napoleão e falam russo ou polonês. Eu não o admiro e falo francês. Quando me dirijo ao porteiro em francês, ele responde que não sabe iídiche. Cabisbaixo, ponho-me a caminhar, subo uns degraus. Um saguão de espera surge na minha frente; seu tapete se desintegrou ao longo dos séculos. Continuamos por um salão de baile; uma mobília rococó esfrangalhada lacrimeja por Napoleão. Alguns cômodos são caiados de branco e exibem aquelas típicas lareiras de placas de cerâmica. Elas se perguntam, e a mim também, o que estarão fazendo dentro de um castelo. Muraviev, o terrível, morava num quarto muito sinistro. Não tem janelas, não tem uma única janela. Um mero cubículo. Muraviev tinha tanto medo, que jamais dormia num quarto com janela. E agora percebi um cheiro que me tira do sério, um cheiro que jamais encontrei num castelo. Mas não me arrependo de ter vindo; é um castelo incomum. Muraviev deve estar aqui; sinto o cheiro de sua presença, pode-se sentir o seu cheiro aqui. O zelador responde a tudo com calma: Primeiro, ele não sabe iídiche; segundo, Muraviev não está aqui. O cheiro que sinto vem do sistema de esgoto, que não funciona. Ele conta que não funciona desde o tempo de Napoleão e, desde então, tem-se feito sentir com um cheiro cada vez mais intenso. Essa condição é preservada, pois se trata de um castelo, monumento e cheiro históricos. Fico aliviado, o terrível Muraviev não está aqui. O zelador me mostra um vestígio autêntico dos russos: uma escada em caracol acessível de várias escadarias. Passagem secreta que o grande tirano usava para fugas de emergência.[47]

Tão logo o passeio de Döblin passa pelas ruínas da Grande Guerra, sua imaginação histórica alça voo num reino de reflexão íntima. À visão da violência recente, sua compreensão retrospectiva se materializa em emoção introspectiva, com a cidade como pano de fundo de uma vergonha pessoal:

Ouço coisas agradáveis sobre a ocupação alemã. Os alemães, contam-me, deixaram três cemitérios: um para civis, um para oficiais e outro para soldados rasos. O Bom Deus Alemão realiza julgamentos de acordo com as leis civis e militares. Então, no Bosque Zakret, vejo os túmulos em longas, longas fileiras: cruzes simples de madeira, assim como as estranhas cruzes greco-ortodoxas dos russos, com a barra horizontal inclinada. O silêncio é profundo. Debaixo da terra jazem incontáveis mortos que abandonaram este mundo em meio ao rugido de canhões, em meio a gemidos no hospital. Pobres criaturas; nenhum deles poderia ter abandonado esta vida terrível sem se queixar. Sinto-me atormentado e embaraçado enquanto caminho ao longo das fileiras. Sinto que preciso pedir perdão. Porque eles jazem e eu vivo. Não quero perguntar, não devo perguntar como estão. Gostaria disso: eles se sentem tão bem, tão confortáveis e aconchegados como a verde relva comprida que se ergue de suas sepulturas.[48]

Engajamentos sociais e curiosidade política trouxeram Döblin de volta ao presente. Quer explorar a mecânica da ideologia governante do dia: "Consigo ver as forças que se alteram e afrouxam. Na Europa Oriental, a emancipação das massas ocorre num contexto nacionalista – na verdade, a maior ênfase recai sobre o nacionalismo."[49] Nota que "os milhões de judeus estão desen-

---

47. Ibid., pp. 95–96.
48. Ibid., pp. 97–98.
49. Ibid., p. 103.

volvendo um novo senso de nação europeia livre, livrando-se do antigo peso da sujeição e do desdém. Eles querem se tornar minoria nacional ou então tomar emprestado o velho lar asiático da sua religião."[50] Dotado de tal reflexão, o escritor mergulha no *zeitgeist* da *Vilnè* judaica.

O escritor visita a organização sionista e o Bund, vai a escolas de hebraico e iídiche e, em seguida, identifica o dilema judaico essencial da era moderna: "não é só Baal-Shem *versus* o estado, mas também Oriente *versus* Ocidente. A primeira fratura da nação judaica: Gaon, Baal-Shem *versus* política secular. A segunda fratura entre os judeus emancipados: apoiadores do estado burguês *versus* socialistas. Os socialistas – universais, humanistas, internacionais – mantêm melhor a velha corrente do Gaon, a grandiosa ideia supranacional." Ele também descobre similaridades ideológicas entre os promotores do iídiche e os defensores do hebraico: "Ambos são modernos, nacionalistas, ocidentais." Nutre grande desconfiança pelos grupos sionistas, mas sente-se imediatamente à vontade com o Bund, proponentes da língua iídiche.[51]

~

Döblin ficou evidentemente impressionado com a diversidade cultural e vitalidade política do universo judaico da cidade. Viu no Gaon de *Vilnè* um modelo da judiaria moderna – racional e diligente, mas com um compromisso inabalável para com a vida espiritual. Temia porém que a ideia de um estado judaico pudesse funcionar contra os princípios dos ensinamentos do Gaon. O nacionalismo, em sua opinião, poderia obliterar a espiritualidade dos judeus:

---

50. Ibid., p. 109.
51. Ibid.

Não posso deixar de pensar ao sair: Que nação impressionante são os judeus. Não conhecia essa nação: achava que aquilo que eu tinha visto na Alemanha, achava que os judeus fossem pessoas trabalhadoras, lojistas, que labutam em prol da família e aos poucos ficam gordos demais, intelectuais ágeis, incontáveis pessoas sofisticadas, infelizes e inseguras. Agora percebo que se trata de exemplos isolados, degenerados, distantes do núcleo da nação que aqui vive e se mantém. E que núcleo extraordinário é este, que produz indivíduos como o rico e transbordante Baal-Shem, a chama mística do Gaon de *Wilno*. Que acontecimentos ocorreram nestas áreas orientais aparentemente incultas. Como tudo flui em torno do espiritual!

[...] E se o fluxo da história se invertesse e Sion fosse realmente concedida aos judeus? E isso está se tornando uma questão urgente. As velhas condições artificiais não se podem mais manter, seu rigor é debilitante. A era moderna e as necessidades econômicas estão conduzindo os judeus para fora de sua reclusão. O movimento inverso está em curso. A tragédia do cumprimento está em curso. O templo que encontrarão caso busquem não será mais o Templo. Os religiosos, os espiritualizados sabem disso. Eles dizem: Só o Messias pode nos conceder o Templo. Os judeus mais genuínos deixaram de esperar pelo 'estado' faz tempo. Só é possível se preservar no campo espiritual; é por isso que é necessário permanecer no espiritual. A política não tem como trazer o mundo celestial, a política não produz nada além de política. A era 'moderna' não apresenta quaisquer problemas aos judeus.

Contudo, as circunstâncias externas atuais, políticas e econômicas, e a situação difícil das massas, são fatos. O velho organismo mobilizará uma forte resistência a toda mudança. 'Estado' e 'Parlamento' assomam no horizonte – contra o Gaon e o Baal-Shem.[52]

Durante o quarto e último dia da visita, Döblin foi levado ao velho cemitério judaico, localizado bem do outro lado do rio, em frente à Colina do Castelo. "O cemitério judaico," escreve Israel Cohen em sua história de *Vilnè*, de 1943, "no linguajar tradicional dos judeus ortodoxos, é *Beit Olam* ou 'Casa da Eternidade,' termo que combinaria o amor pelo eufemismo com a fé na imortalidade. Vilna tem duas dessas 'casas,' situadas numa distância

---

52. Ibid., pp. 102–103.

considerável uma da outra. O velho cemitério, do outro lado do rio Viliya... se estende por uma grande área, parecendo-se em sua maior parte com um campo abandonado, tomado por ervas daninhas; pois o número de lápides é comparativamente pequeno."[53] Esses cemitérios tinham uma função importante – narravam e guardavam o passado judaico local. "A maioria dos judeus de Vilna," relembra Lucy Dawidowicz, residente judia americana da cidade, "sabia de sua própria história nem tanto a partir da leitura de livros, mas da visita aos dois cemitérios judaicos, onde a história estava literalmente sepultada. [...] Segundo a tradição, os judeus usavam o velho cemitério como terreno de sepultamento desde 1487, mas os primeiros registros históricos datam de 1592. Em 1830, as autoridades russas fecharam o cemitério por falta de espaço."[54]

As necrópoles seduzem Döblin: ele foi ao cemitério judaico de Varsóvia no Dia do Perdão. Estava tomado por uma massa irrequieta de mulheres lamentando e homens rezando. Döblin ficou horrorizado: "Calafrios sobem e descem pela minha espinha ao ver e ouvir essas coisas. [...] Trata-se de algo primordial, atávico. Terá isso algo a ver com o judaísmo? [...] São resquícios de uma religião diferente, animista, um culto aos mortos."[55] A visita ao velho cemitério de *Wilno* lhe fornece um testemunho contrastante da vida judaica.

Döblin vai à velha necrópole com dois jovens guias, ativistas do movimento juvenil iídiche. O portão do cemitério está trancado e, como três adolescentes levados, eles o arrombam. O escritor de meia-idade se diverte copiosamente: "é algo terrível a dizer – rimos, rimos sem parar ao entrar no cemitério, deixando às pressas o portão atrás de nós."[56] O lugar abando-

---

53. Cohen, op. cit., p. 415.
54. Lucy Dawidowicz, *From That Place and Time: A Memoir, 1939-1947*. Nova York: W. W. Norton & Company, 1989, pp. 48-49.
55. Döblin, *Journey to Poland*, op. cit., p. 66.
56. Ibid., p. 111.

nado o hipnotiza com sua devoção ordinária, sua proximidade mundana de Deus e sua melancólica solidão. Pela primeira vez – de fato, a única ao longo do relato impressionista da Polônia – Döblin deixa inacabados seus pensamentos. Abandona o fluxo narrativo diante do túmulo do Gaon, como se esperasse por um pensamento estimulante depois do ciclo interminável de reassentamentos e exílios caóticos:

Aqui, encontramos um imenso gramado com várias árvores e, irregulares, aqui e ali, solitárias ou em grupos, lousas baixas de pedra. Folhas secas por toda parte, até mesmo amontoadas em algumas reentrâncias. Uma garoa fina cai. As tábuas de pedra ostentam inscrições compridas, escritos angulosos em hebraico, em vermelho e amarelo. Leões são retratados com frequência nas lousas. Estilhaços, fragmentos de pedra jazem em derredor. Terrível o descuido do cemitério. Pedaços de tijolo, pedrinhas sobre diversos túmulos. Palha por debaixo das pedrinhas, e também bilhetes escritos em hebraico. Representam a passagem de judeus devotos que por ali rezaram. Pois eles viajam de longe para rezar junto aos túmulos de homens célebres, homens sagrados. Um sentimento profundo e obscuro os conduz até ali. De alguma maneira – eles acham, eles sentem – o homem sagrado ainda está junto a seu túmulo, a seu corpo, e eles podem se aproximar dele assim como seus ancestrais faziam no tempo em que ainda vivia. O morto está amarrado a seu túmulo, sua alma desaparecida, amarrada a seu cadáver, e sua alma pode ser evocada por intermédio da oração. E o devoto, o rebe, os santos estão mais próximos de Deus e conseguem obter mais dEle do que um homem comum, talvez como se agissem como Deus. Como está tudo dilapidado por aqui. Ouço gritos, ordens, soldados cantando e, de repente, um mugido. Subo numa pequena elevação, sobre a qual placas de pedra se espalham, aos pedaços. Lá de cima, avisto uma vaca pastando mais abaixo. Pastando por cima dos túmulos. Seu rastro está por toda parte.

[...] Os judeus de *Wilno*, a meu ver, são orgulhosos, mas só em parte e de uma maneira muito oriental. A grama cresce alta e selvagem. Nos montículos, tropeça-se sempre em lápides despedaçadas. Elas em geral exibem belos leões de caudas rodopiantes, antigo símbolo de força. A tumba do Gaon de *Wilno*. Uma casa baixa de pedra, rodeada por uma cerca de barras de ferro, está trancada. Contém seu túmulo e os túmulos de seus parentes e amigos próximos. Jaz ali junto com toda essa gente, que em vida ele nem conheceu tão bem. Quando a esposa morreu, ele disse "Eu tinha que passar fome com frequência, mas o fiz pela Torá e por Deus. Mas você passou fome por mim, um ser humano." Pilhas inteiras de bilhetinhos cobrem sua lápide e o chão em derredor. Estão dependurados também do lado de fora, na grade de ferro, amarrados às barras com fios de palha e relva..."[57]

A *Wilno* de Döblin é uma colagem de impressões irregulares, pensamentos justapostos e contradições descritivas. Mas esse estilo literário reflete o espírito narrativo moderno e expressionista. Deve-se ler o retrato que faz da cidade não como imagem inequívoca, mas como marca cartográfica. Um mapa jamais é uma representação completa ou confiável de um lugar: ele é a projeção de uma imaginação factual, que só faz sentido se lermos, compreendermos e seguirmos a respectiva legenda cartográfica.

A admiração do escritor pelos judeus de *Vilnè* perdurou por toda a vida. Depois do Holocausto, ele situou o encontro com aquele mundo desaparecido entre suas mais queridas experiências: "Estive na Polônia. Escrevi um livro sobre isso. Fui lá e, pela primeira vez na vida, vi judeus. Fiquei profundamente comovido à visão deles. Jamais esqueci o que vi nos guetos de Varsóvia, de *Wilna* e Cracóvia..." Contudo, Döblin considerou ter fracassado na tentativa de desfazer a lacuna entre ele e os ideais deles. No fim, a seu ver, o custo de ter sobrevivido ao grande reassentamento foi outra forma de alienação. Ele resumiu seu breve flerte com a modernidade iídiche de *Wilno* com uma afirmação derrotista: "Minhas palavras nada significaram. Nada senti. Foi mais uma bandeira que não pude empunhar."[58]

---

57. Ibid., pp. 111–113.
58. Döblin, *Destiny's Journey*, op. cit., pp. 110–111.

Redemoinho europeu

> E mais uma vez percebo que é mais fácil um ser humano mudar do que uma cidade. O ser humano é capaz de se transformar. A cidade desmorona.
>
> ALFRED DÖBLIN

Enquanto escrevia este livro, a localização exata do centro geográfico da Europa se moveu mais uma vez. De acordo com as novas conclusões científicas obtidas (de novo) pelo Instituto Geográfico Nacional Francês, o centro continental se situa agora a 54 graus e 50 minutos de latitude, e 25 graus e 18 minutos de longitude. Esse novo cálculo se baseia na exclusão de algumas protuberâncias políticas da Europa, tais como as ilhas dos Açores, as ilhas Canárias e Madeira que, em termos de base geotectônica, pertencem à África, e algumas das ilhas gregas do lado asiático do mar Egeu. Esses pequenos ajustes cartográficos estreitaram os tênues limites da Europa e também situaram o epicentro continental para mais perto de *Vilnius*, a apenas seis quilômetros ao norte da Cidade Velha. Apesar do deslocamento, o significado comemorativo do antigo centro permanece o mesmo. O monumento erguido para marcar a entrada da Lituânia na União Europeia ainda adorna o centro anterior, mesmo se sua mensagem simbólica tenha se engendrado baseando-se num erro de cálculo científico de breve duração.

A *Vilnius* do século XX muito se assemelha ao centro geográfico da Europa: sempre inconstante, recalculada, remapeada e todavia jamais capaz de alcançar um significado fixo ou localização estável. A era moderna trouxe a *Vilnius* não só guerras, ocupações estrangeiras, revoluções, ideologias conflitantes, massacres, despovoamento, depressões econômicas e ciclos irregulares de modernização; ela criou também as condições propícias para conversões e más interpretações da memória. A *Vilnius* moderna se ergue sobre uma pretensão histórica, uma ideia deliberadamente construída de que o passado não tem testemunhas permanentes, apenas ruínas que podem se desmanchar, ser refeitas e de novo dispersas. A *Vilnius* contemporânea é uma cidade sem descanso – não em termos de seu presente, ou mesmo de seu futuro, mas de seu próprio passado. É um lugar repleto de ruínas, como uma velha necrópole em que os mortos antigos competem por espaço e memória com os que chegaram há menos tempo. Por puro acaso, o novo centro da Europa caiu num alqueive recentemente revitalizado para servir às crescentes necessidades locais do mercado de pompas fúnebres. Um casarão abandonado, transformado num dinâmico ateliê de produção de lápides tumulares, obscurece o coração da Europa.

Os habitantes de *Vilnius* respeitam os próprios mortos. É um costume profundamente arraigado, que se origina de uma variedade de tradições religiosas e culturais. Uma morte que não produz um túmulo bem demarcado é considerada um destino deplorável e mesmo cruel. As práticas modernas da cremação, funerais sem sepultura, aluguel de jazigo, transposição de restos mortais e necrópoles despersonalizadas, tradições populares em quase toda a Europa e América do Norte, são simplesmente vistas como bárbaras pelos locais. Os cemitérios de *Vilnius* ainda são planejados e conservados como locais eternos, alocados perpetuamente aos mortos e seus parentes vivos. Como resultado, os cemitérios, sempre em expansão, invadem boa parte dos espaços verdes da cidade, fazendo dela um dos lugares mais necrológicos da Europa.

Durante o século xx, a necrópole de *Vilnius* ganhou grande proeminência junto aos moradores da cidade e também seus visitantes. As ruínas podem não falar, elas no entanto moem pergaminhos incompletos e inacabados de história de maneira profunda no terreno dos acontecimentos. Na ausência de uma narrativa histórica coerente e uma localização geográfica estável, os mortos se transformam nos indicadores mais evidentes da identidade da cidade. Em 1938, um visitante americano foi guiado por um dos mais antigos cemitérios católicos da cidade na primeira manhã de sua visita:

Sem termos tomado o café da manhã, fomos catapultados para ver a tumba conjunta de Pilsudski e sua mãe e em seguida a missa matutina na Ostra Brama, um dos mais célebres templos da Polônia. Ficava apenas a cinco minutos de carro da estação até o assim chamado cemitério Rossa, em cujo canto fica a tumba, à qual se tem acesso por uma generosa escadaria. Uma laje de mármore negro polido instalada na plataforma de concreto marca o memorial de mãe e filho, impressionante em sua extrema simplicidade. Uma falange de cruzes brancas – duzentas delas – margeiam o túmulo de ambos os lados, epitáfios silenciosos dos heróis que tombaram por *Wilno* defendendo o país. Cada um em pé de cada lado do memorial, dois soldados do exército polonês vigiam perpetuamente os mortos. Tão imóveis eram eles em seu uniforme cáqui e tanto se pareciam com estátuas de bronze que só depois de algum tempo percebemos que eram soldados vivos da República. [...] Passeamos pelo cemitério analisando os túmulos, antigos e recentes, dos falecidos habitantes de *Wilno*. Apesar das áreas lotadas de seus acres, o cemitério possui vários elementos de beleza natural; ele ocupa a encosta de uma colina e suas características naturais foram todas conservadas. Colinas e vales em miniatura recobertos por árvores e arbustos, falésias e penhascos diminutos brilhando de flores silvestres e plantas alpinas dão sua contribuição para o charme desse campo-santo singular. Não somos especialistas em cemitérios e talvez o costume ali seguido não seja exclusivamente polonês, mas de certo modo nos surpreendeu o realismo empregado pelos parentes dos mortos: uma fotografia do falecido, emoldurada e protegida das intempéries, está afixada em muitas das pedras tumulares.[1]

Na cripta da catedral, mostraram aos turistas americanos o recém-descoberto corpo de Sigismund Augustus, rei da Polônia e grão-duque da Lituânia do século XVI, e de sua amada esposa,

---

1. Robert Medill McBride, op. cit., pp. 113–117.

Barbara Radvilaite.[2] Em seguida, foram levados a um espetáculo ainda mais mórbido, escondido nas passagens subterrâneas da cidade velha:

Ouvíramos falar de uma notável coleção de múmias na cripta da igreja do Espírito Santo, parte de um mosteiro dominicano fundado em 1597. Mas estávamos mal preparados para a visão macabra por ocasião da nossa chegada à igreja. Na cripta sombria, acessada por uma escadaria de pedra no pátio do velho mosteiro, ficamos frente a frente com uma multidão de corpos mumificados e esqueletos de santos e pecadores que haviam deixado esta vida centenas de anos atrás. Os corpos haviam antes repousado ordenadamente em seus ataúdes na catacumba da igreja. Mas agora se alinhavam numa complexa desordem na escuridão das abóbadas subterrâneas. Tal falta de respeito à santidade dos mortos é uma acusação feita às desumanidade dos russos; pois muito antes da Grande Guerra, numa das esporádicas eclosões de atividade revolucionária polonesa, prisioneiros políticos eram presos em tal número que sobrecarregaram a ocupação máxima dos presídios da cidade. A cripta dominicana, grande, espaçosa, profunda e adequadamente escura, encantou os senhores moscovitas mais como alojamento para os vivos do que lugar de descanso para os mortos. Os ataúdes foram removidos e enfileirados no chão de terra do rudimentar porão abobadado. Contudo, a madeira dos ataúdes já estava debilitada pelos anos e incapaz de suportar o processo de remoção. Como resultado, muitos deles se abriram e expuseram seus ocupantes, que se encontravam em surpreendente estado de preservação. É claro que se produziu espaço no porão e, quando foi necessário acomodar mais gente, a cripta continuou expelindo seus silenciosos habitantes. As autoridades russas estavam obviamente demasiado indiferentes ao bem-estar dos defuntos para construir prateleiras nas paredes a fim de arranjar o fluxo de ataúdes. Após escolherem um nicho profundo sob os arcos, eles removeram os corpos dos caixões e, sem qualquer cerimônia, empilharam-nos naquela fenda escura. Lá estão eles agora, literalmente às centenas, em sua maior parte simples esqueletos, jazendo caóticos num gigantesco amontoado; os da parte superior assumiram posições fantásticas, com as cabeças, braços, pernas, mãos e pés se projetando em todos os ângulos num arranjo macabro.

---

2. Também conhecida como Barbara Radziwiłłowa.

Os corpos que obtiveram a gentil permissão de permanecer em seus caixões se encontram bem mumificados e vários podem ter a idade, sexo e posição identificados. Observamos uma mulher pertencente à nobreza, reconhecível pelos fragmentos de roupa e joias; outro de uma senhora idosa; um cavalheiro enfeitado com tufos de cabelo e resquícios de um bigode, mas desvestido; e ainda outra mulher, dona de um anel de ouro que havia sido roubado da mão sem vida e mais tarde devolvido pelo gatuno de consciência pesada. Sobre algumas mesas estavam roupas centenárias de padres e freiras, pois este edifício gozou de uma longa história de centro eclesiástico; botas dos pés dos soldados de Napoleão, que morreram na retirada de Moscou; e objetos vários encontrados no entulho da cripta.[3]

Em meados do século XX, *Wilno* chegou a ser vista como materialização de uma Europa anacrônica em que um passado remoto e esquecido havia persistido até a era moderna. A primeira impressão de Lucy Dawidowicz sobre a cidade foi a de um lugar romântico, matizado por um exotismo histórico. "Ainda mais atraentes para o turista americano afeito à história foram as ruínas medievais de Vilna, visíveis por toda parte nas ruas e colinas. Foi uma cidade cuja história se perde na noite dos tempos. Para mim, Vilna era a quintessência do Velho Mundo, um lugar lendário com um passado lendário."[4] O caráter de palimpsesto não era ao gosto de todos. Em julho de 1940, Ann Louise Strong, jovem ativista do sindicato trabalhista britânico, passou brevemente pela cidade em viagem rumo a Moscou. Ela resumiu o enquadramento peculiar de sua localização geográfica; "Quem quer que solucione o problema de Vilna é capaz de solucionar o problema da Europa. Vilna é um misto insolúvel de ódios nacionais e um exemplo mundial – há vários deles na Europa – da insolubilidade do problema dos ódios nacionais sob o domínio capitalista."[5] Ao mesmo tempo, ela foi cinicamente informada

---

3. Ibid., pp. 130–132.
4. Lucy Dawidowicz, op. cit., pp. 28–29.
5. Anne Louise Strong, *Lithuania's New Way*. Londres: Lawrence & Wishart, 1940, p. 31.

por um diplomata americano de que a "única coisa a se fazer com Vilna é pegá-la, levá-la para longe, espremer as pessoas cada uma para sua respectiva nação e depois colocar a cidade num museu."[6]

A troca de rótulos chegou primeiro. A cidade mergulhou na Segunda Grande Guerra em 1º de setembro de 1939, como *Wilno*, cidade polonesa; emergiu dela em 1945 como *Vilnius*, capital da República Soviética da Lituânia. Seguiram-se mudanças de nomes de lugares, posto que a predominância cultural e demográfica das línguas polonesa e iídiche foi substituída pela supremacia ideológica e administrativa das línguas russa e lituana. A transformação foi pontuada por ocupações de diferentes colorações nacionais e ideológicas. De acordo com os protocolos secretos do Pacto Nazi-Soviético de 1939, a cidade, junto com a parte oriental da Polônia, foi ocupada pela União Soviética, que, por razões estratégicas, devolveu-a à Lituânia. Por meio ano, *Vilnius*, repentinamente capital legal porém ainda não administrativa da neutra Lituânia, permaneceu num limbo geopolítico surrealista. Isolada do resto da Europa pela guerra abrangente, a cidade se tornou abrigo precário de milhares de refugiados judeus e poloneses que corriam das ocupações nazista e soviética da Polônia. Herman Kruk, médico judeu de Varsóvia, estava entre aqueles que conseguiram escapar dos bombardeios nazistas e que chegaram à cidade cruzando a zona controlada pelos soviéticos:

As centenas e milhares de pessoas que chegaram a Vilna estavam amontoadas, apavoradas, famintas e exaustas. Curvadas – devido ao hábito de se inclinar ao som de cada bomba explodindo. Apavoradas devido a tudo aquilo que ocorre ao redor delas com tanta rapidez, tanto terror e tragédia. [...] O mar transbordou e inundou Vilna. Um lugar para se deitar é um sonho. Um naco de pão é uma raridade. Uma camisa – quem pensa em camisas? [...] Sabão é um luxo. Comida quente, uma quimera. Qualquer quarto que se pareça normal nos faz estremecer:

---

6. Ibid.

um quarto!? As pessoas ainda têm quartos? [...] Ainda há pessoas dormindo em camas? [...] Ainda há pessoas dormindo? Todo refugiado estremecia ao ver que a vida normal em algum lugar ainda segue seu ritmo e que nem tudo está destruído e esmagado. [...] Eles então se arrastavam pelas ruas de Vilna, refugiados vindos de toda a Polônia. Trabalhadores de Varsóvia, alunos de *yeshivá* de Lublin, comerciantes de Katowice, engenheiros, médicos – rastejando pelas vielas medievais de Vilna, à procura de abrigo. Em busca de uma porta aberta, de um pouco de água para se lavar, uma tábua onde se deitar. Por cima de tudo isso, as sirenes de alarme. Cada um reagia a seu modo e cada um queria ajudar de alguma maneira, mas... Vilna estava ocupada com seus próprios problemas, sua própria angústia e sofrimento. Vilna tinha acabado de se livrar do pesadelo da guerra, do bombardeamento alemão, das noites escuras e dias mortais. Amputada do resto do mundo, Vilna estava com fome e ninguém naquela época se importava com os refugiados.[7]

    O controle lituano sobre *Vilnius* durou pouco. Em 15 de junho de 1940, um dia depois da entrada do exército alemão em Paris, a Lituânia foi ocupada pelas tropas soviéticas. Em dois meses, a Lituânia Soviética junto com sua capital, *Vilnius*, se tornou estado membro da URSS, mas o exército alemão tomou a cidade numa *blitzkrieg* em 24 de junho de 1941, três dias após o início da invasão nazista da União Soviética. Yitskhok Rudashevski, menino judeu de 14 anos com ligações com o partido comunista, observou que "à noite, um lituano armado anda pelas ruas tristes e vazias da cidade velha. [...] Ao alvorecer, passa uma motocicleta. Um capacete cinza de aba quadrada, óculos, sobretudo e rifle. Infelizmente, o primeiro soldado do exército usurpador alemão que fui capaz de ver. O capacete cintila gélido e maligno. Um pouco mais tarde desço até a rua onde me encontro com um camarada. E caminhamos como estranhos pelas ruas largas. O exército alemão está marchando. Permanecemos ambos em

---

7. Herman Kruk, *The Last Days of the Jerusalem of Lithuania: Chronicles from the Vilna Ghetto and the Camps 1939-1944*, trad. Barbara Harshav. New Haven: Yale University Press, 2002, pp. 28-29.

pé, de cabeça curvada. Uma miragem soturna de tanques, motocicletas, armamento." Em 8 de julho, "foi publicado o decreto pelo qual a população judaica de Vilna deve usar distintivos na frente e atrás – um círculo amarelo com a letra J dentro. O dia está nascendo. Olho pela janela e vejo diante de mim os primeiros judeus de Vilna com distintivos. Foi doloroso ver como as pessoas os fitavam. [...] Fiquei com vergonha de estar entre eles na rua, não porque se notaria que sou judeu, mas por eu ter vergonha daquilo que eles estavam fazendo conosco." Dois meses depois, "um nascer do dia belo e ensolarado. As ruas foram fechadas pelos lituanos. Há turbulência nas ruas. Trabalhadores judeus têm permissão de entrar. Está sendo criado um gueto para os judeus de Vilna." No tumulto, Rudashevski foi empurrado para dentro do portão do gueto: "Sinto como se tivesse sido roubado, como se roubassem minha liberdade, minha casa e as ruas familiares de Vilna que tanto amei. [...] Ouço a respiração ofegante de gente com quem fui subitamente amontoado, gente que, como eu, foi subitamente arrancada de casa." No primeiro dia no gueto, oficiais alemães vieram fotografar "as ruas tortuosas, as pessoas assustadas. Deliciam-se na Idade Média que eles mesmos transportaram para o século xx!!!!"[8]

O gueto, escreve Kruk, estabelecido na parte antiga da cidade, "zumbe como uma colmeia. Uma área planejada para 3 ou 4 mil pessoas é agora ocupada por dezenas de milhares. Cabeças sobre cabeças. Um em cima do outro. Menos de um metro por pessoa, pior do que num cemitério." A densidade claustrofóbica dos edifícios superlotados eclode para fora. "Cada pátio é uma rua. Cada rua é uma cidade. Um formigueiro fervilhante: empurrões, perseguições, atropelos – dor extrema." Apesar da fome, das enfermidades e das recorrentes *aktions* de matança alemãs, a população do gueto jamais diminui. Os mortos e assassinados

---

8. Yitskhok Rudashevski em Laurel Holliday ed., *Children in the Holocaust and World War II: Their Secret Diaries*. Nova York: Pocket Books, 1995, pp. 140-147.

são substituídos por recém-chegados de outras comunidades judaicas. Enquanto em 1943 apenas um punhado de judeus locais permanecia no gueto, "havia uma mescla de gente expulsa das cidades vizinhas, ou fugitivos de massacres, de praças de execução, de remoções, de buracos e esconderijos. Haviam passado por horror e aflição, haviam sido purificados pela dor, haviam retornado do inferno. São selvagens e atrevidos. Embora a morte nada seja para eles, o suicídio não está nos seus cálculos." Para eles, *Vilnè* "é o refúgio derradeiro. Um lugar de desafios, de não deixar passar."[9] Apesar do horror diário, uma sensação surrealista de normalidade torna a vida mais fácil. "Às vezes fico ocupado por horas," anota Rudashevski em seu diário. "É difícil concluir algo na escola e no clube, e ao mesmo tempo ainda se dedicar à cozinha e à faxina. Na escola estamos agora estudando Vilna em geografia."[10]

A vasta maioria dos judeus de *Vilnè* foi assassinada pelos alemães e colaboradores lituanos em Ponari,[11] a colina verdejante do outro lado da cidade, onde o exército napoleônico encontrou o próprio fim em 1812. O gueto foi liquidado em 23 de setembro de 1943, e a maior parte dos 11 mil habitantes que ainda restavam foi enviada para campos de concentração na Estônia, onde poucos sobreviveram ao trabalho forçado e à fome. Dos 60 mil judeus locais, não mais que 3 mil viram o fim da guerra. No verão de 1944, logo após os ocupantes nazistas terem sido rechaçados pelo exército soviético, quando o escritor iídiche Chaim Grade[12] voltou do exílio forçado na Ásia Central para o bairro de infância em *Vilnè*, ele instantaneamente se sentiu estrangeiro. *Vilnè* não existia mais: a cidade judaica não era nem mesmo um museu ou um cemitério, mas um fantasma, uma memória inquieta desprovida de um abrigo que pudesse chamar de lar, um espírito

---

9. Kruk, op. cit., pp. 656–657.
10. Rudashevski, op. cit., p. 181.
11. Ou Paneriai.
12. Grade nasceu em 1910 e morreu em 1982.

sem corpo. "Desde o meu retorno a Vilna," escreve Grade, "perambulei pelas sete vielas que no passado formaram o Gueto. As ruelas estreitas me enredavam e aprisionavam, como passagens subterrâneas, como cavernas repletas de túmulos antigos. Órfãs, elas lançaram um feitiço sobre mim; seu vazio ronda meu cérebro, elas aderiram a mim como sete correntes de pedra. Não tenho, contudo, nenhum desejo de me livrar delas. Quero que se embrenhem cada vez mais fundo no meu corpo, na minha carne. Sinto a rigidez gélida e sombria de portões aferrolhados e de portas que rangem sob minha pele. Meus olhos são vidraças estilhaçadas, e alguém dentro de mim grita em voz alta: 'Que seja! Quero me tornar uma ruína!'"[13]

Enquanto *Vilnè* soterrava na carne dos sobreviventes que levavam suas memórias para todos os cantos do mundo, *Vilnius* foi rapidamente populada por novos residentes. Alguns vieram de outras cidades lituanas e do interior desmoralizado e assolado pela violência.[14] Outros chegaram de mais longe, sobretudo da Rússia. A sovietização e a *lituanização* dos topônimos locais ajudaram na aclimatação dos recém-chegados. Mas enquanto a antiga predominância das línguas polonesa e iídiche foi substituída pela autoridade administrativa do russo e lituano, os novos habitantes da cidade jamais se sentiram à vontade em casa. O poeta lituano Tomas Venclova lembra-se de chegar quando criança a *Vilnius*, depois da guerra. "Era uma cidade completamente estranha" para quase todos os lituanos, e a "vida em Vilnius no início foi um árduo enraizamento num solo novo. Em geral, foi caótico."[15]

---

13. Chaim Grade, *My Mother's Sabbath Days*, trad. Channa Kleinerman Goldstein e Inna Hecker Grade. Nova York: Alfred A. Knopf, 1986, p. 335.
14. A resistência lituana contra a ocupação soviética continuou por anos após o fim da Segunda Grande Guerra, e deportações maciças da população local cessaram apenas com a morte de Stálin em 1953.
15. Tomas Venclova em Czesław Miłosz, *Beginning with My Streets*, trad. Madeline G. Levine. Nova York: Farrar Straus Giroux, 1991, p. 40.

A metamorfose histórica encobre o colapso humano da cidade: na década durante e após a guerra, de 1939 a 1949, por meio de assassinato, deportação, exílio, repatriação e emigração, *Vilnius* perdeu quase 90% da população. Com a comunidade judaica aniquilada e muitos dos habitantes poloneses forçados a abandonar a cidade para a recém-reconfigurada Polônia, a *Vilnius* lituano-soviética se transformou num lugar inócuo, não muito diferente de um museu, mas sem reconhecer seu passado recente. Com o tempo, e livre do terror stalinista, uma nova cidade surgiu. Ainda multinacional, apesar da dramática mudança na composição étnica, *Vilnius* cresceu como o coração em coma da nação lituana reprimida e, logo antes do colapso da União Soviética, a população falante de lituano, pela primeira vez na história moderna, atingiu maioria demográfica.

Um dos trágicos paradoxos do período da Segunda Grande Guerra foi o fato de que *Vilnius* não só perdeu a maior parte de seus habitantes, como também perdeu quase todas as suas memórias e narrativas. Décadas a fio houve mais nativos da cidade, ou seja, pessoas que nasceram e viveram em Vilnius antes da guerra, que viviam fora dela do que nela própria. A Vilnius soviética foi em grande parte uma cidade de imigrantes, cujos laços familiares com a cidade eram débeis e cujo conhecimento pessoal do lugar era superficial. Sem dúvida, muitos dos novos residentes, sobretudo lituanos e russos mas também alguns poloneses e judeus, amaram a cidade e se sentiram orgulhosos de seu passado, mas, sob o restritivo regime soviético, sua memória da cidade jamais pôde cruzar totalmente as fronteiras políticas do mundo dividido. O deslocamento resultou numa mudança de identidades locais: uma geração de residentes imigrantes de Vilnius sabia muito pouco de seu passado recente, ao passo que os velhos habitantes e descendentes, removidos do lugar, não raro se sentiam ainda parte da cidade. De certo modo, a linha que separa nativos e estrangeiros foi invertida: um nativo virou um estrangeiro – um recém-chegado se tornou um habitante local. Essa inversão demográfica alterou a personalidade da cidade, fazendo da *Vilnius* contemporânea, nas palavras de um poeta lituano, um lugar andrógino, em transformação constante, mas estéril ao mesmo tempo:

> A cidade
> muda de sexo
> após a ruptura
> e toda vez escapa
> da arapuca
> de calma contínua
> [...]
> quantos poetas beijaram
> o cabresto barroco de seda
> tendo porém aprendido
> uma só coisa –
> ir embora.[16]

A maioria dos antigos habitantes poloneses da cidade foram reassentados nas "terras recuperadas" da Polônia ocidental e setentrional, antigas províncias orientais da Prússia. A Universidade Stefan Batory de *Wilno*, com sua faculdade polonesa, foi transplantada para a cidade de Torun, mas a vasta maioria dos repatriados foram instalados em Wrocław e Gdańsk, onde as tradições folclóricas de *Wilno* se entrelaçaram ao tecido cultural da nova Polônia. A nostalgia de antigos habitantes de *Wilno* foi capturada pelo escritor alemão Günter Grass no romance *Maus presságios*, descrevendo um caso de amor entre dois expatriados: um viúvo alemão com raízes em Danzig e uma viúva polonesa vinda de uma família de *Wilno*. Eles se encontram pela primeira vez no dia 2 de novembro, no ano do colapso do bloco soviético, enquanto cada um visitava túmulos de parentes no cemitério de

---

16. Romas Daugirdas, "The Iron Dog, to Vilnius", trad. Antanas Danielius, em *Vilnius: Lithuanian Literature, Culture, History*, verão de 1997, p. 67.

Gdańsk. "Eles se chamavam de Herr Reschke e Frau Piątkowska. Descontraídos após uma troca de olhares, de repente notaram que, por toda parte em torno deles, outras pessoas que comemoravam o Dia de Todos os Santos prestavam homenagem a seus mortos com flores e lamparinas. E só então a viúva fez a observação que o viúvo viria a anotar *verbatim* em seu diário: 'Naturalmente, mamãe e papai prefeririam jazer no cemitério de *Wilno* a estar aqui, onde tudo é e foi estranho.'"[17] O espírito polonês (e lituano) da cidade foi também captado por inúmeras paróquias de imigrantes católicos ao redor do mundo, que levam o nome de Ostra Brama ou Aušros Vartai, e São Casimiro.

Apesar de ter sido extremamente melancólica, a memória de *Vilnè* no pós-guerra contribuiu para o fortalecimento do espírito da resistência nacional, continuidade cultural, tradicionalismo religioso e transformação social dos judeus. *Vilnè* tem sido mantida viva nas histórias e lembranças de famílias judaicas com raízes ancestrais na Lituânia. Em Israel, *Vilnè* tem sido principalmente evocada pelos feitos épicos dos guerrilheiros do gueto e a perseverança espiritual transmitida pela tradição das *yeshivot*. Nos Estados Unidos, *Vilnè* é tida em grande conta como centro intelectual e cultural da diáspora judaica, por intermédio de instituições acadêmicas e comunitárias tais como a YIVO, fundada em 1925 em *Vilnè* mas transferida para Nova York durante os anos da guerra, e a histórica *Vilna Shul*,[18] hoje restaurada em Boston. Na França, as tradições judaicas políticas e intelectuais da cidade foram utilizadas por acadêmicos e ativistas franceses da década de 1960, tais como o eminente filósofo Emmanuel Levinas,[19] que as resumiu com o lema *le droit à la différence*, "o direito à diferença". O termo, que desafia o ideal de uma única cultura francesa centralizada, ecoa a sofisticação social do ambiente iídiche da *Wilno*

---

17. Günter Grass, *The Call of the Toad*, trad. Ralph Manheim. Nova York: Harcourt Brace & Company, 1992, p. 17.
18. Em tradução literal, "Sinagoga Vilna".
19. Levinas nasceu em 1906 e morreu em 1995.

do entreguerras, a mesma que hipnotizou Döblin com sua habilidade de integrar a pluralidade cultural local aos princípios universais da modernidade. Judith Friedlander, teórica americana, capturou o espírito do clima intelectual mutante da França num livro, *Vilna on the Seine*. Na Paris pós-1968, escreve Friedlander, "a Vilna judaica parece estar por toda parte: no cinema e no teatro; nos livros e jornais; e na maneira com que os jovens recentemente escolheram de voltar ao judaísmo, de fazer uma *teshuvá*. Inspirada pela verdade simbólica e não histórica, Vilna – às margens do Sena – ultrapassa os muros da Jerusalém da Lituânia. Ela reúne as antigas comunidades judaicas que no passado viveram ao longo dos rios Neris e Neman e do outro lado das densas florestas da Lituânia... abrangendo uma área conhecida como 'Lite' em iídiche," que, depois da guerra, foi seccionada do resto da Europa pela Cortina de Ferro.[20]

Por trás do muro ideológico e político da separação gerada pela Guerra Fria, os fantasmas de tempos passados foram exorcizados pelo espírito do progresso socialista. A *Vilnius* soviética, agora mimada como "vida e coração da Lituânia," foi declarada "cidade de contrastes, mas não o tipo de contraste que se encontra nas cidades do oeste capitalista – não o contraste entre o luxo da aristocracia e a pobreza dos bairros operários; a cidade de *Vilnius* é única numa rara combinação de arquitetura moderna e monumentos de um respeitável passado." A paisagem urbana de *Vilnius*, conforme o alarde da propaganda soviética, "é tão incomum que, à primeira vista, temos a impressão de estarmos num teatro e de que tudo aquilo é uma cenografia realizada por um artista apaixonado pelo passado."[21] Não muito diferente de sua contrapartida capitalista, a modernidade soviética se baseava no desenvolvimento de valores e padrões universais com vistas para

---

20. Judith Friedlander, *Vilna on the Seine: Jewish Intellectuals in France since 1968*. New Haven: Yale University Press, 1990, pp. 5–6.
21. G. Metelsky, *Lithuania: Land of the Niemen*. Moscou: Foreign Languages Publishing House, 1959, p. 33.

o futuro, mas com uma leve nuance de estética local, nacional. Assim, a *Vilnius* soviética foi planejada como "a capital do amanhã", onde "elementos da arquitetura nacional lituana se misturam organicamente à arquitetura socialista dos novos edifícios." Uma cidade tão inovadora "não tinha pares nem predecessores" e "qualquer um que não tenha estado em *Vilnius* pelos últimos três ou quatro anos não reconhecerá diversos cantos dessa cidade antiga e ao mesmo tempo jovial. Em poucos anos, o panorama a partir do alto da Colina do Castelo será novo e ainda mais belo. Mas não importa que mudanças possam sobrevir, *Vilnius* representará sempre um monumento aos muitos séculos de história lituana, orgulho e glória de seu povo."[22] A sensação caseira de uma *Vilnius* lituana, porém, foi erguida sobre um vácuo de memória, uma condição cartográfica espectral, que, nas palavras de Judita Vaičiūnaitė,[23] poetisa lituana, ajudou os recém-chegados a domesticar o lugar. No poema "Rua do Museu",[24] ela revela o amnésico caráter ordinário da identidade recém-encontrada da cidade:

> Na mesa – pratos brancos, pão e maçãs amarelas
> E verão – pela janela aberta do quinto andar.
> Trovão e chuva se aquietaram.
>   E o sol se esboça
> Redondo...
> E uma mulher chega à praça – de cabelos claros e
>   [alta.
> Pingos de água nos telhados piscam para ela.
> Fotografias das férias estão prontas.
> Essas ruas barulhentas e exaustivas foram feitas
>   [com mãos ardentes –

---

22. Ibid., pp. 75-76.
23. Vaičiūnaitė nasceu em 1937 e morreu em 2001.
24. Designação do pós-guerra à Rua Alemã da cidade velha de *Vilnius*, que foi parcialmente remodelada segundo o estilo soviético de mostruário.

E a janela,
   chamando pombos das torres
   e pardais,
   Os que atiram farelo aos pássaros,
   Erguendo-se como uma altiva melodia
      por sobre incêndios do gueto,
         réqüiens e cinzas...[25]

No processo de modernização e expansão espacial, a cidade limitou a própria história a temas lituanos e soviéticos. Em ambos os casos, várias ruínas locais foram censuradas e destruídas a fim de sanear a superfície topográfica da cidade. Com frequência, os mortos locais de origens ideológicas ou nacionais suspeitas, que não eram bem-vindos, eram substituídos por relíquias de heroicos personagens soviéticos. Imediatamente após o fim da Segunda Grande Guerra, os cemitérios militares alemães, que continham os mortos de ambas as grandes guerras, foram os primeiros. Em seguida, foi a vez de eliminar os antigos cemitérios protestantes, onde vários expatriados europeus, sobretudo alemães, incluindo numerosos professores universitários, haviam sido enterrados. Os corpos e túmulos de diversos colegas profissionais de Georg Forster e Josef Frank foram profanados por ordens da administração soviética lituana, e uma imensa parte do passado biográfico da universidade foi obliterado. O pequeno cemitério muçulmano perto do principal presídio da cidade, melancolicamente visitado por Paul Monty durante a Grande Guerra, também foi demolido. Com a destruição do cemitério e a mesquita adjacente, os últimos vestígios do bairro histórico tártaro foram eliminados da paisagem urbana. Ademais, as autoridades cívicas soviéticas diminuíram rigorosamente a visibilidade de diversas personagens históricas polonesas e lituanas, de

---

25. Judita Vaičiūnaitė, "Museum Street", trad. Jonas Zdanys em *Contemporary East European Poetry: An Anthology*. Oxford: Oxford University Press, 1993, p. 85.

cunho religioso e nacional, removendo seus corpos para lugares menos proeminentes. O sarcófago de prata contendo as relíquias de São Casimiro, por exemplo, foi transferido da catedral para a igreja de São Pedro e São Paulo. Outro golpe devastador para a topografia histórica da cidade veio com a impiedosa destruição dos dois cemitérios judaicos – os quais, depois da aniquilação da população judaica local, perpetrada pelos nazistas, e da repressão soviética sobre uma comunidade judaica extremamente diminuída, eram a lembrança mais evidente da história e geografia seculares da *Vilnè* judaica. Os monumentos cívicos e ideológicos da nova *Vilnius* foram não raro construídos por cima da área desses cemitérios destruídos. De fato, diversas lápides dos cemitérios judaicos e protestantes foram utilizadas pelas autoridades locais em vários canteiros de obras como material de construção. Algumas lousas judaicas chegaram a servir como degraus de uma escadaria que leva ao topo de uma colina que oferece uma visão panorâmica da topografia e horizonte alterados da *Vilnius* do pós-guerra.

Em geral, a *Vilnius* soviética foi uma cidade isolada e enjaulada do ponto de vista ideológico e político. Embora não contasse com rodovias, linhas férreas ou conexões aéreas diretas com a Europa Ocidental, a cidade sempre surgia, no mundo fantasioso da propaganda soviética, se não como centro do continente, mas ao menos como vibrante eixo de viagem internacional. De maneira típica, um livro de viagem soviético da década de 1950 faz de *Vilnius* um portão de entrada espetacular para o fabuloso universo soviético, cujo aeroporto mal pode acolher aviões afluindo de Paris, Praga, Moscou, Varsóvia, Berlim etc. No saguão do aeroporto, "carregadores se agitam levando malas com etiquetas de hotéis de vários países, as pessoas falam chinês, inglês, polonês, alemão. [...] Para muita gente chegando do estrangeiro, *Vilnius* é o portão aéreo da União Soviética e o primeiro contato com o país do socialismo se faz pelo edifício do aeroporto internacional."²⁶ Moscou entretanto, nunca se interessou muito por *Vilnius*, encarando tanto seu recente passado polono-judaico quanto seu florescente futuro lituano como um desafio ideológico para o presente soviético. Assim, apesar da beleza arquitetônica e significado histórico, *Vilnius* raramente constou dos itinerários oficialmente aprovados pela *Intourist*, especialmente concebidos para turistas estrangeiros. Ademais, viagens independentes pela União Soviética, em especial em zonas fronteiriças como a Lituânia, eram tão temidas e controladas pelas autoridades que até mesmo antigos residentes de Vilnius que haviam deixado o país só podiam visitar os parentes que ainda viviam na cidade participando de um pacote turístico de grupo. Estrangeiros em *Vilnius* eram raridades, facilmente identificados pelas roupas ou pelo comportamento social irreprimido, e quase sempre evitados pelos habitantes, que temiam a KGB. Debaixo do olho vigilante das autoridades soviéticas, uma confraternização livre ou informal com estrangeiros podia facilmente se transformar num problema ideológico e social. Para além de reuniões familiares esporádicas, apenas membros da elite cultural, altas autoridades do partido comunista, dissidentes e prostitutas tinham permissão de se relacionar periodicamente com estrangeiros em trânsito.

Alguns visitantes, como Simone de Beauvoir e Jean-Paul Sartre, que passaram pela Lituânia em 1965, portavam uma aura de independência filosófica – se não também ideológica. Infelizmente foi um único acontecimento, e a visita, monitorada pelo partido, surtiu um impacto duradouro nas mentes daqueles que tiveram a permissão de conhecer o casal intelectual. Quem recebia permissão das autoridades soviéticas para permanecer por períodos mais longos devia ser mais ou menos simpático ao regime socialista, porém mesmo assim suas atividades na cidade eram circundadas pela censura oficial e a vigilância ideológica. Um desses visitantes foi Phillipe Bonosky, nascido em 1916, de

---

26. Metelsky, op. cit., p. 36.

pais lituanos, numa cidade siderúrgica da Pensilvânia, e que mais tarde se tornou auto-declarado escritor proletário americano. Bonosky, correspondente em Moscou para o *The Daily Worker*, jornal publicado pelo partido comunista dos EUA, visitou *Vilnius* em meados da década de 1960. Reuniu suas impressões da cidade em 1967 num livro intitulado *Para além da fronteira do mito: de Vilna a Hanói*.[27] Bonosky decerto se posicionava de maneira amistosa se não totalmente favorável ao regime socialista da administração soviética. Seu encontro com a *Vilnius* pós-stalinista, contudo, gerou uma reverberação pessoal impressionante, raramente detectável em relatos controlados pela propaganda. No auge da Guerra Fria, Bonosky foi um dos primeiros visitantes estrangeiros e admitir abertamente a força ilusória de tal encontro:

Há uma *Vilnius*: a *Vilnius* visível aos olhos, aos ouvidos, ao nariz, aos outros sentidos. Essa é uma *Vilnius* que, o mundo inteiro concorda, é uma das mais graciosas cidades da Europa. Sofreu demais, como cidade, e seu sofrimento esteve tão entrelaçado ao sofrimento humano que a consideramos meio humana, como se tivesse sentimentos, como se persistisse humanamente.

Há uma outra *Vilnius* dentro de cada um, e que cada um constrói para si. Essa *Vilnius* faz parte da autobiografia de cada um.

Vim a *Vilnius* pela primeira vez como se ali já houvesse estado muitas vezes, como um amante que a tivesse perdido. Era-me tão familiar quanto um sonho.[28]

Enquanto o contato com a cidade se aprofundava, *Vilnius*, de uma imagem hipnotizante, se metamorfoseava numa horrenda visão. Para Bonosky, tal conversão trazia o reconhecimento da universalidade da cidade, de Vilnius como representação tanto da velha como da nova Europa:

---

27. No original, *Beyond the Border of Myth: from Vilnius to Hanoi*. [N. T.]
28. Phillipe Bonosky, *Beyond the Borders of Myth: from Vilnius to Hanoi*. Nova York: Praxis Press, 1967, p. 79.

A velha *Vilnius* é um museu vivo, embora leve uma vida dupla. Os nazistas a destruíram quase em totalidade. De suas fundações literalmente em ruínas, porém, os lituanos reconstruíram a cidade assim como era, na medida do possível. Só o fogo atômico poderia derreter agora essas pedras.

É por isso que é possível olhar para essa velha *Vilnius* sem uma sensação demasiado envolvente de nostalgia. Pois, aqui, nenhuma pessoa sensível pode esquecer a dor. Muita gente teria o direito de estar caminhando, neste exato momento, sobre essas pedras, mas jaz em túmulos silentes e desconhecidos.

Você também passeia com os fantasmas por aqui – pela estrada que vai a Panerai, onde dezenas de milhares de pessoas caminharam antes de você. Esse caminho leva a um barranco que os pássaros não sobrevoam – ali até os mortos estão completamente reduzidos a pó.

Então deixe para lá! Ao invés disso, venha visitar a velha e formosa Vilnius, esquecendo tudo aquilo, você espera. E de repente – estamos frente a frente com o Gueto!

Essas pedras sobre as quais você pisa agora se esquivam dos seus pés. Nenhuma 'arte', com toda a sua timidez, pode silenciá-las. Não há tempo suficiente que passe para fazer crescer uma crosta de esquecimento sobre elas. Pois ontem mesmo sangue vivo escorria por elas, e isso não deve ser esquecido, não só porque os mortos devem ser sempre lembrados, mas as razões pela tragédia devem ser ainda mais lembradas. [...] Isso é então um pouco de *Vilnius*, não tudo, e não a *Vilnius* de todos, e muito pouco da parte nova, mas a cidade que a história conhece, e que se revela ao visitante. Este escritor vem e se conecta àquilo que persistiu aqui com sofrimento, pois isso é universal.[29]

Apesar do apelo universal, a maioria dos escritores, estrangeiros ou não, prestaram pouca atenção à *Vilnius* soviética. Quem morava no ocidente, à exceção de seus antigos moradores, não tiveram a oportunidade nem o desejo de explorar uma cidade desconhecida, imprecisamente situada nas margens culturais e políticas do império soviético. Os habitantes locais careciam de curiosidade sobre o passado ou tinham medo de se aventurar por uma história desconcertante, temendo involuntariamente

---

29. Ibid., pp. 84–89.

chamar a atenção da censura ideológica do regime. Escritores e artistas lituanos da época devem ter levado uma vida urbana, mas, vindo de um ambiente rural, eles se preocuparam mais com a representação das maciças mudanças sociais e culturais do pós-guerra que consumiam o interior lituano. A *intelligentsia* russa da era soviética também não demonstrava interesse particular pela cidade provinciana desprovida de uma população russa ou memória cultural relevantes. Os poetas, por outro lado, eram muito menos restringidos, se não em sua habilidade de falar livremente, ao menos em sua aspiração por ver, captar e contextualizar as diferenças na imaginação ideologicamente monótona da realidade soviética.

Durante as últimas duas décadas de repressão soviética, *Vilnius* encarnou uma oportunidade imperfeita e arriscada de fuga intelectual. Ao contrário de muitas cidades soviéticas, *Vilnius* reteve as ruínas estilhaçadas de seu passado, não só nas pedras, como também no espírito. Muitos novos residentes da cidade sentiam uma certa afinidade religiosa para com os templos locais e, apesar da inflexível repressão religiosa, as cúpulas e ponteiras das igrejas barrocas ainda dominavam o horizonte da *Vilnius* soviética.[30] A estética moderna de Vilnius, especialmente no tocante à arquitetura, teatro, jazz, design e moda, sofreu um pouco mais de influência ocidental do que em outros lugares da União Soviética. As tênues diferenças culturais de *Vilnius*, talvez invisíveis ao olhar estrangeiro, eram rapidamente notadas por visitantes vindos de outras partes da União Soviética. Para Joseph Brodsky,[31] poeta russo de Leningrado, agraciado com o prêmio Nobel, um encontro afável com a nova *Vilnius* estimulou um desvio poético para o reino biográfico das possibilidades históricas.

---

30. Embora as autoridades soviéticas houvessem destruído os restos da grande sinagoga e atribuído vários outros edifícios religiosos a diferentes funções sociais, apenas uma ou duas igrejas foram demolidas no período do pós-guerra.

31. Brodsky nasceu em 1940 e morreu em 1996.

Brodsky, cuja família se originava de judeus lituanos, visitou *Vilnius* após um período de internação num *gulag* por "parasitismo social." Perseguido e expropriado, levou uma vida nômade até ser expulso da União Soviética em 1972. A partir do seu estado de perambulação, ele foi capaz de reimaginar a vida judaica na velha *Vilnius* como capítulo inicial da alienação humana moderna. No poema "Liejyklos",[32] do ciclo poético *Divertimento lituano*, de 1971, Brodsky faz ecoar as palavras de Döblin, descrevendo o custo pessoal do reassentamento, forçado ou voluntário, de seus ancestrais:

> Ter nascido um século atrás
> e por cima dos lençóis, tomando ar,
> por uma janela ver um jardim crescer
> e as cruzes de Catarina, cúpulas gêmeas se alçando;
> envergonhar-se pela Mãe, soluçar
> quando os lornhões brandidos examinam
> e empurram uma carroça repleta de lixo
> pelas alamedas amarelas do gueto,
> suspirar, enfiado na cama da cabeça aos pés,
> por moças polonesas, por exemplo;
> e ficar por perto para enfrentar o inimigo
> e cair pisoteado em algum lugar da Polônia –
> pela Fé, pelo tzar, pela Pátria, ou não,
> em seguida, moldar os cachos dos judeus em
>   [costeletas
> e afora pelo Novo Mundo como um tiro,
> vomitando em ondas enquanto vibra o motor.[33]

---

32. Nome lituano para a Rua da Fundição.
33. Joseph Brodsky, *A Part of Speech*. Nova York: Farrar, Straus, Giroux, 1980, pp. 37-38.

Na época das mudanças revolucionárias na Europa Oriental no fim da década de 1980, a população de *Vilnius* já tinha aumentado para quase 600 mil habitantes. Mas o subsequente expurgo das marcas do socialismo deixou a cidade nua, e as praças desocupadas, esvaziadas de seus habituais moradores,[34] evidenciaram a falta de uma visão espacial coerente. Anatol Lieven, correspondente em Moscou para o *The Times* de Londres, apontou que os moradores locais desdenhavam da beleza histórica da própria cidade, ou mesmo de seu futuro potencial econômico:

> Ao contrário dos estonianos em Tallinn e dos letões em Riga, os lituanos na velha *Vilnius* em geral ignoram a história e as lendas relacionadas às ruas em que vivem. [...] Em torno dos restos do Gueto se estendem as ruas da cidade velha, labirinto encantador de pátios e casas antigas, pobres e simples na sua maior parte, mas pintadas com leves tons graciosos de amarelo, azul e verde claro. Um visitante inglês comparou uma das casas a uma pintura de De Chirico. Entre elas se incluem, mais enfeitados, os palácios da antiga nobreza, com atlantes e cariátides ladeando os portões. A arquitetura elegante presente em quase toda a cidade não é só mero ponto forte para o turismo, mas pode fornecer belos escritórios de negócios.[35]

Quando *Vilnius* finalmente se tornou a capital da Lituânia independente, em 1991, sua topografia contestada do ponto de vista ideológico e desafiada do ponto de vista nacionalista se transformou de novo num campo de batalha simbólico para a definição geográfica e histórica da Europa. "A Lituânia livre e democrática," declara o escritor lituano-americano Venclova, "se vê diante da tarefa de criar uma nova identidade para *Vilnius*, sem que se rejeite um único traço histórico e cultural da cidade. Ao integrar o passado e todo o seu potencial cultural, *Vilnius* se tornará uma capital europeia digna de seus fundadores e melhores cidadãos."[36]

---

34. Como as estátuas de Lênin e outros heróis soviéticos.
35. Anatol Lieven, *The Baltic Revolution: Estonia, Latvia, Lithuania and the Path to Independence*. New Haven: Yale University Press, 1993, p. 12.
36. Venclova, *Vilnius*, op. cit., p. 9.

A Europa, no entanto, aplica significados diferentes para povos diferentes e, antes que *Vilnius* pudesse se transformar na capital dinâmica de uma nação-estado europeia renascida, ela teria que se haver com seu antigo estatuto de cemitério da Europa. Os primeiros a visitar Vilna após o colapso da União Soviética foram seus nativos exilados, ou descendentes deles. Procuravam pela *Vilnè* judaica, conhecida porém desaparecida, ou pela *Wilno* polonesa, mas só puderam encontrar a *Vilnius* lituana. Houve pouca melancolia ou nostalgia nessas visitas, pois ambas as emoções exigem uma sensação de mágoa ou de consolação. E a *Vilnius* lituana não podia fornecer nem uma, nem outra. A cidade não reconheceu os visitantes desenraizados como seus próprios habitantes. A perda da língua, cultura, religião, nomes de lugares e, sobretudo, de pessoas, deixou sua marca: *Vilnius* era estrangeira para si mesma e para a Europa. Desprovida de memória, ou melhor, amnésica, a cidade parecia ser um lugar rude e vazio.

Rose Zwi, que cresceu na África do Sul, partiu em 1993 da Austrália para a Lituânia em busca das raízes da família. Como de costume, ela descreveu a ideia de visitar o país como uma volta ao lar: "Meu desejo de visitar *der heim* há anos jazia adormecido. A terra de meus ancestrais tinha se tornado um deserto de túmulos, separado pelo ferro de uma cortina. Com a independência lituana em 1991, contudo, tornou-se possível ir para 'casa.'"[37] Encontrou parentes morando em *Vilnius*, num apartamento situado num edifício típico da cidade velha, com "um arco de pedra" na entrada "que leva a um pátio coberto de paralelepípedos, invadido por gatos sarnentos. O cheiro da urina de gato nos seguiu pelos degraus de madeira até uma entrada pequena e escura, onde se mistura a um cheiro úmido e familiar. [...] A porta da frente, mal reconhecível à luz fraca, se abre para um

---

37. Rose Zwi, *Last Walk in Naryshkin Park*. Melbourne: Spinifex, 1997, p. 61.

outro mundo. Entramos diretamente numa cozinha minúscula e imaculadamente limpa, com duas portas. A da esquerda leva para um pequeno dormitório; a da direita nos encaminha para a sala de estar, que é espaçosa e tem pé direito alto."[38]

A comunicação entre Zwi e os membros de sangue e por aliança da família em *Vilnius* foi calorosa porém atribulada. O costumeiro iídiche, língua nativa de *Vilnè*, não funcionava mais como elo confiável de comunicação: Zwi se sentia mais à vontade em inglês, e os parentes, em russo e lituano. Fora do ambiente íntimo familiar, a cidade, com sua grande população de lituanos imigrados, parecia ameaçadora:

Vilnius é bonita. *Vilnius*, não Vilna, que não existe mais. [...] Ernest mostra a torre de televisão à distância, rodeada por blocos de edifícios modernos, onde uma batalha breve e feroz havia eclodido entre patriotas lituanos e o exército soviético há apenas dezoito meses. O fervor de Ernest não me comove; o termo "patriotas lituanos" soa arrepiante. A beleza de *Vilnius* é de repente turvada por uma garoa gelada e ventos cortantes que nos fazem esquecer a torre.

[...] Por insistência de Ernest, sou levada para ver as barricadas que haviam sido construídas contra as forças soviéticas do lado de fora do prédio do Parlamento, e ao local em que cruzes haviam sido erguidas em memória dos mortos na resistência.

Dessa vez, não tenho disposição para o patriotismo lituano, nem para o fervor religioso que o acompanha. Não simpatizo com os lituanos de olhar severo pelas ruas e fazendo fila nas igrejas. Teria reagido com mais simpatia a seus ancestrais pagãos que veneravam carvalhos.

Perturba-me tal reação; costumava me gabar de minha tolerância. Uma história turbulenta demais jaz entre nós, talvez, para que eu possa ficar indiferente.[39]

Um compatriota de Zwi, o escritor Dan Jacobson, visitou *Vilnius* acompanhado do filho pela mesma razão – buscar as raízes familiares no universo das pequenas cidades, dramaticamente

---

38. Ibid., p. 125.
39. Ibid., pp. 142–145.

transformadas, do interior lituano. *Vilnius* era um ponto de parada inevitável nessa busca. Dela, a maioria dos judeus, incluindo os ancestrais de Jacobson, deixaram a Lituânia para escapar da morte quase certa nas mãos dos paraquedistas ss e seus auxiliares lituanos. Embora fizesse parte integral da memória familiar, a Lituânia e *Vilnius* eram lugares remotos. "Jamais estive num país sobre o qual sabia tão pouco," observou o filho de Jacobson.[40]

Uma *Vilnius* desconhecida cumprimentou os dois Jacobson com um vazio despojado; a estrada do aeroporto até a cidade passava pelo cemitério Rasos, prefigurando um sentido de perda:

Um carro. Outro carro. Finalmente, um casal caminhando. Outro casal esperando no ponto de ônibus. A imensa bola vermelha do sol se ergue orgulhosa das copas serrilhadas das árvores no horizonte. Surgem alguns prédios de apartamentos. Mas parecem desabitados. Só quando a estrada passa no meio de um cemitério repleto de árvores, numa topografia elaborada e reduzida de colinas, ravinas e outeiros rochosos é que avistamos algo parecido com uma multidão. É constituída totalmente por figuras de pedra e bronze: anjos, imagens em tamanho natural de Jesus carregando a cruz ou já crucificado nela, muitas Marias cabisbaixas ou de braços abertos. Há também algumas esculturas de pessoas falecidas, de sobrecasaca. A mais alta está momentaneamente iluminada por raios fortuitos do sol. Depois, algumas outras vias se encontram e se separam – e ei-nos, às margens da Cidade Velha de *Vilnius*.

[...] Quase o mesmo, pareceu-me, poderia ter sido dito de *Vilnius* como um todo. Em nosso primeiro passeio, a cidade parecia habitada por cerca de 14 pessoas. Passamos por ruelas estreitas, de paralelepípedo, e por praças de inclinação irregular. Postes iluminados eram quase tão raros quanto as pessoas. [...] Em meio à escuridão e ao despovoamento geral, havia grandes vitrines que poderiam ser usadas para exibir cadeiras ou objetos de vidro que aspirassem a elegância e alta modernidade: rumo a um acabamento categoricamente finlandês.

---

40. Dan Jacobson, *Heshel's Kingdom*. Londres: Penguin Books, 1998, p. 114.

Mas a maior parte das lojas contava com vitrines sujas e miseráveis, herança maligna do comunismo, como se nada houvesse mudado, ou mesmo pudesse mudar, desde o fim da velha ordem.[41]

Perambulando por essa cidade aparentemente abandonada de meio milhão de habitantes sem o menor conhecimento ou bússola de memória, Jacobson chegou a uma surpreendente conclusão emocional: "Um pensamento estranho me ocorreu de súbito. Não é de admirar que a cidade pareça vazia! Um quarto – não, eventualmente um terço – das pessoas que aqui viveram foi eliminado. Por toda parte ao nosso redor está o espaço que ocuparam. Estávamos no meio de um vazio que a ausência delas criara; o silêncio da cidade era o das palavras que elas e seus filhos não nascidos jamais haveriam de dizer."[42]

Outros visitantes demonstraram menos ignorância com relação à situação atual ou à história da cidade, mas o encontro foi também definido pela presença dos mortos. Anne Applebaum, jornalista americana, visitou Vilnius no período da revolucionária desintegração da União Soviética. Turistas estrangeiros eram ainda uma raridade desconhecida em *Vilnius*, e Applebaum, apesar das convulsões políticas fermentando ao seu redor, foi capaz de desfrutar de um momento de solidão evocativa num encontro com o presente perdido da cidade:

Fui sozinha ao cemitério polonês. Uma lousa imensa, de mármore preto inscrito com as palavras "Mãe de Pilsudski, e o coração de seu filho", jazia no gramado do lado de fora do portão principal.

"E que bom que ele não viveu para ver o dia em que seu coração haveria de ser enterrado num país estrangeiro."

Uma polonesa de meia-idade, com um top de seda de bolinhas e calça de seda azul boca-de-sino, estava em pé diante do imenso túmulo. De barriga exposta. Os pés estavam espremidos em sandálias minúsculas, enfeitadas com *strass*, os dedos à vista. As unhas dos dedos da mão cintilavam de esmalte dourado, os pulsos chacoalhavam

---

41. Ibid., pp. 111–113.
42. Ibid., p. 115.

braceletes de ouro, e brincos de ouro pendiam das orelhas. Usava um batom brilhante e grandes óculos escuros americanos, redondos. Curiosamente, era muito bonita.

Seu companheiro, um primo caipira passado dos 30 anos com uma camiseta amarela empoeirada, a escutava com uma atenção baça.

"Eles deviam ter levado para Cracóvia depois da guerra, e enterrado junto com o resto do corpo dele. Está entendendo, Henryk, o corpo de Pilsudski está enterrado em Cracóvia junto com os reis poloneses, você precisa lembrar que ele é quase como um rei. O coração dele está enterrado aqui, em *Wilno*, na *Wilno* polonesa, e a mãe dele está enterrada aqui, também. Olhe, ah, olhe como as flores estão feias agora."

[...] Desde a guerra, ela só havia estado em *Wilno* umas poucas vezes: era capaz de contar as visitas nos dedos de uma mão. Era difícil para ex-residentes realizar uma tal viagem, e nem todos quiseram tentar; afinal, ela explicou, "não sobrou muito da velha *Wilno*, sobrou?" Entre soviéticos e lituanos – e ela não soube dizer quem foi pior –, eles conseguiram destruir a cidade.

[...] "O que é que a vovó e o vovô pensariam agora se pudessem ver *Wilno*, a linda *Wilno* agora? Como é que eles fariam com as placas das ruas, todas em lituano?"[43]

Stan Persky, escritor canadense com credenciais de uma longa estada europeia, viajou de Berlim para *Vilnius*, pois, como disse, "meu pai contou ter nascido ali. Exatamente quando nasceu, e quando, ainda bebê, ele partiu de *Vilnius* para Chicago, e a ordem e as datas de nascimento dos três irmãos e quatro irmãs, tudo isso foi motivo de disputa infinda e brincalhona sempre que o lado da família dele se reunia."[44] Persky não tinha parentes na cidade, mas adentrou na vida sonolenta da cidade com a curiosidade de um homem gay procurando por companhia e, talvez, alguma aventura corpórea. Havia lido quase tudo que existia naquela altura em inglês sobre a cidade: memórias de

---

43. Anne Applebaum, *Between East and West: Across the Borderlands of Europe*. Nova York: Pantheon Books, 1994, pp. 63-65.
44. Stan Persky, *Then We Take Berlin: Stories from the Other Side of Europe*. Toronto: Alfred Knopf, 1995, p. 350.

antigos moradores judeus, ensaios escritos por célebres escritores poloneses ali nascidos e a ficção de autores lituanos atuais. Seu contato com a cidade crescia a cada dia e, gradualmente, ela passou a ser populada tanto por fantasmas do passado como por gente viva. Prestou a devida homenagem ao único bar gay semi-legal na cidade, visitou museus e se encontrou com líderes políticos emergentes da Lituânia. Inevitavelmente, a trilha da memória o levou à floresta Paneriai, onde a maior parte dos judeus da cidade, junto com muitas outras vítimas da ocupação alemã, foi assassinada:

> A pequena cabana que abrigava um museu estava fechada para reforma, e um punhado de operários foram as únicas pessoas que vimos. Na floresta, sendas meândricas conduziam a dois ou três monumentos discretos. Atrás de um deles, havia uma enorme quantidade de pinheiros queimados, e um ônibus enferrujado abandonado. Caminhei pelos restos carbonizados das árvores. Mas o que acontecera naqueles bosques ocorrera muito antes do incêndio. De certo modo, não havia nada a ser visto ali. Só havia a floresta silenciosa, iluminada pelo sol.[45]

Após a Paneriai quieta e despojada, Persky e seu guia lituano foram ouvir as palavras de um sobrevivente:

> "Como era *Vilnius* em 1945?" Perguntei a Grigory Kanowitsch. Era um romancista judeu em seus sessenta e poucos anos. Os pais haviam conseguido escapar da Lituânia e foram para o Cazaquistão, na União Soviética. Kanowitsch voltou para *Vilnius* no fim da Segunda Grande Guerra, aos 16 anos de idade.
> "Está nos romances de Kafka," respondeu, sentado num sofá à nossa frente, na grande sala de estar do apartamento em que morava com a esposa. Estava vestido com uma camisa de manga curta, com uma gravata levemente torta. "Todos, não só judeus – soldados, lituanos, poloneses – pareciam desenraizados, voando entre o céu e a terra. É por isso que me lembrei de Kafka."
> "Quando voltou, você tinha ideia da verdadeira extensão do Holocausto?"

---

45. Ibid., p. 380.

"Isso berrava. Isso berrava," ele disse, e repetiu a frase uma terceira vez. "De cada janela, de cada porão, de cada buraco."

[...] Após irmos embora da casa do romancista... De pé para a traseira do bonde, apanhando um reflexo casual do sol na água do rio, experimentei um instante em que senti tanto o conforto de estar vivo – só para ver o pó do bordo e das flores de tília preenchendo as rachaduras entre os tijolos pretos – como a melancolia de nossas perdas. Nada traz de volta os nossos mortos.[46]

O encontro diurno de Persky com a cidade se metamorfoseou numa visão alegórica, uma imagem de pesadelo da Europa moderna, ou do mundo inteiro – emudecido, fragmentado, e no entanto violentamente inquieto, levando-nos para um destino futuro ignoto sob o signo da aniquilação. Não foi um sonho, mas uma versão contemporânea de uma dança macabra barroca, na qual vida e morte se abraçam no círculo abrangente do esquecimento. Como uma fuga desse ciclo amaldiçoado da história, Persky conclui seu diário de viagem literário pelas recém-demarcadas (velhas) fronteiras da Europa propondo uma tarefa impossível. Em *Vilnius*, ele convoca uma conversa entre mortos e vivos, situando a cidade, assim, no mapa transmundano de um destino humano compartilhado. Essa união conversacional entre o mundo dos que partiram e o dos que aqui estão contém a promessa de dissipar a névoa da história, que poderia criar um novo tipo de geografia dominada não pelas diferenças, mas pelas semelhanças. Nesse mapa escatológico, tudo se torna local e cada um é nativo do lugar:

Durante a noite, lembrei-me do que havia imaginado aquela tarde na floresta Paneriai. Alguns dos mortos estavam sentados em cadeiras, outros estavam em pé por entre os troncos carbonizados, com xícaras de café e pires nas mãos, envergando suas roupas de defunto – paletós e calças escuras, camisas brancas com colarinhos levemente puídos, chapéus pretos na cabeça; as mulheres tinham vestidos simples e negros como os que vi minha avó usar, uma ou duas delas alisando distraidamente a roupa. As crianças mortas estavam longe, entre as árvores.

---

46. Ibid., pp. 381–382.

Não eram todos judeus, embora os judeus predominassem. Entre eles havia combatentes contemporâneos de localidades na Iugoslávia, Armênia, Afeganistão e outros lugares, cujos nomes incomuns havíamos esquecido tão logo o noticiário noturno pronunciou os nomes incomuns de novas cidades sitiadas. Talvez tenha até imaginado um velho búlgaro sem visão.

Eles nos fitavam, com estranheza mas com paciência, do outro lado de um pedaço de tempo. Não falavam entre si, nem nós, os vivos. Mas senti que tanto os vivos como os mortos, separados pelo pedaço de tempo, queriam falar uns com os outros. Pareceu-me que havia tudo a ser dito.[47]

O mapa escatológico do outro mundo, de certo modo, é uma reflexão de uma geografia desejável porém inacessível. Nesse contexto, cadáveres e seus locais de descanso – ruínas do corpóreo – se transformam frequentemente em símbolos flexíveis de circulação metafísica; tornam-se indicadores ideais da específica ordem ideológica e geopolítica do lugar. Em seu estudo sobre as "vidas políticas" dos mortos no pós-socialismo, a antropóloga Katherine Vendery aponta para a elasticidade representacional e a profundidade social das ruínas. A presença, ou, nesse caso, a ausência de cadáveres é parte essencial de uma narrativa comunitária do lugar:

Resquícios são concretos, porém mutáveis; eles não têm um único significado mas estão abertos a diversas leituras. [...] Os mortos chegam com um currículo – diversos currículos possíveis, a depender do aspecto de sua vida que se considera. Eles se prestam à analogia com o currículo de *outras pessoas*. Ou seja, eles incentivam uma identificação com sua história de vida, a partir de vários pontos possíveis de vantagem. Sua complexidade torna bastante fácil discernir diferentes definições de ênfase, extrair diferentes histórias, e assim reescrever a história. Mortos possuem outra grande vantagem como símbolos: não falam muito por conta deles, embora já o tenham feito. Palavras podem ser colocadas em suas bocas – em geral palavras ambíguas – ou suas

---

47. Ibid., p. 384.

próprias palavras podem sofrer de ambiguidade ao serem citadas fora de contexto. É portanto mais fácil reescrever a história com mortos do que com outros tipos de símbolos que sejam mudos.

Entretanto, por possuírem um único nome e um único corpo, eles produzem a ilusão de terem só um significado. Essa ilusão é fortalecida por sua materialidade, o que implica no fato de terem um único significado que é solidamente "fundamentado", embora de fato não tenham esse único significado. Diversas pessoas podem evocar cadáveres como símbolos, pensando que os cadáveres possam significar a mesma coisa para todos os presentes, enquanto que de fato eles podem significar coisas diferentes para cada um. O que se compartilha é o reconhecimento por parte de todos de que aquele morto é importante de uma maneira ou de outra.[48]

Tradicionalmente, os mortos de *Vilnius* têm sido participantes essenciais na reconfiguração da localização da cidade no contexto europeu. A turbulenta e contestada história regional tem fornecido um fluxo constante de mortos com vozes e currículos contrastantes, além de lealdades *post-mortem* antagônicas. Assim, a meu ver, os cemitérios e os espaços memoriais de *Vilnius* são limiares onde, no sentido *bakhtiniano* da palavra, vários nós narrativos da Europa se amarram e se desamarram simultaneamente. Adentrar nesses espaços em metamorfose, tanto do ponto de vista físico como alegórico, é o mesmo que testemunhar as mutáveis possibilidades representacionais locais da Europa.

No processo de transformar a *Vilnius* pós-soviética numa capital europeia, os mortos locais se tornaram participantes essenciais do drama geo-narrativo. Uma associação alemã de voluntários restaurou os cemitérios militares destruídos de *Vilnius* numa maneira inclusiva do ponto de vista geográfico e ideológico: os túmulos dos soldados alemães foram recuperados junto com os dos soldados russos. Na verdade, os cemitérios militares restaurados, alemão e russo, da Grande Guerra, perderam

---

48. Katherine Verdery, *The Political Lives of Dead Bodies: Reburial and Postsocialist change*. Nova York: Columbia University Press, 1999, pp. 28-29. O itálico é da citação original.

a autenticidade histórica ao ganhar algumas lápides simbólicas comemorando soldados alemães de origem judaica e soldados russos de fé muçulmana. Hoje em dia, em meio à espessa floresta de cruzes protestantes e católicas, pode-se observar uma faixa de cruzes ortodoxas intercaladas por pedras tumulares ostentando a estrela de Davi ou o crescente islâmico.[49] No entanto, outros cemitérios destruídos não foram restaurados, o que aprofunda a fissura da memória na topografia comemorativa da *Vilnius* moderna.

Ademais, os cemitérios militares poloneses existentes – incluindo aquele que contém o cenotáfio do coração de Piłsudski – estão num limbo nacional comemorativo. Embora esses monumentos em geral sejam bem frequentados e cuidados por diversas associações polonesas locais e de fora, quase sempre apoiadas pelo governo da Polônia, raramente são incluídos na lista de monumentos de história lituana oficialmente protegidos. Assim, as necrópoles polonesas tornam-se antes memoriais particulares ao invés de nacionais, o que as exclui radicalmente da versão lituana dominante da história da cidade. De maneira similar, os túmulos dos soldados do exército vermelho e funcionários soviéticos são raramente mencionados nos mapas turísticos pós-socialistas de *Vilnius*. Apesar dessa ausência na narrativa oficial, esses e outros cemitérios "estrangeiros" geralmente dividem o mesmo espaço com túmulos de vários mortos honrados pelo estado lituano. Essa mistura memorial – a intimidade dos espaços comungados por mortos ideologicamente validados ou invalidados – produz uma topografia ondulante da história local, com altos picos de lembrança alternando com vales profundos de amnésia; e entre os dois extremos – vastos planaltos de uma memória banal, delineada por fileiras de mortos locais das mais diversas convicções. Caminhar por um cemitério contemporâ-

---

49. O cemitério alemão original continha apenas símbolos comemorativos cristãos e nacionalistas seculares.

neo em *Vilnius*⁵⁰ é como escutar uma composição atonal em que a dissonância musical se rompe em harmonias diferentes, cada uma com seu próprio ritmo e refrão, mas cada uma originada do mesmo acorde básico. Em tal obra musical ou memorial, atinge-se a unidade não por concórdia mas por dissonância, o que mantém a melodia ou a memória num constante estado de desafio. Nesse sentido, os cemitérios de *Vilnius* são lugares de anti-memória que desafiam todas as versões da história local. Incapazes de se adequar ao perímetro memorial do solo de *Vilnius*, os mortos locais apelam ao mapa da Europa.

O fardo histórico da Europa em *Vilnius* aumentou dramaticamente com a exumação inesperada de alguns milhares de restos humanos num vasto canteiro de obras de um projeto imobiliário comercial e residencial no outono de 2001. De início, a descoberta causou sensação apenas no círculo local, não só por causa do grande número de corpos, mas sobretudo devido à sua misteriosa origem e sinistra localização. A vala comum estava no terreno de uma antiga base militar soviética; portanto, compreensivelmente, seu paradeiro despertou memórias ligadas a inúmeros crimes impetrados pelo regime stalinista. Afinal de contas, sete anos antes, a poucas centenas de metros dali, centenas de corpos de vítimas da NKVD⁵¹ haviam sido recuperados do parque da antiga fazenda Tuskulėnai, ou Tusculanum. Essa área recém-descoberta poderia bem ser uma extensão daquela. Suspeitou-se também que os restos pudessem pertencer a soldados poloneses assassinados no início da Segunda Grande Guerra e enterrados em massa às pressas. Rapidamente, contudo, com a ajuda de detectores de metal, trabalhadores e antropólogos encontraram objetos mais mundanos e facilmente identificáveis, como moedas e botões, espalhados entre os ossos. Muitos artefatos metálicos evidenciaram inscrições em francês e retratos

---

50. Rasos ou Antakalnis, por exemplo.
51. Antecessor da KGB.

indiscutíveis de Napoleão. De imediato, tornou-se óbvio que os restos humanos pertenciam aos soldados da *Grande Armée*, mortos em 1812 em Vilna.

Embora a factualidade histórica de dez mil soldados franceses enterrados em Vilna jamais tenha sido contestada, não se sabia onde, posto que as autoridades russas parecem tê-los sepultado deliberadamente em lugares sem indicação, e logo esquecidos. Até mesmo Frank, por exemplo, que voltou à cidade no verão de 1813, não foi capaz de encontrar traços das enormes valas comuns que deveriam conter milhares de restos humanos. Portanto, os restos recentemente descobertos forneceram a primeira prova arqueológica do trágico papel que Vilna desempenhou na história napoleônica da Europa. Tão logo se estabeleceu a identidade "nacional" dos corpos, as autoridades municipais entraram em contato com a Embaixada da França em *Vilnius*. O governo francês rapidamente reagiu à notícia através do envio de uma equipe de antropólogos e assumindo responsabilidade administrativa imediata pelas relíquias militares.

Associar, todavia, do ponto de vista nacional, os milhares de corpos com a França contemporânea e histórica se tornou uma questão de debate genealógico internacional, pois a vasta maioria dos soldados, oficiais e acompanhantes que formavam a *Grande Armée* não era de origem francesa. Na verdade, soldados de pelo menos 20 nações europeias contemporâneas participaram da fatídica marcha para Moscou, de modo que, além de franceses, havia alemães,[52] holandeses, flamengos, italianos, espanhóis, portugueses, austríacos, poloneses, lituanos, suíços, croatas, húngaros etc. Ademais, conforme a limitada evidência arqueológica, a maioria dos três mil corpos até agora recuperados em *Vilnius* foram identificados como pertencentes às unidades militares não francesas da *Grande Armée*.

---

52. Bávaros, prussianos, vestfálios, saxões.

Posto que a vala comum de *Vilnius* é a maior do tempo das guerras napoleônicas a ser descoberta e examinada, ela produz um enorme valor científico e capital político. Do ponto de vista científico, a composição étnica diversificada dos restos constitui um verdadeiro tesouro antropológico, pois fornece um corte transversal da população masculina europeia (apenas algumas mulheres foram encontradas entre os mortos), unida pelo mortífero inverno de 1812 a 1813: "Agora, amontoados entre guindastes de construção e pilhas de tijolos de concreto, uma equipe de arqueólogos e anatomistas garimpam uma vala comum de soldados de Napoleão, reconstituindo os últimos dias do exército – e compreendendo o que significou ser homem na Europa de cerca de dois séculos atrás."[53]

A revelação dos restos criou também uma oportunidade à imprensa do mundo todo de focalizar a Lituânia, país raramente presente nas manchetes internacionais. O prefeito de *Vilnius* convidou jornalistas dos maiores conglomerados de notícias, nacionais e estrangeiros, para testemunhar a descoberta. Por conseguinte, duas redes de televisão – BBC e Discovery Channel – se envolveram diretamente na exploração antropológica do sítio. Nas valas comuns de *Vilnius*, a BBC encontrou muito material para a série *Meet the Ancestors*,[54] e a Discovery Channel coletou imagens para o documentário *Moments in Time*.[55] Além da exposição midiática e dos direitos exclusivos de gravação, ambas as companhias forneceram financiamento adicional para a futura exploração do sítio. A prevista descoberta científica, incentivada pela mídia, de outras valas comuns foi anunciada pela administração local como uma descoberta da cidade, mais do que

---

53. Michael Wines, "Baltic soil yields evidence of a bitter end to Napoleon's Army" em *New York Times*, 4 de setembro de 2002, p. A5.
54. Em português, "Conheça os ancestrais".
55. Em português, "Momentos no tempo".

atrasada, por parte dos estrangeiros. "Isso nos coloca no mapa," declarou o prefeito de *Vilnius*, pois "confirma a importância do papel da cidade na luta pelo destino histórico da Europa."[56]

Contudo, essas organizações europeias internacionais camuflam, de acordo com sua conveniência, a contestada e ambígua localização de Vilnius tanto na Europa "unida" como no moderno estado lituano. Os mortos de *Vilnius* em geral são historicamente controversos e geograficamente problemáticos, pois, para se falar de modo metafórico e literal, eles segmentam, segregam e dividem a cidade conforme os diferentes destinos e identidades nacionais. As relíquias das vítimas da NKVD encontradas na fazenda de Tuskulėnai apresentaram um típico desafio. Segundo os registros da NKVD, todas as vítimas foram assassinadas entre 1944 e 1947, e muitas delas eram membros do movimento de resistência lituano. Outrossim, em meio aos restos havia também oficiais militares alemães acusados de participar de crimes contra civis; alguns colaboradores nazistas locais, perseguidos por participação no genocídio dos judeus; numerosos desertores do exército soviético, que cometeram sérias ofensas criminais; e civis locais acusados de homicídio.[57] Considerando uma tal variedade de ofensas criminais e personalidades, nenhum memorial é capaz de englobar a conduta e a memória contraditórias dos indivíduos executados. A ideia de um memorial dedicado a todas as vítimas da NKVD tem recebido forte oposição da comunidade judaica local, que desaprova uma comemoração que inclua carrascos nazistas. Esses despojos, assim como muitos outros corpos locais, levantam questões históricas e morais altamente sensíveis: mereceriam todos os restos um mesmo tratamento comemorativo? Deveriam eles ser sepultados de novo juntos,

---

56. Conforme citado em M. Tarm, "The Napoleon graves" em *City Paper: The Baltic States*, novembro de 2002, p. 11.

57. Para mais informações, ver Severinas Vaitiekus, *Tuskulėnai: egzekucijų aukos ir budeliai*. Vilna: Lietuvos gyventojų genocido ir rezistencijos tyrimo centras, 2002, pp. 106-134.

ou separados de acordo com o comportamento documentado em vida? Visto que os corpos, extremamente decompostos, não exibem indicadores claros de identificação, seria possível identificá-los corretamente?[58]

Ao contrário dos mortos locais, os restos "estrangeiros" da *Grande Armée*, talvez de maneira tranquilizante, mapeiam a marcha histórica rumo à unidade da Europa. De fato, torna-se claro desde o início que a área organizada *post-mortem* para essa reunião internacional de europeus mudos e distantes poderia se tornar uma das maiores atrações turísticas de *Vilnius*. Logo após a descoberta, a secretaria de turismo de *Vilnius* começou a planejar os assim-chamados "passeios napoleônicos" pelo país. "Vilnius," declarou com orgulho uma manchete no *Lietuvos rytas*, jornal de alcance nacional, "será também celebrada pelos mortos do exército de Napoleão."[59] Devido ao fato de que cerca de 80% dos soldados que serviram o exército não eram franceses, seu perfil coletivo, de modo bizarro, se adéqua às características internacionais do alargamento da União Europeia. Por conseguinte, as autoridades francesas e lituanas insistiram na ideia de que, embora os restos encontrados em solo lituano façam "parte da memória coletiva francesa," eles passem a pertencer à herança transnacional da Europa.[60]

Apesar do fato de "pertencerem" à Europa, os restos estão sob custódia conjunta franco-lituana. Descartou-se a possibilidade de levar os restos multinacionais para a França e, tendo em vista que a lei francesa não permite a cremação de soldados franceses, foi decidido sepultá-los de novo na Lituânia. Após análise científica minuciosa, o sepultamento cerimonial dos restos ocorreu em 1º de junho de 2003. Eles agora descansam no

---

58. Até agora, apenas cerca de 50 corpos foram identificados.
59. "Vilnių garsins ir Napoleono palaikai" em *Lietuvos rytas*, seção Sostinė, 13 de setembro de 2002, p. 1.
60. "Rasti palaikai – daugelio tautų paveldas" em *Lietuvos rytas*, 30 de março de 2002, p. 7.

mais variado, do ponto de vista ideológico e nacional, cemitério de *Vilnius*. Oportunamente, esse grande cemitério, conhecido como Cemitério dos Soldados, abriga os restos de soldados de diversas guerras e nacionalidades. Mas, ao lado de tropas alemãs, russas, polonesas e soviéticas, e agora também napoleônicas, há também túmulos de autoridades do partido comunista lituano, membros da elite cultural e acadêmica, e vítimas do ataque de 1991 do exército soviético em *Vilnius*. O governo francês pagou cerca de 60 mil euros pelo memorial e, embora a cerimônia fúnebre tenha sido orquestrada pelo município de Vilnius, ela seguiu em detalhe as instruções oficiais francesas concernentes a procedimentos de sepultamento para soldados franceses tombados. Muitas autoridades de estado lituanas, membros do corpo diplomático de quase todos os países europeus e representantes da Sociedade Napoleônica da França participaram da cerimônia. Sacerdotes benzeram o solo e, em sua alocução, Jean Bernard Harth, embaixador francês na Lituânia, traçou um paralelo entre 1812 e 2003, referindo-se ao apoio de 90% dos lituanos num recenseamento, realizado três semanas antes, pela adesão à UE. Os participantes da cerimônia fúnebre foram cuidadosamente recordados das falácias da guerra e dos perigos de uma integração forçada da Europa: "Napoleão estava em busca de uma Europa unida," observou o embaixador, "mas seu intuito fracassou ao tentar unir um continente à força. [...] Hoje, vemos este sonho de uma Europa unida se realizando porque é feito de maneira pacífica."[61]

No entanto, esse sombrio ritual comemorativo ricocheteou de volta para a cidade como um espetáculo que celebrava a guerra como componente importante da consolidação política europeia. O sepultamento dos restos se tornou parte integrante da celebração oficial denominada *Vilnius 1812*, que tinha a intenção de

---

61. Conforme citado em Ian Traynor, "Frozen victims of 1812 get final burial" em *The Guardian*, 2 de junho de 2003, *www.guardian.co.uk,* acessado em 2 de junho de 2003.

familiarizar os cidadãos da Lituânia com a história da breve ocupação francesa na cidade. O evento, que durou três dias, tencionava também celebrar *Vilnius* como pivô geopolítico que havia alterado a história lituana e europeia. O principal organizador e patrocinador da celebração foi o Ministério da Defesa lituano, e o auge da festa urbana foi a reconstituição cênica de uma batalha entre as forças francesas e russas na margem direita do rio Neris.[62] Desde 1812, não houve nenhuma batalha entre os dois exércitos em *Vilnius* ou em seus arredores, de modo que a representação da batalha foi não só um drama de mentira, mas uma farsa histórica. Ademais, antes do festival, o Ministro da Defesa lituano bravamente declarou que "a marcha do exército de Napoleão pela Lituânia trouxe um vento de liberdade e a possibilidade de libertação. Além disso, ofereceu à Lituânia a oportunidade de se aproximar da Europa."[63]

Num gesto contrário, alguns mortos locais se recusaram a levar *Vilnius* para a Europa sem uma mancha de vergonha. Um novo projeto imobiliário comercial transformou a vizinhança do cemitério judaico erradicado – um dos mais antigos cemitérios da Europa, que abrigava a tumba do Gaon de *Vilnè* – em zona imobiliária de luxo. A necrópole, localizada do outro lado do rio a partir da Colina do Castelo, foi desativada pelas autoridades soviéticas décadas atrás, e não há claro indício de que todas as relíquias tenham sido removidas. Mas mesmo que nenhum corpo ainda habite o lugar, ele é mesmo assim testemunho da presença judaica na cidade com sua memória nua e profanada de aniquilação. Por razões óbvias, diversos grupos judaicos despertaram a conscientização global quanto ao projeto e, em resposta, o Congresso dos Estados Unidos ameaçou a Lituânia de censura política. O governo lituano convocou geólogos, especialistas em

---

62. Na mesma área se encontra o novo edifício da prefeitura e um centro moderno de negócios e diversões próximo à Praça da Europa.
63. Linas Linkevičius, citado a partir da conferência de imprensa *Vilnius 1812* no Ministério da Defesa lituano, 22 de maio de 2003.

fenômenos naturais, a fim de estabelecer a localização exata do cemitério, visto que as autoridades municipais consideraram inadequado e enganoso o trabalho dos arqueólogos lituanos. A história da cidade se tornou questão de processos geofísicos, como se a memória e perda humanas fizessem parte do universo natural, topográfico. Esse "retorno à natureza" científico ecoa os primeiros registros culturais da cidade como lugar perdido num fim de mundo europeu. A verdade, claro, é menos alegórica: no ímpeto de obter lucros imobiliários, a cidade transformou os judeus em estrangeiros locais, nômades mortos sem um lugar que pudessem chamar de lar.

A interação geo-narrativa de *Vilnius* entre "estrangeiros locais" e "nativos estrangeiros" foi admiravelmente capturada por Johannes Bobrowski,[64] poeta alemão cuja relação com a terra mitológica da Sarmácia se formou graças a um sentido profundo de reparação histórica e pessoal. Em 1961, publicou seu primeiro ciclo de poemas, intitulado *Sarmatische Zeit*, "Tempo sarmácio", dedicado a seus encontros, ao longo de toda a vida, com a Sarmácia. Em poucas palavras, o ciclo poético captura as vastas experiências geográficas e emocionais do poeta como soldado da *Wehrmacht* no Fronte Oriental e como prisioneiro de guerra na União Soviética. Bobrowski, porém, segundo ele mesmo, via seus versos como reparação meditativa e mediadora dos encontros históricos dos alemães com os vizinhos orientais: "Isso se tornou um tema, mais ou menos assim: os alemães e o Leste Europeu – pois cresci perto do rio Memel, onde poloneses, lituanos, russos e alemães viveram juntos, e em meio a eles todos, os judeus – uma longa história de culpa e desgraça, pela qual meu povo deve ser culpado, desde os primórdios da Ordem dos Cavaleiros Teutônicos. Algo que não poderá ser desfeito e nem,

---

64. Bobrowski nasceu em 1917 e morreu em 1965.

talvez, redimido, mas digno de esperança e sincero empenho em poemas em alemão."[65]

Para Bobrowski, a história e a geografia local europeias se fundem na Sarmácia, criando um espaço narrativo que destranca um limiar, um terreno ampliado de imagens, experiências, nomes de lugares, línguas, memórias, histórias, biografias, rostos, vozes e traços naturais. É um tempo-espaço de descobertas e evocações, mas também de perdas e mudanças irreversíveis. Ele se põe portanto a desenhar o mapa da Sarmácia com um poema que começa com uma característica toponímica da cidade e termina com uma profecia:

> Vilna, você
> carvalho –
> minha bétula,
> Novgorod –
> certa vez no bosque o grito
> das minhas primaveras se alçou, o passo
> dos meus dias ressoou sobre o rio.
>
> Ó, o brilho
> cintilante, a constelação estiva,
> doado; junto ao fogo
> se agacha o contador de histórias,
> os que escutaram a noite toda, os jovens,
> foram embora.
>
> Sozinho ele cantará:
> Pela estepe
> viajam lobos, o caçador
> achou uma pedra amarela,

---

[65]. Johannes Bobrowski conforme citado em Michael Hamburger, "Introduction" em Johannes Bobrowski, *Shadow Lands: Selected Poems*, trad. Ruth e Matthew Mead. Nova York: New Directions Books, 1984, p. 16.

Incendiou-se ao luar. –

O que é sagrado nada,
um peixe,
pelos vales antigos, os vales
ainda arborizados, as palavras
do pai ainda ressoam:
Bem-vindos os estrangeiros!
Você será um estrangeiro. Em breve.[66]

---

66. Ibid., "Chamado", p. 23.

Agradecimentos

Foi a paisagem urbana de Vilna que guiou o meu trabalho. Contudo, assumo toda a responsabilidade por qualquer imprecisão no mapa que confeccionei de sua história. Sou grato àqueles que leram e comentaram as diferentes versões do manuscrito: Derek Gregory, Modris Eksteins, Thomas Salumets, Gerry Pratt e Robert North. Pelo auxílio oferecido em suas áreas de especialidade, gostaria de agradecer Elizabeth Novickas, Aida Novickas, Dalia Šimavičiūtė, Ernesta Bražėnaitė, Austėja Pečiūra, Fayette Hickox, Cecile Kuznitz, Antanas Sileika, Violeta Kelertas, Antanas Kubilas, Juozas Statkevičius, Inga Vidugirytė-Pakerienė, Jurgis Pakerys, Judita e Eugenijus Čuplinskas, Kristina Sabaliauskaitė, Mindaugas Kvietkauskas, Alma Lapinskienė, Péter Inkei, Irena Veisaitė, Leonidas Donskis, Laima Vincė, Darius Ross, Dovilė Kėdikaitė, Jadvyga Dragūnas, e Aida, Kęstutis, Jonas e Mona Ivinskis. O apoio de minha família foi essencial para me ajudar a concluir o manuscrito, e pude contar também com a competente contribuição das equipes da Biblioteca da Universidade de Vilna, do Museu Lituano de Arte, do Museu Nacional da Lituânia, da Biblioteca da Academia Lituana de Ciências e do Instituto de Literatura e Folclore Lituanos. A pesquisa para este livro foi parcialmente financiada por bolsas de doutorado e pós-doutorado do Conselho Canadense de Pesquisas em Ciência Social e Humanidades.

Obras citadas

ABRAMOWICZ, Hirsz. *Profiles of a Lost World, Memoirs of East European Jewish Life before World War II*, trad. Eva Zeitlin Dobkin. Detroit: Wayne University Press, 1999.

ALBRECHT, Dietmar. *Wege nach Sarmatien – Zehn Kapitel Preussenland: Orte, Texte, Zeichen*. Munique: Martin Meidenbauer, 2006.

APPLEBAUM, Anne. *Between East and West: Across the Borderlands of Europe*. Nova York: Pantheon Books, 1994.

AUSTIN, Paul Britten. *1812: the March on Moscow*. Londres: Greenhill Books, 1993.

_____. *1812: the Great Retreat*. Londres: Greenhill Books, 1996.

BENEDICTSEN, Age Meyer. *Lithuania, "The Awakening of a Nation" – a Study of the Past and Present of the Lithuanian People*. Copenhagen: Egmont H. Petersens, 1924.

BIELIŪNIENĖ, Aldona. *Lithuania on the Map*. Vilna: Lietuvos nacionalinis muziejus, 1999.

BOBROWSKI, Johannes. *Shadow Lands: Selected Poems*. Trad. Ruth e Matthew Mead. Nova York: New Directions Books, 1984.

BONOSKY, Phillipe. *Beyond the Borders of Myth: from Vilnius to Hanoi*. Nova York: Praxis Press, 1967.

BOURGOGNE. *Memoir of Sergeant Bourgogne*, Londres: Jonathan Cape, 1940 [1896].

BRENNER, David. *Marketing Identities: the Invention of Jewish Ethnicity in 'Ost und West'*. Detroit: Wayne State University Press, 1998.

BRODSKY, Joseph. *A Part of Speech*. Nova York: Farrar, Straus, Giroux, 1980.

BRYUSOV, Valery. *Sem' tsvetov radugi: stikhi 1912-1915*. Moscou: Izdatelstvo K. F. Nekrasova, 1916.

BUŁHAK, Jan. *Vilniaus peizažas: fotografo kelionės*. Vilna: Vaga, 2006.

CAMPBELL, Thomas. "Poland" em *English Romantic Writers*. Nova York: Harcourt, Brace, Janovich, 1967.

ČEPĖNAS, Petras. *Naujųjų laikų Lietuvos istorija, t. II*. Vilna: Mokslo ir enciklopedijų leidykla, 1992.

CHESTERTON, Gilbert Keith. *Autobiography*. Londres: Hutchinson and Company, 1936.

CHICHERIN, Aleksandr. *Dnevnik Aleksandra Chicherina*. Ed. S. G. Engel, M. I. Perper, L. G. Beskrovny. Moscou: Nauka, 1966.

CHRISTIANSEN, Eric. *The Northern Crusades*. Londres: Penguin Books, 1997.

ČIURINSKAS, Mintautas. *Ankstyvieji Šv. Kazimiero "gyvenimai"*. Vilna: Aidai, 2004.

CLARK, Katerina e Holquist, Michael. *Mikhail Bakhtin*. Cambridge: Harvard University Press, 1984.

COHEN, Israel. *Vilna*. Filadélfia: The Jewish Publication Society of America, 1992.

COXE, William. *Travels in Poland, Russia, Sweden and Denmark*. Londres: J. Nicholas, 1784.

DAUGIRDAS, Romas. "The Iron Dog, to Vilnius", trad. Antanas Danielius em *Vilna: Lithuanian Literature, Culture, History*, verão de 1997.

DAVIDOV, Denis. *In the Service of the Tsar against Napoleon: the Memoirs of Denis Davidov, 1806-1814.*, trad. Gregory Troubetzkoy. Londres: Greenhill Books, 1999.

DAVIES, Norman. *God's Playground: A History of Poland*, vol. 1. Nova York: Columbia University Press, 1982.

_____. *Heart of Europe: the Past in Poland's Present*. Oxford: Oxford University Press, 2001.

DAWIDOWICZ, Lucy. *From That Place and Time: A Memoir, 1939-1947*. Nova York: W. W. Norton & Company, 1989.

DEMBKOWSKI, Harry E. *The Union of Lublin: Polish Federalism in the Golden Age*. Boulder: East European Monographs, 1982.

DÖBLIN, Alfred. *Destiny's Journey*, trad. Edgar Passler. Nova York: Paragon House, 1992.

_____. *Journey to Poland*, trad. Joachim Neugroschel. Nova York: Paragon House, 1991.

DOBRYANSKI, C. F. *K istorii otechestvenoi voiny. Sostoyania Vilny v 1812 g. - Zapiski Sev.-zapadnovo otdeleniia imperatorskovo russkovo geografichestkovo o-va*, livro 3. Vilna: 1912.

_____. *Staraja i Novaja Vilna*. Vilna: Typografia A. G. Syrkina, 1904.

DOBUJINSKY, Mstislav. *Vospominaniya, vol. 1*. Nova York: Put' Zhizni, 1976.

DOSTOEVSKAYA, Anna. *Dnevnik 1867 goda*. Moscou: Nauka, 1993.

DOSTOIÉVSKI, Fiódor. *The Brothers Karamazov*. Trad. David Magarshack. Londres: Penguin Books, 1982.

EKSTEINS, Modris. *Rites of Spring: The Great War and the Birth of the Modern Age*. Nova York: Anchor Books, 1990.

FEZENSAC, M. *The Russian Campaign, 1812*, trad. Lee Kennett. Athens: University of Georgia Press, 1970.

FFINCH, Michael. *G. K. Chesterton*. Londres: Weidenfeld and Nicholson, 1986.

FORSTER, Georg. *Georg Forster Werke: Sämtliche Schriften, Tagebücher, Briefe*, vol. 12. Berlim: Akademie Verlag, 1978.

_____. *Georg Forsters Werke 15*. Berlim: Akademie Verlag, 1981.

_____. *Georg Forsters Werke: Sämtliche Schriften, Tagebücher, Briefe (Briefe 1784 – Juni 1787)*, vol. 14. Berlim: Akademie Verlag, 1978.

_____. *A Voyage Round the World*, vol. 1. Honolulu: University of Hawai'I Press, 2000.

FRANK, Joseph. *Dostoevsky: the Seeds of Revolt, 1821–1849*. Princeton University Press, 1976.

_____. *Dostoevsky: the Miraculous Years, 1865–1871*. Princeton: Princeton University Press, 1995.

FRANKAS, Josefas (Josef Frank). *Atsiminimai apie Vilnių*, trad. Genovaitė Dručkutė. Vilna: Mintis, 2001.

FRIEDLANDER, Judith. *Vilna on the Seine: Jewish Intellectuals in France since 1968*. New Haven: Yale University Press, 1990.

GOLDSTEIN, David. *Dostoevsky and the Jews*. Austin: University of Texas Press, 1981.

GRABEN, Heinz. "Introduction" em Alfred Döblin, *Journey to Poland*, trad. Joachim Neugroschel. Nova York: Paragon House, 1991.

GRADE, Chaim. *My Mother's Sabbath Days*, trad. Channa Kleinerman Goldstein e Inna Hecker Grade. Nova York: Alfred A. Knopf, 1986.

GRAHAM, Stephen. *Russia and the World*. Nova York: The Macmillan Company, 1915.

GRANDHOMME, Jean-Noel. "Vilnius 1915–1918 m. seno kareivio iš Elzaso prisiminimai" em *Metai*, julho de 2000.

GRASS, Günter. *The Call of the Toad*, trad. Ralph Manheim. Nova York: Harcourt Brace & Company, 1992

HALE, John. *The Civilization of Europe in the Renaissance*. Nova York: Atheneum, 1994.

HANDBOOK FOR TRAVELLERS IN RUSSIA, POLAND AND FINLAND. Londres: John Murray, 1867.

HARSHAV, Benjamin. "Preface" em Herman Kruk, *The Last Days of the Jerusalem of Lithuania: Chronicles from the Vilna Ghetto and the Camps, 1939-1944*. New Haven: Yale University Press, 2002.

HERBERSTEIN, Sigismund. *Notes upon Russia: being a translation of the earliest account of that country, entitled Rerum Moscoviticarum commentarii*, trad. R. H. Major. Nova York: Burt Franklin, 1963.

JACOBSON, Dan. *Heshel's Kingdom*. Londres: Penguin Books, 1998.

JANKEVIČIENĖ, Algė, ed., *Vilniaus architektūra*. Vilna: Mokslas, 1985.

JOANNES, Boemus. *The manners, lawes and customs of all nations with many other things...* Londres: 1611.

JURGINIS, J., Merkys, V. e Tautavičius, A. *Vilniaus miesto istorija: nuo seniausių laikų iki Spalio revoliucijos*. Vilna: Mintis, 1968.

_____e ŠIDLAUSKAS, Algirdas, ed., *Kraštas ir žmonės*. Vilna: Mokslas, 1983.

JURKŠTAS, Jonas. *Vilniaus vietovardžiai*. Vilna: Mokslas, 1985.

KAUFMANN, Thomas da Costa. *Court, Cloister and City: The Art and Culture of Central Europe, 1450-1800*. Chicago: University of Chicago Press, 1995.

KLIMAS, Petras. *Iš mano atsiminimų*. Vilna: Lietuvos enciklopedijų redakcija, 1990.

KRUK, Hermann. *The Last Days of the Jerusalem of Lithuania: Chronicles from the Vilna Ghetto and the Camps 1939-1944*, ed. Benjamin Harshav, trad. Barbara Harshav. New Haven: Yale University Press, 2002.

KUDRINSKII, O. A. *Vilna v 1812 godu*. Vilna: 1912.

KUZNITZ, Cecile E. "On the Jewish Street: Yiddish culture and the urban landscape of interwar Vilna" em *Yiddish Language and Culture: Then and Now*. Creighton: Creighton University Press, 1998.

LABAUME, Eugene. *The Campaign in Russia*. Londres: Samuel Leigh in the Strand, 1815.

LACHMANN, Renate. *Memory and Literature: Intertextuality in Russian Modernism*, trad. Roy Sellars e Anthony Wall. Minneapolis: University of Minnesota Press, 1997.

LAVRINEC, Pavel. Ed. *Russkaja literature v Litve XIV-XX v*. Vilna: Lietuvos Rašytojų Sąjungos Leidykla, 1998

LIEVEN, Anatol. *The Baltic Revolution: Estonia, Latvia, Lithuania and the Path to Independence*. New Haven: Yale University Press, 1993.

LIULEVICIUS, Vejas. *War Land on the Eastern Front: Culture, National Identity and German Occupation*. Cambridge: Cambridge University Press, 2001.

LUDENDORFF, Erich. *My War Memories*, vol. 1-2. Londres: Hutchinson & Co., 1919.

MANN, Thomas. *Buddenbrooks: the Decline of a Family*, trad. John E. Woods. Nova York: Knopf, 1993.

MARTINAITIENĖ, Gražina Marija. "At the crossings of western and eastern cultures: the contush sashes" em *Lietuvos Didžiosios Kunigaikštystės barokas: formos, įtakos kryptys*. Acta Academiae Artium Vilnėnsis 21, 2001.

MASIONIENĖ, Birutė. "F. Dostojevskio kilmės klausimu" em *Literatūrinių ryšių pėdsakais*. Vilna: Vaga, 1982.

_____. *Levas Tolstojus ir Lietuva*. Vilna: Vaga, 1978.

MATUŠAKAITĖ, Marija. *Apranga XVI–XVIII a. Lietuvoje*. Vilna: Aidai, 2003.

MCBRIDE, Robert Medill. *Towns and People of Modern Poland*. Nova York: McBride and Company, 1938.

METELSKY, G. *Lithuania: Land of the Niemen*. Moscou: Foreign Languages Publishing House, 1959.

MIŁOSZ, Czesław. *Beginning with My Streets*, trad. Madeline G. Levine. Nova York: Farrar Straus Giroux, 1991.

MINCZELES, Henri. "A journey into the heart of Yiddishland" em *Yiddishland*, ed. Gerrard Silvain e Henri Minczeles. Corte Madera, California: Gingko Press, 1999.

MONTY, Paul. *Wanderstunden in Wilna*. Vilna: Verlag der Wilnaer Zeitung, 1918.

OSTROVSKY, Aleksandr. *Polnoje sobranije t. 10*. Moscou: Isskustvo, 1978.

PARES, Bernard. *Day by Day with Russian Army, 1914–1915*. Londres: Constable & Company, 1915.

PAŠUTA V. e I. Štal, ed., *Gedimino laiškai*. Vilna: Mintis, 1966.

PERSKY, Stan. *Then We Take Berlin: Stories from the Other Side of Europe*. Toronto: Alfred Knopf, 1995.

"POLSKIJ VOPROS" em *Severnaya Pchela*, 5 de maio de 1863.

RAGAUSKAS, Aivas. *Vilniaus miesto valdantysis elitas: XVII a. antrojoje pusėje*. Vilna: Diemedžio leidykla, 2002.

"RASTI PALAIKAI – DAUGELIO TAUTŲ PAVELDAS" em *Lietuvos rytas*, 30 de março de 2002.

RILEY-SMITH, Jonathan. *The Crusades: A History*. New Haven: Yale University Press, 2005.

RÖMERIS, Mykolas. *Dienoraštis*, trad. Vaiva Grigaitienė. Vilna: Versus Aureus, 2007.

ROTH, Joseph. *The Wandering Jews*, trad. Michael Hofmann. Nova York: W. W. Norton, 2001.

ROY, James Charles. *The Vanished Kingdom: Travels through the History of Prussia*. Boulder: Westview Press, 1999.

RUDASHEVSKI, Yitskhok em *Children in the Holocaust and World War II: Their Secret Diaries*. Nova York: Pocket Books, 1995.

SAINE, Thomas F. *Georg Forster*. Nova York: Twayne Publishers, 1972.

SAISSELIN, Remy G. *The Enlightenment against Baroque: Economics and Aesthetics of the Eighteenth Century*. Berkeley: University of California Press, 1992.

SAS, A. "Poezdka v Vilno" em *Severnaya Pchela*, 5 de maio de 1863.

SCHAUSS, Hayyim. *The Jewish Festivals: History and Observance*. Nova York: Schocken Books, 1975.

SCHEDEL, Hartmann. *Sarmatia*, e o capítulo sarmácio de *Liber chronicarum* impresso em Nurembergue por Anton Koberger em 1493, traduzido e editado por B. Deresiewicz, Londres: Oficyna Stanisław Gliwa, 1973.

SEGUR, Phillipe-Paul. *Napoleon's Russian Campaign*. Trad. J. David Townsend. Londres: Michael Joseph, 1959.

STENDHAL. *To the Happy Few: Selected Letters of Stendhal*. Nova York: Grove Press, 1952.

STONE, Daniel. *The Polish-Lithuanian State, 1386–1795*. Seattle: University of Washington Press, 2001.

STRONG, Anne Louise. *Lithuania's New Way*. Londres: Lawrence & Wishart, 1940.

THE STORY OF WILNO. The Polish Research Centre. Londres: Lawrence & Wishart, 1940.

SUKIENNICKI, Wiktor. *East Central Europe during World War I: from Foreign Domination to National Independence, vol. 2*. Nova York: Columbia University Press, 1984.

TARM, M. "The Napoleon graves" em *City Paper: The Baltic States*, novembro de 2002.

TEREŠKINAS, Artūras. *Imperfect Communities: Identity, Discourse and Nation in the Seventeenth-Century Grand Duchy of Lithuania*. Vilna: Lietuvių literatūros ir tautosakos institutas, 2005.

TOLSTÓI, Liev. *War and Peace*. Trad. Constance Garnett. Nova York: The Modern Library, 2002.

TOPOROV, Vladimir. *Baltų mitologijos ir ritualo tyrimai*. Vilna: Aidai, 2000.

TRAYNOR, Ian. "Frozen victims of 1812 get final burial" em *The Guardian*, 2 de junho de 2003, *www.guardian.co.uk*, acessado em 2 de junho de 2003.

ULČINAITĖ, Eugenija, ed., *Gratulatio Vilnė*. Vilna: Lietuvių literatūros ir tautosakos institutas, 2001.

UXKULL, Boris. *Arms and the Woman: the Intimate Journal of a Baltic Nobleman in the Napoleonic Wars*, trad. Joel Carmichael. New York: The Macmillan Company, 1966.

VAIČIŪNAITĖ, Judita. "Museum Street", trad. Jonas Zdanys em *Contemporary East European Poetry: An Anthology*. Oxford: Oxford University Press, 1993.

VAITIEKUS, Severinas. *Tuskulėnai: egzekucijų aukos ir budeliai*. Vilna: Lietuvos gyventojų genocido ir rezistencijos tyrimo centras, 2002.

VANAGAS, Aleksandras. "Miesto vardas Vilnius" em *Gimtasis žodis*, n. 11 (59), novembro, 1993.

VENCLOVA, Tomas. "Dialogue about Wilno with Thomas Venclova" em Czesław Miłosz, *Beginning with My Streets*, trad. Madeline G. Levine. Nova York: Farrar Straus Giroux, 1991.

_____. *Vilnius: City Guide*. Vilna: R. Paknio leidykla, 2001.

VERDERY, Katherine. *The Political Lives of Dead Bodies: Reburial and Postsocialist change*. Nova York: Columbia University Press, 1999.

VILLARI, Rosario. "Introduction" em *Baroque Personae*, ed. Rosario Villari. Chicago: University of Chicago Press, 1995.

"VILNIŲ GARSINS IR NAPOLEONO PALAIKAI"em *Lietuvos rytas*, seção Sostinė, 13 de setembro de 2002.

VINOGRADOV, A. A. *Putevoditel pe gorodu Vilna i evo okrestnosiam*. Vilna: Tipografia Shtaba Vilenskavo Voenava Okruga, 1908.

VOSSLER, H. A. *With Napoleon in Russia in 1812: the Diary of LT. H. A. Vossler, a Soldier of the Grand Army 1812-1813*, trad. Walter Wallich. Londres: Constable, 1998.

WASHBURN, Stanley. *On the Russian Front in the World War I: Memoirs of an American War Correspondent*. Nova York: Robert Speller and Sons, 1982.

WEBER, Paul, *Wilna: eine vergessene Kunststätte*. Vilna: Verlag der Zeitung der 10. Armee, 1917.

WILSON, Robert, *General Wilson's Journal, 1812-1814*. Londres: William Kimber, 1964.

WINES, Michael, "Baltic soil yields evidence of a bitter end to Napoleon's Army" em *New York Times*, 4 de setembro de 2002.

WOLFF, Larry, *Inventing Eastern Europe: The Map of Civilization on the Mind of the Enlightenment*. Stanford: Stanford University Press, 1994.

ZAMOYSKI, Adam, *Moscow 1812: Napoleon's Fatal March*. Nova York: Harper Collins, 2004.

ZWI, Rose. *Last Walk in Naryshkin Park*. Melbourne: Spinifex, 1997.

Ayllon

1. א *Vilna: cidade dos outros*
   Laimonas Briedis
2. ב *Acontecimentos na irrealidade imediata*
   Max Blecher
3. ג *Yitzhak Rabin: uma biografia*
   Itamar Rabinovich
4. ד *Israel e Palestina: um ativista em busca da paz*
   Gershon Baskin

Hors-série

1. *Cabalat shabat: poemas rituais*
   Fabiana Gampel Grinberg
2. *Fragmentos de um diário encontrado*
   Mihail Sebastian

Adverte-se aos curiosos que se imprimiu este livro em nossas oficinas, em 4 de novembro de 2021, em tipologia Formular e Minion Pro, com diversos sofwares livres, entre eles, LuaLaTeX, git & ruby.
(v. b000511)